中国热带作物产业发展研究

（2019）

◎ 刘恩平　刘海清　金　琰　主编

中国农业科学技术出版社

图书在版编目（CIP）数据

中国热带作物产业发展研究. 2019 / 刘恩平，刘海清，金琰主编 . --北京：中国农业科学技术出版社，2021. 1

ISBN 978-7-5116-5164-8

Ⅰ. ①中… Ⅱ. ①刘…②刘…③金… Ⅲ. ①热带作物-产业发展-研究报告-中国-2019 Ⅳ. ①F326. 12

中国版本图书馆 CIP 数据核字（2021）第 019141 号

责任编辑 周丽丽
责任校对 贾海霞
责任印制 姜义伟 王思文

出 版 者 中国农业科学技术出版社
北京市中关村南大街 12 号 邮编：100081
电 话 （010）82109194（出版中心） （010）82109702（发行部）
（010）82109709（读者服务部）
传 真 （010）82109194
网 址 http：//www.castp.cn
经 销 者 各地新华书店
印 刷 者 北京建宏印刷有限公司
开 本 210 mm×285 mm 1/16
印 张 16. 5
字 数 396 千字
版 次 2021 年 1 月第 1 版 2021 年 1 月第 1 次印刷
定 价 88. 00 元

《中国热带作物产业发展研究（2019）》

编 委 会

主　　编　刘恩平　刘海清　金　琰

副 主 编　陈诗高　丁　莉　徐磊磊

编　　委（按姓氏笔画排序）

王　强　王成丽　卢　琨　伍苏然　孙爱花
吴　湾　宋启道　陈伟燕　林小妹　周　琴
周李扬　侯媛媛　薛　刚　魏　艳

前　言

我国是世界热带农产品的生产大国，热带地区面积约为54万平方千米。我国热带作物产业经过60余年的发展，种植规模、种植产量及经济效益均呈现快速增长趋势。《中共中央　国务院关于坚持农业农村优先发展做好“三农”工作的若干意见》（中发〔2019〕1号）明确提出：“注重发展长效扶贫产业，着力解决产销脱节、风险保障不足等问题，提高贫困人口参与度和直接受益水平”“因地制宜发展多样性特色农业，倡导‘一村一品’‘一县一业’”。我国热带作物多种植于老少边穷地区，且多被作为特色扶贫产业发展。但近几年来“丰产不丰收”等问题频现，严重地影响了我国热带作物产业稳定发展及产业扶贫效用性。对我国热带作物产业发展的研究，不仅有利于丰富国内消费市场结构，更将有助于进一步明晰我国热带作物产业发展存在问题及影响因素，促进我国热带作物特色化、长效化发展，保障农民产销环节对接的顺畅性，降低产业风险，稳定农民收入，使热带作物产业成为特色高效的扶贫产业，支撑我国热区乡村振兴战略实施。

我国是世界热带农产品的消费大国，热带农产品的进口额约占全国农产品进口额的20%。近年来，我国热带农产品国际贸易长期存在贸易逆差，现已成为天然橡胶、木薯淀粉、热带水果的主要进口国。且随着经济发展，我国热带农产品进口贸易仍将继续增长，在极大刺激全球经济增长的同时也为我国国内热带作物生产带来了压力。由于自然资源及产业发展的影响，进口热带农产品往往存在价格及质量上的优势。面对复杂多变的国际热带农产品市场，如何统筹用好国际国内两个市场、两种资源，完善我国热带农业对外开放战略布局，统筹热带农产品进出口贸易，加快形成热带农业对外贸易与国内发展相互促进的政策体系就成为当今热带作物产业研究亟待解决的热点。

本书以甘蔗、天然橡胶、荔枝、香蕉、杧果、龙眼、槟榔、咖啡、菠萝、火龙果、椰子、胡椒、油棕13种主要热带作物为对象，运用翔实的资料及可靠的数据，探讨了2019年各热带作物产业的国际市场情况、主产国产业特征、我国该产业生产、加工、市场等各环节发展现状、各主产省（区）特征，并对各产业未来的生产、加工及市场情况进行预测，研判了制约各产业发展的影响因素，提出了促进该产业发展的政策建议。旨在探讨形成应对国际市场贸易冲击，补充国内市场需求，促进热带作物产业结构调整，提升农民利益的有机统一体，以保障我国主要热带农产品实现安全有效的供给。本书可作为农业科研机构、大学、涉农企业以及从事热带农业产业发展工作相关人员认识、了解和研究热带作物产业的参考资料，为关心热带农业产业发展的各界人士提供素材。

本书的出版得到了中国热带农业科学院基本科研业务费创新团队专项资金（项目编号：1630072017005、1630072017006、1630072017007）及国家科技基础条件平台——国家农业科学数据中心（NASDC2020XM04）的资助。本书编写过程中，得到了众多科研单位和相关专家、学者的支持，在此一并表示感谢！中国热带作物产业发展的研究内涵十分丰富，虽然我们已有一些积累但相较研究前沿仍有很大的差距，本书难免存在一些欠缺，恳请同行专家及学者批评指正。

编　者

2019 年 12 月

目　　录

2019年热带作物产业形势分析报告

中国是世界热带作物生产大国，热带作物资源种类丰富多样，近年来热带作物资源开发利用和产业发展取得了很大成就，在世界热带农产品生产、贸易、消费中占据重要地位。2019年，中国热带作物产业发展形势总体稳定，但也有一些问题依旧存在。

1　世界热带作物产业发展概况

1.1　生产情况

据统计，2018年世界热带作物收获面积已经达到25亿亩，产量超过32亿吨。世界热带作物种类众多，产业发展存在一定的差异性。

2019年受产胶区年单位面积产量下降的影响，全球天然橡胶产量1 376.4万吨，与2018年的1 386.4万吨相比，下降0.7个百分点。尽管2019年天然橡胶生产国协会（ANRPC）成员国总开割面积扩大了35.1万公顷（从2018年的914.9万公顷扩大至2019年的950.0万公顷），但由于土地保养不当，气候恶劣，以及印度尼西亚、泰国、马来西亚、印度、斯里兰卡部分地区真菌性叶病扩散等因素影响，平均减产110千克/公顷（从1 370千克/公顷减少至1 260千克/公顷）。根据美国农业部公布的数据显示，2019年全球棕榈油产量7 077万吨，同比下降1.7%；全球棕榈油消费量7 139万吨，同比下降2.3%。2019年全球荔枝的总产量大约为310万吨，较2018年下降30万吨。其中，中国荔枝产量占到世界总产量的64.5%，约为200万吨。2019年全球香蕉收获面积为960.32万公顷，同比减少0.81%，产量达到1.32亿吨，同比下降1.22%。美国农业部数据显示，2018/2019年度榨季全球产糖量1.79亿吨，同比下降8%；其中，甘蔗糖产量1.39亿吨，同比下降7.9%。甘蔗种植区域主要集中于南美洲和亚洲。全球前五大产糖国家和地区为印度、巴西、欧盟、泰国与中国，2018/2019年度榨季食糖产量分别为3 307万吨、2 950

万吨、1 818 万吨、1 419 万吨、1 076万吨，占全球食糖总产量的比重分别为 18.5%、16.5%、10.2%、7.9%、5.9%，合计共占全球总产量近 60%。巴西是世界咖啡豆最大生产国，产量占世界咖啡豆总产量的 30%左右。根据国际咖啡组织（International Coffee Organization，ICO）统计，2018/2019 年度全球咖啡产量为 17 093.7 万袋（每袋 60 千克），其中巴西咖啡产量为 6 292.5 万袋，越南为3 117.4万袋，哥伦比亚为 1 385.8 万袋。2019 年全球约有 80 个国家和地区生产杧果，收获面积为 586 万公顷，年产量为 4 520 万吨。2019 年世界槟榔年产量约 100 万吨，印度是世界上槟榔种植面积最大、产量最高的国家，其产量约占世界槟榔总产量的 50%。

1.2 市场情况

2019 年，东京商品交易所（TOCOM）提供的数据显示，STR20#标准胶价格波动较大，全年月度价格最高为 168.15 日元/千克，最低为 143.88 日元/千克。2019 年毛棕榈油平均价格为 2 100令吉/吨（注：令吉为马来西亚货币），相比之下，2018 年的平均价格为 2 233 令吉/吨。据国际糖业组织监测，2019 年世界食糖月度平均价格波动相对较小，全年月度平均价格为 12.36 美分/磅（1 磅≈0.454 千克），最低为 9 月的 11.10 美分/磅，最高为 12 月的 13.31 美分/磅。2019 年 ICO 咖啡综合价格指数波动相对较小，全年月度平均值为 100.90 美分/磅，最高为 12 月时的 117.37 美分/磅，最低为 5 月的 93.33 美分/磅。

2 中国热带作物产业发展情况

2.1 生产情况

中国现在已经成为世界主要热带作物及加工品生产大国之一。据农业农村部发展南亚热带作物办公室统计，截至 2019 年年底，中国热区热带作物种植总面积 6 799.9 万亩（1 亩≈666.7 平方米、1 公顷=15 亩，全书同），同比减少 0.9%。其中，云南 1 826.3 万亩，居第一位；广西壮族自治区（全书简称广西）1 805.3 万亩，居第二位；广东 1 352.1 万亩，居第三位；海南 1 314.5万亩，居第四位；福建 220.7 万亩，四川 192.8 万亩，贵州 63.4 万亩，湖南 11.5 万亩，西藏自治区（全书简称西藏）0.1 万亩，分别居第五至第九位。

2019 年，热带农产品总产量 3 203.8 万吨，同比增长 0.7%。其中，广东1 061.3万吨，居第一位；广西 853.5 万吨，居第二位；云南 421.6 万吨，居第三位；海南 391.5 万吨，居第四位；福建 370.2 万吨，四川 65.7 万吨，贵州 29.0 万吨，湖南 7.8 万吨和西藏 0.02 万吨。

2019 年，热带农产品总产值 1 828.1 亿元，同比增长 22.4%。其中，广东 603.0 亿元，居第一位；广西 457.4 亿元，居第二位；海南 298.4 亿元，居第三位；云南 251.9 亿元，福建 141.1 亿元，四川 53.3 亿元，贵州 17.7 亿元，湖南 1.5 亿元和西藏 0.01 亿元。

2019 年，中国天然橡胶种植面积 1 718.0 万亩，居世界第三（仅次于印度尼西亚、泰国），总产量 81.0 万吨，居世界第四（仅次于泰国、印度尼西亚、越南）。荔枝种植面积 713.6 万亩，居世界第一，产量 201.6 万吨，居世界第一。香蕉种植面积 495.6 万亩，居世界第六，总产量 1 165.6万吨，居世界第二。木薯种植面积 422.9 万亩，甘薯产量 259.8 万吨。咖啡产量 14.5 万吨，云南占全国咖啡面积的 99%，其中普洱、临沧、德宏、保山、西双版纳占云南省咖啡总面积的 90%。

2.2 市场情况

2019 年，中国天然橡胶月度价格波动较大，以上海期货交易所云南农垦产的 SCRWF 标准胶为例，全年月度平均价格为 11 824.54 元/吨，最高价格是 12 月的 12 977.27 元/吨，最低价格为 7 月的 10 828.26 元/吨；以海胶集团生产的天然乳胶为例，全年月度平均价格为 8 450.86 元/吨，最高价格为 5 月的 9 210.00 元/吨，最低价格为 7 686.25 元/吨。2019 年，中国咖啡月度市场均价为 14.57 元/千克，最高价格是 12 月的 18.10 元/千克，最低价格是 10 月的 13.40 元/千克，相对较低的价格严重影响了农户咖啡种植的意愿，因亏损出现部分农户砍树改种其他热带作物的现象。2019 年，主产区香蕉收购均价在 1 元/千克以上，产地香蕉收购价基本处于成本线以上，最高价为 8 月底的 2.13 元/千克，最低价为 7 月底的 1.08 元/千克。2019 年，荔枝国内批发市场均价 18.4 元/千克，同比上涨 90.7%，涨幅较大。除特早熟三月红外，所有荔枝早、中、晚熟主栽品种都保持了坚挺的相对高价，且呈现供不应求的态势。2019 年年初，主栽品种巴厘菠萝的主产区广东与海南上市时间略有重叠，加之菠萝主销市场东北及华北多降雪，收购商较少，北运果量有限。2 月，田头收购价格低，广东在 1.0~1.3 元/千克，海南在 1.6 元/千克，接近成本线。3 月，菠萝产销全面进入高峰，价格稳步提升，田头收购价涨至 1.7~2.2 元/千克，回升至成本线以上。4 月后，价格较为稳定，田头收购价为 2.2~2.4 元/千克。

2.3 贸易情况

2019 年，热带农产品进出口贸易量达到 2 521.3 万吨，比上年增长 6.9%。其中，进口量 2 442.5万吨，比上年增长 6.3%；出口量 78.8 万吨，比上年增长 25.9%。进出口贸易额 232.3 亿美元，比上年增长 10.1%。其中，进口额 220.4 亿美元，比上年增长 10.3%；出口额 11.9 亿美元，比上年增长 6.3%；贸易逆差 208.5 亿美元，比上年增长 19.8 亿美元。2019 年，中国（未统计台湾、香港、澳门数据）热带农产品进出口贸易额最大的产品是天然橡胶类产品，为 74.8 亿美元；进出口贸易量最大的产品是棕榈油类，为 869.7 万吨。贸易顺差最大的产品是肉桂，为 1.6 亿美元，贸易逆差最大的产品是天然橡胶类，为 73.2 亿美元。

中国主要热带农产品进出口方面：2018 年，橡胶进口量 565.97 万吨，其中，纯天然橡胶进口量 259.56 万吨；混合橡胶进口量 295.04 万吨；复合橡胶进口量 11.37 万吨。鲜荔枝进口量 3.25 吨，进口额 1 728.59 万美元；鲜荔枝出口 1.63 万吨，出口额 4 389.64 万美元。香蕉进口量 154.46 万吨，进口额 8.97 亿美元；出口量 2.02 万吨，出口额 1 965.17 万美元。鲜木薯进口量

5.37万吨，进口额364.44万美元；木薯干进口量474.42万吨，进口额11.27亿美元；木薯淀粉进口量200.86万吨，进口额9.38亿美元。杧果进口量1.27万吨，进口额0.22亿美元；出口量2.14万吨，出口额0.37亿美元。

3 中国热带作物产业2019年总体形势分析

2019年，中国天然橡胶胶价已跌至较低区间，虽有部分胶农因橡胶价格较低放弃割胶，但整体数量不大，胶林依旧保持着80%左右的开割率。2019年杧果种植面积有小幅增长，主要在干热河谷地区，如攀枝花、保山、华坪和凉山地区新种面积明显扩大。由于天气原因，2019年部分产区大幅减产，海南产区减产约30%，广西产区减产约50%。中国咖啡市场体量较小，但具有较好的增长势头，咖啡价格依旧受国际市场价格影响，保持低位。2019年香蕉种植面积和产量缩减，进出口规模同比大幅增加，国内香蕉市场行情整体保持稳定和向好。荔枝减产明显，上市时间较去年有所提前，市场价格较去年大幅上涨。2019年菠萝产量略有下降，总产值有所增长，进口贸易继续增长，贸易逆差继续扩大，田头价格先抑后扬。

4 中国热带作物产业存在的问题及发展对策

4.1 中国热带作物产业存在的问题

中国热区经济社会发展不平衡，广大农民的收入有待进一步提高，部分热区扶贫攻坚的任务较重。而热带作物大多为高效经济作物，肩负着保障我国战略资源安全供给、满足消费升级需求的重任。但在当前竞争激烈的国际市场条件下，产业发展还有许多的问题。

第一，热带作物品种结构和区域布局仍不合理，主要产品未能有效向最佳产区集中，特色高效产业带尚未形成，影响区域资源优势的发挥，使得一些热带作物产品质量低劣，成本偏高，缺乏竞争力。第二，采后处理技术滞后，产业链条短。保鲜、贮运技术的研究和开发滞后于发展需求，导致不少热带农产品不能远销，降低了商品价值。丰年不丰收现象频现。缺乏龙头企业把生产、加工、销售各环节有效衔接，产业体系不完善。第三，营销体系建设不健全，不适应热带作物产业发展需求。大部分的热带作物生产者是个体经营，规模较小，分散经营为主，不利于产业化经营，市场信息不透明；行业协会建设落后，社会化服务体系未能发挥作用。

4.2 中国热带作物产业发展对策

首先，要把扶持热带作物产业作为重点工作内容，不断创新金融支农手段，完善政策保险体系。大力推进科技体制创新与改革，尽快建立新型的热带作物科技创新体系及运行机制，以保障热作科技稳定、健康、快速发展，促进形成产、学、研结合紧密，覆盖面广、渗透力强的推广体系，加强基础和应用科学研究，大力开发清洁生产技术和热带作物资源循环利用技术，加强以病虫害综合防治为主的植物保护攻关研究，建立、健全热带作物生产技术推广体系，促进热作科技向现实生产力的转化。

其次，以先进技术扶持热带作物产业。热带作物产业多数为鲜食或初级加工产品，生产工艺技术落后，无法得到高效益。因此，要加强农民技术培训工作，扶持新技术推广示范点，延伸产业链链条，全方位升级热带作物产业的科技含量水平。

再次，促进热带作物一二三产业融合发展。着力改善储藏、保鲜、包装等设施装备条件，促进热带农产品就地就近加工转化。大力发展冷链体系和新鲜果品配送，加强热带农产品商品化处理和产后服务。推进热带作物与旅游、教育、文化、健康养老等产业深度融合。

最后，加快对外开放，拓展产业发展空间。扩大热作的国内外宣传，牢固占领国内市场，提升产品的国际竞争力。及时了解和发布主要进口国的检验检疫要求，指导出口企业进行外贸型生产。实施“走出去、引进来”战略，支持科研机构和企业对外技术合作与交流，增加技术储备。

甘蔗产业发展情况研究报告

甘蔗是我国热带地区重要的经济作物，也是世界重要的糖料作物。世界甘蔗的种植面积近年来稳中有升，但我国甘蔗种植面积和产量在2013年前呈波动式缓慢增长，近几年逐步下降。国内甘蔗产业面临的问题也逐渐凸显出来。中国甘蔗种植的土地、劳动力、农资成本均逐年上涨，缺乏高产抗逆品种，种植规模较小，缺少高效规范化的种植模式；制糖企业设备和工艺老化，对甘蔗种植及制糖过程的副产物未得到充分利用等，导致国内食糖成本居高不下。同时由于国际食糖供给过剩，糖价逐年下滑，价差驱动的蔗糖进口冲击着国内食糖产业，导致近几年国内蔗糖价格下跌，糖厂亏损严重，种植户也面临着甘蔗增产不增收的难题，其种植积极性大大降低。

要提升我国甘蔗产业的国际竞争力，需要政府提供政策支持，如种植补贴、稳定糖价等，科研单位提供优良品种、新工艺等技术支持，企业优化工艺，优化产品结构，充分利用制糖副产物，降低制糖成本。同时种植户应适当规模化经营，进行水肥一体化及规范化种植，提升甘蔗种植和采收的机械化水平。只有政府、科研单位、企业和种植户联合起来，充分发挥各自作用，才能从根本破解甘蔗产业难题，提升我国甘蔗产业的国际竞争力。

1 世界甘蔗产业发展基本情况

1.1 世界甘蔗发展情况

1.1.1 世界甘蔗生产情况

1.1.1.1 2008—2018年世界甘蔗种植面积及产量波动增长

2008—2018年，世界甘蔗的种植面积有波动变化，总体呈上涨趋势（图1）。主要分为4个阶段，2008—2010年为缓慢下降阶段，由2 413.94万公顷下降到2 368.95万公顷；2011—2014年为快速增长阶段，由2 552.67万公顷增长到2 709.72万公顷，年增长率为2.01%；2015—2017年产业发展呈下降趋势，由2 661.68万公顷下降到2 612.87万公顷；而2018年基本与上一年持平，为 2 626. 98 万公顷。

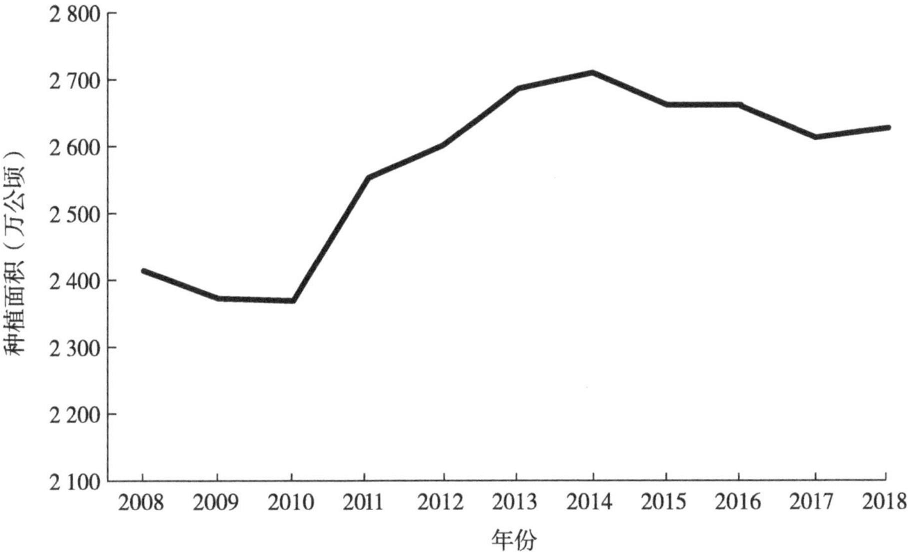

图 1　2008—2018 年世界甘蔗种植面积

（数据来源：联合国粮食及农业组织）

2008—2018 年，世界甘蔗的总产量基本呈上涨趋势（图 2）。主要分为 4 个阶段，2008—2009 年为缓慢下降阶段，由 172 125. 15 万吨下降到 167 761. 06 万吨；2010—2013 年进入持续增长阶段，由 168 284. 00 万吨增长到 190 186. 89 万吨，年增长率为 4. 18%；2014—2017 年为下降阶段，由 188 595. 56 万吨下降到 185 133. 37 万吨；2018 年是世界近 10 年甘蔗产量的最高年份，为190 702. 47万吨。

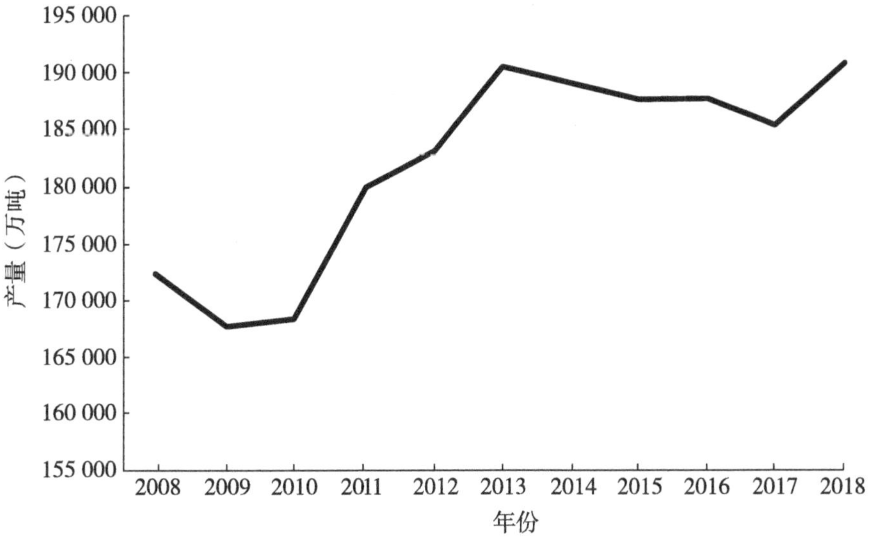

图 2　2008—2018 年世界甘蔗产量变化趋势

（数据来源：联合国粮食及农业组织）

1.1.1.2　2018年世界甘蔗种植面积及产量均有所增长

2018年，世界甘蔗种植面积为2 626.98万公顷，同比上涨0.54%；产量190 702.47万吨，同比增长3.01%；单产72.59吨/公顷，同比增长2.46%。其中，美洲种植面积为1 391.99万公顷，同比下降0.32%，产量102 278.58万吨，同比增长0.03%；亚洲种植面积为1 027.97万公顷，同比增长1.54%，产量75 190.25万吨，同比增长8.14%；非洲种植面积为154.76万公顷，同比增长2.78%，产量9 492.54万吨，同比增长2.71%；大洋洲种植面积为48.49万公顷，同比下降2.42%，产量3 513.09吨，同比下降8.22%；欧洲种植面积为3.77万公顷，同比基本持平，产量228.02万吨，同比下降20.47%。

由图3及图4可见，世界甘蔗种植主要集中在美洲、亚洲。美洲甘蔗种植面积最大，占世界总种植面积的52.99%；其次是亚洲，种植面积占世界总种植面积的39.13%；非洲种植面积占世界总种植面积的5.89%；而大洋洲种植面积占世界总种植面积的1.85%；欧洲仅占世界总种植面积的0.14%。

世界甘蔗产量集中在美洲、亚洲及非洲。其中，美洲产量最高，占世界总产量的53.63%；其次是亚洲占世界总产量的39.43%；非洲占世界总产量的4.98%；大洋洲占世界总产量的1.84%，欧洲仅占世界总产量的0.12%。

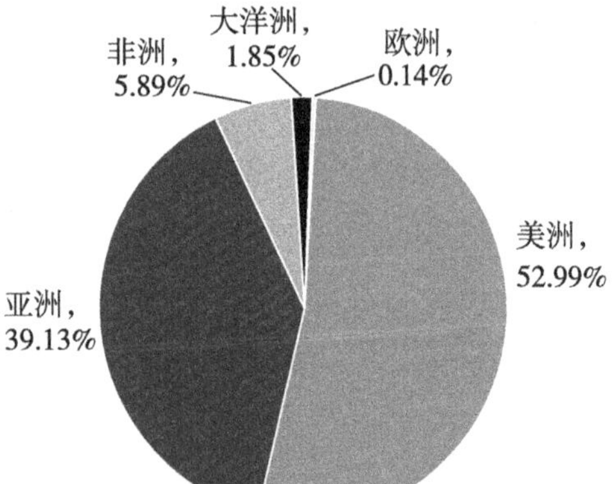

图3　2018年世界甘蔗种植面积结构

（数据来源：联合国粮食及农业组织）

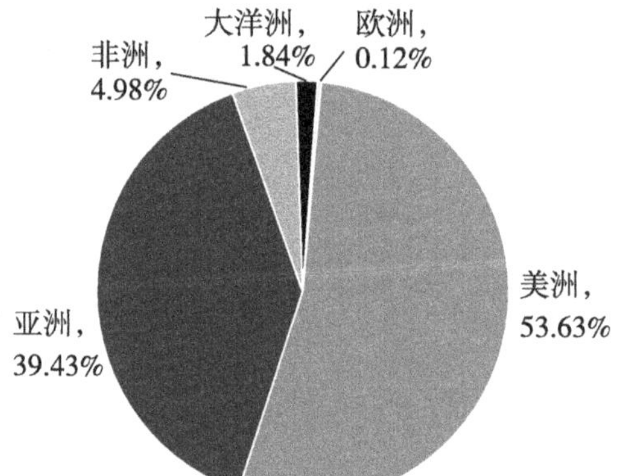

图4　2018年世界甘蔗产量结构

（数据来源：联合国粮食及农业组织）

由于气候、种植科技等因素影响，各大洲甘蔗单产有所差异。美洲单产最高为73.24吨/公顷；其次亚洲单产为73.14吨/公顷；大洋洲单产为72.45吨/公顷；非洲单产为61.34吨/公顷；欧洲单产为60.42吨/公顷。

1.1.1.3　2018年各洲甘蔗种植主产区域均相对集中

世界甘蔗种植主要集中在美洲、亚洲及非洲，而大洋洲及欧洲分布较少。其中，大洋洲种植面积和产量集中在澳大利亚 44.30 万公顷，3 350.68 万吨；斐济 3.40 万公顷，138.31 万吨；巴布亚新几内亚 0.78 万公顷，23.76 万吨。三大主产国种植总面积占大洋洲的 99.98%，总产量占大洋洲 99.99%。欧洲种植面积和产量集中在法国 3.77 万公顷，产量 227.35 万吨。

（1）美洲甘蔗种植情况

2018 年，美洲甘蔗主要种植国有巴西 1 004.22 万公顷、墨西哥 78.59 万公顷、古巴 49.39 万公顷、阿根廷 42.62 万公顷、哥伦比亚 40.87 万公顷、美国 36.41 万公顷、危地马拉 30.02 万公顷、玻利维亚 16.82 万公顷、多米尼加 11.29 万公顷、巴拉圭 11 万公顷。十国甘蔗种植面积占美洲甘蔗总种植面积的 94.96%。

美洲甘蔗产量大国有巴西 74 682.82 万吨、墨西哥 5 684.15 万吨、哥伦比亚 3 627.69 万吨、危地马拉 3 556.82 万吨、美国 3 133.60 万吨、古巴 1 964.83 万吨、阿根廷 1 964.83 万吨、秘鲁 1 033.62万吨、玻利维亚 961.64 万吨、厄瓜多尔 750.23 万吨。十国甘蔗产量占美洲甘蔗总产量的 95.13%。

（2）非洲甘蔗种植情况

2018 年，非洲甘蔗主要种植国有南非 28.58 万公顷、埃及 13.69 万公顷、喀麦隆 13.64 万公顷、马达加斯加 9.80 万公顷、尼日利亚 9.19 万公顷、苏丹 7.96 万公顷、肯尼亚 7.31 万公顷、坦桑尼亚 6.14 万公顷、乌干达 5.88 万公顷、斯瓦迪卡 5.79 万公顷。十国甘蔗种植面积占非洲甘蔗总种植面积的 69.79%。

非洲甘蔗产量大国有南非 1 930.17 万吨、埃及 1 524.27 万吨、苏丹 590.27 万吨、史瓦蒂尼 559.61 万吨、肯尼亚 526.22 万吨、赞比亚 446.08 万吨、乌干达 397.68 万吨、津巴布韦 330.51 万吨、毛里求斯 315.45 万吨、马达加斯加 314.29 万吨。十国甘蔗产量占非洲甘蔗总产量的 73.05%。

1.1.2 世界甘蔗产业贸易情况

世界甘蔗产品进出口贸易多以蔗糖为主，其加工过程中的副产物糖蜜是重要的工业原料，在进出口贸易中也占有很大份额，新鲜甘蔗也是甘蔗进出口贸易的产品。

1.1.2.1 蔗糖的进口贸易集中在智利，出口贸易集中在波兰

据联合国（UN）统计，2019 年世界蔗糖出口贸易量 140.44 万吨，出口贸易值 6.05 亿美元。出口贸易量最大的为波兰，出口贸易量为 70.7 万吨，占世界蔗糖出口贸易总量的 50.3%，出口贸易值为 2.65 亿美元，占世界蔗糖出口总值的 43.8%；其次为捷克共和国，出口贸易量为 27.1 万吨，出口贸易值为 1.24 亿美元；丹麦出口贸易量 13.50 万吨，出口贸易值为 0.73 亿美元；加拿大出口贸易量为 5.45 万吨，出口贸易值为 0.32 亿美元；阿塞拜疆出口贸易量为 6.20 万吨，出口贸易值为 0.27 亿美元；萨尔瓦多出口贸易量为 4.37 万吨，出口贸易值为 0.20 亿美元；希腊出口贸易量为 2.19 万吨，出口贸易值为 973 万美元；中国出口量为 1.14 万吨，出口贸易值为 649

万美元；波黑出口贸易量为0.56万吨，出口贸易值为229万美元；日本出口贸易量为0.45万吨，出口贸易值为193万美元。

世界蔗糖进口贸易量174.33万吨，进口贸易值7.36亿美元。进口贸易量最大的国家为智利，进口贸易量38.84万吨，占世界蔗糖进口总量的22.3%，进口值1.48亿美元，占世界蔗糖进口总值的20.1%；其次为希腊，进口贸易量31.05万吨，进口贸易值为1.30亿美元；中国进口贸易量20.93万吨，进口贸易值为0.91亿美元；波兰进口贸易量13.34万吨，进口贸易值为0.56亿美元；格鲁吉亚进口贸易量12.84万吨，进口贸易值为0.50亿美元；阿塞拜疆进口贸易量12.25万吨，进口贸易值为0.48亿美元；塞内加尔进口贸易量9.75万吨，进口贸易值为0.45亿美元；捷克进口贸易量9.14万吨，进口贸易值为0.30亿美元；马其顿共和国进口贸易量7.54万吨，进口贸易值为0.30亿美元；瑞士进口贸易量7.07万吨，进口贸易值为0.34亿美元。

1.1.2.2 糖蜜的进口贸易集中在加拿大，出口贸易集中在萨尔瓦多

据联合国统计，2019年，世界糖蜜出口量24.70万吨，出口值3 120.4万美元。出口贸易量最大的为萨尔瓦多，出口量为22.05万吨，占世界糖蜜出口总量的89.27%，出口值为2 398.65万美元，占世界糖蜜出口总值的76.87%；其次为加拿大，出口量为2.38万吨，出口值为619.18万美元；捷克共和国出口量仅为0.11万吨，出口值为50.90万美元；波黑出口量为0.08万吨，出口值仅为10.11万美元；瑞士出口量仅为0.04万吨，出口值为23.99万美元；日本出口量为0.03万吨，出口值为9.50万美元；希腊出口量为101.30吨，出口值仅为2.24万美元；丹麦出口量仅为15.82吨，出口值却为2.24万美元；波兰出口量为2.50吨，出口值仅为0.48万美元；中国香港出口量为1.32吨，出口值为2.55万美元。

世界糖蜜进口总量6.96万吨，进口总值4 346.91万美元。进口贸易量最大的国家为加拿大，进口量5.04万吨，占世界糖蜜进口总量的72.41%，进口值1 135.68万美元，占世界糖蜜进口总值的26.17%；其次为日本，进口量没有统计数据，进口值为2 633.59万美元；丹麦进口量1.63万吨，进口值为336.0万美元；波兰进口量仅为0.09万吨，进口值为81.55万美元；中国香港进口量0.08万吨，进口值为72.80万美元；智利进口量0.05万吨，进口值为27.04万美元；捷克共和国进口量0.03万吨，进口值为24.14万美元；瑞士进口量0.02万吨，进口值为26.95万美元；希腊进口量仅为67.96吨，进口值为8.37万美元；波黑进口量25.70吨，进口值为0.61万美元。

1.1.2.3 新鲜甘蔗的进口贸易集中在新加坡，出口贸易集中在马来西亚

据联合国统计，2019年，世界新鲜甘蔗出口量12 179.14吨，出口值572.25万美元。出口贸易量最大的为马来西亚，出口贸易量为10 856.09吨，占世界新鲜甘蔗出口贸易总量的89.14%，出口值为282.96万美元，占新鲜甘蔗总出口值的49.45%；其次为美国，出口贸易量为279吨，出口贸易值仅为15.58万美元；巴基斯坦出口贸易量为233.21吨，出口贸易值为25.46万美元；缅甸出口贸易量为196.12吨，出口贸易值仅为9.37万美元；墨西哥出口贸易量仅为177.59吨，

出口贸易值为20.23万美元；荷兰出口贸易量为157.42吨，出口贸易值为20.19万美元；牙买加出口贸易量为124.59吨，出口贸易值仅为15.87万美元；越南出口贸易量仅为83.00吨，出口贸易值却为117.68万美元；泰国出口贸易量为19.90吨，出口贸易值为28.18万美元；西班牙出口贸易量为15.56吨，出口贸易值为6.90万美元。

世界新鲜甘蔗进口贸易量25 261.52吨，进口贸易值1 465.51万美元。进口贸易量最大的国家为新加坡，进口贸易量11 220.49吨，占世界新鲜甘蔗进口贸易量的44.42%，进口贸易值271.21万美元，占世界新鲜甘蔗进口贸易值的18.51%；其次为美国，进口贸易量4 544.00吨，进口贸易值为252.19万美元；越南进口贸易量3 916.17吨，进口贸易值为482.58万美元；加拿大进口贸易量1 132.14吨，进口贸易值为75.88万美元；西班牙进口贸易量1 083.85吨，进口贸易值为57.90万美元；爱尔兰进口贸易量989.14吨，进口贸易值为91.75万美元；比利时进口贸易量586.33吨，进口贸易值为64.93万美元；韩国进口贸易量419.43吨，进口贸易值为23.40万美元；中国澳门进口贸易量为262.18吨，进口贸易值为32.31万美元；塞浦路斯进口贸易量177.36吨，进口贸易值为10.10万美元。

1.2 重点国家巴西、印度发展情况

1.2.1 巴西蔗糖产业发展情况

1.2.1.1 产业资源情况

巴西国土面积居世界第五，人口数量居世界第五，巴西具有丰富的土地、水和生物等农业资源。国土面积851.49万平方千米，可耕地面积152.5万平方千米，且可耕地面积还在不断扩大。巴西是世界甘蔗第一大生产国，2018年，巴西甘蔗种植面积占世界38.23%，年产量占世界39.16%，对世界蔗糖业的发展和影响有着不可估量的作用。巴西甘蔗有东北部和中南部两大产区，其中，中南部产区占巴西甘蔗总种植面积的80%~90%。巴西受气压带和风带位置移动影响，形成干湿两季，湿润季节适宜播种、生长，干季利于提高糖分。地形平坦、水热条件优越，适宜种植甘蔗的面积广。巴西甘蔗种植主要有以下优势：一是地广人稀，以规模化种植为主，机械化程度高；二是成熟和收获季节分散，榨季时间长，产品货架期长。巴西甘蔗主要用于食糖和燃料酒精加工，主要根据食糖和酒精的市场价格调整。一般而言，食糖和燃料酒精用蔗各一半。由于巴西甘蔗产业在世界中占有很大份额，因此巴西调整食糖和酒精生产比例对国际食糖市场有着重大影响。

1.2.1.2 巴西甘蔗种植面积及产量快速增长

2008—2018年，巴西甘蔗的种植面积呈快速增长趋势（图5），主要分为3个阶段，2008—2011年为直线增长阶段，由814.01万公顷增长到960.13万公顷，年增长率为5.66%；2012—2014年为快速增长阶段，由970.54万公顷增长到1 041.97万公顷，年增长率为3.63%，同时2014年也是近10年来的最高值；2015—2018年产业发展基本平稳，为略微下降阶段，一直保持

在 1 000 万公顷左右，即 2015 年 1 011. 14 万公顷、2016 年 1 022. 39 万公顷、2017 年 1 018. 92 万公顷和 2018 年 1 004. 22 万公顷。

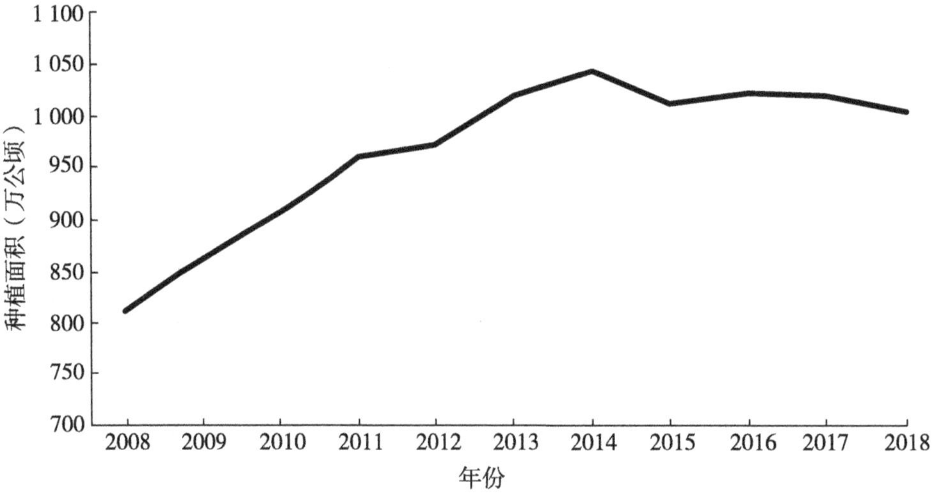

图 5　2008—2018 年巴西甘蔗种植面积变化趋势

（数据来源：联合国粮食及农业组织）

2008—2018 年巴西甘蔗的总产量基本呈上涨趋势（图 6）。主要分为 3 个阶段，2008—2011 年为快速增长阶段，由 64 530. 02 万吨增长到 73 400. 61 万吨，年增长率为 4. 41%；2012—2013 年进入第二个增长阶段，由 72 107. 73 万吨增长 76 809. 04 万吨，年增长率为 6. 62%；2014—2018 年为基本稳定发展阶段，由 73 610. 85 万吨增长到 74 682. 82 万吨，2016 年是这 10 年来甘蔗总产量的最高值 76 859. 42 万吨。

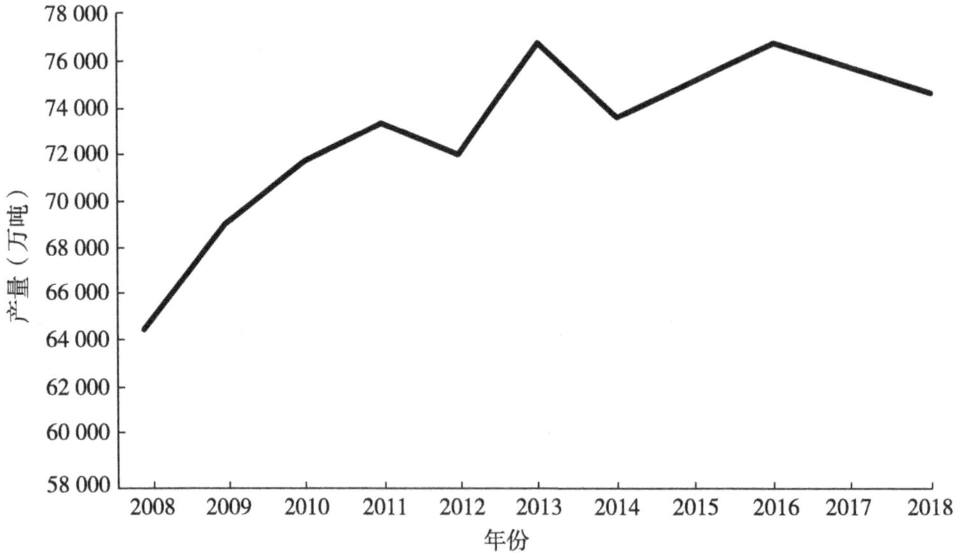

图 6　2008—2018 年巴西甘蔗产量变化趋势

（数据来源：联合国粮食及农业组织）

1.2.1.3 巴西蔗糖贸易情况

巴西甘蔗产品进出口贸易以蔗糖为主；其加工过程中的副产物糖蜜是重要的工业原料，在进出口贸易中占有较大份额；而原料新鲜甘蔗在进出口贸易中只占很小份额。据 UN 国统计，2008 年以来，巴西甘蔗类产品进出口情况如表 1 和表 2 所示。

从表 1 可以看出，2008—2018 年巴西甘蔗类产品的进口贸易在逐年增加。蔗糖的进口贸易增长速度非常快，2008—2018 年，进口量由 6.05 吨增长到 1 089.28 吨，进口值由 4.64 万美元增长到 106.12 万美元，其中 2015 年是近 10 年来蔗糖进口贸易最高点，进口量为 1 220.44 吨、进口值为 160.64 万美元。糖蜜的进口贸易呈增长趋势，近 10 年间由 2010 年的 0.26 吨增长到 2018 年 53.20 吨，进口值由 0.01 万美元增长到 4.81 万美元。新鲜甘蔗自 2008 年以来几乎无进口贸易。

从表 2 可以看出，2008—2018 年巴西甘蔗类产品的出口贸易呈现波动下降趋势。蔗糖的出口贸易远大于进口贸易，但是蔗糖出口贸易呈波动发展，2008—2010 年，出口量由 5 847 880.22 吨增长 7 061 118.59 吨，出口值由183 341.18万美元增加到345 483.21万美元，其中 2010 年是近 10 年来蔗糖出口贸易最高点；2011—2018 年，由 5 204 060.21 吨下降到 3 099 666.47 吨，出口值由 339 132.95万美元下降到113 488.94万美元；其次糖蜜的出口贸易呈迅速下降趋势，2008—2018 年，出口量由 12 231.93 吨下降到 31.95 吨，出口值 133.57 万美元下降到 2.77 万美元。

表 1 2008—2018 年巴西蔗糖类产品进口贸易情况 （单位：吨、万美元）

年份	蔗糖		糖蜜	
	进口量	进口值	进口量	进口值
2008	6.05	4.64	—	—
2009	6.78	8.24	—	—
2010	11.24	14.72	0.26	0.01
2011	26.92	25.32	—	—
2012	176.08	54.57	—	—
2013	783.12	99.19	2.00	0.50
2014	507.94	87.81	2.95	0.68
2015	1 220.44	160.64	24.83	3.40
2016	832.95	95.93	35.39	3.40
2017	1 207.18	113.29	89.25	4.06
2018	1 089.28	106.12	53.20	4.81

数据来源：联合国统计数据。

表 2　2008—2018 年巴西蔗糖类产品出口贸易情况　　（单位：吨、万美元）

年份	蔗糖		糖蜜	
	出口量	出口值	出口量	出口值
2008	5 847 880.22	183 341.18	12 231.93	133.57
2009	63 68 548.60	239 923.21	55 911.82	710.23
2010	7 061 118.59	345 483.21	46 893.68	632.02
2011	5 204 060.21	339 132.95	1.54	1.01
2012	4 870 179.95	281 447.04	2.09	0.66
2013	5 632 122.39	267 821.35	56.01	2.57
2014	4 865 441.32	200 890.08	8.36	2.09
2015	5 084 437.40	174 024.87	6.51	1.30
2016	5 271 385.26	215 322.63	11 985.37	307.36
2017	5 362 325.83	236 481.98	63.80	5.08
2018	3 099 666.47	113 488.94	31.95	2.77

数据来源：联合国统计数据。

1.2.2　印度蔗糖产业发展情况

1.2.2.1　产业资源情况

印度人口居世界第二位，国土面积居世界第七位，拥有国土面积为 298 万平方千米。印度农村人口占总人口 72%，拥有 1.6 亿公顷耕地占世界的 10%。而如今的印度不仅在粮食需求方面能自给自足，而且还是一个农产品净出口国，居世界第七位，稻米、小麦、甘蔗、茶叶、黄麻、棉花和油料等农产品的产量居世界前茅。印度甘蔗生产世界第二，同时也是世界最主要的消费国之一。2018 年，印度甘蔗种植面积占世界的 18.01%，甘蔗年产量占世界的 19.73%。印度甘蔗供需量都很大，使之成为世界糖价变动焦点。印度甘蔗种植分布在 12 个邦，其中北方邦、马邦、卡纳塔卡邦占甘蔗种植面积 80%。印度榨季生产自 10 月开始，翌年 3 月收榨，产量高峰期在 1—2 月，产量和出糖率在此时都表现最优。印度是典型的季风气候，降水的多寡极大影响了甘蔗种植和产量。印度北方邦灌溉系统发达，灌溉率近 80%，干旱影响相对较轻，而马邦灌溉率仅有 19%，如出现干旱天气则影响较大。印度的甘蔗种植主要用于生产食糖，是仅次于棉纺织行业的第二大农产品产业。2019 年以来，由于印度出台糖业利好政策，以及巴西甘蔗种植面积调减，食糖产量大幅减少，2018/2019 年度，印度食糖生产首次超越巴西，成为世界第一。从长期角度来看，印度糖业发展具有以下优势，一是具有适宜甘蔗种植的土壤和天气条件；二是人口多，市场需求潜力大；三是政府出台有利支持政策。未来印度糖业发展空间很大，将在国际糖业上发挥重要作用。

1.2.2.2　印度甘蔗种植面积及产量有较大波动

2008—2018 年，印度甘蔗的种植面积波动发展，总体而言呈下降趋势（图 7）。主要分为 3 个阶段：2008—2010 年为快速下降阶段，由 505.52 万公顷下降到 417.46 万公顷；2011—2016 年为稳定阶段，基本维持在 495 万公顷，2015 年是近 10 年来甘蔗种植面积中最高值 507 万公顷；2017—2018 年为产业恢复增长阶段，由 438.9 公顷增长到 473 万公顷。

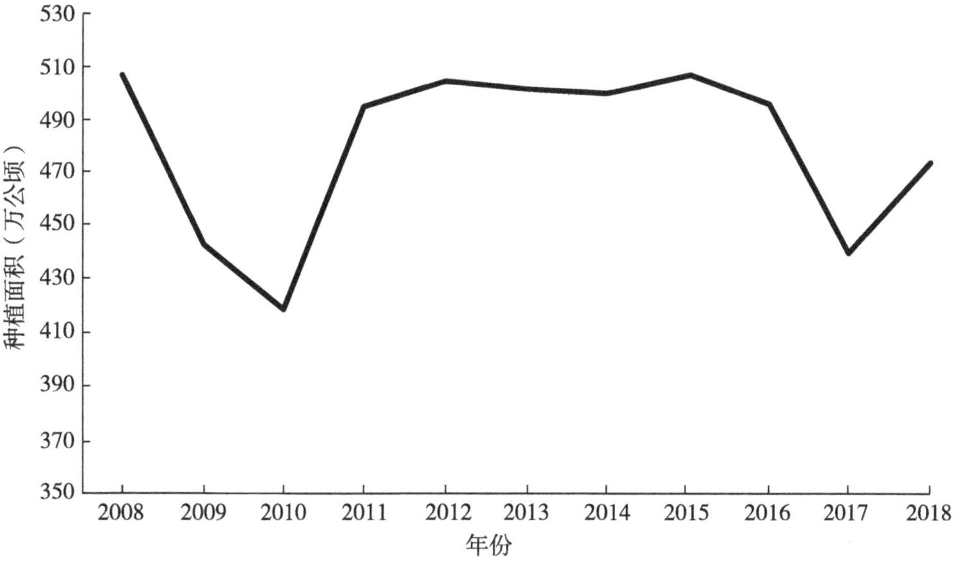

图 7　2008—2018 年印度甘蔗种植面积变化趋势

（数据来源：联合国粮食及农业组织）

2008—2018 年，印度甘蔗的总产量呈波动增长趋势（图 8）。主要分为 3 个阶段：2008—2009 年为下降阶段，由 34 818.79 万吨下降到 28 502.9 万吨；2010—2012 年为快速增长阶段，由 29 230.2 万吨增长 36 103.7 万吨；2013—2015 年第二个增长阶段，由 34 120.0 万吨增长到 36 233.3万吨，2015 年后逐年下降，2017 年的产量仅仅为 30 606.9 万吨，2018 年甘蔗产量呈历

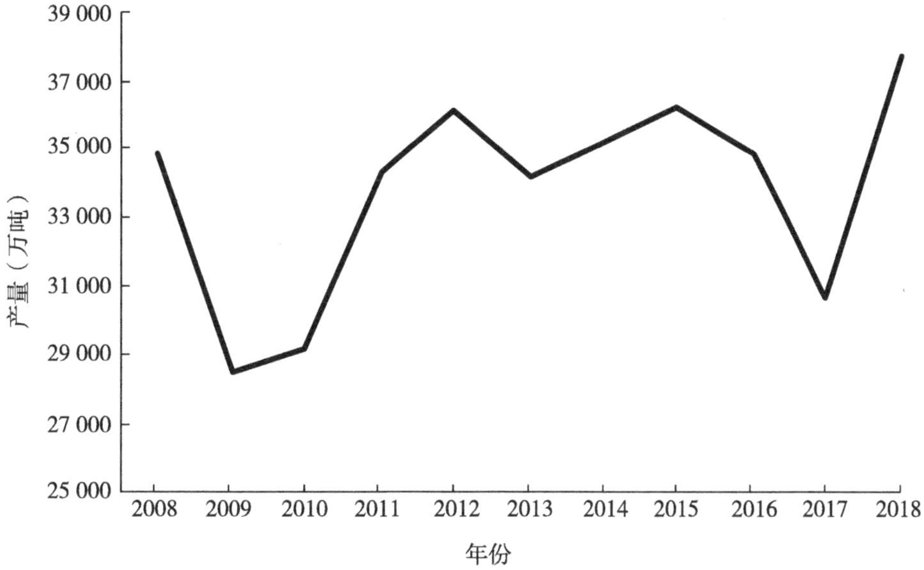

图 8　2008—2018 年印度甘蔗总产量变化趋势

（数据来源：联合国粮食及农业组织）

史性飞跃，达到 37 690. 0 万吨，是这 10 年来甘蔗产量的最高值。

1. 2. 2. 3　印度蔗糖贸易情况

印度甘蔗产品进出口贸易以蔗糖和糖蜜为主，而原料新鲜甘蔗在进出口贸易中只占很小份额。据联合国统计，2008 年以来，印度甘蔗类产品进出口情况如表 3 和表 4 所示。

表 3　2008—2018 年印度蔗糖类产品进口贸易情况　（单位：吨、万美元）

年份	蔗糖		糖蜜	
	进口量	进口值	进口量	进口值
2008	10. 05	14. 61	3 960. 73	275. 02
2009	35 689. 42	18 807. 85	5 205. 85	755. 46
2010	32 677. 01	22 573. 16	733. 70	136. 51
2011	52. 49	109. 03	316. 55	37. 15
2012	213. 74	210. 02	739. 63	44. 92
2013	1 941. 20	1 035. 28	690. 37	67. 96
2014	57. 61	158. 39	4 407. 00	384. 33
2015	168. 09	287. 49	3 227. 30	204. 66
2016	223. 15	343. 49	1 340. 00	112. 93
2017	528. 02	520. 52	5 763. 79	805. 30
2018	1 207. 71	1 015. 12	1 084. 70	113. 73

表 4　2008—2018 年印度蔗糖类产品出口贸易情况　（单位：吨、万美元）

年份	蔗糖		糖蜜	
	出口量	出口值	出口量	出口值
2008	211 592. 67	65 051. 20	33 830. 86	3 075. 50
2009	938. 60	449. 38	3 012. 37	372. 81
2010	123 902. 57	58 565. 84	81 320. 16	9 879. 90
2011	182 078. 17	129 175. 83	34 717. 73	4 114. 96
2012	165 632. 49	98 022. 65	40 670. 79	4 243. 11
2013	133 389. 26	67 134. 59	26 109. 96	3 289. 78
2014	150 589. 01	69 327. 99	9 926. 13	1 237. 33
2015	255 866. 36	100 894. 30	28 755. 41	4 386. 30
2016	287 829. 59	132 278. 27	13 237. 78	1 592. 13
2017	181 278. 18	88 500. 39	7 103. 51	988. 00
2018	238 530. 38	86 427. 64	49 982. 37	4 966. 92

数据来源：联合国统计数据。

2008—2018 年，印度甘蔗类产品的进口贸易呈现波动发展。2008—2018 年印度蔗糖的进口贸易发展不稳定，2008—2010 年，进口量由 10.05 吨增长到 32 677.01 吨，进口值由 14.61 万美元增长到 22 573.16 万美元，其中，2009 年是蔗糖进口量最高点为 35 689.42 吨；2010 年是蔗糖进口值最高点，为 22 573.16 万美元。2011—2018 年，进口量由 52.49 吨上涨到 1 207.71 吨，进口值由 109.03 万美元上涨到 1 015.12 万美元。糖蜜的进口贸易总体呈下降趋势，2010—2018 年，由 3 960.73 吨下降到 1 084.70 吨，进口值由 275.02 万美元下降到 113.73 万美元，其中，2017 年是糖蜜进口贸易最高点，进口量为5 763.79吨、进口值为 805.30 万美元。

2008—2018 年，印度甘蔗类产品的出口贸易呈现波动增长趋势。蔗糖的出口贸易远大于进口贸易，且蔗糖出口贸易呈先下降后增长趋势。2008—2009 年，出口量由 211 592.67 吨急剧下降到 938.60 吨，出口值由 65 051.20 万美元快速下降到 449.38 万美元；2010—2018 年，出口量由 123 902.57 吨增长到 238 530.38 吨，出口值由 58 565.84 万美元增长到 86 427.64 万美元，其中，2016 年是糖蜜出口贸易的最高点，出口量为 287 829.59 吨、出口值为 132 278.27 万美元。糖蜜的出口贸易也呈先下降后增长趋势。2008—2009 年，出口量由 33 830.86 吨下降到3 012.37吨，出口值由 3 075.50 万美元下降到 372.81 万美元，2010 年是蔗糖出口贸易的最高点，出口量为 81 320.16吨、出口值为 9 879.90 万美元；2011—2018 年，出口量由 34 717.73 吨增长到 49 982.37 吨，出口值由 4 114.96 万美元增长到 4 966.92 万美元。

2 中国甘蔗产业发展基本情况

2.1 生产情况

2.1.1 全国生产特征变化

中国既是食糖生产大国，也是消费大国。目前我国食糖生产居世界第 3，仅次于巴西和印度。中国食糖 92%以上源于甘蔗榨糖。我国甘蔗主产区分布在广西、云南、广东、海南、福建、四川、江西、湖北等地，其中广西、云南和广东的甘蔗种植面积占中国甘蔗总种植面积的 94%。中国甘蔗种植面积在 2008 年迅速上升（比 2007 年增长 60%），之后的 3 年略有下降并趋于平稳，2012 年略有上升，2013 年后缓慢下降（表 5）。我国甘蔗产量 2008 年增幅较大，比 2007 年增加 6.0%，之后 3 年略有减少并趋于平稳，2012 年略有上升，2014 年后缓慢下降（表 6）。

表 5 中国各甘蔗种植省近年来甘蔗种植面积 （单位：万亩）

区域	2007	2008	2009	2010	2011	2012	2013	2014	2015	2016	2017	2018
海南	80	112	107	90	91	94	98	93	68	48	31	32
广东	173	225	228	232	240	248	259	289	244	239	259	254
广西	954	1 635	1 590	1 604	1 637	1 724	1 688	1 622	1 461	1 427	1 330	1 314

（续表）

区域	2007	2008	2009	2010	2011	2012	2013	2014	2015	2016	2017	2018
福建	16	24	9	8	8	8	8	8	8	7	7	7
云南	310	465	446	443	452	504	514	510	506	427	390	360
四川	14	22	19	22	21	16	12	10	8	10	14	14
贵州	15	27	33	33	34	34	37	39	37	39	16	12
湖南	7	7	7	7	7	7	7	7	7	7	11	11
总计	1 569	2 515	2 439	2 439	2 492	2 635	2 623	2 578	2 338	2 205	2 058	2 004

数据来源：南亚办、国家统计局。

表 6　中国各甘蔗种植省近年来甘蔗总产量　（单位：万吨）

区域	2007	2008	2009	2010	2011	2012	2013	2014	2015	2016	2017	2018
海南	514	497	460	385	388	417	443	425	286	205	133	133
广东	1 388	1 199	1 254	1 300	1 390	1 469	1 553	1 674	1 453	1 478	1 344	1 413
广西	7 317	8 216	7 509	7 120	7 270	7 983	8 104	7 953	7 505	7 461	7 132	7 293
福建	106	106	46	40	36	36	35	35	32	31	26	26
云南	1 911	1 899	1 761	1 751	1 826	2 084	2 146	2 110	2 050	1 705	1 516	1 640
四川	96	92	71	73	97	72	62	52	43	34	35	36
贵州	47	66	89	107	117	117	131	149	153	142	50	63
湖南	29	20	21	21	23	23	22	22	20	20	33	34
总计	11 407	12 093	11 211	10 796	11 146	12 200	12 497	12 419	11 542	11 076	10 270	10 637

数据来源：南亚办、国家统计局。

2.1.2　各省生产特征变化

中国甘蔗生产第一大省广西的甘蔗种植面积 2008 年显著上升，较 2007 年增长 71.3%，2009—2011 年种植面积变化幅度不大，2012 年种植面积比上年增加 5.3%，后逐渐降低，2015 年降幅最大，降至上年度面积的 90%。甘蔗产量 2008 年增幅最大，较上年增加了 12.3%，之后逐渐降低，2012 年和 2013 年略有回升，之后逐渐下降，2015 年降幅最大，产量仅为上年度的 94.4%。

云南是中国甘蔗生产第二大省，其甘蔗种植面积 2008 年迅速上升，增幅达 49.9%，后略有下降，2012 年后缓慢上升并趋于平稳，2016 年迅速下降，降幅达 15.5%。云南省的甘蔗产量从 2008—2010 年都呈下降趋势，2011 年后产量开始回升并趋于平稳，2016 年随着种植面积的减少产量迅速下降，降幅达 16.8%。

广东为中国甘蔗生产第三大省，其种植面积自 2008—2014 年一直呈缓慢上升趋势，2015 年降幅较大，达 15.6%，2016 年略有下降。甘蔗产量 2008 年较上一年下降 13.7%，后逐渐上升，2014 年达峰值，2015 年大幅度下降，降幅达 13.2%。

海南的甘蔗种植面积仅次于广东，其种植面积 2008 年迅速上升，增幅达 40.9%，后逐渐下降，2012 年略有回升，2015 年后又迅速下降，降幅达 26.7%。甘蔗产量 2008—2011 年逐年下降，2012 年逐渐回升，2015 年又急剧下降，降幅达 32.6%。

由表 3 和表 4 可见，受进出口贸易和国家政策的影响，各省甘蔗的种植面积波动较大。同时受自然灾害、管理落后等因素影响，甘蔗总产量和种植面积的变化规律并不一致。

2.2 产品加工情况

甘蔗的主要加工产品为白糖、红糖，同时有少量的甘蔗汁和甘蔗酒。甘蔗加工过程中产生的副产物糖蜜通常被用于生产工业酒精、高活性酵母和焦糖色素，甘蔗渣通常用来造纸，生产环保餐具，少量用来做食用菌栽培。由于甘蔗采收后其含糖量会随着放置时间的延长而降低，所有甘蔗加工厂的集中区域为甘蔗种植地附近。甘蔗的加工规模也和其种植面积成正比。

我国甘蔗产品的开发还比较单一，生产的高附加值产品比较少，尤其对甘蔗采收及榨糖过程中的副产物利用还不够充分。以后甘蔗加工的研究重点将针对甘蔗叶、甘蔗梢、甘蔗渣、甘蔗泥及糖蜜进行高附加值产品的开发，从而使我国甘蔗产业持续健康发展。

2.3 市场情况

2.3.1 国际市场情况

2001—2010 年，我国食糖进口数量总体呈增长趋势，但进口数量均为超过 194.5 万吨的关税配额，占中国市场份额相对较小，对于国内市场的影响也较小，我国食糖进口以弥补国内食糖供给为主。2011 年后，我国食糖进口大幅增加，不再以弥补国内供求为主，而是以价差驱动进口为主，大量食糖尤其是配额外食糖进入国内市场。从数量来看，2011 年我国食糖进口首次超过 194.5 万吨关税配额，2011—2013 年进口量快速增长，2014 年稍有回落，随后 2015 年进口量增长至历史峰值 485 万吨（约占我国食糖消费量的 1/3）。

由于食糖进口大量、过度、无序，我国先后采取了一系列措施以实现食糖有序进口。2017 年我国开始实施为期 3 年的食糖贸易保障措施，第一年保障措施关税税率为 45%，第二年和第三年保障措施关税税率为 35%。此后，配额外食糖进口在原有 50%配额外进口关税的基础上叠加保障措施关税。在对策并举情况下，近两年食糖进口量呈现下降态势，2017 年，中国食糖进口贸易大幅下滑，进口数量为 229 万吨，比 2016 年下降 25.20%，达到 2010 年以来的最低水平。2017 年食糖进口额 10.78 亿美元，比 2016 年下降 7.87%。

2.3.2 国内市场情况

受糖价下滑影响，2012/2013 榨季至 2014/2015 榨季我国食糖产业出现持续 3 年的全行业亏损；随着糖价的逐渐回升，2015/2016 榨季行业出现微利，2016/2017 榨季整个行业实现盈利。2017 年上半年糖价主要集中在 6 500~6 900 元/吨，下半年糖价以 6 200~6 500 元/吨区间震荡为主。2016/2017 榨季整个糖业有所好转，糖农增收、糖企增效，产业链主体收益回升。糖农增收

38亿元，糖企盈利32亿元（同比增加23亿元），行业收入增加，财政增税。受糖价回升利好刺激，蔗农种植意愿有所恢复。

2017/2018榨季和2018/2019榨季国际食糖供给过剩，国际糖价已经跌至3月28日的12.33美分/磅，国内糖价也下滑到5 600元/吨左右。糖价下滑本身为国内产业发展带来了风险，使得产业链盈利下滑。如果一旦调整贸易保障措施或者进口配额，进口糖优势将进一步增加，进口糖冲击和国内风险的双重叠加，会给我国糖业发展带来加速的冲击。

3 甘蔗产业主产区发展动态

3.1 广西产区甘蔗产业发展动态

甘蔗产业是带动广西经济发展的支柱产业。广西耕地资源以及水肥资源等已成为甘蔗产业进一步发展的主要约束因素。为解决这个问题，近年来，甘蔗种业企业不断深化与广西壮族自治区内外甘蔗育种单位的合作，选育宿根性强的甘蔗品种和抗旱抗逆品种，从而有效拓展耕地资源的有效利用，解决缺水缺肥的问题。目前广西已建成了一批良种繁育基地，甘蔗优良品种及其脱毒健康种茎（苗）推广应用效果显著，甘蔗品种结构进一步优化。甘蔗种茎（苗）管理和服务体系逐步完善。

3.2 云南产区甘蔗产业发展动态

云南有49个县产糖，相关从业人员600多万人，种植面积33.33万公顷，产糖量约200万吨。主要分布在哀牢山一带，包括哀牢山以西的临沧市、德宏州、保山市、普洱市西部和西双版纳州西部等区域，哀牢山以东主要分布在玉溪市西南部（新平和元江）、红河州北部（弥勒）和文山州东部（富宁）。云南甘蔗产业面临的主要挑战，一是生产经营方式粗放；二是基础设施薄弱；三是机械化水平较低；四是甘蔗种植比较效益下滑，替代及竞争性作物增加，越来越多的蔗农开始转向种植经济效益更好的农作物，或者外出务工，整体甘蔗呈萎缩趋势。目前云南省正利用自身西南门户的区位优势，发展与东盟各国的甘蔗产业合作。

3.3 广东产区甘蔗产业发展动态

广东是我国最大的食糖消费省份，第三大食糖产区。广东甘蔗种植主要集中在粤西地区，其中果蔗主要分布在广州、韶关、湛江、江门、清远、阳江、肇庆、云浮、惠州和茂名等市，糖蔗主要分布在湛江、茂名、清远、韶关、江门等市。潮州是广东单产最高的地区，湛江是面积和产量最大的地区。为加大甘蔗产业盈利空间，广东大力推进机械化作业，并改进制糖加工技术，大力发展“甘蔗—制糖—蔗渣—造纸—废液碱回收”“甘蔗—制糖—糖蜜—酵母—排放物、滤泥—生物有机肥—甘蔗”“甘蔗—制糖—蔗渣、蔗髓—发电”等循环生产模式。同时广东省进一步加大甘蔗种植的政策扶持力度，提升蔗农的种植积极性。

3.4 海南产区甘蔗产业发展动态

海南19个市（县）除三沙市以外均有甘蔗种植，东部地区和中部地区种植面积小，主要集中在西部地区。其中，12个市（县）种植糖料甘蔗（除了三亚、琼海、万宁、乐东、保亭、陵水、三沙以外），儋州市的种植面积占全省种植面积的30%以上。近年来甘蔗价格持续走低，加之海南本地劳动力成本的逐步增高（2019年海南人工成本已经占生产成本的50%），甘蔗种植利润下滑，导致蔗农种植积极性降低。目前中国热带农业科学院正在推广机械化采收甘蔗，采用机械收割一天可收获50~70吨，可降低20%~30%成本。机械化采收大大提高了广大蔗农的种植积极性。

3.5 福建产区甘蔗产业发展动态

福建甘蔗种植面积逐年萎缩，产量保持在40万~120万吨。甘蔗规模比较优势指数小于1，处于综合比较劣势，甘蔗和制糖产业近年来亏损严重，福建的甘蔗种植面积未来可能会继续下降，糖厂可能会面临转型。

3.6 贵州产区甘蔗产业发展动态

蔗糖产业是贵州热区的传统支柱产业，集中在黔西南、黔南两自治州，涉及6个县，共计20多万人口。由于农业基础设施建设滞后，平均灌溉率低于10%，干旱成为甘蔗产业重要制约因素。限于90%以上的蔗地为坡地，大规模机械化采收难，使得贵州甘蔗生产效率低下、生产成本居高不下。贵州地区交通落后，甘蔗运输周期长，造成糖分损失，加工经济效益差；同时由于科研力量相对薄弱，导致其优质栽培品种短缺，水肥管理、病虫害防控均较落后。这些情况严重制约了贵州甘蔗产业的发展。目前贵州正加强基础设施建设，发展坡地机械作业模式，加强企业与农户合作，同时大力引进科研人员，发展甘蔗良种种植，提升蔗糖企业结构，综合利用甘蔗加工副产物，提高经济效益。

3.7 四川产区甘蔗产业发展动态

四川现有种植面积约3.33万公顷，产量200多万吨，产值20亿元。主要分布在两大区域，一是中亚热带季风区，包含沱江、岷江、长江、嘉陵江、涪江、渠江流域，是传统种植区，种植县100多个。二是西南河谷南亚热带区，主要分布在金沙江、安宁河、黑水河流域。大部分作果蔗鲜食销售，种植比较分散，种植模式以散户种植为主，种植的品种包括甜城15、甜城18、甜城99、内江58-80等。四川甘蔗平均单产4~5吨/亩，高产栽培可达10吨以上。一般纯收入在3 000元/亩以上，种植效益高于粮食作物，也高于一般果树，有较好的比较效益，且能当年见效，增收效果好。甘蔗作为四川传统经济作物，许多农民在无任何政策支持情况下自发坚持种植，近几年面积有少量增长。作为国内果蔗和红糖最大的消费区，四川甘蔗产业市场前景广阔，极具发展潜力。

4 中国甘蔗产业生产及销售的预测

4.1 种植及贸易

4.1.1 中国甘蔗的种植及产量

1998—2018 年，中国甘蔗的种植面积波动性变化主要分为 4 个阶段，1998—2001 年为直线下降阶段，由 144.88 万公顷下降到 128.10 万公顷；2002—2005 年第二次下降阶段，由 142.08 万公顷缓慢下降到 136.57 万公顷；2006—2013 年快速增长阶段，由 138.92 万公顷增长到 182.49 万公顷，同时 2013 年也是甘蔗种植面积近 20 年来的最高值；2014—2018 年快速下降阶段，由 176.84 万公顷下降到 141.50 万公顷，但基本与 1998 年持平（图 9）。

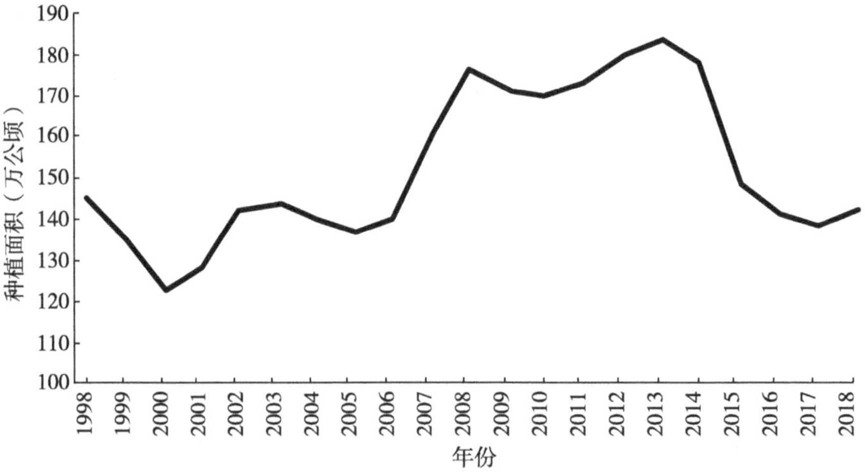

图 9 1998—2018 年中国甘蔗种植面积变化情况

（数据来源：联合国粮食及农业组织）

1998—2018 年，我国甘蔗的总产量总体呈上涨趋势。主要分为 4 个阶段（图 10），1998—2001 年为下降阶段，由 8 720.41 万吨下降到 7 796.57 万吨；2002—2005 年为第二次下降阶段，由 9 220.26 万吨下降到 8 757.82 万吨；2006—2013 年快速增长阶段，由 9 780.64 万吨增长到 12 873.51万吨，同时 2013 年也是中国甘蔗总产量近 20 年的最高值；2014—2018 年快速下降阶段，由 12 615.34 万吨下降到 10 871.90 万公顷。

4.1.2 中国甘蔗产业贸易情况及预测

中国甘蔗产品进出口贸易以蔗糖为主；其加工过程中的副产物糖蜜是重要的工业原料，在进出口贸易中占有较大份额；而原料新鲜甘蔗在进出口贸易也占有很重要份额。据联合国统计，1998 年以来，中国甘蔗类产品进出口情况如表 7 和表 8 所示。

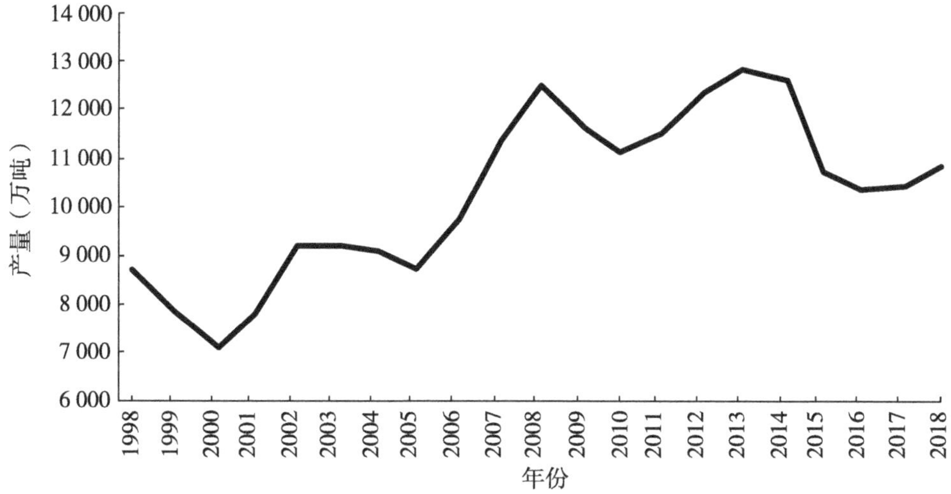

图 10　1998—2018 年中国甘蔗产量变化趋势

（数据来源：联合国粮食及农业组织）

表 7　1998—2018 年中国蔗糖类产品进口贸易情况　（单位：万吨、万美元）

年份	蔗糖		糖蜜		新鲜甘蔗	
	进口量	进口值	进口量	进口值	进口量	进口值
1998	—	—	22.42	1 139.40	—	—
1999	—	—	132.93	6 031.65	—	—
2000	—	—	41.49	1 957.83	—	—
2001	—	—	35.11	2 223.24	—	—
2002	—	—	7.37	411.25	—	—
2003	14.08	3 834.55	3.64	162.18	—	—
2004	18.94	5 064.98	17.70	912.48	—	—
2005	18.76	5 973.71	2.54	277.80	—	—
2006	24.34	10 323.77	—	—	—	—
2007	37.25	12 703.69	—	—	—	—
2008	24.96	9 464.10	—	—	—	—
2009	14.78	7 151.94	—	—	—	—
2010	20.13	12 475.49	—	—	—	—
2011	35.52	26 328.94	4.36	635.65	—	—
2012	32.14	21 977.96	4.96	785.65	81.99	4 975.23
2013	34.15	19 888.91	—	—	92.82	5 956.27
2014	33.07	18 257.61	—	—	108.79	7 169.14
2015	71.09	31 437.35	—	—	105.41	6 873.21
2016	44.28	22 175.25	—	—	80.70	5 031.21
2017	46.84	24 569.98	—	—	98.59	5 982.04
2018	53.48	23 794.78	—	—	118.40	7 508.59

表 8 1998—2018 年中国蔗糖类产品出口贸易情况 （单位：万吨、万美元）

年份	蔗糖		糖蜜		新鲜甘蔗	
	出口量	出口值	出口量	出口值	出口量	出口值
1998	—	—	0.09	30.36	—	—
1999	—	—	0.13	8.11	—	—
2000	—	—	0.11	6.30	—	—
2001	—	—	0.09	7.08	—	—
2002	—	—	0.16	49.54	—	—
2003	9.23	2 456.26	0.24	35.76	—	—
2004	7.69	2 178.31	0.34	33.20	—	—
2005	34.77	10 528.52	0.41	76.14	—	—
2006	14.41	5 533.94	0.50	80.46	—	—
2007	10.07	4 263.50	0.44	61.92	—	—
2008	5.14	2 242.62	0.37	49.00	—	—
2009	5.94	3 060.76	2.39	263.83	—	—
2010	9.01	6 049.60	2.66	406.50	—	—
2011	5.45	4 605.64	0.42	73.23	—	—
2012	4.17	3 733.97	0.26	44.11	0.25	58.71
2013	4.32	3 667.98	7.69	1 003.45	0.27	58.10
2014	4.21	3 391.27	3.34	443.01	0.25	48.39
2015	7.11	4 311.42	0.12	18.08	0.24	49.69
2016	14.43	7 904.65	0.04	6.14	0.25	58.01
2017	13.31	7 946.95	0.03	9.36	0.25	56.03
2018	18.11	9 302.40	0.04	15.94	0.18	59.92

数据来源：联合国统计数据。

1998—2018 年中国甘蔗类产品的进口贸易中蔗糖与新鲜甘蔗在逐年上涨，而糖蜜呈波动发展，总体而言呈下降趋势。蔗糖的进口贸易增长速度非常快，1998—2002 年，进口贸易没有数据；2003—2018 年，进口量由 14.08 万吨增长到 53.48 万吨、进口值由3 834.55万美元增长到23 794.78万美元，其中，2015 年是近 20 年来蔗糖进口贸易最高点，进口量为 71.09 万吨、进口值 31 437.35 万美元；其次是糖蜜的进口贸易呈下降趋势，1998—2005 年，进口量由 22.42 万吨下降到 2.54 万吨、进口值由 1 139.40 万美元下降到 277.80 万美元，其中，1999 年是近 20 年来糖蜜进口贸易最高点，进口量为 132.93 万吨、进口值 6 031.65 万美元；2006—2010 年，进口贸易没有数据；2011—2012 年，进口量由 4.36 万吨增长到 4.96 万吨、进口值由 635.65 万美元增长到 785.65 万美元，2013—2018 年进口贸易没有数据；而新鲜甘蔗的进口贸易呈上涨趋势，1998—2011 年，进口贸易没有数据；2012—2018 年，进口量由 81.99 万吨增长到 118.40 万吨、进口值由 4 975.23 万美元增长到 7 508.59 万美元，且 2018 年是近 20 年来新鲜甘蔗进口贸易最高点。

1998—2018 年中国甘蔗类产品的出口贸易呈现波动发展，甘蔗类产品出口贸易量大于进口贸易量。首先，蔗糖出口贸易呈波动发展，总体呈增长趋势。1998—2002 年，出口贸易没有数据；2003—2005 年，出口量由 9.23 万吨增长 34.77 万吨，出口值由 2 456.26 万美元增加到 10 528.52 万美元，其中，2005 年是近 20 年来蔗糖出口贸易最高点；2006—2015 年，由 14.41 万吨下降到 7.11 万吨，出口值由 5 533.94 万美元下降到 4 311.42 万美元；2016—2018 年，出口量由 14.43 万吨增长 18.11 万吨，出口值由 7 904.65 万美元增加到 9 302.40 万美元。其次，糖蜜的出口贸易总体呈下降趋势，1998—2013 年，出口量由 0.09 万吨增长到 7.69 万吨，出口值 30.36 万美元增长到1 003.45万美元，且 2013 年是近 20 年来糖蜜出口贸易最高点；2014—2018 年，出口量由 3.34 万吨下降到 0.04 万吨。新鲜甘蔗的出口贸易总体而言比较稳定：1998—2011 年，出口贸易没有数据；2012—2018 年，出口量由 0.25 万吨下降到 0.18 万吨，而出口值由 58.71 万美元增长到 59.92 万美元。

4.2 市场前景分析

4.2.1 国内市场

全世界种植甘蔗的有一百多个国家，我国种植面积居世界第三，食糖消费居世界第三。我国甘蔗主要分布在南方的海南、云南、广东、广西、福建等省份。20 世纪末，我国甘蔗生产技术落后，甘蔗总产量及单产产量比较低，制糖成本居高不下，国际竞争力较弱。历经数十年我国甘蔗种植技术取得长足进展，但仍存在规模较小、机械化程度低、人工成本居高不下、生产设施及整体技术水平落后、甘蔗产业链协作程度低等因素，严重制约着蔗糖产业的发展。我国蔗糖产量并不能满足国内需求，蔗糖进口量较大。由于糖价持续走低、加工效率低和品质不高等原因，近年我国甘蔗种植面积逐渐减少，制糖企业连年亏损。2018—2019 年全国食糖消费量 1 580 万吨，同比增长 0.64%。我国食糖人均消费量 11 千克，远低于世界平均水平 22.89 千克，随着国民经济发展，我国食糖消费提升潜力空间较大。

4.2.2 进出口贸易

2018 年中国进口食糖 280 万吨，同比增长 22.3%。食糖进口量最大的 5 个国家分别是巴西、古巴、泰国、韩国、澳大利亚，进口量分别为 73 万吨、37 万吨、29 万吨、18 万吨、15 万吨，进口占比分别为 26%、13%、10%、7%、5%。长期以来我国食糖量不能自满自足。2010 年后，我国每年食糖进口量保持了 20%的增长速度，食糖进口的强劲增长解除了国内市场供给不足的压力。进口激增的主要原因是国内食糖价格缺乏竞争力，国内外价差是糖进口的主要原因。食糖供给主要受自然环境影响，食糖需求与人口和收入呈正相关。进出口除了受周期影响外，受关税的影响也很大，中国进口糖受限于进口关税高和国内市场价格低双重影响，预计中国进口糖数量将维持较低水平。

4.2.3　加工品市场

目前中国甘蔗加工品主要是白糖、红糖、少量甘蔗汁和甘蔗酒。其加工过程中的副产物蔗渣部分被用于制备环保餐具，废糖蜜被用于生产酵母和工业酒精。对甘蔗产品的开发还远远不够，其加工过程中的副产物也未被充分利用。因此，对甘蔗产品的开发及对副产物的研究利用是未来提升中国甘蔗产业综合竞争力的关键。

5　中国甘蔗产业发展问题及制约因素

5.1　生产中存在的主要问题

5.1.1　生产方面问题

甘蔗品种单一且老化，优良品种缺乏，病虫害预警与防控系统建设不完善，病虫害频发，严重影响了中国甘蔗产量。甘蔗种植整体机械化程度较低，加上中国的劳动力成本越来越高，使得中国甘蔗种植成本居高不下，种植效益偏低。

5.1.2　销售和国际贸易方面问题

中国甘蔗产业生产种植技术低，机械化等装备水平落后，导致整体生产效益低。糖企经营管理粗放，产业国际竞争力弱，虽然有一定程度政策保护，但目前仍国内外糖价严重倒挂。

5.2　产业发展的主要制约因素

5.2.1　生产资源不足

甘蔗品种单一老化，其产量、含糖量、抗病虫害及抗逆性能低下，种植整体机械化研发力度欠缺，难以形成水肥一体化及规范化种植。

5.2.2　劳动力匮乏

农村年轻人普遍对种植业不感兴趣，劳动人口大量流入大城市，加剧了甘蔗产业劳动力缺乏问题，使得甘蔗种植业的劳动力成本逐年增高。

5.2.3　政策保障缺乏

为了促进我国糖产业发展，近年来国家出台了包括自动进口许可管理、贸易保障措施等一系列利好政策，并支持中国糖业协会开展行业自律，但这些政策缺乏可持续性，执行过程中仍面临较大压力。

6　中国甘蔗产业发展建议

6.1　综合施策提升产业基础竞争力

一是支持加快甘蔗产收机械化的研发和推广应用，鼓励农民和企业合作进行大面积种植，从而提升种植机械化和规模化水平。二是加强良种繁育体系建设，加大良种研发，开展技术培训服务，促进新品种推广应用。三是推动制糖行业合并重组，淘汰落后产能，促进行业提质增效。四是定期监测甘蔗苗情、病虫情、天气灾害和收购等情况，及时发布生产信息，引导生产。

6.2　抓好信息监测

及时分析国内外甘蔗种植和销售行情，调度甘蔗种植意向和生产情况，召开生产形势分析会，分析研判种植变化和发展趋势，为科学决策和指导生产提供支撑。

6.3　加强调控政策落实与衔接

做好食糖自动进口许可管理工作，切实保障食糖供应。完善行业自律，加强行业内的部门协调，充分发挥政策合力。完善国内外市场监测预警体系与服务，及时发现问题，提前制定应对政策措施。

6.4　严厉打击食糖走私行为

一是加强对非设关地走私的打击力度。二是加强边防、铁路、公安、质检等部门的联合执法工作。三是加大对销售、使用走私糖企业处罚力度，为我国蔗糖产业发展提供有力支撑。

天然橡胶产业发展情况研究报告

天然橡胶是重要的战略物资。关系国家生存发展和人民生活需要，在交通运输、机械制造、建筑建材、电子信息、采掘和医药制品等行业中发挥着非常关键性的作用。天然橡胶的弹性、抗冲压、抗撕裂、耐磨等方面性能突出，在航天航空、国防、载重机械、矿山机械、汽车轮胎、医疗等领域中需求量较大。

1 世界天然橡胶产业发展基本情况

1.1 世界发展情况

1.1.1 生产情况

在全球天然橡胶需求增长的推动和经济效益的刺激下，经过140多年的发展，橡胶树已经在亚洲、非洲和美洲热带地区共60多个国家种植。

1.1.1.1 种植面积

进入21世纪，在以中国为主的亚洲国家消费需求拉动下，全球橡胶种植面积进入快速增长时期，据联合国粮食及农业组织（FAO）与国际橡胶研究组织（IRSG）统计，到2018年世界天然橡胶面积达到1 471万公顷，主要种植在亚太地区。

印度尼西亚、泰国、中国、马来西亚、越南、印度为天然橡胶主产国，2018年，天然橡胶种植面积分别占到世界天然橡胶总种植面积的25.01%、24.86%、8.00%、7.37%、6.56%、5.61%，其中泰国和越南天然橡胶种植面积同比减少，分别减少了0.39%、0.44%；其他国家天然橡胶种植面积同比增加，印度尼西亚和印度增加较多，同比分别增加0.55%、0.50%。

1.1.1.2 产量

2018 年世界天然橡胶的产量为 1 386.90 万吨，同比增长 2.40%，单位面积产量为 942.82 千克/公顷。其中，亚太地区产量 1 261.50 万吨，在世界天然橡胶总产量中占比为 90.96%；欧非中东地区产量 91.08 万吨，在世界天然橡胶总产量中占比为 6.57%；美洲地区天然橡胶产量 34.25 万吨，在世界天然橡胶总产量中占比为 2.47%。2018 年世界合成橡胶的产量 1 526.4 万吨，同比增长 1.00%，其中亚太地区和欧非中东地区产量分别为 783.09 万吨和 452.77 万吨，同比分别增长 2.97%和 0.96%，美洲地区产量为 290.54 万吨，同比减少 2.74%。

世界天然橡胶主产国为泰国、印度尼西亚、越南、中国、印度、马来西亚等，其天然橡胶产量在全球天然橡胶总产量中分别占 35.14%、26.15%、8.23%、6.03%、4.73%、4.35%，其余国家天然橡胶产量仅占世界天然橡胶产量的 12.43%（图 1）。

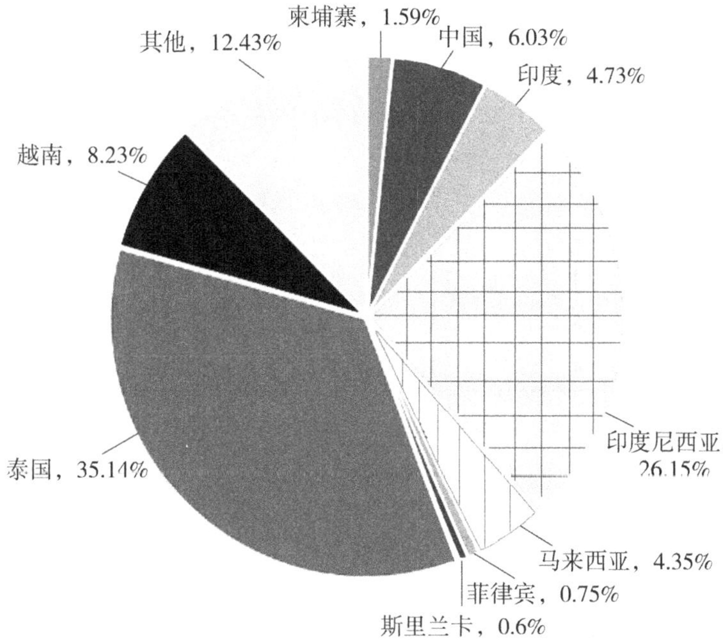

图 1 2018 年全球天然橡胶主产国的产量占世界总产量之比

（数据来源：国际橡胶研究组织）

1.1.2 消费情况

2008 年金融危机后，英国、日本、德国、法国、美国等主要发达国家经济始终处于疲软状态，对天然橡胶的消费量的拉动较小，新兴国家成为天然橡胶消费量的主要拉动力，尤其是中国加入 WTO 以后，橡胶制品出口市场迅速扩张，天然橡胶消费量快速增长。

据 IRSG 统计，2018 年，世界天然橡胶消费量为 1 381.30 万吨，同比增长 4.60%，主要集中在亚洲、美洲和欧洲地区。其中亚太地区天然橡胶消费量为 1 025.86 万吨，同比增长 0.44%，在世界天然橡胶总消费量中占比为 74.27%；欧非中东地区天然橡胶消费量为 177.01 万吨，同比减少1.90%，在世界天然橡胶总消费量中占比12.81%；美洲地区消费量为178.43万吨，同比减少0.41%，在世界天然橡胶总消费量中占比12.92%。2018年全球合成橡胶消费量1 534.20万吨，同比增长0.70%，其中，亚太地区、欧非中东地区、美洲地区消费量分别为853.23万吨、387.87万吨和193.10万吨，同比分别增长2.25%、0.91%、0.65%。

2012年以来，中国的天然橡胶消费量在世界天然橡胶消费量中占比均超过35%，2017年其消费量在世界总消费量中占比更是突破了40%。印度、美国、日本天然橡胶消费量都呈波动中增加的趋势。2012年以后，在世界天然橡胶主要消费国中，中国在世界天然橡胶总消费量中所占的比例逐年增长，美国、日本所占的比例逐年下降，其余国家变化不大，见表1。

表1　世界天然橡胶主要消费国消费量在总消费量中占比　（单位:%）

国家	2012年	2013年	2014年	2015年	2016年	2017年	2018年
中国	35	37	39	39	39	40	40
印度	9	8	8	8	8	8	9
美国	9	8	8	8	7	7	7
日本	7	6	6	6	5	5	5
泰国	5	5	4	5	5	5	5
印度尼西亚	4	5	4	4	5	5	5
马来西亚	4	4	4	4	4	4	4
韩国	4	4	3	3	3	3	3
巴西	3	4	3	3	3	3	3

数据来源：国际橡胶研究组织。

1.1.3　贸易情况

2012年以后，世界天然橡胶进口量和出口量都呈增加趋势，据IRSG统计，2018年，世界天然橡胶进口量和出口量分别为1 250.90万吨和1 220.20万吨，同比增长2.20%和0.20%，从图2来看，近些年世界天然橡胶的进口量一直大于出口量，进口量和出口量除2017年增长较多以外，其余年份总体波动不大，保持稳定中略有增长的态势。其中亚太地区是天然橡胶主要贸易地区。

1.1.3.1　出口情况

多年来，亚太地区天然橡胶出口量在波动中增加，在世界天然橡胶总出口量中占比一直超过90%，但2012年以来，亚太地区天然橡胶出口量占世界总出口量的比例一直在减少，2018年，亚太地区天然橡胶出口量为1 086.96万吨，占世界总出口量的90.73%。欧非中东地区天然橡胶出口量逐年增加，其出口量在世界天然橡胶总出口量中占比也呈增加趋势，欧非中东地区天然橡胶出口量为101.35万吨，占世界总出口量的8.46%。美洲地区天然橡胶出口量很少，2018年出口量为9.76万吨，仅占世界天然橡胶总出口量的0.81%（表2）。

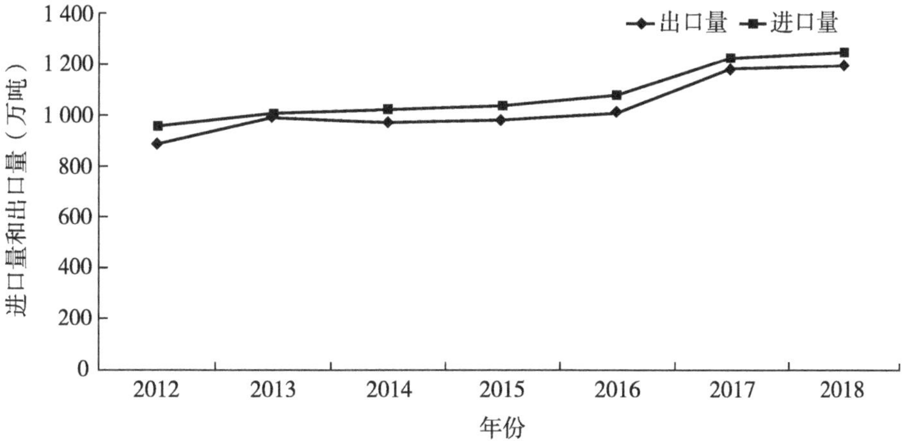

图 2　2012 年以后世界天然橡胶进出口量

（数据来源：国际橡胶研究组织、联合国粮食及农业组织）

1.1.3.2　进口情况

亚太地区同时也是天然橡胶的主要进口地区，2012 年以来进口量占世界总进口量之比平均为 65%，进口量呈现逐年增加趋势。2018 年，亚太地区天然橡胶总进口量为 876.06 万吨，同比增长 1.58%，进口量在世界天然橡胶总进口量中占比为 70%。欧非中东地区天然橡胶进口量为 212.63 万吨，同比增加 3.90%，进口量在世界天然橡胶总进口量中占比为 17%。美洲地区天然橡胶进口量为 155.23 万吨，在世界天然橡胶总进口量中占比为 12.41%，同比增长 4.66%（表 2）。

表 2　世界各地区天然橡胶进出口量占世界总进出口量之比　　（单位:%）

年份	出口量占世界总出口量之比			进口量占世界总进口量之比		
	亚太地区	EMEA	美洲地区	亚太地区	EMEA	美洲地区
2012	93.56	5.46	0.98	64.96	19.36	16.20
2013	93.83	5.28	0.89	66.49	18.71	14.58
2014	93.30	5.75	0.95	66.06	19.02	14.44
2015	93.17	5.95	0.88	66.11	18.94	14.24
2016	92.25	6.94	0.81	67.11	18.46	13.61
2017	92.07	7.13	0.80	70.48	16.72	12.12
2018	90.73	8.46	0.81	70.03	17.00	12.41

数据来源：根据 IRSG 数据计算。

注：EMEA 为欧非中东地区。

1.1.4　价格情况

近 10 年来，世界橡胶主产国印度尼西亚、马来西亚、泰国、越南和中国的橡胶生产者价格持续走高，除印度尼西亚之外，其他主产国的天然橡胶生产者价格都在 1 000 美元/吨的水平上，到 2010 年，马来西亚和泰国的天然橡胶生产者价格都突破了 3 000 美元/吨，2011 年达到各国橡胶者生产价格最高峰，中国的天然橡胶生产者价格达到5 211美元/吨，高于其他主产国，马来西亚和泰国都超过4 000美元/吨，2012年开始走下坡路，马来西亚、泰国和越南的天然橡胶生产者价格跌幅最大，分别为43%、45%和45%，此后的3年时间里，橡胶主产国的生产者价格持续下跌，甚至在2014年一度跌破了2 000美元/吨，基本跌回到2006年、2007年的价格水平，全球天然橡胶价格呈现低迷的态势。中国的天然橡胶生产者价格波动很大，2011年上涨到5 211.92美元/吨，2012年和2013年跌破4 500美元/吨，跌幅15%。2016年泰国的生产者价格为1 382.90美元/吨。国际天然橡胶的价格一直在成本线徘徊，主产国泰国、印度尼西亚、越南、马来西亚等国家的劳动力和种植成本远低于中国，天然橡胶的单位产量又明显高于中国，一低一高，以价格优势驱动中国天然橡胶进口量增长。

2018年，全球天然橡胶价格平均为1 455美元/吨。其中，RSS3为1 457美元/吨，同比大幅度下降，下降了19.28%；新加坡交易所（SGX）的TSR20为1 332美元/吨，同比大幅度下降，下降了12.43%；欧洲的TSR20为1 408美元/吨，同比大幅度下降，下降了12.55%。

1.2 重点国家发展情况

1.2.1 泰国天然橡胶发展情况

1.2.1.1 泰国天然橡胶产业生产情况

据国际橡胶研究组织（IRSG）统计，2018年，泰国天然橡胶种植面积为361.39万公顷，同比减少0.39%，位于世界第二。泰国的天然橡胶产量一直居全球第一，其年均产量超过300万吨，自2014年以后，其产量更是突破400万吨，天然橡胶被誉为泰国的“黄金农业”。2018年，泰国天然橡胶产量为514.52万吨，同比增长7.80%，在全球天然橡胶总产量中占37.10%。从单位面积产量上看，2018年，泰国天然橡胶单位面积产量为1 423.73千克/公顷（图3）。

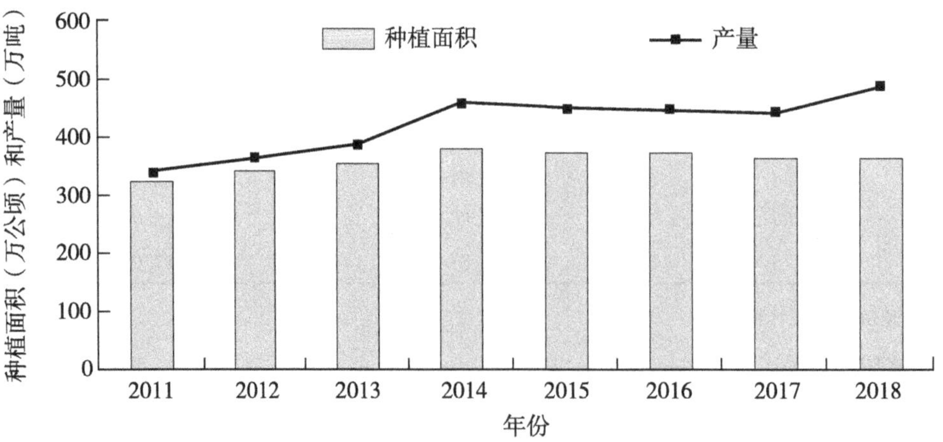

图3 2011—2018年泰国天然橡胶的种植面积及产量

（数据来源：国际橡胶研究组织）

1.2.1.2　泰国天然橡胶产业消费情况

据IRSG统计，2018年，泰国橡胶（包括天然橡胶和合成橡胶）消费量共计133.58万吨，占世界橡胶总消费量的4.58%，同比增长6.10%。其中天然橡胶消费量为75.18万吨，同比增长9.70%，占泰国橡胶总消费量的56.03%，在世界天然橡胶总消费量中占比为5.44%；合成橡胶消费量58.40万吨，占泰国橡胶总消费量的43.97%。

1.2.1.3　泰国天然橡胶产业贸易情况

泰国天然橡胶贸易主要以出口导向型为主，2015—2018年泰国天然橡胶出口量一直呈现直线上升趋势，在世界天然橡胶出口总量中平均占35%左右，一直以来，都是世界天然橡胶第一大出口国。

泰国出口到中国的天然橡胶总体呈增长趋势。2018年，泰国天然橡胶出口量为450万吨，同比增长1.5%。50%以上出口到中国，其次是马来西亚，第三是日本，少量出口到欧美和韩国等。中泰两国在天然橡胶贸易上相互依赖性非常高。泰国天然橡胶出口到其他国家和地区的比例见表3。

表3　泰国天然橡胶出口到其他国家和地区的比例　（单位:%）

年份	中国	日本	韩国	马来西亚	欧盟	美国
2012	52.42	8.59	5.57	10.79	5.71	5.63
2013	56.57	6.90	4.20	11.46	5.11	3.91
2014	57.38	6.70	4.54	10.44	5.59	3.88
2015	58.43	6.09	3.87	10.38	5.98	4.13
2016	57.97	5.33	3.40	11.29	6.87	4.74
2017	63.37	4.90	2.50	9.27	5.96	3.94
2018	61.87	4.79	2.52	9.70	6.33	4.16

数据来源：国际橡胶研究组织。

1.2.2　印度尼西亚天然橡胶发展情况

1.2.2.1　印度尼西亚天然橡胶产业生产情况

世界天然橡胶的大规模商业种植源于印度尼西亚，据IRSG统计，2018年，印度尼西亚天然橡胶种植面积为367.90万公顷，同比增加0.55%，位于世界第一，维持平稳增长，新增种植速度呈现减缓趋势。

2009—2018年，印度尼西亚年均产量为304.23万吨，自2012年以后，产量全都超过300万吨，位居世界第二。仅泰国和印度尼西亚这两个国家的天然橡胶年产量便占到世界天然橡胶总产量50%以上。2018年，印度尼西亚天然橡胶产量为348.64万吨，同比变化不大，占世界总产量的25.14%。从单位面积产量上看，2018年印度尼西亚天然橡胶单位面积产量为947.65千克/公顷。

1.2.2.2　印度尼西亚天然橡胶产业消费情况

据IRSG统计，2018年，印度尼西亚橡胶（包括天然橡胶和合成橡胶）消费量共计102.67

万吨，占世界橡胶总消费量的 3. 52%，同比增长 6. 20%。其中天然橡胶消费量为 62. 53 万吨，同比增长 2. 9%，占印度尼西亚橡胶总消费量的 60. 90%，在世界天然橡胶总消费量中占比为 4. 53%；合成橡胶消费量仅占印度尼西亚橡胶总消费量的 39. 10%。

1. 2. 2. 3 印度尼西亚天然橡胶产业贸易情况

据 IRSG 统计，2018 年，印度尼西亚天然橡胶出口量为 296. 13 万吨，在世界天然橡胶总出口量中占到 24. 72%，出口量同比减少 8. 9%，是世界第二大天然橡胶出口国。

美国、中国是印度尼西亚天然橡胶最大的两个出口对象国（图 4）。2012 年，印度尼西亚天然橡胶出口到中国的量占印度尼西亚全部天然橡胶出口总量的 20. 65%，2017 年，印度尼西亚出口到中国的天然橡胶量为 70. 56 万吨，达到历史最高。2018 年，印度尼西亚出口到中国的天然橡胶量占到印度尼西亚总出口量的比例有所减少，为 13. 62%。2012 年，印度尼西亚出口到美国的天然橡胶量占总印度尼西亚天然橡胶总出口量的 18. 46%，2018 年出口到美国的天然橡胶量占到总出口量的比例增加，达到 20. 46%。

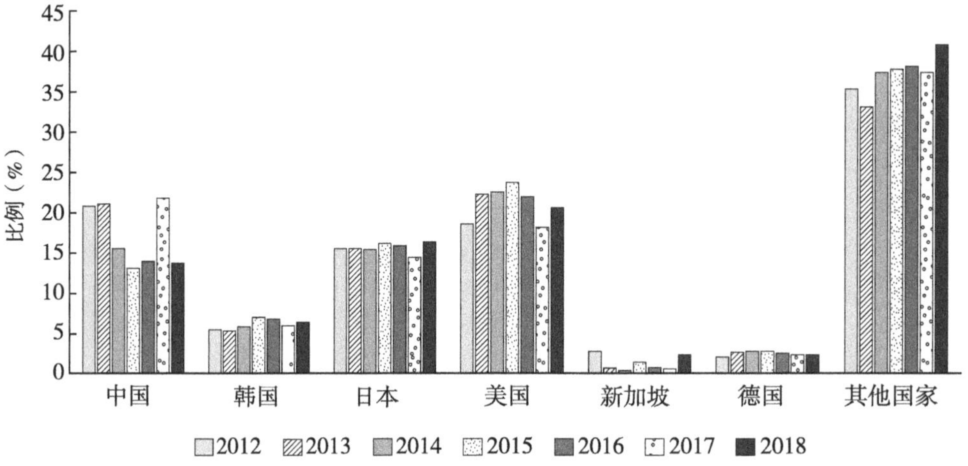

图 4 2012—2018 年印度尼西亚天然橡胶出口到其他国家的比例

（数据来源：国际橡胶研究组织）

1. 2. 3 马来西亚天然橡胶发展情况

1. 2. 3. 1 马来西亚天然橡胶产业生产情况

据 IRSG 统计，2018 年，马来西亚天然橡胶种植面积为 108. 35 万公顷，同比增加 0. 15%，仅次于泰国、印度尼西亚和中国，位于世界第四。

在天然橡胶主产国中，马来西亚的天然橡胶产量居全球第七，其年产量为 60. 32 万吨，同比减少 18. 57%，在全球天然橡胶总产量中占 4. 35%。从单位面积产量上看，2018 年马来西亚天然橡胶单位面积产量为 556. 87 千克/公顷。

1. 2. 3. 2 马来西亚天然橡胶产业消费情况

据 IRSG 统计，2018 年，马来西亚橡胶（包括天然橡胶和合成橡胶）消费量共计 104. 76 万吨，占世界橡胶总消费量的3.59%，同比增长7.10%。其中天然橡胶消费量51.54万吨，同比增长5.50%，占马来西亚橡胶总消费量的49.20%，在世界天然橡胶总消费量中占比为3.73%；合成橡胶消费量占马来西亚橡胶总消费量的50.80%。

1.2.3.3 马来西亚天然橡胶产业贸易情况

2018年马来西亚出口量为109.59万吨，是世界第四大天然橡胶出口国。马来西亚橡胶及橡胶产品主要出口对象为中国，占其总出口贸易量的70%，但较2017年对中国的出口量减少了10.5%。2018年马来西亚天然橡胶总进口量为101万吨，成为继中国、美国之后世界第三大橡胶进口国，其天然橡胶主要进口于泰国，占其进口总贸易量的43%，同比减少7.50%。

1.2.4 越南天然橡胶发展情况

1.2.4.1 越南天然橡胶产业生产情况

据IRSG统计，2018年，越南天然橡胶种植面积为96.54万公顷，同比减少0.39%，位于世界第五，单产为1 182.93千克/公顷。多年来，在橡胶主产国中，越南的天然橡胶产量居全球第三，2018年越南天然橡胶产量为111.10万吨，同比增长1.50%，在全球天然橡胶总产量中占8.02%。

1.2.4.2 越南天然橡胶产业消费情况

据IRSG统计，2018年，越南橡胶（包括天然橡胶和合成橡胶）消费量共计55.04万吨，占世界橡胶总消费量的1.89%，同比增长9.03%。其中天然橡胶消费量25.04万吨，同比增长16.00%，占越南橡胶总消费量的45.50%，在世界天然橡胶总消费量中占比为3.98%；合成橡胶消费量占马来西亚橡胶总消费量的54.50%。

1.2.4.3 越南天然橡胶产业贸易情况

越南橡胶行业正在崛起，出口量逐年增长，自2015年开始，出口量超过马来西亚，成为世界第三大天然橡胶出口国，2012年以来占世界总出口量比平均为11%。2018年，越南天然橡胶出口量为150.01万吨，在世界天然橡胶总出口量中占比达到12.29%，创历史新高，同比增长13.3%。

中国是越南天然橡胶最大的出口国（图5）。2012年越南天然橡胶出口到中国的量仅占越南天然橡胶全部出口量的51%，2018年越南出口到中国的天然橡胶量占越南天然橡胶总出口量的71.66%，且主要以混合胶的形式出口到中国。目前中国国内市场流通较多的橡胶产品为越南3L混合和越南10号混合胶。

1.3 主要国家橡胶产业支持政策情况

1.3.1 泰国将减少天然橡胶供给，提升本国消费，减少对原材料出口依赖

为了减少天然橡胶供给，缓解过去几年供大于求的情况，泰国橡胶管理局（RAOT）提出了年度翻种援助基金计划。该计划分为两部分，一是把3.2公顷的橡胶树进行翻种；二是把3.2公

顷的橡胶树替换成其他作物，用来减少天然橡胶的供给。并针对某些特定地区的小种植园主，通过政府提供补贴的方式，使其停止 1~2 个月的割胶行为，从而使某个时间段橡胶的产量不会增加，促使橡胶价格持续上涨。

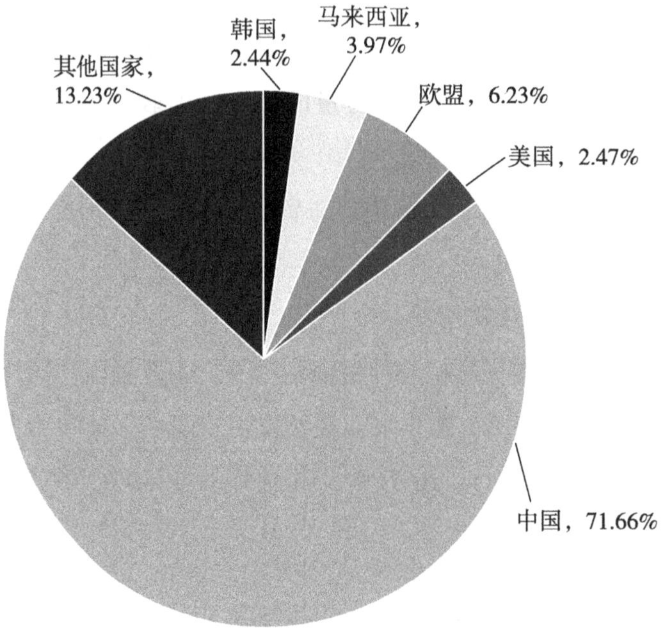

图 5　2018 年越南天然橡胶出口到其他国家和地区的比例

（数据来源：国际橡胶研究组织）

在提升泰国国内天然橡胶消费方面，泰国政府将通过橡胶路面工程和在政府项目中鼓励使用橡胶等两项活动，实施中长期措施刺激橡胶价格，对橡胶产品采取减税措施并鼓励泰国公司和外国公司投资建立橡胶加工厂在东部地区特别经济走廊项目（EEC），增加泰国国内橡胶加工用量，鼓励国内生产更多的橡胶增值产品，如橡胶手套、鞋子、床上用品等，以提升泰国国内的天然橡胶消费量。据悉，从 2018 年 9 月开始，泰国政府推出“一村一公里”橡胶路面工程，总计覆盖 75 032 个村庄，将消耗掉 144 万吨鲜乳胶，或者 35%的干胶含量即 50 万吨的干胶。逐步实现泰国年产橡胶的 20%在当地消费的目标，减少对于原材料出口的高度依赖。

关于补助胶农措施，泰国内阁已经批准预算约 170 亿泰铢，每莱（1 莱≈2.4 亩）橡胶地可获补助 1 800 泰铢，每位胶农获补助土地不得超过 15 莱，现在 90%的胶农都已经获得补助，2019 年 7 月补助金已全部发放完毕。

另外，泰国与国际三方橡胶委员会（ITRC）另两位成员国——印度尼西亚、马来西亚在 2019 年 3 月已达成协议，决定共同削减 24 万吨天然橡胶出口量以提振胶价，泰国占 52%。

1.3.2　印度尼西亚实施橡胶出口缩减行动，政府加强对病害的评估与监控

印度尼西亚是世界上面积最大的天然橡胶生产国之一。印度尼西亚天然橡胶产量 2016 年以

后每年超过 320 万吨，其中 60 万吨用于国内工业，240 多万吨出口国外。由于世界经济增长下降，印度尼西亚对天然橡胶的出口量显著下降，致使天然橡胶价格下跌，橡胶农民蒙受损失。为了解决这些问题，政府颁布了一项关于各部门使用天然橡胶的国家政策，其中包括由公共工程部在基础设施建设中使用天然橡胶，以显著增加国内消费，促使橡胶价格再次提高，目前该项政策已经实施。

2019 年 1—3 月，泰国、马来西亚和印度尼西亚三国成立的国际三方橡胶委员会（ITRC），联合实施严格控制出口的政策（AETS），橡胶出口缩减行动计划涉及的橡胶产品包括标准烟胶、标准胶块和合成橡胶等，减少来自 TIM 国家的出口，印度尼西亚占 38%。印度尼西亚自 2019 年 4 月开始该计划，用以调减天然橡胶出口量，旨在提高橡胶价格。除了减少橡胶出口外，国际贸易委员会还提出了另外两个战略，即与各国国内消费相关的 DPS 和关于承诺重新种植天然橡胶的供应管理计划（SMS），印度尼西亚每年重新种植 5 万公顷的天然橡胶种植园，通过加快天然橡胶的再植，实现供需平衡。

由于橡胶价格长期低迷导致一些胶农对橡胶树的保养减少，苏门答腊和加里曼丹两个地区的橡胶树自 7 月开始一直受到真菌性病害影响，橡胶产量下降，目前印度尼西亚政府正在极力监控和评估病害的影响，并向胶农提供技术性帮助，推荐使用更多剂量的化肥以控制病害。

1.3.3 马来西亚减少天然橡胶供给，提升本国消费，为胶农提供补贴

2018 年 8 月，马来西亚橡胶局与海南省农垦投资控股集团有限公司（海南省农垦总局）签署合作谅解备忘录，双方将在促进改性橡胶沥青道路技术商业化、加快研制和应用智能割胶设备等方面开展深入合作。

2019 年，马来西亚橡胶生产激励项目（RPI）计划将天然橡胶价格从每千克 2.20 林吉特（1 林吉特相当于 0.28 美元）增加到每千克 2.50 林吉特，预计将增加橡胶小农户的收入每月 144 林吉特，或每公顷小农户每年 1 728 林吉特。从 2015 年至今，已经向小农提供了 1.02 亿元林吉特的补助，这必将有助于小农们应对天然橡胶价格低迷期。

马来西亚是世界第五大天然橡胶生产国和出口国，每年生产橡胶约 100 万吨。然而马来西亚橡胶生产不足以满足国内需求，这导致马来西亚成为天然橡胶净进口国。政府提出要减少对橡胶进口的依赖，就必须增加橡胶生产。

马来西亚是全球最大的乳胶手套生产国，乳胶手套控制着全球 65% 的市场份额。而尽管马来西亚已成为全球手套生产中心，但受各种因素制约，马来西亚天然橡胶的价格仍低迷不振，这也与现在大多数手套生产商更倾向于使用合成橡胶或丁腈橡胶生产手套有关，致使使用天然橡胶用于手套生产的量逐渐减少。虽然部分企业也使用天然橡胶，但大部分原材料从泰国进口，对本土天然橡胶发展的推动作用减弱。马来政府同样实施了严格控制出口的政策（AETS），马来占到总减量的 10%。

2 中国天然橡胶产业发展基本情况

2.1 生产情况

2.1.1 全国生产特征变化

2.1.1.1 种植面积

中国天然橡胶种植面积呈现波动增加的趋势，但总体变化趋势不大。2016 年我国天然橡胶种植面积达到最大。据农业农村部农垦局统计，2019 年，中国天然橡胶种植面积为 114.53 万公顷，种植面积仅次于印度尼西亚、泰国，位居世界第三位，较 2017 年变化不大，同比仅增加 0.03%。

2.1.1.2 产量

中国天然橡胶产量呈现波动变化的特征。2013 年我国天然橡胶产量达到最高峰，之后有所下降，2018 年有所增长，2019 年又有所下降。据农业农村部农垦局资料，2018 中国天然橡胶产量为 81.93 万吨，居世界第四位（仅次于泰国、印度尼西亚、越南），占世界天然橡胶总产量的 5.84%；2019 年中国天然橡胶产量为 80.99 万吨，同比减少 1.15%。

2019 年，中国天然橡胶单产为 1 074 千克/公顷，居 ANRPC 成员国第六位（次于越南、马来西亚、泰国、印度尼西亚、印度）。

2.1.1.3 品种

中国天然橡胶主要品种为 PR107、RRIM600、热研 7-33-97、CT1（含实生老树），其种植面积分别为 21.64 万公顷、24.01 万公顷、17.49 万公顷、14.70 万公顷。

2.1.2 各省生产特征变化

2.1.2.1 各省种植面积

据农业农村部农垦局资料，我国天然橡胶主要种植在海南、广东、云南三省，广西也有少量种植。2011—2019 年，云南省、海南天然橡胶种植面积呈现波动中增加趋势；广东省天然橡胶种植面积有所增长，但总体变化不明显；广西 2012—2014 年有少量天然橡胶种植，2014 年以后，没有规模化天然橡胶种植。

2018 年，云南省天然橡胶种植面积为 57.14 万公顷，为我国天然橡胶第一大省，同比减少 1.03%；海南天然橡胶种植面积 52.84 万公顷，同比减少 2.68%；广东天然橡胶种植面积为 4.52 万公顷，同比增加 0.31%。2019 年，云南省天然橡胶种植面积为 57.13 万公顷，为我国天然橡胶第一大省，同比减少 0.018%；海南天然橡胶种植面积 52.69 万公顷，同比减少 0.28%；广东天然橡胶种植面积为 4.62 万公顷，同比增加 2.21%（图 6）。

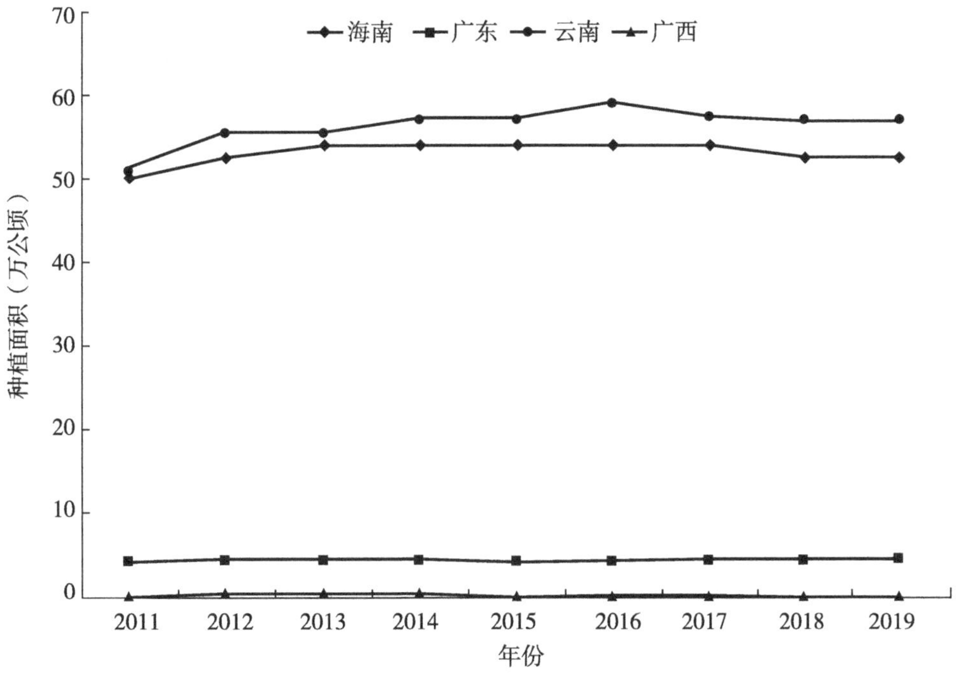

图 6　2011 年以来中国天然橡胶主产省（区）天然橡胶种植面积

（数据来源：农业农村部南亚热带作物办公室）

2.1.2.2　各省产量及单产

2011—2019 年，云南省天然橡胶产量呈现增加趋势；海南省天然橡胶产量呈现减少趋势；广东省天然橡胶产量呈现先增长后减少的趋势，但 2019 年天然橡胶产量较 2011 年仍有所增长（图 7）。2019 年，云南省天然橡胶产量为 45.85 万吨，同比增长 0.81%；海南天然橡胶种植产量 33.08 万吨，同比减少 5.67%；广东天然橡胶产量为 2.06 万吨，同比增加 53.73%。云南单产全国排名第一，为 1 344 千克/公顷；其次是海南 867 千克/公顷；广东位居第三位，为 657 千克/公顷。

2.1.2.3　主栽品种

云南省天然橡胶主栽品种：CTI、RRIM600、PR107；海南省主栽品种：热研 7-33-97、PR107、RRIM600、CTI；广东省主栽品种：热研 7-33-97、PR107、IAN873。

2.2　消费情况

世界上天然橡胶消费多数集中在亚太地区，而中国是橡胶消费量最大的国家。2012 年以来，中国的天然橡胶消费量在世界天然橡胶消费量中占比均超过 35%，2017 年其消费量在世界总消费量中占比更是突破了 40%（图 8）。

2018 年，中国橡胶（包括天然橡胶和合成橡胶）消费量占世界总橡胶消费量的 39.80%，橡胶消费量同比增长 4.10%，其中天然橡胶消费占橡胶总消费量的 55.6%，合成橡胶消费占 44.40%。

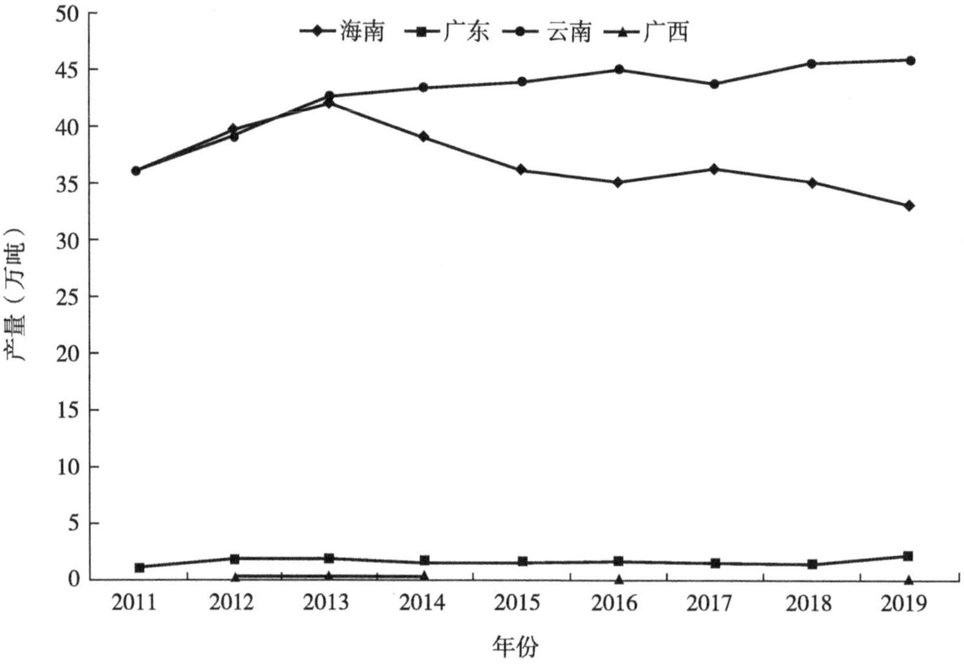

图7　2011年以来中国天然橡胶主产省（区）天然橡胶产量

（数据来源：农业农村部南亚热带作物办公室）

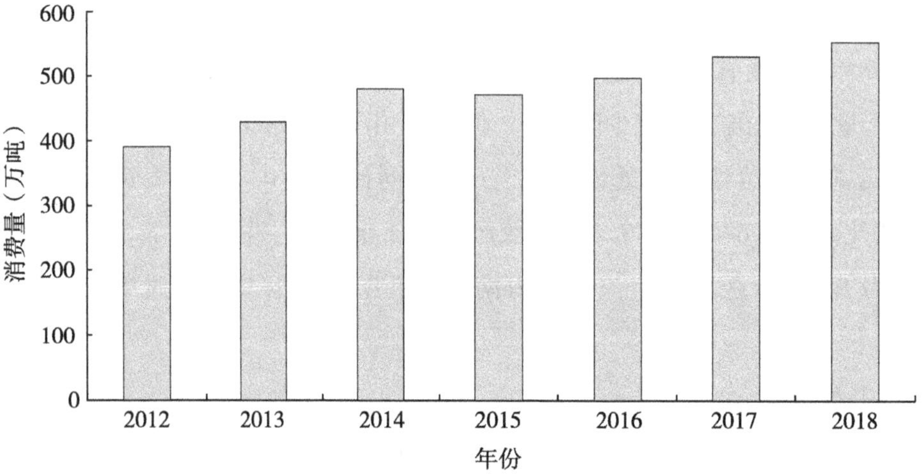

图8　2012年以来我国天然橡胶消费量

（数据来源：国际橡胶研究组织）

2.3　加工情况

中国也是亚太地区合成橡胶最大的消费国。2018年，中国合成橡胶产量为307.87万吨，同比增长1.90%。2018年合成橡胶消费量分别为434.97万吨，同比增长0.30%。

2.4　市场情况

近年来，我国的合成橡胶产业以自主创新为主。轮胎市场的出口订单激增，国内汽车、重卡市场需求增长提升了轮胎企业开工率，从而加大了对天然橡胶的进口需求。而我国天然橡胶的产量增幅有限，供需缺口存在且将长期存在，天然橡胶较低的自给率导致了我国天然橡胶市场供需矛盾越来越突出，对天然橡胶的进口将持续增加。

2.4.1 进口情况

中国天然橡胶消费量约占全球橡胶总消费量的40%，是全球最大的天然橡胶消费国和进口国，天然橡胶的对外依存度较高。2014年，我国天然橡胶的消费量已经突破1 020万吨，约占全球天然橡胶总消费量的1/3以上，但是橡胶自给率仅为7.65%，对外依存度已超过90%，据外媒预测，由于全球的油价大跌、橡胶需求较预期低迷和全球股市疲软，天然橡胶价格下跌，受上述多个因素综合影响，橡胶园的更新和新植效率将有所降低。

伴随着国内终端需求带动，近些年中国天然橡胶进口量快速增长，以混合胶进口增速最明显，自2017年开始，混合胶成为中国天然橡胶进口主力军。由于混合胶无关税且符合下游轮胎厂生产需求，成为下游应用优选品种；而套利需求也吸引了大量混合胶进口，混合胶进口量只增不减。根据农业农村部农垦局资料，2018年橡胶进口总量565.86万吨，与2017年基本持平，进口额为824 269.81万美元，其中混合胶进口295.02万吨，占比52%，成为橡胶进口第一大胶种；其次为天然乳胶，进口量为259.59万吨，占比45.88%；复合胶进口量为11.37万吨，占比2.01%。2019年橡胶进口总量519.63万吨，同比减少8.17%。其中混合胶进口265.89万吨，占比51.17%，进口额为370 469.34万美元，仍为橡胶进口第一大胶种；其次为天然橡胶，进口总量为245.38万吨，占比为47.22%，进口额为337 281.63万美元；复合橡胶进口8.33万吨，占比1.61%。自2013年以来非原胶（复合胶+混合胶）进口量呈现快速增长，尤其是自2017年以来进口量暴增，2018年非原胶进口量为306.39万吨，同比增加6.68%；2019年有所减少，为274.22万吨，同比减少10.50%。

2.4.2 出口情况

根据农业农村部农垦局资料，2018年橡胶出口总量2.88万吨，出口额为6 737.84万美元。其中天然乳胶出口量为1.33万吨，占橡胶出口总量的46.18%；复合橡胶出口1.47万吨，占橡胶总出口量的50.99%；混合胶出口0.08万吨，仅占比2.78%。

2019年橡胶出口总量3.41万吨，同比增加18.40%，出口额为10 714.90万美元，同比增加59.03%。其中天然乳胶出口量为1.34万吨，占橡胶出口总量的40.41%；复合橡胶出口2.00万吨，占橡胶总出口量的58.65%；混合胶出口0.03万吨，仅占比0.87%。

2.5 政策情况

2019年2月，海南橡胶与其顾问公司中汇国际保险经纪股份有限公司开启探索实施国有胶天然橡胶价格（收入）保险模式，保险金额为16元/千克，直接对标上海期货交易所主力合约的天然橡胶期货价格，保险费率16.80%，单位保费2.69元/千克。保险期间内，一旦期货平均价格低于 16 元/千克，保险机构便对海南橡胶低于成本的差额部分给予赔付。另外，因自然灾害引起的产量损失部分，保险机构也予以赔偿。在投保方式上，采取全省一张保单的统保业务模式予以推动。开展天然橡胶价格（收入）保险工作以来，海南橡胶已有 213 万亩橡胶树实现参保，截至目前，已收到赔款共计 30 335 万元。这个保险将保证海南天然橡胶产业持续、健康发展，提高胶农胶企抵御市场风险的能力，促进胶农特别是贫困胶农增收，能够有效化解天然橡胶的生产保护工作困境。

近些年伴随着中国终端需求的带动以及套利盘活跃支撑，我国天然橡胶进口量快速增长，以混合胶进口增速最明显。但自 2019 年 5 月以来，海关对于混合胶实行严审归类政策，引发国内市场对于进口成本抬升的担忧，国内采购商多转向国内现货采购，在这次混合胶严审中受冲击最大的是越南混合胶。由于该严审政策影响，越南当地基本已停止生产越南混合胶。

3 天然橡胶产业主产区发展动态

3.1 海南产区天然橡胶产业发展动态

3.1.1 海南天然橡胶生产种植情况

海南省天然橡胶种植主要集中在海南省中部和西部地区。2018 年全省天然橡胶种植面积为 52.84 万公顷，同比减少 2.68%，收获面积为 38.11 万公顷，年内达到开割标准面积为 401.9 万公顷，年末实有株树为 16 636.10 万株。其中儋州的种植面积最大，为 8.41 万公顷；白沙的种植面积位居全省第二，为 6.46 万公顷；琼中的种植面积居全省第三，为 5.63 万公顷。2019 年全省天然橡胶种植面积为 52.69 万公顷，同比减少 2.68%，年内达到开割标准面积为 39.81 万公顷，年末实有株树为 12 011 万株。

2018 年，海南省天然橡胶总产量 35.07 万吨，同比减少 3.15%。其中儋州的天然橡胶产量最大，为 6.97 万吨；白沙的产量位居全省第二，为 4.77 万吨；澄迈的产量居全省第三，为 4.09 万亩。年产干胶为 920.1 千克/公顷。2019 年全省天然橡胶总产量 33.08 万吨，同比减少 5.67%；年产干胶为 1 074 千克/公顷。

3.1.2 海南天然橡胶成本价格情况

据综合资料分析，海南省每千克干胶人工成本 7.5 元，1 吨胶的人工成本 7 500 元；平均株产干胶 1.75 千克，按当前生产管理水平，285 株橡胶产 1 吨干胶；按橡胶生产技术规程和当前最大能力投入，每株橡胶树投入的肥料、农药等生产成本 8.5 元，即 1 吨干胶所需的生产资料成本是：8.5×285≈2 423（元）；按生产期总投入 5 445 元，经济寿命 35 年，每亩植胶 33 株计算，每吨胶的资产折旧是：5 445÷35÷33×285≈1 343 元/吨，另需要储运和管理费用 2 000 元/吨。经过计算，2019 年海南省天然橡胶生产平均需要成本 16 426 元/吨。

3.1.3 海南天然橡胶加工情况

海南橡胶集团在胶价持续下跌的情况下，调整了收购战略，增加田间地头收购布点，加大民营胶收购，欲逆市整合民营胶，提升岛内橡胶原料控制力度。海南省民营橡胶加工厂共87家，分布在16个市县，其中澄迈16家、琼海10家、屯昌和临高各9家，4个市县共计44家，占全省总数的50%。民营胶场普遍存在加工规模小的特点，全省民营胶厂年总产能仅30万吨左右。

3.2 云南产区天然橡胶产业发展动态

3.2.1 云南天然橡胶生产种植情况

云南省是我国在世界非传统植胶禁区大面积成功种植的典范。天然橡胶是在云南农垦的基础上发展起来的。目前，在我国云南、海南和广东3个主要植胶区中，云南跃居全国“三个第一”的领先地位，已成为全国植胶面积第一、总产量第一、单产水平第一的优质天然橡胶生产基地。

据农业农村部农垦局资料，2018年，云南省天然橡胶种植面积约57.14万公顷，同比减少1.03%；年末实有株树16 274.02万株；年内达到开割标准面积为43.60万公顷，年内达到开割标准株树为10 783.7万株。全年干胶总产量为45.48万吨，同比增长3.95%；年产干胶为1 380.30千克/公顷。2019年，云南省天然橡胶种植面积约57.13万公顷，同比减少0.018%；年末实有株树25 441.6万株；年内达到开割标准面积为38.67万公顷，年内达到开割标准株树为15 630.2万株。全年干胶总产量为45.85万吨，同比增长0.81%；年产干胶为1 344千克/公顷。

云南省天然橡胶分布在全省6个州市27个县，从事天然橡胶生产的农户人数达54.15万人，同比增加6.99%，涉胶家庭28.07万户，涉胶总人口88.90万人，胶农总数为42.41万人，割胶工人数为29.26万人。

3.2.2 云南天然橡胶加工情况

云南省天然橡胶初加工企业有云南农垦、中化、海胶和高深等67家，注册商标11个，拥有橡胶初加工厂183座，主要生产达到国际标准的乳标胶、凝标胶和浓缩胶乳等三大系列产品，同时开发生产轮胎专用胶等产品，形成了以企业为主体，市场、品牌、技术为纽带的橡胶初加工产业体系，年实现工业产值150亿元。西双版纳州有橡胶木加工经营企业76户，从业人员近5 000人，加工橡胶木原木23.43万立方米，生产自然板9.74万立方米、指接板6.76万立方米，加工利用剩余物22 800吨、生产木炭9 500吨，上缴税收1 000万元。整体开工率均保持在70%~80%水平。受行情低迷，胶价下跌影响，原料价格不断走低，云南橡胶园有弃割或更换其他作物现象，民营胶厂因竞争力较弱，关停者增多。

3.2.3 云南天然橡胶成本价格情况

云南农垦目前普遍采取三割制（同一胶树三天割胶一次）、四割制（同一胶树四天割胶一次），极大地延长了橡胶树的开割寿命。一般可以开割35~40年。橡胶价格的下跌受直接影响的便是胶农收入及割胶积极性，由于胶价太低，今年很大一部分小面积种植橡胶的胶农都不再割胶。云南省种植一亩橡胶的成本在4 000元左右，换算成产量，天然橡胶的成本价在13 000元/吨左右。

3.3 广东产区天然橡胶产业发展动态

3.3.1 广东天然橡胶生产种植情况

广东橡胶主要种植于省西南部和东南部，包括湛江、茂名和阳江植胶区，且都属于广东农垦所有。广东农垦创建于1951年8月。自2008年以来，粤东、揭阳等地开始悉数种植天然橡胶，面积达数万亩。据农业农村部农垦局数据显示，2018年广东农垦自营橡胶面积4.52万公顷，同比增长0.31%。年末实有株树为1 483.12万株；年内达到开割标准面积为2.73万公顷，年内达到开割标准株树为745.01万株。2018年广东农垦的橡胶总产量达1.39万吨，同比减少0.85%，天然橡胶的平均价格为11 526.89元/吨，成本价在14 068元/吨。2019年自营橡胶面积已达4.62万公顷，同比增长2.21%。年末实有株树为1 468.1万株；年内达到开割标准面积为3.42万公顷，年内达到开割标准株树为817.7万株。2019年广东农垦的橡胶总产量达2.06万吨，同比增加48.20%，天然橡胶的平均价格为9 632.2元/吨，成本价在14 068元/吨。

3.3.2 广东天然橡胶加工情况

广东植胶区以广东垦区为中心，拥有80余万亩橡胶种植基地，通过购置、租赁、合作等多种形式在云南和海南等橡胶主产区拓展经营10余家橡胶加工厂，橡胶产能超过20万吨。广垦橡胶先后在海南、云南创办10余家橡胶加工厂，年产干胶近20万吨，并在广州、天津、青岛、上海、厦门等地区建立了多个贸易网点。在海外，集团按照“先主要产胶国，后次要产胶国，先投入加工业，后发展种植业”的经营思路，在泰国、马来西亚、印度尼西亚、新加坡、柬埔寨等国家陆续建立了20多个橡胶种植、加工及贸易企业，形成海外投资总额超过80亿元，橡胶产能50万吨，规划种植面积300余万亩的规模，是中国拥有最大海外天然橡胶种植、加工基地的跨国企业。

4 中国天然橡胶产业生产及销售的预测

4.1 种植及生产预测

据IRSG预测，2020年全球天然橡胶需求量将达到1 400万吨，2020年全球天然橡胶生产量也将达到1 400万吨；2020年全球合成橡胶生产量和需求量将分别达到1 550万吨、1 500万吨。2020年受新冠肺炎疫情影响，需求量较之前虽有所变化，但变化不大，2021年以后全球天然橡胶需求将会有所提速，供给增幅将有所减缓，预计2021年全球天然橡胶需求量年均增长2.40%。

据IRSG、FAO、印度尼西亚的天然橡胶产量数据预测，2020—2021年，预计印度尼西亚的天然橡胶开割面积和产量的增幅保持在1.50%~3.00%。泰国橡胶管理局（RAOT）即将实施的年度翻种援助基金计划，未来天然橡胶产量将基本不变。全球天然橡胶的供给和需求将以1.50%~2.50%的增幅持续增加。

4.2 市场前景分析

据美国行业研究公司弗利多尼亚集团（Freedonia Group）预测，世界橡胶总需求将以年均3.90%的速度递增，与IRSG的预测基本一致。中国、马来西亚和越南等亚洲国家的制造业发展势头强劲，对天然橡胶的需求持续攀升。由于轮胎产业的发展，中美洲、南美洲、非洲国家和地区橡胶需求迅速增长，而北美和欧洲市场橡胶需求量将低于全球平均水平。

根据IRSG的预测，2020年我国天然橡胶消费量在世界天然橡胶总消费量中的占比将达到40.39%；全球橡胶市场价值将达到5 070亿美元，计算机仿真以及三维打印技术对橡胶制品制造业产生重大影响。2021年以后，中国和印度的天然橡胶消费将保持4%~6%的增幅，在世界天然橡胶消费总量的占比将突破50%。

随着全球天然橡胶总产量的稳步增长，橡胶的消费需求从发达国家向新兴市场转移，未来的天然橡胶进出口贸易将会越来越活跃。根据ITC、IRSG、天然橡胶生产国协会（ANRPC）、FAO、UN、泰国及印度尼西亚的天然橡胶进出口数据，预计2020—2021年，中国和美国等天然橡胶消费大国的天然橡胶进口量将保持3.50%~5%的增幅。泰国、马来西亚、印度尼西亚天然橡胶出口量受已达成的协议，三方总出口量将有所降低或保持不变，但波动幅度不会很大。

2020—2021年，预计全球天然橡胶市场的整体供需情况仍为供大于求，供需矛盾仍是引发天然橡胶市场价格波动的主要因素之一，此外，全球经济总体状况、国际政局变动、进口关税、合成胶的生产和消费、汽车轮胎和重卡产销、国际原油价格、货币汇率变动气候变化和中美贸易战等因素也会对天然橡胶国际市场价格产生较大影响，短期内天然橡胶价格仍将在低价位徘徊（1 400~1 800美元/吨），中长期天然橡胶价格有望缓慢回升上涨（2 000~2 200美元/吨）。

5 中国天然橡胶产业发展问题及制约因素

5.1 天然橡胶价格持续下跌，胶园弃割弃管现象日益严重

受国内外市场供求关系和日渐成熟的合成橡胶产品取代等因素影响，天然橡胶产品价格连续回落。自2011年以来，天然橡胶价格持续震荡下行，屡创新低，由2011年初的36 000元/吨，跌至2015年的万元以下。与2011年的43 000元/吨的历史最高价相比，价格已相差3万元/吨。天然橡胶价格持续下行，市场价格已低于生产成本，造成市场整体信心不足，受天胶价格影响，割胶频率明显下降，弃管弃割现象突出。很多地区交通便利，水源条件较好，坡度缓的胶园都改种热带水果，而海南很多民营胶园都改种槟榔。

5.2 受台风、寒害等自然因素影响较重，种植面积不断萎缩

植胶区大多受寒害和台风影响较重，近年来种植面积不断萎缩，尤其是以广东垦区更为明显，广东省之前大规模发展的民营橡胶基本上已经全面转型种植其他经济作物，仅广东农垦几个优势产区有天然橡胶种植。

5.3 加工开工率低，全行业亏损严重

天然橡胶市场长时间跌破我国天然橡胶生产成本线，植胶企业或个人亏损严重，受新冠肺炎疫情影响，国内轮胎企业开工率在低位运行，青岛和上海期货交易所库存持续增加，市场抛压严重，加工开工率低。另受进口胶冲击严重，国内市场行情被拉低，严重冲击了国产标准胶市场。

5.4 割胶技术仍然落后，割胶工大量流失

目前我国产胶区的割胶技术仍然比较传统，虽然各科研院所和农垦下属公司开始攻关研究橡胶低频割制、乙烯气体刺激微割新技术、电动割胶新工具等难题，但电动割胶技术应用等未全面推广开来。另外，受地形、胶林复杂情况影响，人工智能割胶、无人机割胶等技术仍未取得突破，导致无法有效降低胶工的劳动强度，割胶的劳动生产率提升空间仍然较大。

6 中国天然橡胶产业发展建议

6.1 完善橡胶价格保护、保险及补贴政策

应给予天然橡胶产业较多的支持力度，完善天然橡胶收储机制，引导大型加工企业集团联合进行商业收储，建立天然橡胶目标价格制度，为天然橡胶价格提供必要的支撑，在市场价格过高时补贴低收入消费者，在市场价格低于目标价格时按差价补贴生产者。同时，注重加强天然橡胶境外生产、加工、贸易等领域的指导和扶持。

6.2 加大力度改造低产胶园，提高胶园经济效益

对于不适宜橡胶种植的地区，应鼓励对天然橡胶产业结构进行调整，将低产胶园如干旱、台风、寒害等影响较严重的胶园调整种植其他的高效作物。加快胶园更新改造及天然橡胶良种繁育基地建设，通过推广应用抗台风、抗寒害等优良橡胶品种、全周期间作、多模式间套种等方式，建成一批稳产高产、可持续发展的天然橡胶园，提升橡胶生产的土地利用率、产出率及胶园经济效益。

6.3 开发天然橡胶新用途，拓展天然橡胶产业链

加快天然橡胶下游产品结构调整，加大乳胶研发力度，研发制造可应用于隔震建筑的橡胶支座，广泛开发可应用于军事的高端特种橡胶材料、航空航天材料等，增加天然橡胶的加工开工率，提振国产标准胶市场。

6.4 加强天然橡胶科技研发，提高橡胶生产智能化水平

结合市场需求，加大天然橡胶的科技投入和研发力度，强化基础及应用技术研究，支持新型生产模式与生产机械、特种胶的研发及推广应用，加快研发自动化割胶设备，加大智能割胶技术培训，提高割胶作业的效率，减低人工成本。

荔枝产业发展情况研究报告

我国是世界上荔枝栽培面积最广、产量最大的国家。荔枝古有“一骑红尘妃子笑”，今有“一果上市百果让路”之崇高地位。近年来，我国荔枝产业不断兴旺，形成了“有规模、有特色、有效益”的发展态势和格局，成为一些地区“乡村振兴”的重要抓手，已经成为边疆地区脱贫致富支柱产业之一。我国荔枝产业具有竞争力强、特色鲜明等特点，但主产区大部荔枝生产仍以分散经营为主，资源利用效率低，三产融合协调发展的路径仍未建立，且荔枝产业仍然面临上市期过度集中，价格优势不明显，农户增收难等挑战。

1　世界荔枝产业发展基本情况

荔枝（Litchi chinensis Sonn）又名丽枝、丹荔，为无患子科。荔枝树喜高温高湿，喜光向阳，主要产于中国及亚洲东南部国家。全球荔枝95%产于亚洲东南部，非洲、美洲、大洋洲有少量种植。荔枝主产国主要包括中国、越南、泰国、印度、马达加斯加、南非、澳大利亚等，菲律宾、印度尼西亚、尼泊尔、津巴布韦等国有少量种植，据统计，全球荔枝种植面积约为1 200万亩，年产量约为300万吨，其中，年产超过10万吨的国家有中国、印度、泰国、越南、马达加斯加、南非等，其中中国（未统计台湾、香港、澳门）的产量超过世界总产量的50%。北半球荔枝集中在4—7月上市，南半球荔枝集中在10月至翌年3月上市，各国荔枝以鲜果内销为主，用于加工的比例较小且种类较少。荔枝不耐存贮是制约荔枝运销的主要因素之一。

荔枝、龙眼属小宗果品，FAO尚无单列统计数据。据各国官方统计估算，2018年世界荔枝种植面积约80万公顷，产量358万吨，其中约96%的荔枝集中于北半球。中国是世界荔枝最大产区，2018年种植面积51.32万公顷，占世界总面积的64.15%，其次是印度6.2万公顷、越南4.5万公顷、马达加斯加2.6万公顷，泰国2.5万公顷。2018年中国荔枝产量260.76万吨，占世界总产量的72.83%，其次是印度56万吨、越南50万吨、马达加斯加9万吨，泰国3万吨，其余地区合计3万吨。越南荔枝主要集中在江北省和海阳省，种植面积分别在3万公顷和1.1万公顷，据调查显示，目前越南荔枝品质世界最优。就单产而言，印度荔枝单产水平最高，亩产约450千克。

2 中国荔枝产业发展基本情况

2.1 生产情况

2.1.1 全国生产特征变化

我国是世界上最大的荔枝生产国，种植面积和产量均超过世界总量的60%。2019年，我国荔枝种植面积713.68万亩，同比减少了7.3%，较2014年减少了16.27%，占全国热带水果总面积25.85%，是我国热区栽培面积最大的水果；总产量201.6万吨，同比减少22.69%，较2014年减少了11.51%，占全国热带水果总产量7.36%，是仅次于苹果、柑橘、梨和桃的第五大水果。我国荔枝种植以黑叶、妃子笑品种为主（产量占比约20.6%、16%），主要有广东、广西和海南三大产区。其中，广东是我国荔枝最大产区，产量占比约51.4%。近年来，我国荔枝产业效益趋于稳定，建成了海南特早熟与早熟优势区、粤桂西南早中熟优势区、粤桂中部中熟优势区、粤东闽南晚熟优势区、泸州特晚熟优势区、云南高原立体生产优势区，已逐渐形成了规模化、区域化和专业化发展趋势。

2014年以前荔枝种植面积趋于平稳，2014年之后呈波动中下降趋势。2008年我国荔枝种植面积843.34万亩，之后趋于平稳，至2014年我国荔枝种植面积达到最大852.31万亩，之后波动中下降，2015年荔枝种植面积同比下降1.2%，2016年荔枝种植面积同比下降3.5%，2017年同比增长3.3%，至2018年我国荔枝种植面积大幅下降，同比减少8.3%，2019年荔枝种植面积仍小幅下降（图1）。

我国荔枝产量及单产变化趋势大体一致。2008年我国荔枝产量154.73万吨，之后以年均5.35%的速度增长，至2018年达到最大产量260.76万吨，2019年有小幅下降，2016年我国荔枝产量为229.7万吨，较2015年有所下降。我国荔枝产量增长的主要因素是单产的不断提高，2008年我国荔枝单产154.73千克/亩，之后以年均4.32%的速度增长（图2、图3）。

受价格波动影响，中国荔枝产值波动较为剧烈（图4）。2008年，中国荔枝产值430 159.52万元，之后呈增长趋势，2011年荔枝产值微降，2012年产值恢复增长至1 189 020.14万元，而后出现下降，至2016年恢复增长，2017年我国荔枝产值达到历史最高值1 874 753.37万元，2018年产值又出现下降，同比下降了28.53%。2019年我国荔枝产值2 830 987.2万元，同比增长了111.3%。

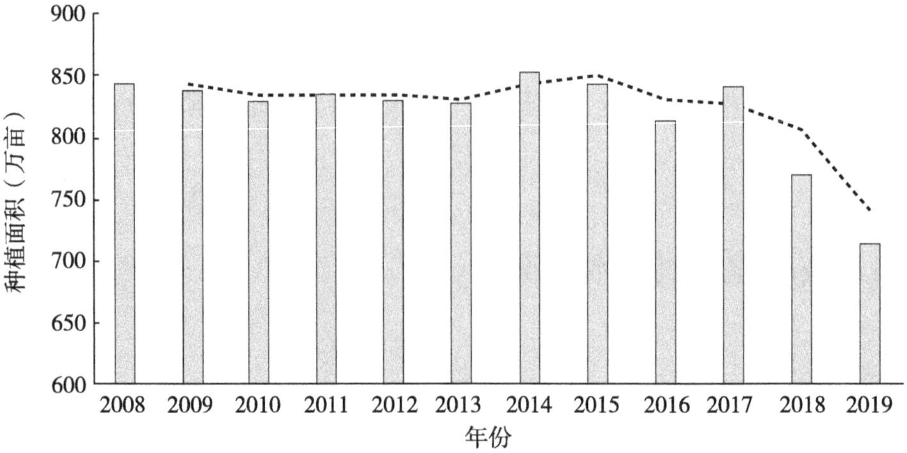

图 1　2008—2019 年中国荔枝种植面积变化

（数据来源：农业农村部）

（注：虚线为 2 周期移动平均线）

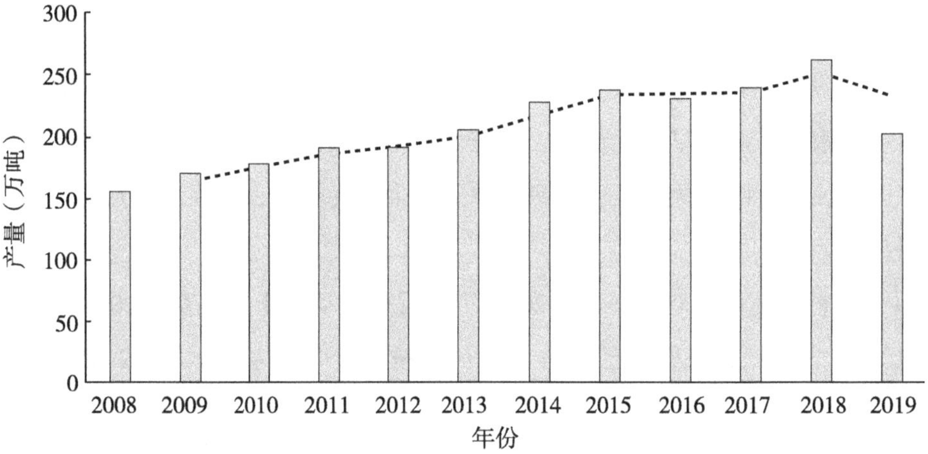

图 2　2008—2019 年中国荔枝产量变化

（数据来源：农业农村部）

（注：虚线为 2 周期移动平均线）

2.1.2　各省生产特征变化

广东是我国荔枝种植规模最大省份，其次是广西、海南、四川、福建、云南。2019 年广东荔枝种植面积 373.1 万亩，占全国总种植面积的 52.28%，产量 109.2 万吨，占全国总产量的 54.17%，其次是广西，2019 年荔枝种植面积 244.7 万亩，占全国总种植面积的 34.29%，产量 58.3 万吨，占全国总产量的 28.92%，可以看出，“两广”是我国荔枝规模最大产区，全国超过 50%的荔枝都产自广东，全国 83%的荔枝都来自“两广”。海南是我国最早熟荔枝产区，最早熟荔枝 4 月中旬上市，2019 年海南荔枝种植面积 30.7 万亩，占全国总种植面积的 4.3%，产量 17.3

万吨，占全国总产量的 8. 58%。四川是我国最晚熟荔枝产区，生产期可到 8 月底，2019 年四川荔枝种植面积 32. 1 万亩，占全国总种植面积的 4. 5%，产量 4. 5 万吨，占全国总产量的 2. 23%。2019 年福建荔枝种植面积 20. 9 万亩，占全国总种植面积的 2. 93%，产量 9. 1 万吨，占全国总产量的 4. 51%。2019 年云南荔枝种植面积 11. 2 万亩，占全国总种植面积的 1. 57%，总产量 3 万吨，占全国总产量的 1. 49%。近 10 年间，各产区种植面积趋于平稳，2018 年六大产区种植面积均出现了微降。而广东、广西荔枝总产量不断增产，广东荔枝以年均 4. 8%速度增产，广西荔枝以年均 11. 3%速度增产，海南、四川、云南荔枝总产量趋于稳定，而福建荔枝产量在 2018 年出现微降。2019 年各大产区均出现减产（图 5 至图 8）。

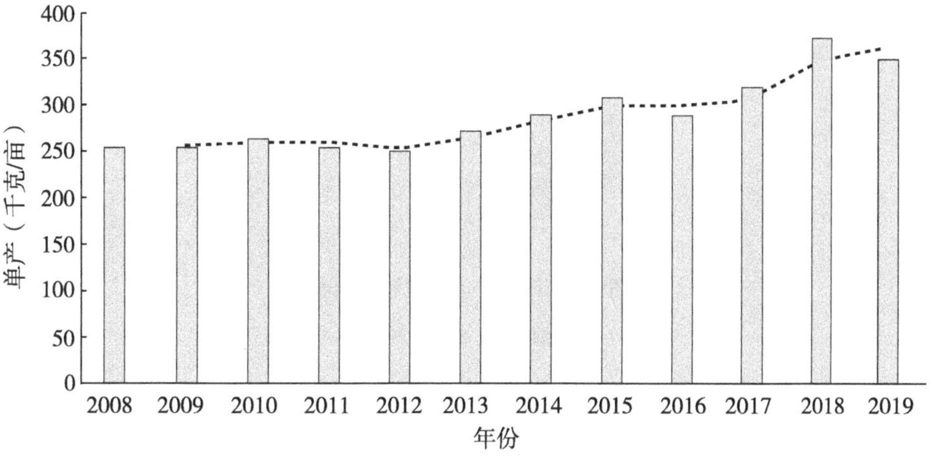

图 3　2008—2019 年中国荔枝单产变化

（数据来源：农业农村部）

（注：虚线为 2 周期移动平均线）

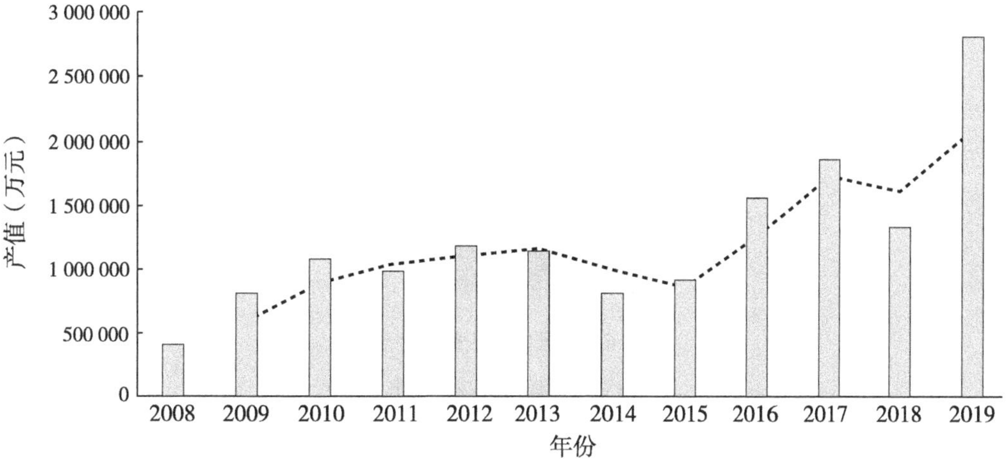

图 4　2008—2019 年中国荔枝产值变化

（数据来源：农业农村部）

（注：虚线为 2 周期移动平均线）

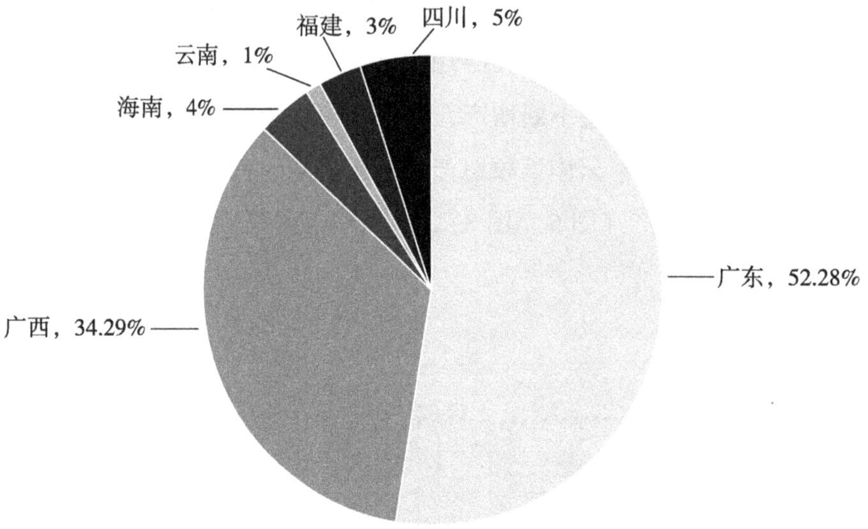

图 5　中国主产区荔枝种植面积

（数据来源：农业农村部）

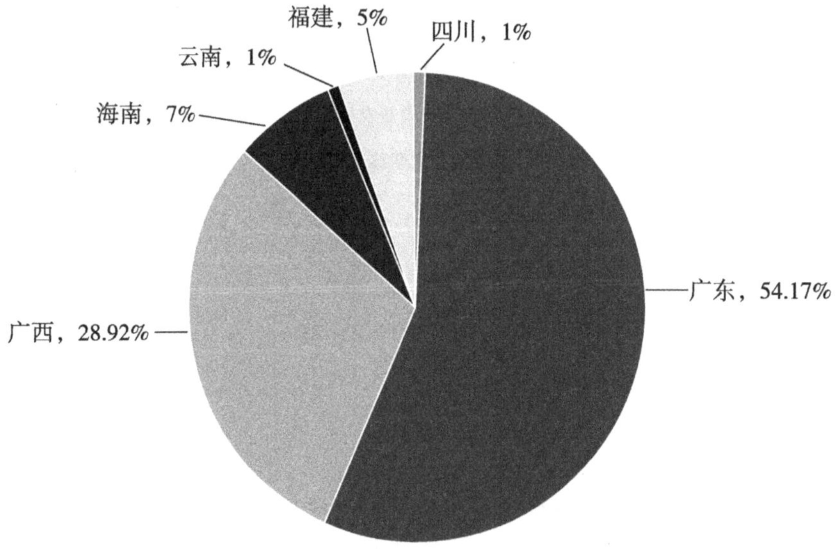

图 6　中国主产区荔枝产量

（数据来源：农业农村部）

就品种来看，广东主栽品种有三月红、白糖罂、妃子笑、黑叶、桂味、糯米糍、怀枝、双肩玉荷包等；广西主栽品种有禾荔（即怀枝）、黑叶、妃子笑、桂味、糯米糍、丁香、大造、灵山香荔等；海南有妃子笑、三月红、无核荔、紫娘喜、大丁香、小丁香、白糖罂、鹅蛋荔等；福建主栽品种有乌叶（即黑叶）、兰竹、元红、陈紫、下番枝等；四川主栽品种有大红袍、坨提、带绿、楠木叶等。其中，怀枝和黑叶的栽培面积及产量占四川荔枝栽培面积和产量的2/3左右。

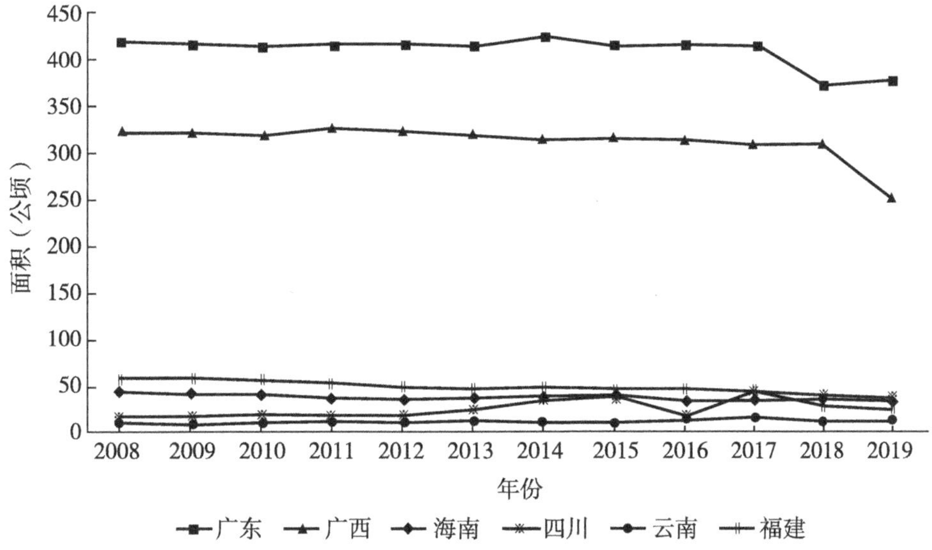

图7 2008—2019年荔枝主产区种植面积变化

（数据来源：农业农村部）

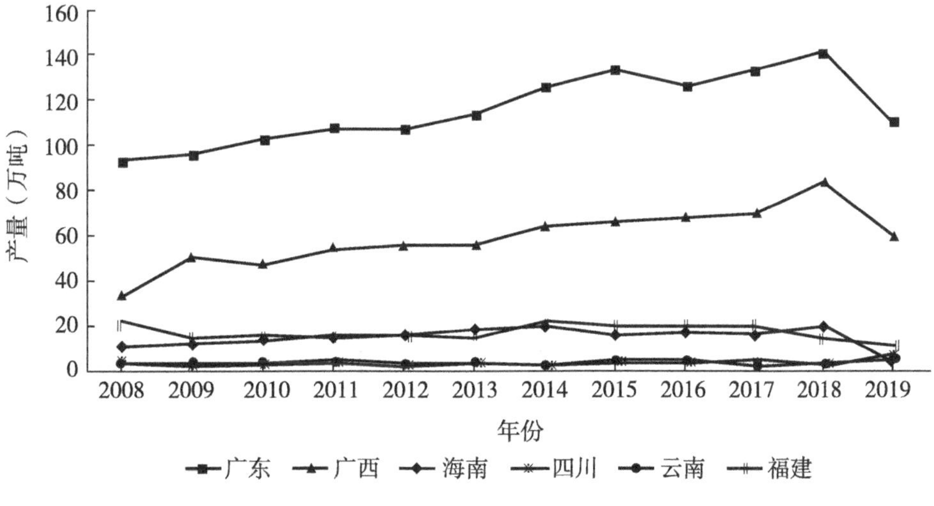

图8 2008—2019年荔枝主产区产量变化

（数据来源：农业农村部）

2.2 产品加工情况

荔枝加工产品仍以荔枝干、荔枝罐头等传统加工产品为主，其次为荔枝酒、荔枝汁、荔枝果酱等，荔枝年加工量低，加工率仅为5%。目前，荔枝加工企业主要分布在广东茂名、从化、惠来和惠州，广西北海以及贵港，福建漳州等地。据调查，加工企业已经形成超过40万吨荔枝的加工能力，其中荔枝罐头加工量高达90%。据统计，2018年荔枝总加工原料消耗量18万吨，比2017年的9万吨的加工量增加了近一倍，约占总产量的6%。

2.3 市场情况

2.3.1 国际市场情况

荔枝贸易以荔枝罐头为主，荔枝干和鲜荔枝有少量出口，出口品种主要为妃子笑和黑叶，出口量每年占总产量的0.3%~0.6%。2014—2019年荔枝总出口34.69万吨，年均出口5.78万吨，出口额由2014年7 456.35万美元增至2019年的14 267.71万美元。2019年出口鲜荔枝0.7万吨，同比减少57.06%；出口荔枝干2吨，同比减少87.94%；出口荔枝罐头2.4万吨，同比减少25.23%。荔枝鲜果进口主要来自越南、泰国，占进口总量近90%，荔枝鲜果主要出口到东南亚、欧洲、美国和中国香港、中国澳门地区。

2019年中国荔枝贸易品种结构基本稳定。如表1所示，中国荔枝进口仍以鲜荔枝为主，鲜荔枝进口量6.7万吨，占进口总量的99%，进口额2 976.75万美元，占进口总额的99%，荔枝罐头有极少量进口，荔枝干没有进口。出口产品主要是荔枝罐头，2019年荔枝罐头出口量2.4万吨，占出口总量的47.06%，出口额3 599.20万美元，占出口总额的58%。

表1 2019年中国荔枝及其制品贸易情况（单位：吨、万美元）

种类	进口量	进口额	出口量	出口额
鲜荔枝	67 000.0	2 976.75	7 000	2 531.30
荔枝干	0	0	2	12.10
荔枝罐头	38.7	4.60	24 000	3 599.20

数据来源：海关数据网。

近5年鲜荔枝贸易波动较为剧烈（图9），荔枝罐头出口量微降后增长（表2）。2014—2016年，鲜荔枝进口量及进口额稳定增长，进口量从2.5万吨增长至6.9万吨，进口额从1 152.23万美元增长至3 219.5万美元，2017年鲜荔枝进口量大幅下降，进口量仅有1.4万吨，同比减少79.58%，进口额850.02万美元，同比减少73.6%，2018年恢复增长至3.2万吨。进口额1 728.59万美元。2019年鲜荔枝进口量大幅增加。相比较于进口贸易，我国鲜荔枝出口量较小，2014年鲜荔枝出口量1.2万吨，仅为进口量的50%，出口额3 053.29万美元，2015年出口量同比持平，2016年出口量同比减少了29.56%，出口额同比减少了32.74%，之后恢复增长，至2018年出口量增长至1.6万吨，出口额增长至4 837.64万美元。2019年受产量影响鲜荔枝进口量同比下降。荔枝罐头出口量微降后增长，2014年荔枝罐头出口量3.67万吨，之后以3.3%速度减少，至2018年恢复增长至3.2万吨，2019年有小幅下降，而荔枝罐头进口量一直小幅波动。荔枝干贸易量较小，仅有少量出口（表3）。2014年荔枝干出口量20.39吨，进口额8.8万美元，2015年与2016年荔枝干出口量基本持平，2017年荔枝干出口量同比下降了28.6%，2018年恢复增长至16.58万吨，2019年出口大幅下降，荔枝干几乎没有进口。

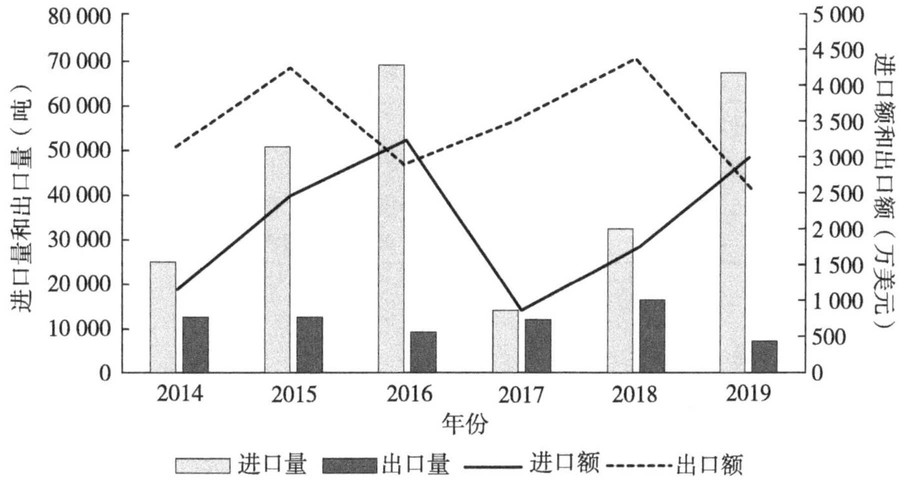

图9 2014—2019年中国鲜荔枝贸易变动情况

（数据来源：海关数据网）

表2 2014—2018年中国荔枝罐头贸易情况 （单位：吨、万美元）

年份	进口量	出口量	进口额	出口额
2014	28.52	36 717.83	4.30	4 394.26
2015	21.15	29 944.20	4.12	3 258.36
2016	33.02	28 443.62	6.39	3 322.99
2017	64.55	26 839.07	11.82	3 377.46
2018	21.90	32 104.86	2.95	3 729.47
2019	38.70	24 000.00	4.60	3 599.20

数据来源：海关数据网。

表3 2014—2018年中国荔枝干贸易情况 （单位：吨、万美元）

年份	进口量	出口量	进口额	出口额
2014	0	20.39	0	8.80
2015	0.05	20.64	0.03	13.12
2016	0	16.24	0	6.95
2017	0.12	11.59	0.54	4.78
2018	0	16.58	0	8.00
2019	0	20.00	0	12.10

数据来源：海关数据网。

中国荔枝贸易国家和地区见表4。贸易顺差总体呈上升趋势。国际贸易理论表明，一个国家或地区某种商品的国际贸易差额在很大程度上表明了该国该产品的国际竞争力情况。从中国荔枝及其制品国际贸易差额来看，近5年来中国荔枝制品国际竞争力总体呈现增强趋势。2004—2016

年，中国荔枝及其制品国际贸易顺差不断缩小，中国荔枝及其制品的国际竞争力呈现衰弱的迹象，但在2017年中国荔枝及其制品国际贸易顺差恢复扩大，2018年贸易差额创近5年的新高。

表4 中国荔枝贸易情况

种类	进口国	出口国家和地区
鲜荔枝	越南、泰国	中国香港、美国、菲律宾、越南、马来西亚
荔枝罐头	古巴、法国、摩洛哥	瑞士、印度尼西亚、中国香港、美国、巴拿马、新西兰
荔枝干	—	美国、中国香港、意大利、马来西亚

数据来源：海关数据网。

2.3.2 国内市场情况

我国荔枝上市期主要集中在4月中旬至8月末。消费以鲜食为主，约占总消费量的99%。荔枝具有我国十五大健康水果之一的美誉，荔枝肉含丰富的维生素C和蛋白质，受上市季节限制，当前我国荔枝人均消费量约为1.2千克，仅为苹果、梨等传统大宗水果消费量的1/10。荔枝在产区和非产区的消费比例约为7：3，东北市场主要消费荔枝青果，各大中城市和海外市场主要消费荔枝熟果。近年来海南永兴的荔枝王享誉国内外，售价连年攀升。荔枝王以“不上火的荔枝”著称，受到中高端市场的追捧。

荔枝价格在年周期和年际间均波动较大，主要受供求关系影响，每年4月下旬至5月初，海南早熟荔枝上市价格较高，随着采收期逐渐后延，广东、广西中熟荔枝大量上市，日供应量较大，致使价格下跌，7月以后，晚熟荔枝产区由于供应量减少价格又会上涨。从荔枝年度综合价格变动情况看，2014—2019年荔枝综合平均价在11.04~19.93元/千克，2016年荔枝价格创近年来历史新高，全年综合批发价19.93元/千克，究其原因，2016年受暖冬影响荔枝各主产区出现大幅减产，市场供应量严重缩减。分品种看，优、良、中、低荔枝品种间综合批发均价差异较大，市场较好地体现了优质优价，其中，桂味价格最高，2018年桂味综合批发价16元/千克，是黑叶的2.8倍。怀枝和黑叶的价格较为接近，为主栽品种中价格最低（表5）。

表5 2014—2019年中国主栽荔枝品种综合批发价 （单位：元/千克）

年份	荔枝平均	妃子笑荔枝	黑叶荔枝	白腊荔枝	桂味荔枝	三月红荔枝
2014	16.40	14.66	5.70	9.35	11.00	34.71
2015	11.04	11.64	5.93	8.64	11.43	37.72
2016	19.93	17.52	8.73	6.38	37.06	44.00
2017	16.79	10.88	7.00	9.00	12.49	—
2018	13.64	9.57	5.73	9.00	16.00	—
2019	18.48	16.07	14.42	18.00	15.94	—

数据来源：中国农业信息网。

2.4 成本与收益情况

从成本投入来看，近5年全国荔枝每亩成本在1 700~2 100元，2018年荔枝平均每亩成本

2 100元，人工成本和农资成本是影响总成本投入的两大重要因素，福建闽东地区人工成本最高，从而导致投入成本过高，云南保山地区人工成本也相对较高，海南地区土地成本远高于全国平均水平，使其总成本过高，而广东湛江地区化肥和农药投入较高，也推高其直接成本，使得总成本偏高。

从每亩收益来看，近5年全国荔枝每亩收益1 100~2 400元，2018年全国荔枝平均净利润1 903元/亩，但是不同地区间差异非常大，其中海南海口的净利润最高，达到3 500元/亩，远高于全国平均水平，也直接拉高了海南的整体水平，使得海南地区种植荔枝净利润高于其他省份。四川省仅次于海南省，泸州地区净利润达到3 000元/亩，主要由于其成本低，且以晚熟品种为主，价格相对较高。云南和广西每亩净利润略高于全国平均水平，在1 800~2 500元/亩区间内，广东和福建省内不同地区收益水平差异较大，其中广东粤西地区明显高于珠三角地区，福建闽南地区高于闽东地区。

3 荔枝产业主产区发展动态

3.1 海南产区荔枝产业发展动态

海南是我国荔枝最早上市区，最早4月下旬可成熟上市，比广东、广西、福建等地要早15~20天，主要以内销为主，出口较少。每年4—7月是海南荔枝集中上市期。荔枝作为海南比较常见的热带水果，具有上市期早、种植环境优越的巨大优势，其品种众多，主要有三月红、妃子笑、白糖罂、大丁香、无核荔枝、荔枝王、桂早荔等。值得注意的是，桂早荔近两年畅销市场，收益可观。桂花香为特早熟荔枝品种，目前仅有鲁宏公司种植1 000亩左右，上市均价12.5元/千克，据了解，2018年桂花香实现销售收入1 000多万元。桂花香上市时间比白糖罂早，比三月红晚，外观口感佳，因此受到消费者的喜爱，畅销市场。鲁宏农业特早熟荔枝基地主栽品种是桂花香和妃子笑。目前，该公司荔枝种植面积3 000余亩，是海南较大规模的荔枝种植农业企业。“鲁宏”牌陵水荔枝等农产品在稳固国内市场的同时，出口美国、加拿大等地区，在国内外享有较高的知名度。除自营种植基地外，还与国内大型商超建立起合作关系，是国内知名的荔枝商超直接供应商之一。2017年、2018连续两年为国内水果巨头百果园、鑫荣懋、果多美、天天果园等新兴电商销售渠道连续供应荔枝鲜果超200万千克。

3.2 广东产区荔枝产业发展动态

广东省是我国荔枝生产第一大省，荔枝面积占全国近50%，产量占全国荔枝总产量的70%。其中，粤西为早中熟荔枝优势区（茂名为中心），粤东为中迟熟荔枝优势区（汕头、惠来、海陆丰、惠州为主），粤中为晚熟荔枝优势区（广州为中心）。广东省荔枝品种黑叶、妃子笑、怀枝占比达70%以上。中晚熟优质品种丰富多样，但早熟优质品种缺乏，极早熟品种仅有三月红。

5—6月是广东荔枝集中上市期，4月底至5月初有湛江早熟荔枝上市，5月中下旬有中熟荔枝黑叶、白蜡上市，妃子笑、糯米糍、桂味于6月中上旬集中上市，怀枝等迟熟品种于7月上旬上市，由于上市期集中，常出现丰产不丰收的现象。2017年5月，广东颁布了省内第一部农作物单品种保护法律法规——《广东省荔枝产业保护条例》，涵盖广东省行政区域内荔枝种质资源保护、种植、贮藏、运输、加工、销售、品牌保护等方面，对荔枝品牌的深化改造、品质的优化升级进行了详细布局。

3.3 广西产区荔枝产业发展动态

广西是我国荔枝第二大产区，种植面积及产量均居全国第二位，广西荔枝品种丰富，主要有禾荔、鸡嘴荔、三月红、妃子笑、黑叶、桂味、糯米糍、灵山香荔等，早、中、晚熟兼备，目前黑叶、禾荔中熟品种种植占比70%，早熟和晚熟品种占比较少，广西荔枝早熟品种与广东早中熟品种上市期重叠，中晚熟品种与广东晚熟品种上市期重叠，市场阶段性供过于求，同时优质荔枝品种较少，品牌效应未能充分体现，制约了广西荔枝产业发展。近年来荔枝价格较高，荔枝已经成为广西众多贫困地区脱贫增收的重要来源。

4 中国荔枝产业生产及销售的预测

4.1 种植及生产预测

4.1.1 荔枝产业规模和面积趋于稳定

物以稀为贵，我国荔枝上市时间较短只有130天左右，虽受气候、种植技术等影响，荔枝产量存在年际波动现象，但市场需求不会因为减产而减少，受需求影响我国荔枝种植规模将进一步扩大。预期全国优质荔枝园面积将达到约600万亩，总产量稳定可达300万吨，果园销售产值达到500亿元以上，一二三产总产值达到1 000亿元以上。

4.1.2 加工品市场潜力较大

荔枝可开发加工品包括制干、制罐、制汁、制酒等大宗产品，也可制醋、果酱、酸奶、冰淇淋，果汁和果肉还可用于加工面包等。而目前实际加工的种类并不多，加工比例不大，因此即使在世界范围看，加工对荔枝鲜果处理的贡献均未充分体现出来。当前，我国荔枝产业链不断拓宽延长，加工业蓬勃发展，有望形成年产40万吨以上的加工能力，可研发出上百个加工产品。

4.2 市场前景分析

4.2.1 国内市场

荔枝作为特色热带水果之一，越来越受到北方市场的欢迎，随着现代物流的快速发展，为北方消费者品尝到高品质的荔枝提供了条件和便利，扩大了荔枝市场销售半径。同时荔枝在减产年间带来了价格强势上涨，反映出市场需求未得到有效满足，部分未被满足的需求会因未被满足而转化为更强的实际购买力，将成为支撑后期荔枝市场的强效力量。另外，随着优良荔枝品种的广泛推广，将进一步刺激荔枝消费需求。3 年来，荔枝价格的迅速上涨，重新激发了终端消费者对荔枝价值的认知。一方面荔枝行情的持续向好，拉高了荔枝价格的天花板，同时电商销售价格也水涨船高；另一方面，随着运输、保鲜体系的提高和发展，也令荔枝在终端的品相有了大幅提升，“多数消费者已从心里接受了荔枝的优质高价。”

4.2.2 国际市场

国际市场上，我国荔枝主要出口国家和地区有美国、中国香港、马来西亚、加拿大、菲律宾、日本、印度尼西亚及欧洲等地。其中，东南亚国家对检疫要求较低，由于距离近，果实鲜销容易。欧洲市场对荔枝汁需求量较大，我国加工的荔枝果汁及浓缩汁95%出口到欧洲，荔枝汁在欧洲市场仍具有较大增长空间。而日本及欧美市场对荔枝罐头有较大需求，荔枝罐头可做西餐的果酱、水果色拉、冰淇淋、酸奶等食品。中国自 2002 年与东盟签订自由贸易区协定之后，通过关税减免、海关程序优化等手段，与东盟诸国的热带水果贸易得以迅速发展。近年来在“一带一路”倡议的带动之下，中国与东盟诸国之间来往更加频繁，为热带水果贸易又注入了新的动力。可以预见，在短期时间内，东盟诸国还将会是我国热带水果进口的主要来源地。从长期来看，随着“一带一路”倡议的进一步推进以及我国与非洲地区贸易投资合作的不断深化，非洲地区的市场也将进一步扩大，成为我国荔枝出口市场。

5 中国荔枝产业发展问题及制约因素

5.1 生产中存在的主要问题

5.1.1 果园基础设施落后

一是冷链技术落后，冷库建设少，部分荔枝主产区冷库未按标准建设，多数荔枝采后仍然用冰块泡沫简易包装。二是果园设施建设少，道路建设落后，水肥一体化灌溉系统未能应用普及，农户接受度不高。三是电商平台入驻较少，只在部分大型合作社有一两家电商平台入驻，且场地和加工设备简陋，专业化程度低，难以满足高品质需求。

5.1.2 生产成本高，价格低迷

农民种植热情下降。据调查，2015 年农场用工每人 80 元/天，2016 年每人 100 元/天，喷药每人 120 元/天，2017 年人工摘果、喷药 130 元/天，2018 年人工喷药 140 元/天，部分地区高达 150 元/天，人工费用逐年上涨。化肥等农资价格也大幅上升，主要用肥为复合肥、钾肥，2016 年每 50 千克 210 元，2017 年每 50 千克 220 元，2018 年每 50 千克 240 元，人工和农资费用占了生产成本的 80%。荔枝喷药仍采用简易的喷壶喷洒，工作时间长，且随着荔枝树逐年长高工作难度加大，成本不断增加，而荔枝田头价格长期在低位徘徊，在荔枝集中上市期荔枝收购价仅

0.5~1元/千克，严重影响了果农积极性，很多果农选择外出打工而放弃种植荔枝。通常荔枝树龄在7~20年是挂果高峰期；树龄在20年以上的，挂果率已下降，且开花挂果率受气候影响较大，荔枝“大小年”使得荔枝生产效益年际波动较大，农民对生产的信心不足。

5.1.3 深加工发展滞后，难形成产业支撑

由于我国消费者消费偏好的问题，国内的荔枝销售基本都以鲜食销售为主，加工比例较低，而且加工企业规模都较小，基本是以家庭为单位的作坊式加工企业。随着热带水果的大量进口，以香蕉干、凤梨罐头等为代表的热带水果加工品也进入国内市场，在这样的外部冲击下，我国原有的加工企业和加工模式显得竞争力不足，多数企业由于承受不住价格下跌带来的利润损失而选择倒闭关门，其余企业为了提高国内热带水果加工业的竞争力，开始进入并购重组阶段。

5.1.4 资源利用率低及利用过度现象并存

资源利用不足主要体现在欠管、失管果园比例较大；在管果园耕层加厚、地力提升、光能利用，气候变化应对方面创新不足；大型化、高性能、多功能农机具应用不足，机械化程度较低；荔枝产业“优质”“丰产”“安全”“高效”未实现科学、精准定义。同时对肥料、农药、除草剂等农业投入品使用过频、过量，肥料及农药的支出占荔枝园总支出的35%；人工成本是荔枝园管理过程中最大的支出，约占总支出的50%，荔枝种植仍过度依赖劳动力。

5.1.5 快捷、低成本物流处理环节仍是荔枝产业发展限制因子

荔枝易腐烂，自然保鲜期只有几天，而大规模的商业储运还停留在传统的树叶保鲜阶段，目前较好的办法也只是泡沫加冰及冷库保鲜、冷柜运输，先进的保鲜储运技术在荔枝大规模生产上的应用难度较大。荔枝采后贮运保鲜技术的研发及推广成为生产环节迫切需要解决的问题。

5.2 产业发展的主要制约因素

5.2.1 压制价格上涨，影响农户收入

由于中国的荔枝进口多来自东盟国家，该区域国家以发展中国家为主，劳动力价格低廉而且气候适宜热带水果生产，生产成本较低，对中国荔枝价格形成了压制作用。此外，随着我国劳动力以及其他生产要素价格的不断提高，再加上水果行业的机械化水平并未得到很大程度提高，国内荔枝的生产成本不断上涨。在这两方面作用下，国内荔枝生产利润空间不断压缩，严重影响果农种植收入。除了价格方面，由于我国荔枝主产区主要集中在海南、广西等南部省份，生产区域较为集中，而且也临近东南亚地区，地域的临近性导致会经常出现国内国际市场同时丰收的局面，大量的荔枝在短时间内集中上市，最终会导致“果贱伤农”，价格奇低的场面，严重挫败了果农的种植积极性，不利于我国荔枝产业的长期稳定发展。

5.2.2 检疫手段缺失，消费风险和疫病风险加大

荔枝行业作为病虫害高发的产业，在国际贸易中一直都是检疫的重点。随着我国在国际市场上出口的热带水果数量逐年增加，我国海关检疫部门加强了对于出口热带水果的检疫力度，但是由于检疫手段的缺失，有时仍会出现漏网之鱼，发现病虫害或者是农药残留超标等问题。一方面，由于这些进口水果的质量问题，流入市场之后，会影响到消费者的健康，带来消费风险。另一方面，部分有害病菌或者生物也可能随着不合格产品进口，从而影响到当地荔枝生产的生态环境，甚至有可能与本地病害形成交叉感染，形成有害生物入侵等不良后果。

5.2.3 政府对水果补贴较多，但专门针对荔枝产业扶持政策较少

近几年国家持续加大对农业的补贴力度，为发展特色水果种植经济，部分省份提出保险补贴，对荔枝、龙眼、木瓜等特色水果的保险金额为900~1 200元/亩，保费72~96元/亩。菜篮子补贴，重点扶持蔬菜（包括食用菌和西甜瓜等种类），继续支持水果种植以及茶叶和其他产品，每个设施基地200亩以上（设施内面积，资金补助标准：5 000元/亩，总额不超过300万元）；每个露地基地1 000亩以上。农业产地初加工项目，自2012年起，中央财政每年安排5亿元转移支付资金启动实施“农产品产地初加工补助项目”。该项目每年都有，补助范围包括每年新建的马铃薯贮藏窖、果蔬保鲜库和烘干设施三大类19种规格的农产品产地初加工设施。补助对象为承担项目实施的农民专业合作社和农户。农业农村部的园艺作物标准园建设项目，补贴对象：蔬菜、水果、茶叶项目。补贴范围及金额：设施200亩以上，大田1 000亩以上，可申请补贴50万~100万元。当前政府对水果的补贴较多，但针对荔枝产业扶持政策较少。仅广东省在2017年发布的《广东省荔枝产业保护条例》中，提出要规范荔枝产业发展的相关活动，提升荔枝产品质量和品牌特色，促进荔枝产业持续健康发展。

6 中国荔枝产业发展建议

6.1 加快培育特早特晚熟、品质优异新品种

以高品质、特早特晚熟、高抗性为目标，深度挖掘利用种质资源，开展特早熟、特晚熟等重要品种分子标记和基因鉴定研究，加强育种成效。

6.2 加强机械机具研发和节本增效技术集成应用

应不断创新农业机械使用及共享机制，继续鼓励企业和种植大户购买使用大型农机具，发挥其示范带动作用，并尝试探索小规模种植户的农业机械共购、共享、共租途径。改善荔枝小规模种植经营方式，提升荔枝园农机具使用率，力求建设节劳增效、节肥节药的现代化荔枝产业园。

6.3 培育优势品牌产品

我国居民对于热带水果的质量要求变高，但是当前市场上热带水果的高端产品种类依然较少，市场空缺亟须填补，应当以市场为导向，积极引导产业转型，瞄准高端市场领域，合理进行生产布局，培育优势产品，打造品牌效应，形成我国荔枝产业的引领优势，提高产品的附加价值，保障农户生产收入，确保产业积极健康发展。

6.4 大力发展荔枝加工业

应加大对荔枝加工业的扶持力度，将国内加工技术优势与东南亚等国的原料生产优势相互结合，以高新技术为核心竞争力，开发具有独特优势的荔枝加工品。着眼于国内市场，以国内广阔的市场为立足点，加快产品研发与龙头企业培育，构建成熟的产业发展模式体系，积极开拓海外市场，提高我国荔枝产业的出口能力。

6.5 加强科技研发，降低生产成本

强化我国荔枝产业科技支撑，完善热带农业科技服务体系，切实抓好农业科技攻关、先进适用技术推广和农业科技培训，建立健全农业科技服务网络，大力组织和加强农业技术创新、科技成果试验示范推广、新品种引进和产业化工作，从育种、栽培、收获、流通、加工等各个环节共同发力，提高荔枝产业科技含量，尤其是在我国人力成本不断上涨的背景下，将机械研发作为科技研发重点突破领域，提高我国荔枝产业机械化推广水平，降低生产成本，为农户生产创造利润空间，同时提高我国荔枝产业在国际上的竞争力。

6.6 加强检疫工作，降低进口风险

在国内旺盛的市场需求下，可以预见我国荔枝的进口量还将持续增加，因此，为了保障国内消费者的消费安全，同时为了避免进口水果带来有害病菌或生物，海关部门应当加强检疫检查力度，严格限制农药高残留等质量不安全产品进口，提高进口水果准入门槛，对于生产标准较低的进口来源国，要与其做到提前沟通，对于该国出口到我国的产品，要严格以我国贸易标准执行，同时提高检查频率，以便及时发现问题。另外，为了保障进口效率，还应对检疫手段进行优化，在保障检疫结果的同时，缩短海关检疫时间，做到检疫质量和检疫效率的有机结合。

6.7 推动产业大数据建设与智慧农业应用

建立产地生态环境大数据，建设信息收集发布平台，推动人工智能应用，对于国内外热带水果的生产、价格、需求、贸易等信息做到及时发布，同时对未来市场走势进行有效科学研判，根据实际情况发布预警信息，以便对国内的生产者和企业做到有效指导及时应对潜在风险。

参考文献

陈风波，庄丽娟，齐文娥，等，2015. 澳大利亚荔枝产业发展及对中国的启示［J］. 世界农业（8）：137-142.

陈厚彬，2018. 荔枝产业发展报告［J］. 现代农业装备（4）：22-24.

陈厚彬，2018. 我国荔枝产业发展情况——在2018年中国国际荔枝产业大会开摘节暨新闻发布会上的讲话［J］. 中国热带农业（3）：5-7.

段程久，2020. 屏边县荔枝产业发展现状及对策［J］. 云南农业（1）：41-42.

莫显铭，2017. 灵山县荔枝产业提升发展的思考［J］. 南方园艺，28（4）：19-22.
欧阳曦，齐文娥，2018. 福建省荔枝产业发展状况——基于2011—2016年的数据分析［J］. 中国热带农业（1）：19-23.
齐文娥，2014. 我国主要荔枝品种生产规模与生产效率分析——基于2011—2013年的数据［J］. 广东农业科学，41（11）：233-236.
齐文娥，陈厚彬，李伟文，等，2016. 中国荔枝产业发展现状、趋势与建议［J］. 广东农业科学，43（6）：173-179.
齐文娥，陈厚彬，罗滔，等，2019. 中国大陆荔枝产业发展现状、趋势与对策［J］. 广东农业科学，46（10）：132-139.
余华荣，周灿芳，万忠，等，2016. 2015年广东荔枝产业发展形势与对策建议［J］. 广东农业科学，43（4）：21-24.
曾蓓，吕建秋，谢志文，等，2019. 广东省荔枝加工企业发展现状及对策建议——以粤西、粤东荔枝加工龙头企业为例［J］. 农业科技管理，38（4）：81-85.
庄丽娟，邱泽慧，2019. 印度荔枝产业发展特征与趋势分析［J］. 中国热带农业（1）：22-25.

香蕉产业发展情况研究报告

香蕉是世界种植面积、鲜果销售量和国际贸易量最大的热带水果，是世界少数具有规模效益生产能力的农作物，是世界第四大粮食作物。香蕉喜高温多湿环境，被广泛种植于热带及亚热带的 130 多个国家和地区。近些年来，世界香蕉生产格局由美洲向亚洲转移，现主要集中在东南亚地区。香蕉的种植及贸易均高度集中，著名生产香蕉的跨国公司有美国都乐（Dole）、金吉达（Chiquita）和德尔蒙公司（DelMonte）等，他们经营着世界约 60%的香蕉出口量。香蕉出口贸易对象国主要集中在欧美、日本和中国，其贸易伙伴相对固定，拉美产香蕉多供给欧美市场，东南亚产香蕉多供给亚洲市场。

1　世界香蕉产业发展基本情况

1.1　世界发展情况

1.1.1　生产情况

1.1.1.1　2008—2018 年世界香蕉种植面积及产量波动增长

2008—2018 年，世界香蕉的种植面积呈波动上涨趋势。主要分为 3 个阶段：2008—2011 年呈快速上涨阶段，由 516.71 万公顷增长到 548.84 万公顷；2012—2016 年呈波动增长阶段，由 531.62 万公顷增长到 532.40 万公顷；2017—2018 年呈恢复发展阶段，由 557.69 万公顷增长到 572.87 万公顷（图 1）。

2008—2018 年，世界香蕉的产量基本呈上涨趋势。主要分为 3 个阶段：2008—2010 年为快速上涨阶段，由 9 876.35 万吨增长到 10 866.41 万吨；2011—2016 年进入波动发展阶段，由 10 940.87万吨增长到 11 262.80 万吨；2017—2018 年恢复阶段，由 11 435.91 万吨增长到 11 573.79万吨产量。

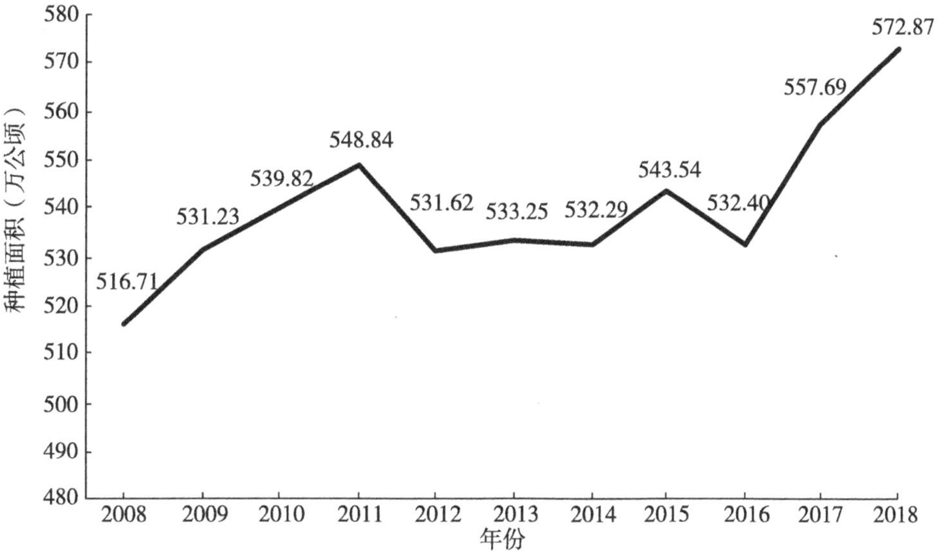

图 1　2008—2018 年世界香蕉种植面积变化趋势

（数据来源：联合国粮食及农业组织）

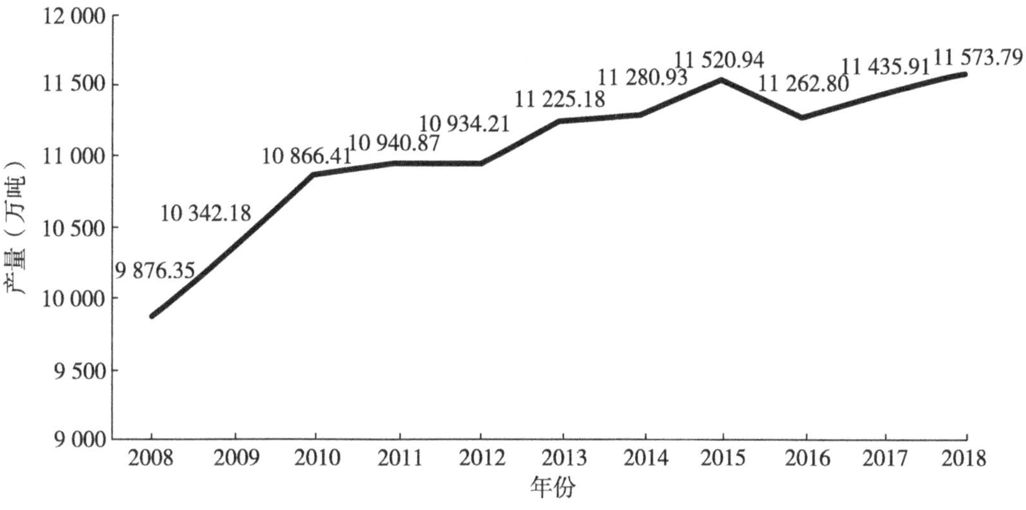

图 2　2008—2018 年世界香蕉产量变化趋势

（数据来源：联合国粮食及农业组织）

1.1.1.2　2018 年世界香蕉种植面积及产量均有所增长

2018 年，世界香蕉种植面积为 572.87 万公顷，同比上涨 2.72%；产量 11 573.79 万吨，同比增长 1.21%；单产 20.20 吨/公顷，同比增长 1.50%。世界香蕉种植主要集中在亚洲、非洲及美洲。其中亚洲种植面积最大，为 228.90 万公顷，占世界总种植面积的 39.96%，同比增长 2.69%；亚洲香蕉产量最高，为 6 264.82 万吨，占世界总产量的 54.13%，同比增长 1.32%。非洲种植面积为 212.48 万公顷，占世界总种植面积的 37.09%，同比增长 5.14%；产量 2 041.80 万吨，占世界总产量的 17. 64%，同比增长 2. 06%。美洲种植面积为 119. 96 万公顷，占世界总种植面积的 20. 94%，同比下降 0. 99%；产量 3 043. 78 万吨，占世界总产量的 26. 30%，同比增长 0. 64%。大洋洲种植面积为 10. 50 万公顷，占世界总种植面积的 1. 83%，同比下降 0. 09%；产量 182. 26 万吨，占世界总产量的 1. 57%，同比增长 0. 02%。欧洲种植面积为 1. 02 万公顷，占世界总种植面积的 0. 18%，同比增长 0. 30%；产量 41. 13 万吨，占世界总产量的 0. 36%，同比下降 8. 99%。非洲香蕉的种植面积及产量同比增长最快（图 3 和图 4）。

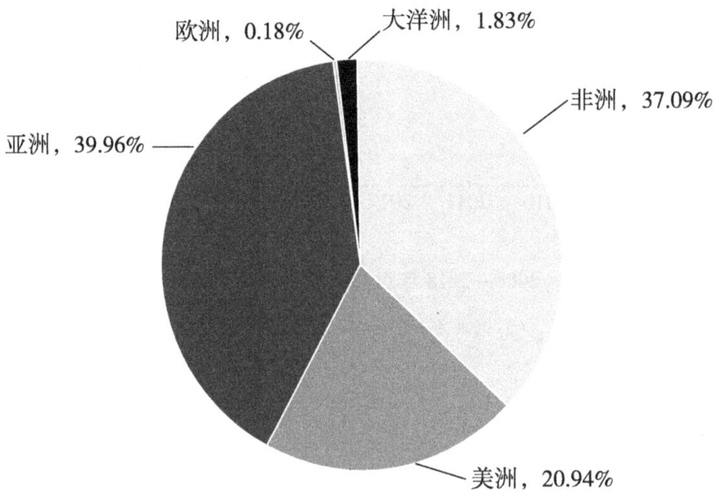

图 3　2018 年世界香蕉种植面积结构

（数据来源：联合国粮食及农业组织）

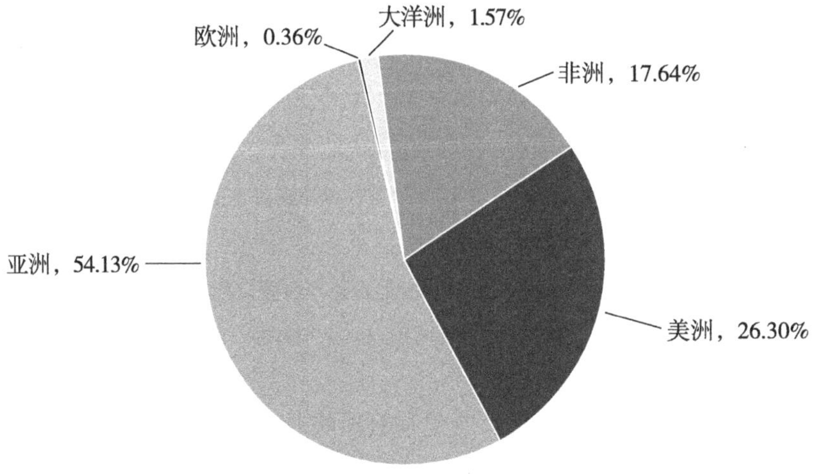

图 4　2018 年世界香蕉产量结构

（数据来源：联合国粮食及农业组织）

受气候和种植科技等因素影响，各大洲香蕉单产差异较大。欧洲单产最高为 40. 20 吨/公顷；美洲 25. 37 吨/公顷；亚洲 27. 37 吨/公顷；大洋洲 17. 36 吨/公顷；非洲 9. 61 吨/公顷。

1.1.1.3 2018年各洲香蕉种植主产区均相对集中

由于自然资源限制，世界香蕉种植主要集中在非洲、亚洲及美洲，在大洋洲及欧洲分布较少。

（1）非洲香蕉种植情况

2018年，非洲香蕉主要种植国有坦桑尼亚49.07万公顷、卢旺达46.43万公顷、布隆迪20.86万公顷、乌干达12.76万公顷、安哥拉12.30万公顷、喀麦隆8.56万公顷、刚果（金）8.29万公顷、莫桑比克7.74万公顷、马达加斯加7.30万公顷、肯尼亚7.27万公顷。该10国香蕉种植面积占非洲香蕉总种植面积的84.99%。

非洲香蕉产量大国有安哥拉349.22万吨、坦桑尼亚346.91万吨、卢旺达137.90万吨、布隆迪165.50万吨、肯尼亚141.42万吨、埃及138.82万吨、喀麦隆120.34万吨、苏丹95.12万吨、莫桑比克57.84万吨、乌干达53.24万吨。该10国香蕉产量占非洲香蕉总产量的80.43%。

（2）亚洲香蕉种植情况

2018年，亚洲香蕉主要种植国家及地区有印度88.40万公顷、菲律宾48.42万公顷、中国（未统计台湾、香港、澳门）36.78万公顷、越南12.85万公顷、印度尼西亚12.04万公顷、泰国7.70万公顷、孟加拉国4.91万公顷、柬埔寨3.12万公顷、马来西亚3.12万公顷、巴基斯坦3.00万公顷。该10个国家及地区香蕉种植面积占亚洲香蕉总种植面积的96.26%。

亚洲香蕉产量集中国家及地区有印度3 080.80万吨、中国（未统计台湾、香港、澳门）1 122.17万吨、印度尼西亚726.44万吨、菲律宾614.44万吨、越南20 873万吨、泰国104.54万吨、老挝97.10万吨、孟加拉国81.03万吨、土耳其49.89万吨、马来西亚37.66万吨。该10个国家及地区香蕉产量占亚洲香蕉总产量的97.73%。

（3）美洲香蕉种植情况

2018年，美洲香蕉主要种植国有巴西44.93万公顷、厄瓜多尔16.16万公顷、哥伦比亚13.13万公顷、危地马拉8.08万公顷、墨西哥7.85万公顷、海地6.08万公顷、哥斯达黎加4.78万公顷、委内瑞拉3.18万公顷、多米尼加2.80万公顷、古巴2.23万公顷。该十国香蕉种植面积占美洲香蕉总种植面积的91.03%。

美洲香蕉产量大国有巴西675.22万吨、厄瓜多尔650.56万吨、危地马拉402.65万吨、哥伦比亚370.72万吨、哥斯达黎加252.88万吨、墨西哥234.45万吨、多米尼加117.57万吨、洪都拉斯67.13万吨、委内瑞拉44.83万吨、玻利维亚30.60万吨。该十国香蕉产量占美洲香蕉总产量的93.55%。

（4）大洋洲及欧洲香蕉种植情况

大洋洲香蕉种植集中在巴布亚新几内亚和澳大利亚，其种植面积及产量分别为8.15万公顷、138.32万吨及1.25万公顷、37.39万吨。两主产国种植面积之和占大洋洲香蕉总种植面积的

89.54%，产量之和占大洋洲香蕉总产量的96.40%。欧洲种植集中在西班牙，其种植面积为0.91万公顷，产量为38.62万吨。

1.1.2 贸易及加工情况

世界香蕉进出口贸易多以鲜干香蕉为主。香蕉加工产品以香蕉片、香蕉汁为主，此外还有果酒、果醋、果酱、休闲食品及美容护肤品等。据UN统计，2018年世界鲜干香蕉出口贸易量2 091.41万吨，出口贸易值110.85亿美元。出口贸易量最大的国家为厄瓜多尔，出口贸易量677.99万吨，占世界鲜干香蕉总出口贸易量的32.42%，出口贸易值32.18亿美元，占世界鲜干香蕉总出口贸易值的29.03%；其次为菲律宾，出口贸易量338.87万吨，出口贸易值15.05亿美元；哥斯达黎加出口贸易量248.88万吨，出口贸易值10.31亿美元；比利时出口贸易量118.07万吨，出口贸易值9.60亿美元；哥伦比亚出口贸易量185.46万吨，出口贸易值8.66亿美元；荷兰出口贸易量66.52万吨，出口贸易值5.61亿美元；美国出口贸易量60.55万吨，出口贸易值4.44亿美元；墨西哥出口贸易量54.79万吨，出口贸易值2.60亿美元；德国出口贸易量25.10万吨，出口贸易值2.42亿美元；科特迪瓦出口贸易量42.64万吨，出口贸易值1.75亿美元。

世界鲜干香蕉进口贸易量2 247.18万吨，进口贸易值156.26亿美元。进口贸易量最大的国家为美国516.79万吨，占世界鲜干香蕉总进口贸易量的23.00%，进口贸易值28.27亿美元，占世界鲜干香蕉总进口贸易值的18.09%；其次为比利时，进口贸易量136.10万吨，进口贸易值13.45亿美元；俄罗斯进口贸易量155.65万吨，进口贸易值11.55亿美元；德国进口贸易量126.28万吨，进口贸易值9.46亿美元；日本进口贸易量100.34万吨，进口贸易值9.12亿美元；中国进口贸易量154.46万吨，进口贸易值8.97亿美元；荷兰进口贸易量87.08万吨，进口贸易值8.15亿美元；英国进口贸易量113.69万吨，进口贸易值7.70亿美元；法国进口贸易量79.01万吨，进口贸易值6.21亿美元；意大利进口贸易量80.08万吨，进口贸易值5.65亿美元。

1.2 重点国家发展情况

1.2.1 世界主产国厄瓜多尔香蕉生产情况

1.2.1.1 产业发展资源情况

厄瓜多尔位于南美洲西北部，土壤肥沃，雨量充沛，适宜香蕉种植，素有“香蕉之国”的美誉。厄瓜多尔气候多样，西部沿海平原与东部亚马孙地区属热带雨林气候，中部山区属热带草原及热带森林气候。瓜亚基尔港是厄瓜多尔最大的海港，其主产的香蕉、可可、咖啡等农产品均在此地汇集并销往世界各处。厄瓜多尔是南美洲地区经济相对落后的国家，农业整体发展缓慢。目前，石油业是厄瓜多尔第一大经济支柱，香蕉国际贸易是其经济的重要支撑部分，已连续多年蝉联世界第一大香蕉出口国。

1.2.1.2 香蕉产业生产情况

2018年，厄瓜多尔香蕉种植面积16.16万公顷，产量650.56万吨，主要分布在沿海地区的奥鲁罗省、里奥斯省和瓜亚斯省，三省的种植面积占全国种植面积的92%。早在18世纪，厄瓜多尔就开始种植并出口香蕉，但直到20世纪才逐渐发展形成香蕉产业。目前，厄瓜多尔的香蕉生产多采用大规模集约化公司运作、多造蕉的栽培方式，现已形成常年香蕉生产基地，以及从种植到采收的统一化、标准化管理模式。由香蕉业直接或间接创造的就业机会达191.5万个，为厄瓜多尔12%的经济活动人口解决了劳动就业问题。在鲜食香蕉供给的同时，厄瓜多尔积极发展香蕉加工业，加工产品有香蕉粉、香蕉饲料等。

由图5和图6可见，2008—2018年厄瓜多尔香蕉种植面积呈波动下降趋势，由21.55万公顷下降到16.16万公顷。产量呈"M"形波动，由670.11万吨下降到650.56万吨。

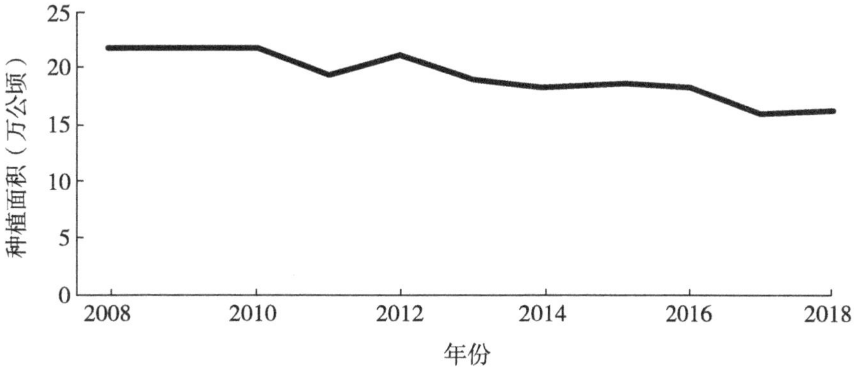

图5 2008—2018年厄瓜多尔香蕉种植面积

（数据来源：FAO统计）

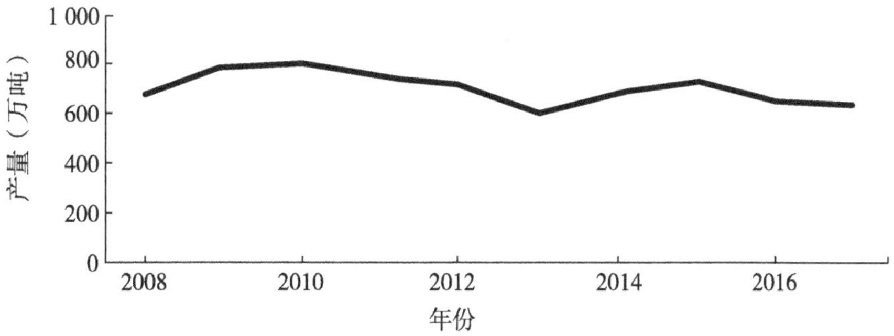

图6 2008—2018年厄瓜多尔香蕉产量

（数据来源：FAO统计）

1.2.1.3 香蕉产业贸易情况

厄瓜多尔香蕉的主要出口市场是美国和欧盟国家。2018年，厄瓜多尔香蕉出口贸易量677.99万吨，出口贸易值32.18亿美元。出口对象国相对集中，主要出口贸易伙伴国为俄罗斯，对其出口贸易量149.87万吨，占厄瓜多尔出口贸易总量的22.11%，出口贸易值6.45亿美元，占厄瓜多尔出口贸易总值的20.05%；对美国出口贸易量82.37万吨，占总出口贸易量的

12.15%，出口贸易值4.46亿美元，占总出口贸易值的13.87%。

由图7和图8可见，2008—2018年厄瓜多尔香蕉出口贸易呈波动增长，出口量由536.05万吨增长至677.99万吨，出口值由16.41亿美元增长至32.18亿美元。

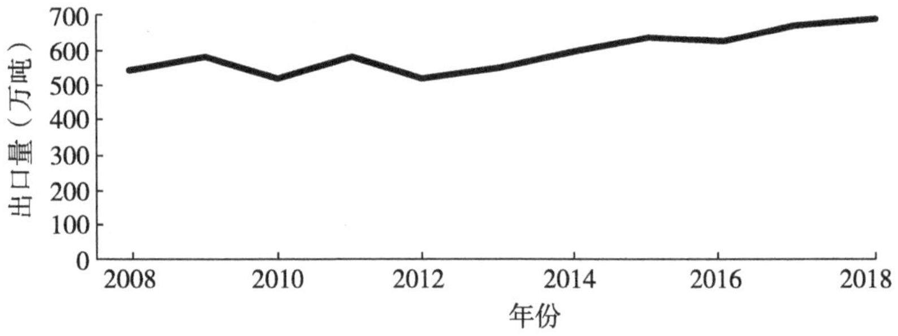

图7　2008—2018年厄瓜多尔香蕉出口量

（数据来源：UN统计）

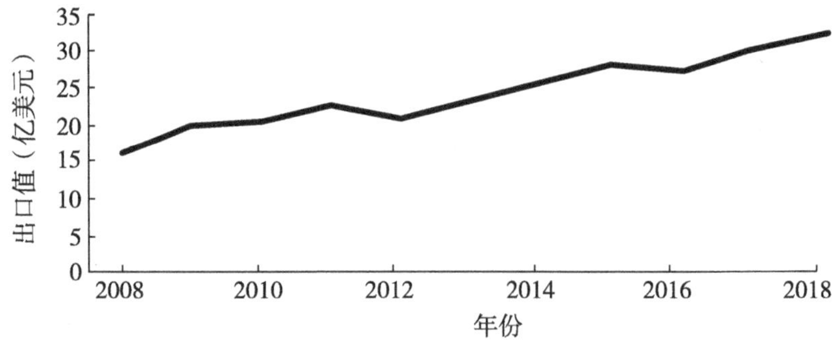

图8　2008—2018年厄瓜多尔香蕉出口值

（数据来源：UN统计）

1.2.2　世界主产国菲律宾香蕉生产情况

1.2.2.1　产业发展资源情况

菲律宾是东南亚岛群国家，属季风型热带雨林气候，高温多雨。陆地面积30万平方千米，其中47%是农业用地，主要集中在城市附近及人口稠密地区。菲律宾是东盟（ASEAN）主要成员国，也是亚太经合组织（APEC）的24成员国之一，世界新兴市场之一。菲律宾是出口导向型经济，对外部市场依赖较大。农业占菲律宾国内生产总值不高，但却占据十分重要的经济地位，有40%的劳动力靠农业为生，主要出口产品有香蕉、椰子油、菠萝等。

1.2.2.2　香蕉产业生产情况

菲律宾香蕉种植仍以小规模个体农民为主，但都乐及金吉达等世界香蕉巨头的生产基地也在菲律宾，其香蕉种植技术具有世界领先水平。种植地区主要集中在南部的棉兰老岛上，该地区香蕉产量占全国80%以上。由图9和图10可见，2008—2018年菲律宾香蕉种植面积与产量近几年波动剧烈，但种植面积整体呈增长趋势，产量呈下降趋势。种植面积自 43.86 万公顷增长到 48.42 万公顷，产量自 868.76 万吨下降到 614.44 万吨。

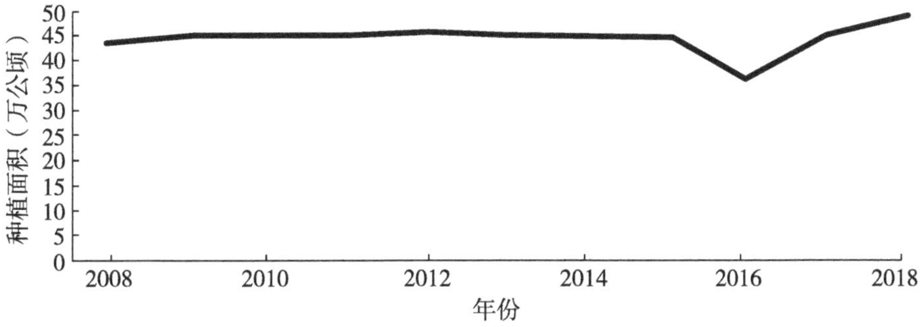

图 9　2008—2018 年菲律宾香蕉种植面积

（数据来源：FAO 统计）

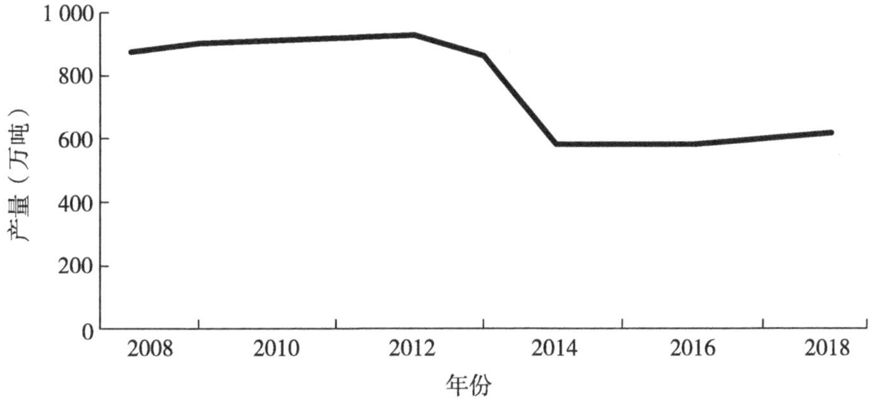

图 10　2008—2018 年菲律宾香蕉产量

（数据来源：FAO 统计）

1.2.2.3　香蕉产业贸易情况

2018 年，中国取代日本成为菲律宾最大的香蕉出口对象国。由于出口限制，菲律宾香蕉在农药使用上十分严格，且基本全程冷链运输，将等级划分精确到每根。从种植、采收、保鲜、包装、运输及销售上拥有一套标准完整的运行模式，使其生产的香蕉品质较高，更受国际市场喜爱。2018 年，菲律宾出口对象国相对集中，主要出口贸易伙伴国为中国，对其出口贸易量 127.35 万吨，占总出口贸易量的 37.58%，出口贸易值 5.4 亿美元，占总出口贸易值的 35.85%；对日本出口贸易量 109.21 万吨，占总出口贸易量的 32.23%，出口贸易值 5.62 亿美元，占总出口贸易值的 37.34%。由图 11 和图 12 可见，2008—2018 年菲律宾香蕉出口贸易波动较大，整体呈增长趋势，出口量由 219.26 万吨增长至 338.87 万吨，出口值由 4.06 亿美元增长至 15.05 亿美元。

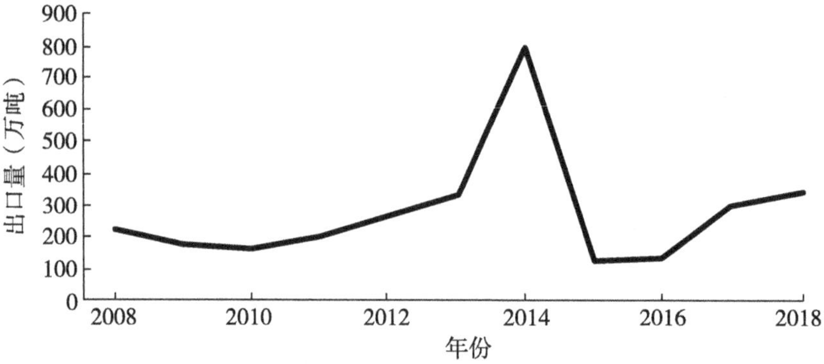

图 11　2008—2018 年菲律宾香蕉出口量

（数据来源：UN 统计）

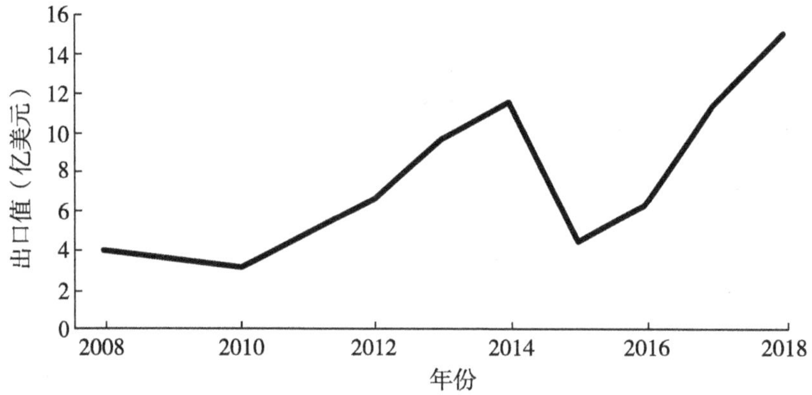

图 12　2008—2018 年菲律宾香蕉出口值

（数据来源：UN 统计）

2　中国香蕉产业发展基本情况

2.1　生产情况

2.1.1　全国香蕉生产呈稳定增长趋势

我国是产量仅次于印度的世界第二大香蕉主产国，种植面积和总产量分别约占全球总量的 6.42%和 9.70%。种植分布较广，遍及我国热区省区，有海南、广东、广西、福建、云南、四川及贵州。2019 年我国香蕉实有面积 495.60 万亩，同比下降 4.66%，占全国热带水果总面积 17.95%；香蕉总产量 1 165.6 万吨，同比增长 0.66%，占全国热带水果总产量 42.57%；单产 2 464.90千克/亩；总产值 411.19 亿元，较上年增长 36.76%。目前，我国香蕉产业生产主体仍以小农户为主。当前我国香蕉种植面积最广的品种为巴西蕉、威廉斯和广东 2 号，伴有少量的粉蕉和大蕉。由图 13 可见，2010—2019 年，我国香蕉产量呈波动增长趋势，由 967.71 万吨增长到

1 165. 60 万吨。

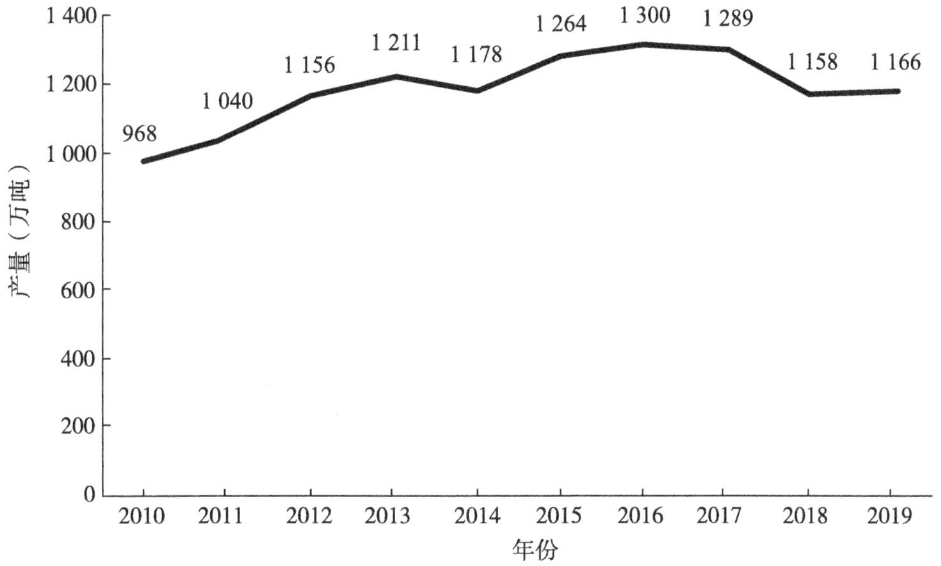

图 13　2010—2019 年中国香蕉总产量

（数据来源：农业农村部南亚热带作物办公室）

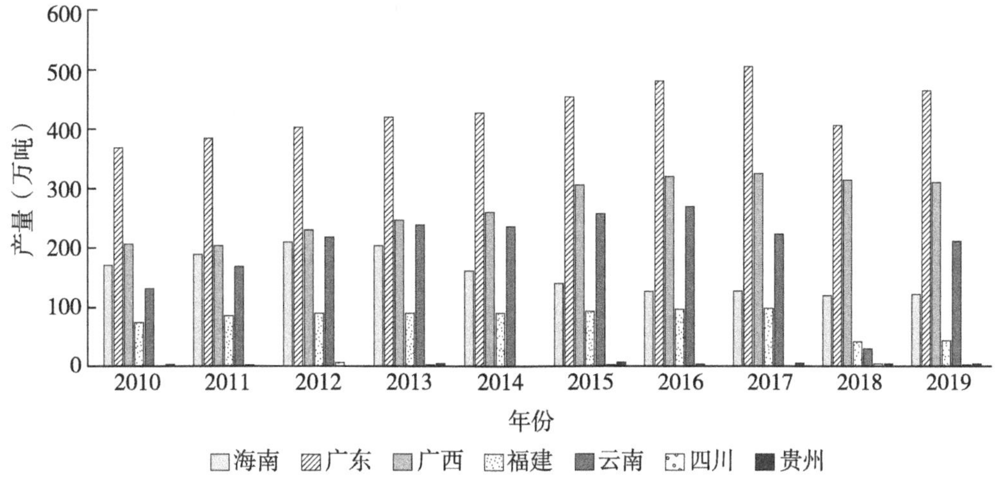

图 14　2010—2019 年中国香蕉主产区产量

（数据来源：农业农村部南亚热带作物办公室）

2. 1. 2　各省生产特征差异明显

从图 14 可以看出，我国香蕉的主产区分布较广。广东、广西、云南的产量相对较高，广东产量占我国总产量的 39. 88%，广西产量占我国总产量的 26. 68%，云南产量占我国总产量的 18. 14%。近几年，海南香蕉种植面积呈明显的下降趋势，广东、广西及云南的香蕉种植面积在 2014—2015 年前缓慢增长，但其后就逐渐下降。四川香蕉种植面积波动较大，贵州香蕉种植面积快速增长。

2.2 产品加工情况

我国香蕉产业链短且简单，多用于鲜食。国内用于加工的香蕉占我国香蕉总产量的比值较少，约为10%左右。加工产品以香蕉脆片为主，另外还有香蕉汁、果泥、果酱及淀粉等。香蕉幼嫩的茎心或花蕾可以当蔬菜食用，也可以制成点心，此外，香蕉秆还可以制作纸及绳子，茎叶、果皮可以用作牲畜饲料及肥料，乳汁可作为染色剂。香蕉皮还可以治疗牛皮癣、手足皲裂、保养皮具、擦亮银器、吸附水中的重金属污染物等。

2.3 市场情况

中国是香蕉的生产大国也是世界香蕉的消费大国。且随着我国人口及经济增长，国内市场对香蕉的需求还有继续增长的空间。将我国香蕉市场情况分为国内及国际两个市场，来考察其市场结构及发展趋势。

2.3.1 国际市场情况

2019 年，中国香蕉出口量 2.48 万吨，出口额 0.25 亿美元；进口量 194.00 万吨，进口额 10.94 亿美元。而且进出口贸易较为集中，主要进口对象国是菲律宾、厄瓜多尔、越南，主要出口对象国家和地区是中国香港、朝鲜、蒙古国。

2019 年中国香蕉对中国香港地区出口贸易量 1.07 万吨，出口贸易值 0.13 亿美元；对朝鲜出口贸易量 7 610.69 吨，出口贸易值 828.31 万美元；对蒙古国出口贸易量 2 589.94 吨，出口贸易值 81.76 万美元。从菲律宾进口贸易量 103.33 万吨，进口贸易值 5.87 亿美元；从厄瓜多尔进口贸易量 45.92 万吨，进口贸易值 2.98 亿美元；从越南进口贸易量 27.76 万吨，进口贸易值 1.21 亿美元。

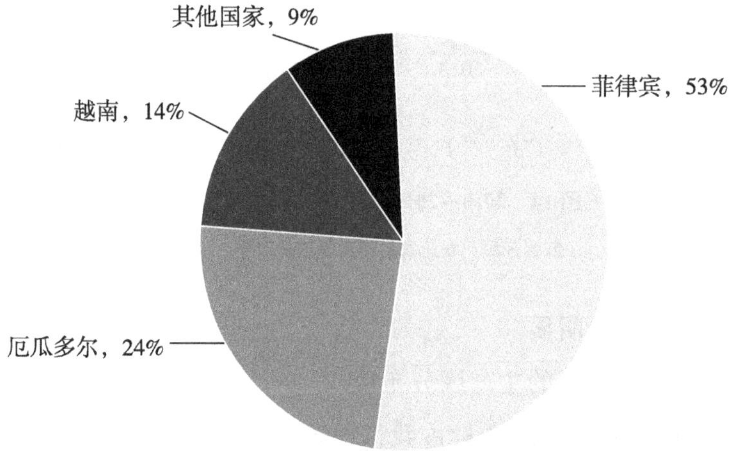

图 15　2019 年中国香蕉进口量国家占比

（数据来源：海关统计）

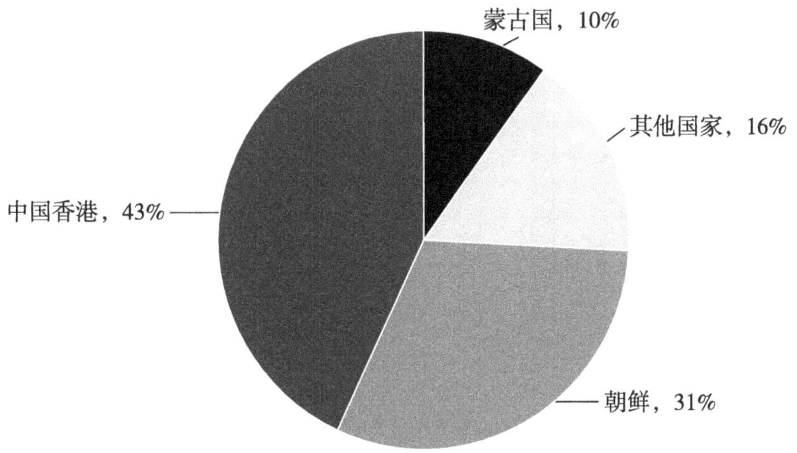

图 16　2019 年中国香蕉出口量国家和地区占比

（数据来源：海关统计）

中国香蕉进口贸易量明显大于出口贸易量。2019 年，中国香蕉进口贸易主要集中在 4—5 月，与我国海南香蕉的上市期有一定重合。出口贸易在 12 月激增，该时期是我国云南及广西香蕉上市季。

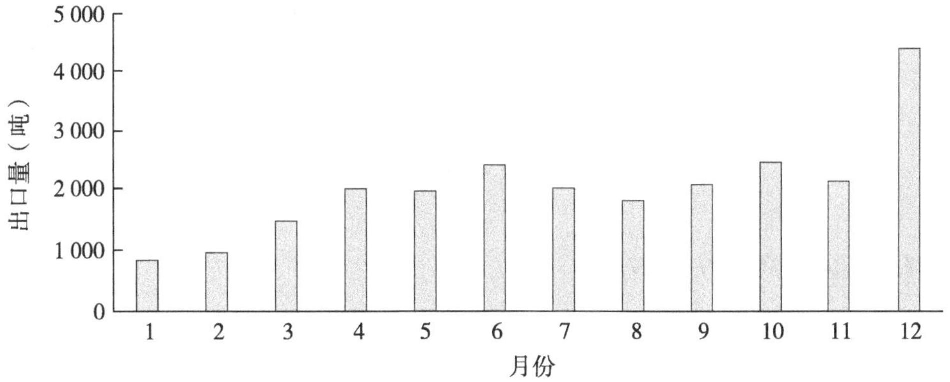

图 17　2019 年中国香蕉出口量

（数据来源：海关统计）

2.3.2　国内市场情况

2019 年中国香蕉田头收购价格、市场价格均基本稳定。1—3 月，中国香蕉批发市场价格呈下降波动，由 2.72 元/千克下降到 2.50 元/千克。4—5 月，我国香蕉批发市场价格有所增长，由 2.69 元/千克增长到 2.87 元/千克。随后 6—12 月香蕉批发市场价格一路下行，由 2.66 元/千克下降到 2.03 元/千克（图 19）。

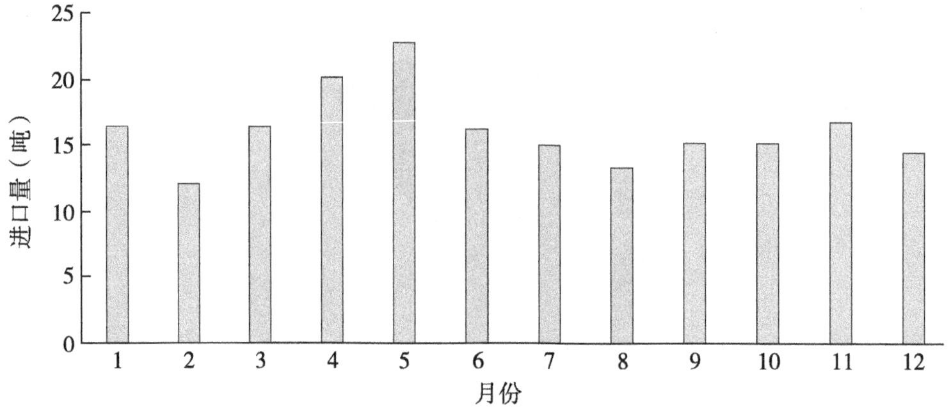

图 18　2019 年中国香蕉进口量

（数据来源：海关统计）

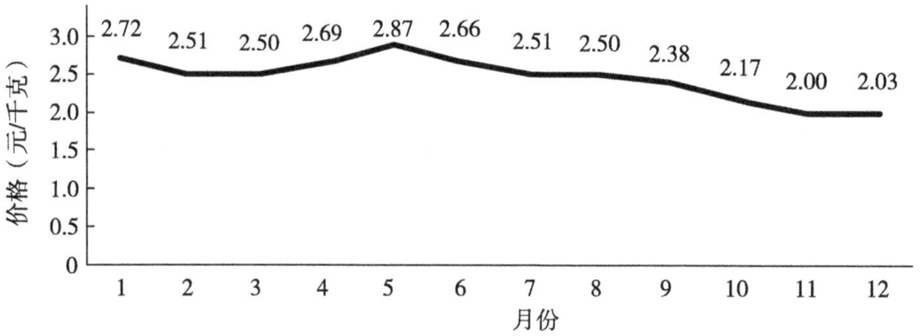

图 19　中国 2019 年主要批发市场香蕉产销情况

（数据来源：新发地）

3　香蕉产业主产区发展动态

3.1　海南产区香蕉产业发展动态

海南年平均气温 23~25℃，最冷的 1—2 月平均 16~20℃，最热的 8 月为 25~29℃，常年长夏无冬，是香蕉生产的最适宜区。自 1995 年起，海南开始大面积种植香蕉，香蕉也逐渐成为海南农业生产的重要组成部分，现当家品种多为巴西和威廉斯系列，主要分布在儋州、定安、临高、陵水、琼海、乐东和三亚等市县，相较其他主栽区已初步形成规模化生产格局。由于海南香蕉本地消费市场较小，且广受国内外市场欢迎，故生产的香蕉多销往岛外市场。2010—2011 年，海南香蕉种植面积呈增长趋势，但 2012 年后种植面积开始下降，2013 年后产量也开始下降，最高产量为 2012 年的 189. 23 万吨，最低产量为 2018 年的 121. 63 万吨。可见近几年，海南的香蕉产业呈现萎缩状态。

究其原因，首先，由于海南90%的香蕉外销，海南香蕉产业高度依赖岛外市场和外地经销商，市场的不确定性决定了市场风险产生的必然性，使其价格更易波动。其次，海南香蕉种植仍以小规模自主经营为主，组织化程度低，加工产业发展缓慢。最后，受海南自然气候影响以及蕉园的排灌水、防风防寒设施、农田基本建设不足，采收过程、采后处理和包装运输的技术设施落后，使得海南香蕉易受到病虫害及自然灾害侵袭。特别是枯萎病使海南多地香蕉面积锐减。

3.2 广东产区香蕉产业发展动态

广东是我国最大的香蕉种植产地，其中茂名市和湛江市更是占了粤西地区产量和种植面积的95%以上。已逐渐形成了广东香蕉产业的集中优势产区，其四大产区分别为珠三角产区、东翼产区、西翼产区、山区5市。巴西蕉在全省各地都有栽培，广粉1号主要在广州、佛山、惠州、东莞、中山、江门等珠三角地区种植。已拥有多家绿色食品、有机食品认证公司及合作社，逐渐向规模化、产业化发展。收购方式仍较为传统，以收购点及田头收购为主。2010—2017年，广东香蕉种植面积及产量呈稳定增长趋势，但2018年后有所下降，最高产量为2017年的505.30万吨，最低产量为2010年的371.27万吨。

虽然近几年广东香蕉产业发展速度较快，但仍存在一定的问题。第一，由于与广西香蕉上市时间相吻合及市场因素，广东香蕉价格波动较大。第二，由于物流成本高，环节复杂，保鲜运输环节滞后，广东香蕉在运输过程中易受到机械损伤。第三，由于种植主体仍以小散农户为主，经常与市场信息交流受限。第四，由于近几年广东香蕉种植成本增长较快，特别是地租、劳动力成本，加大了广东香蕉的种植风险。

3.3 广西产区香蕉产业发展动态

广西属热带季风气候，是我国第二大香蕉产区。地理环境优越，处于中国—东盟贸易区的前沿地带，“一带一路”的重要枢纽，水、空、海运发达。上市时间集中在每年8—10月，主要分布在灵山、浦北、玉林、南宁和钦州。通常在七八成熟时就开始采摘，以汽车运输至市场。广西香蕉种植业已呈规模化、集约化发展，种植面积及产量排在中国大多数省份前列，其中广西香蕉种植大户的种植面积占比为70%以上。近几年，由于生产成本、生产资源差异，其他香蕉种植区的经营主体逐步向广西转移，发展潜力良好。已逐步培育打造“绿水江”“甜弯弯”等香蕉品牌。2010—2015年，广西香蕉种植面积呈增长趋势，2016年后种植面积开始下降，但广西香蕉产量却呈增长趋势，最高产量为2017年的324.94万吨，最低产量为2011年的205.74万吨。

究其产业发展原因及制约因素，第一，广西香蕉规模化种植发展较好，但广西信贷支农政策的覆盖面较小，对广西大规模种植户惠及不足。第二，多数小规模香蕉种植户管理方式粗放，种植基础设施建设仍不完善。第三，广西香蕉运输保鲜技术仍较为传统，部分冷链物流公司的服务标准及服务形式不统一，易造成其在运输过程中的损耗。第四，广西香蕉加工仍集中在初加工层次，对深加工涉及程度不深。第五，广西纬度相对其他主产区较低，气候多变，香蕉种植易受寒潮侵袭。第六，多年连作，易致广西香蕉产业病虫害严重。

3.4 福建产区香蕉产业发展动态

福建属亚热带地区，气候温热多雨，土壤肥厚，适宜香蕉种植。福建香蕉挂果时间长，营养累积充足，口感甜糯，广受市场喜爱。福建的香蕉主要产区集中分布在漳浦、平和、南靖、长泰、诏安、华安、云霄、龙海、厦门、南安、莆田和仙游等地。天宝高蕉品质优、产量高、经济效益好，是福建省最主要的香蕉栽培品种，栽培面积约占全省香蕉面积的80%。巴西蕉、威廉斯8818是从国外引进的优良香蕉品种，种植面积在不断扩大。2010—2018年，福建香蕉种植面积波动较为剧烈，由43.90万亩下降到35.00万亩，后又增长到41.10万亩，2018年突然下降到17万亩。但香蕉产量由77.09万吨增长到98.61万吨，在2018年下降到41.80万吨。

福建香蕉产业发展存在的问题，第一，由于地理资源因素，福建香蕉在生产过程中易受到以台风和寒害为主的自然灾害的危害。第二，香蕉品种较为单一，易造成集中上市，影响福建香蕉的市场收益。第三，福建香蕉园管理普遍粗放，使得香蕉商品率低，上市规格难以统一。第四，农户种植香蕉过程中存在一定的药用肥料依赖性。第五，枯萎病等病虫害对福建香蕉产业影响较大。

3.5 云南产区香蕉产业发展动态

云南香蕉种植历史悠久，商业化种植始于20世纪70年代。云南大部分热区为山地，属“高地蕉”，气温昼高夜低，口感优越。全省14个地、州（市）的67个县都有香蕉种植，香蕉主产区集中分布在红河流域的河口、新平、元江、金平、屏边；怒江流域的隆阳区、盈江、梁河、潞西、瑞丽、陇川以及澜沧江流域的西双版纳、普洱、临沧等热带和亚热带地区。云南香蕉种植户以小散农户为主，主栽品种为巴西蕉威廉斯品种。劳动力成本及土地成本均低于我国其他主栽区。2010—2015年，云南香蕉种植面积呈增长趋势由96.23万亩增长到163.25万亩，后一直下降至2017年的130.97万亩，2018年又有所回升至140.08万亩。2010—2016年，云南香蕉产量由133.58万吨波动增长到270.00万吨，2017年下降到222.90万吨，2018年有所回升至262.56万吨。

云南香蕉产业发展存在的问题，首先，云南香蕉产业化、规模化程度较其他主栽区低，即不便于统一种植标准，提高云南香蕉产业整体质量，也不利于专业化香蕉生产基地的培育，更不利于培养与消费市场对接的主动权。其次，云南香蕉产业的加工业仍有待完善，产业链较短，多以鲜食为主。最后，由于地理因素限制，部分香蕉种植区交通、灌溉等基础设施仍有待完善。使得优质的“高地蕉”，不易卖出好价钱，且在运输过程中易受到“机械伤害”。

3.6 贵州产区香蕉产业发展动态

贵州地处云贵高原，其南部河谷地区是典型的亚热带气候，可以种植香蕉。自20世纪90年代在贵州南部干热河谷区的安龙、卢丰等县成功引种香蕉以来，香蕉种植迅速推广到整个干热河谷，后逐渐形成了黔西南、桂西北山地香蕉特色产业带，香蕉产业现已成为贵州省南亚热带作物重点发展地区的支柱产业。贵州香蕉主栽品种为金粉蕉，其他品种还有巴西蕉、西贡蕉等。贵州香蕉生长周期较长，一般在 5 月种植，翌年的 6—7 月上市，上市时间多取决于当年的冬季气温。2010—2018 年，贵州香蕉种植面积呈增长趋势，特别是 2015 年之后，增长更为迅速。贵州香蕉的产量呈波动增长趋势，最高产量为 2017 年的 7. 80 万吨，最低产量为 2011 年的 0. 59 万吨。

贵州香蕉产业发展存在的问题，首先，与我国其他香蕉主产区域相比，贵州香蕉生产多依赖于小规模种植户，产业发展缺乏专业化、标准化及规模化引导。其次，由于贵州地理情况及保鲜运输限制，贵州香蕉多销往周边城市，缺乏完整的产销体系。最后，冻害、干旱等自然因素也是制约贵州香蕉产业发展的瓶颈。

4 中国香蕉产业生产及销售的预测

4. 1 生产成本继续增长，种植面积可能下降

社会及经济的快速发展将继续催使我国劳动力价格、农资价格、地租成本的快速增长，加之我国香蕉种植机械化程度不高，多依靠劳动力及农药、肥料，其生产成本有可能继续增长。面对其他替代水果及国际香蕉贸易，蕉农有可能感受到更大的产业压力。

香蕉仍将是我国种植面积及产量最大的热带水果，主要集中在广东、广西、云南 3 个省份。随着我国香蕉生产成本不断提升及国内香蕉生产环境变化，预计我国香蕉种植面积将有可能下降。特别是海南香蕉种植面积下降较快，虽然贵州等种植区的种植面积有所增长但对我国香蕉整体种植面积影响较小。由于农民种植习惯及耐储运特性，短时间内巴西蕉、威廉斯仍将是我国香蕉种植面积最大的品种。部分香蕉种植户开始采用“企业/合作社+基地+农户”模式，发展集约化、规模化香蕉种植，以促成我国香蕉产业向绿色有机产业发展，满足国内外高端市场需求。

4. 2 加工业发展缓慢，加工厂不断优化

由于消费者的消费偏好及香蕉自身不易加工特性，我国香蕉产业仍将以供给鲜食为主。在短期内，香蕉加工产品仍将集中在香蕉脆片、香蕉酱等初级加工产品，且所占我国水果加工业的比例较小。对于香蕉精深加工产品如香蕉有效物质提取等，短时间内仍将受到生产技术及成本制约，难以大量在市场推广，但加工产品种类将不断丰富，研发深度将不断优化。

虽受香蕉生产成本及上市时间限制，我国香蕉加工企业的产品生产量仍将保持少量增长，加工工艺及加工流程将不断完善，逐步实现香蕉生产、加工、销售一体化，即公司规模化、原料基地化、质量体系标准化、生产管理科学化、加工技术先进化、销售网络完善化等特点。对我国香蕉产业资源利用越加合理，香蕉加工厂不断发展壮大。

4.3 运销体系完善，消费壮大升级

香蕉仍将是我国消费量最大的热带水果，而且我国现人均香蕉消费量与世界发达国家还有一定的差距，香蕉生产及销售行业仍有巨大的发展空间。由于香蕉贸易的普遍性，今后香蕉的主要市场份额仍将依赖传统市场，电子商务所占市场份额较小。香蕉储运环境将得以改善，优质高价香蕉有望实现全程冷链运输及销售。

随着我国经济发展及世界香蕉贸易量的快速增长，特别是三四线城市及乡村生鲜物流销售体系的完善，国内消费者将更容易购买到香蕉，对香蕉的消费也将变得越加普遍。而且，国内香蕉消费市场将继续升级，消费者在购买香蕉时更重视香蕉的品质及品牌，对有机香蕉、绿色香蕉的消费需求量将继续扩大。

4.4 进口贸易增长，出口贸易发展缓慢

在进口方面，由于香蕉产业种植资源限制及生产成本相对较高，我国香蕉产量很难大幅增长，但香蕉需求量将增长明显，故我国香蕉进口贸易将继续增长。特别是菲律宾、厄瓜多尔等香蕉主产国家种植成本更低，果品品质较高，种植机械化、冷链运输、商品划分等技术更为完善，故我国的香蕉主要进口来源国仍将集中在菲律宾及厄瓜多尔。

在出口方面，我国香蕉的出口贸易仍将集中在地理临近国，如蒙古国、朝鲜等。但与其他香蕉主产国相较，我国香蕉产业的国际竞争力整体较弱，受国产香蕉质量、生产标准及保鲜技术等因素限制，欧盟、美国等全球最大香蕉进口市场还未打开。预计我国香蕉国际贸易仍将以进口贸易为主。

5 中国香蕉产业发展问题及制约因素

5.1 品种结构略欠合理

主栽品种结构仍有待调整，各主产区香蕉种植品种相似，上市时间有所重合。上市期多在11月底至翌年5月底，7—10月是中国香蕉市场空当。一方面当产期大量上市时，香蕉果品蜂拥进入消费市场，易造成市场价格剧烈波动；另一方面当供给空档期时，消费市场需求难以满足，多依靠进口，又易造成价高无货。而且，集中的香蕉品种也造成了香蕉供给的单一化，难以满足香蕉消费多元化的市场需求，也难以体现各主产区特色的香蕉品种资源。香蕉的育种工作仍有发展，如粉蕉、皇帝蕉等品种口感软糯且市场售价高，但皮薄不耐储运，多仅在本地销售难以供给远地市场。巴西蕉、威廉斯蕉等主栽品种产量高、果型好、相对耐储运，但抗病、抗风等能力仍有待提升。

5.2 香蕉加工多集中在初级阶段

相较其他生鲜农产品加工业发达国家，我国香蕉产业还未形成完整的加工生产链。不仅香蕉

加工品数量少，而且加工品种类型单一，多以初加工低附加值为主。对市场收益高的香蕉粉、香蕉原浆等涉及不多，对香蕉纤维、香蕉生物资源的开发利用率更低。而且，香蕉的加工技术也有待提升，重点应在保障香蕉品质及口感的前提下，经济环保的解决其在加工过程中变色等问题。而且，我国香蕉加工业缺乏具有国际背景的大型生鲜加工企业引进及培育。香蕉加工厂规模普遍较小，科技研发投入力度不强，生产技术应用及企业管理有欠规范，政策支持不到位，整体的国际竞争力稍弱。缺乏在国内外市场知名的香蕉加工品品牌及加工产品，香蕉加工业产业链发展缓慢，难以助力增长香蕉产业从业者的经济收益。

5.3　采摘及存运环节有待提升

相较于进口香蕉完备的采摘及储运系统，我国香蕉的采摘及储运系统仍有很大进步空间。外国进口香蕉不仅果皮鲜黄、外观好、口感甜糯，而且耐储运、机械伤少，多供给我国高端消费市场，市场价格高，经济效益好。我国香蕉园普遍规模较小投入少，地理位置较远，基础设施建设滞后，特别是蕉园外销道路、蕉园排灌水渠等建设不足。且国内蕉园采摘方式仍多依靠人工砍割，但国际大型香蕉公司的采收已多趋于轨道采收等机械化作业，相较之下我国的香蕉采收方式不仅耗费人力，增加生产成本，采摘时效慢而且极易造成香蕉在采收时发生机械损害，影响果品质量及销售定级。香蕉属于易腐品，皮薄不耐储运，而我国香蕉的储运条件仍较为传统，缺乏配套的田头预冷系统及冷链运输车。使得香蕉在运输过程中易受到机械伤及腐烂，影响香蕉商品率。

5.4　产业组织化程度低

我国香蕉种植主体小且分散，多以100亩以下的小农模式为主，蕉园整体管理水平不高，缺少大型有国际影响力的产销一体化企业加入。较低的产业组织形式在一定程度上制约了香蕉种植生产标准的统一，增加了农技推广难度。小农户多依赖增加劳动力及农资投入，以增加香蕉产量，而对蕉园基础设施建设及品种的优化缺乏积极性也缺乏投入资金。这就使得我国香蕉果品质量差异性较大，难以实现面对消费市场的统一定级及产品市场细分，难以提高田头销售价格，利润回报率低。特别当应对国际贸易冲击时，我国香蕉产业国际竞争力低，难以迎合国内及国际高端市场需求。虽然近年来，我国香蕉产业组织在不断发展壮大，但仍存在组织性不强、资金及科技投入不足、政府扶持政策不完善等困扰。香蕉产业组织化作用表现力及在产业发展的实际作用仍有待提升。

5.5　品牌品质待提升

消费者对我国香蕉产地的认可度往往大于对品牌的认可度，香蕉品牌存在内部质量不优，外部名气不响的困境。虽然国内已有一些香蕉品牌发展起来，但这些品牌的竞争力及果品品质的优越性体现的并不明显，其知名度及影响力仍多集中在产地或行业内部，缺乏如“金吉达”“都乐”等驰名于世界的品牌。我国香蕉品牌的质量内控机制还有所欠缺，同品牌香蕉的质量标准良莠不齐。难以将品牌作为品质的保障，难以统一果品规格，难以统一果品口感。香蕉品牌往往仅被打印在外包装箱上，果品包装粗糙缺乏美观及统一性。而且，在申请到香蕉品牌及各级荣誉称号后，往往忽略对香蕉品牌维护、品牌推广等配套工作。

5.6 生态问题亟待保护

在香蕉种植过程中，由于香蕉品种特性及蕉农操作不当，极易造成对区域生态环境的困扰。香蕉是喜大水大肥的热带作物，对种植区域水资源及土地肥力高度依赖。但部分蕉农往往在生产中缺乏科学标准的技术指导，存在种植不规范、用药不当、施肥不合理等现象，未重视农家肥对香蕉及土地改良的重要性，过度依赖化学肥料，极易造成土壤酸化板结。在香蕉采收后，土地很难在短时间内恢复土壤的理化性质和结构，但为追求经济效益又将开始新一轮的香蕉种植。而且，在香蕉种植过程中，蕉农会使用地膜、香蕉套袋等塑料制品，难以回收，无法降解。更有蕉农在使用后随意丢弃在香蕉地中，极易破坏土壤结构，危害乡村生态环境，影响香蕉产业的可持续发展。

6 中国香蕉产业发展建议

6.1 丰富现有品种，实现阶梯上市

应加大香蕉科研育种的研发力度，实施品种选育奖励制度，激活香蕉优质品种生产的动能。积极调整香蕉主栽品种与市场需求的适应性，以优质香蕉种苗为目标，以种苗企业为主体，加快现代化香蕉育种基地建设，建立一整套“育繁推一体化”的商业化香蕉种苗新体系。充分发挥各香蕉主产区的区位优势、自然优势及生态优势，积极挖掘本地特色品种资源，满足香蕉消费市场的多重需求，如针对粉蕉、皇帝蕉等选育既耐储运又口感丰富的新品种，在病区选育抗香蕉枯萎病的品种并推广。加快完善我国香蕉产业区域布局，逐步构建香蕉主产区的优势产业带，逐步完善各主产区配套的生产及管理技术，以实现各主产区当家品种的差异化以及阶梯上市的产销策略，形成合理的香蕉上市时间环，削弱我国香蕉集中上市的风险性及香蕉消费市场的空当期。

6.2 延伸香蕉产业链，提升市场收益

优化香蕉产业加工链，丰富加工品种类，提升精深加工产品生产占比，转移原有香蕉加工业向较高市场价值的加工品倾斜。集中政策、人力、资金等生产要素，发展大型高标准的香蕉加工厂，减少粗放小型加工企业的重复建设。发展香蕉纤维在纺织领域、香蕉秸秆在废弃物循环利用方面等加工应用。完善香蕉产业服务链，积极鼓励香蕉产业中各类新型农业服务主体的快速发展，形成从事蕉园管理、采收定级、农机服务等专业化的服务组织。通过对香蕉生产环节的继续细分，减少产业劳动力需求压力，增加科技投入率。拓展香蕉产业的功能链，通过香蕉产业积极发展乡村旅游及产业休闲游，开发香蕉美食及农忙游戏，增加蕉农经济收入，培育香蕉产业新

动能。

6.3 完善采摘及储运环节，加大基础设施投入

采收储运是香蕉生产的最后环节也是影响香蕉经济效益至关重要的环节之一。在采收时应选用适宜工具，轻拿轻放，避免机械伤对香蕉品质的伤害，实现香蕉在采摘、落梳、修整、洗涤、保鲜、风干、包装等环节过程不落地。加快研发推广适宜我国蕉园砍蕉、运蕉的装备，提升我国蕉园采摘运输的机械率，降低香蕉产业的劳动力投入，减少果品损伤。同时，各主产区政府应重视田头预冷系统、冷链物流等香蕉储运环节的基础设施建设，以政府补贴、项目支撑等途径，扩大完善香蕉储运系统，以实现从砍蕉到销售的全程冷藏保鲜处理，提高香蕉商品化率。也可以尝试雇佣专业第三方物流团队进行香蕉产区至消费市场的配送，从而减去各主产区及香蕉生产组织自建配送渠道及仓储中心的成本，降低物流系统运作的复杂性，促进香蕉果品实现快速转运，减少物流环节损耗。

6.4 重视组织化发展，明确产业定位

鼓励建设及壮大香蕉专业合作社、“龙头企业+基地+农户”等产销组织模式，解决当前我国香蕉种植规模小，生产标准不统一等问题。从政策、技术、金融、市场营销体系等多方面不断整合我国香蕉产业资源，引进、扶持、培育我国香蕉龙头企业及新兴经营主体，使其具有种植规范性、生产管理科学性、产销环节完备性、产业信息及时性、品牌建设战略性，从而实现香蕉产业从生产到销售的全产业链运营，发挥产业组织发展的规模效益。农户可尝试以劳动力、土地等资源入股进行香蕉集约生产，分得本组织香蕉销售红利及劳动薪金。并且，不断规范我国香蕉种植组织成立及运行机制，实现香蕉龙头企业与种植户间的利益共享、风险共担，增强香蕉产销合作组织的影响力及凝聚力。同时发挥政府的调控、引导、管理作用，邀请专业产业规划团队，对我国各主产区香蕉产业发展进行定位，积极调整产业结构，优化产业发展布局。提高我国香蕉果品质量，实现我国香蕉产业国际竞争力快速壮大。

6.5 重视种植技能培训，发展产业信息化

应积极实施香蕉产业化发展战略，适当扩大香蕉生产规模，建立适应我国香蕉产业发展的标准化、特色化产销模式。对香蕉种植户进行专业化的技能培训，推广香蕉科学规范种植技术，减少其对化学肥料的依赖性，提升我国香蕉质量。强化香蕉产销技术服务体系建设，壮大优化农技推广队伍，建成从省到村完善的产销技术服务体系，以便实现品种、种苗、蕉园选址、蕉园管理等各环节的技术支撑。同时，加强龙头企业、香蕉种植特色村与科研院所、农业院校等科研单位合作，扩建香蕉种植技术标准示范园，从而带动香蕉种植户生产技术水平在实践中提升。重视香蕉产业信息化应用，构建香蕉产业预警机制及信息收集、共享系统，实施香蕉市场价格、种植情况等产业特征的动态监测，减缓市场波动对我国香蕉产业的冲击作用。

参考文献

艾建安，熊瑞权，董丽萍，等，2016. 2015年广东香蕉产业发展形势与对策建议［J］. 广东农业科学，43（4）：11–15.

陈小玲，黄勇，黄丽娜，2011. 福建香蕉产业的现状及发展策略［J］. 福建热作科技，36（3）：62–66.

代立春，刘金福，潘东明，等，2008. 福建香蕉种质资源的研究与利用现状［J］. 亚热带农业研究（4）：254–257.

傅真晶，韦开蕾，2010. 海南省香蕉生产的比较优势分析［J］. 热带农业科学（6）：6–10.

顾天竹，周启凡，2017. 中国香蕉生产布局的时空演变分析［J］. 江苏农业科学（5）：315–319.

贵州省统计局，2012. 贵州统计年鉴2012［M］. 北京：中国统计出版社.

郭婉梅，农潭，2017. 广西香蕉产业发展存在的问题和建议［J］. 湖南农业科学（2）：120–122.

解明明，柯佑鹏，2013. 我国香蕉深加工问题探究［J］. 热带农业科学（3）：75–86.

梁朋，方碧真，2013. 广东香蕉供应链模式的优化探讨［J］. 广州大学学报（6）：82–88.

凌荣娟，2018. 广西香蕉产业发展现状与对策研究［J］. 南宁：广西大学.

王甲水，徐碧玉，李敬阳，等，2013. 贵州香蕉发展现状及分析［J］. 广东农业科学（16）：44–48.

韦开蕾，左媚，王柱，2013. 当前我国香蕉产业发展存在的问题及对策研究［J］. 经济研究参考（20）：53–56.

韦开蕾，左媚，王柱，2013. 当前我国香蕉产业发展存在的问题及对策研究［J］. 经济研究参考（20）：53–56.

魏启亮，2011. 云南香蕉产业发展现状及对策［J］. 中国热带农业（4）：120–122.

许文，2017. 海南香蕉产业面临的主要问题及应对措施［J］. 农业科技通讯（10）：34–35.

俞艳春，黄家雄，陈于福，等，2011. 云南香蕉产业现状及发展对策［J］. 云南农业科（2）：38–40.

郑维全，邬华松，杨建峰，等，2011. 海南特色香蕉种植优势与发展对策［J］. 热带生物学报（9）：260–263.

周红玲，郑云云，洪佳敏，等，2017. 福建省香蕉产业发展现状及对策［J］. 现代农业科技（5）：100–101.

周昆华，2006. 试论云南香蕉产业化［J］. 热带农业科技（2）：15–17.

杧果产业发展情况研究报告

杧果原产于印度和马来西亚，其中印度是世界杧果最大产区，产量约占世界总产的40%，印度也是世界最大的杧果出口国，国际市场占有率约为21%。我国杧果种植历史悠久，收获面积占世界第二，主要分布在海南、广东、广西、四川、云南、贵州等省区，近年来，我国杧果产业发展迅速，种植面积从2008年的177.89万亩，扩大至2019年的484.2万亩，形成了海南早熟杧果优势区、广东雷州半岛早中熟优势区、广西右江河谷杧果优势区、云南元江杧果优势区、四川金沙江干热河谷优势区5个优势区域，成了热区农户增收的重要特色支撑产业。

1 世界杧果产业发展基本情况

1.1 世界发展情况

1.1.1 生产情况

杧果是世界上重要的热带经济作物，对于热带地区的居民来说，杧果是仅次于香蕉的重要热带水果。杧果是喜欢温暖环境的水果，它适应的生长温度是25~30℃，世界杧果生产区年均温在20℃以上，最低月均温大于15℃。杧果的生长对阳光要求也比较高，生长过程中充足的阳光可以促进果实的品质成熟。同时，杧果要在微酸性的壤土或者沙土并且年降水量700~2 000毫米的地区种植。

世界各地生产的杧果有150个品种，杧果种植分布很广，世界上有90多个国家生产杧果，90%集中在亚洲的印度、中国、巴基斯坦、孟加拉国等国；非洲的东部和西部；美洲的巴西、墨西哥，美国的佛罗里达州和夏威夷州等。其中，亚洲是杧果产量最高的地区，占世界总产量的72.5%。据FAO统计，2018年世界上杧果的主要前十生产国分别是印度、中国、泰国、印度尼西亚、墨西哥、巴基斯坦、孟加拉国、巴西、埃及和马拉维（图1）。印度是世界杧果产量最大的国家，占世界总产量的 38. 4%。世界第二位的国家是中国，占世界总产量的 10%。

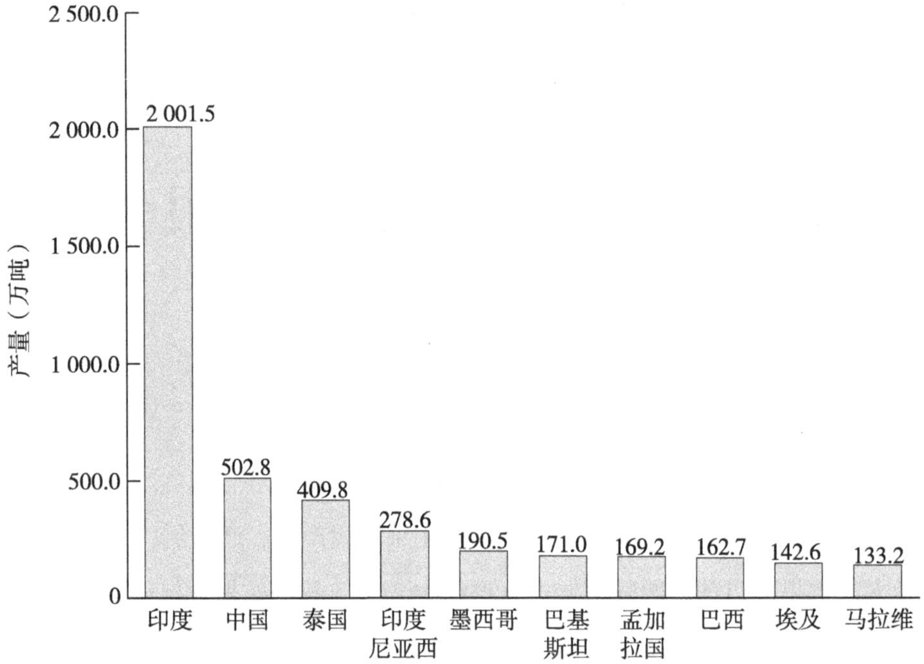

图 1　2018 年世界前十杧果生产国产量

（数据来源：联合国粮食及农业组织＊）

2019 年全球杧果的种植结构、区域布局以及品种结构都进一步优化，生产以市场需求为导向的态势进一步增强。2020 年杧果的产量和质量都将进一步提高，通过市场供给的调节满足人们需求。通过联合国粮食及农业组织的统计，2008—2018 年，全球杧果的产量持续增加（图 2）。2018 年全球杧果的产量达到了 5 208. 4 万吨，同比增加 2. 8%。预计 2028 年杧果的全球生产将达到 6 500 万吨，在接下来的 10 年里以每年 2. 1%的速度增长。在世界杧果的生产中，亚洲是全球最大的生产地区，2018 年亚洲杧果产量占全世界产量的 73%；从 2013 年起，非洲成为世界第二大杧果生产地区，2018 年非洲杧果的产量占世界总产量的 15. 8%；美洲的杧果产量占全世界的 11. 5%（图 3）。

1. 1. 2　加工情况

杧果是最重要和最受欢迎的热带水果之一，因为它的总体食用性非常好，素有“热带水果之王”之称。本质上杧果是一种主要的餐桌水果，杧果可以作为新鲜水果食用，也可以通过冷冻、腌制或干燥的形式进行加工后食用，成熟的杧果可以作为新鲜水果食用，也可作为甜点，用于糖果、冰激凌和烘焙产品的生产。生杧果可以用于制作杧果粉、青杧果饮料等产品。杧果的加工产品除了杧果汁、杧果罐头、杧果青、杧果干外，还有杧果气泡饮料或啤酒，酱料以及肉类嫩化剂

＊ 本书中联合国粮食及农业组织统计的全球杧果的生产的数据包含番石榴和山竹子的数据。

等。杧果加工品琳琅满目，品质繁多。而不同国家的杧果产品也是不同的，大部分国家都是以鲜果为主要的产品，其次才是杧果汁、杧果肉等产品，但这些产品所占的市场份额较小。

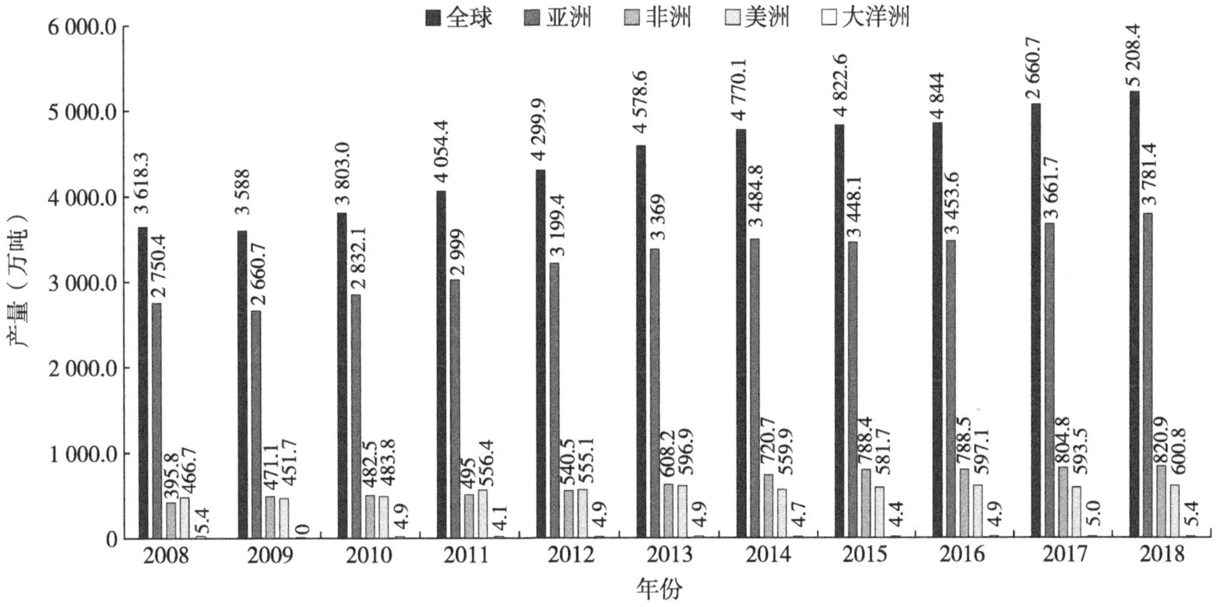

图 2　世界各洲杧果产量

（数据来源：联合国粮食及农业组织）

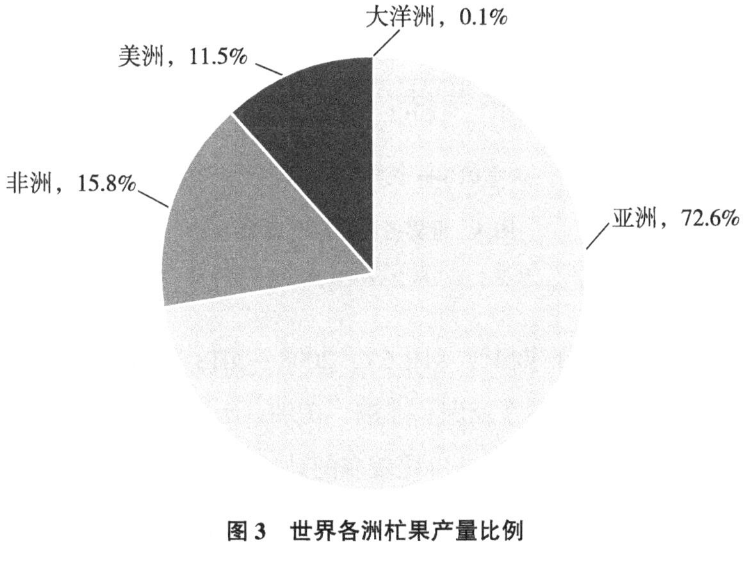

图 3　世界各洲杧果产量比例

（数据来源：联合国粮食及农业组织）

随着消费者对杧果认识的提高，杧果的需求量也在增加，杧果的生产者也更注重杧果的外观、质量，用来吸引更多的国内和国外的消费者。因此，在杧果采摘后的处理也比较科学化、合理化，以确保杧果质量更好。亚洲是杧果的主要进出口地区，其主要的产品是杧果肉和杧果汁。

泰国主要的杧果产品是果汁和果肉，其中杧果肉主要用于出口。埃及是杧果汁的出口大国，墨西哥是杧果罐头的最大出口国。

1.1.3 贸易情况

全球杧果的出口量2008—2018年持续增加，2014—2018年，出口量在150万~160万吨。世界杧果贸易最主要的出口地区集中在亚洲、非洲、美洲和大洋洲（图4），且是以鲜果出口为主。从2014年开始美洲成为杧果出口量最大的洲，多于亚洲和其他洲。2018年在这些杧果出口中出口量位于世界前十位的国家分别是墨西哥、泰国、秘鲁、巴西、印度、厄瓜多尔、科特迪瓦、巴基斯坦、菲律宾和塞内加尔（图5）。

根据FAO统计资料显示，2018年世界杧果的出口量为160万吨，在这些主要的出口地区中，美洲的出口量是88.6万吨，占世界总出口量的55.3%。在主要的出口国中，墨西哥是世界上杧果出口量最大的国家，出口量为38.2万吨，占世界总出口量的23.7%，占美洲杧果总出口量的43.1%，该国杧果主要出口到美国；泰国作为第二大杧果出口国，其产品主要出口到东南亚地区。

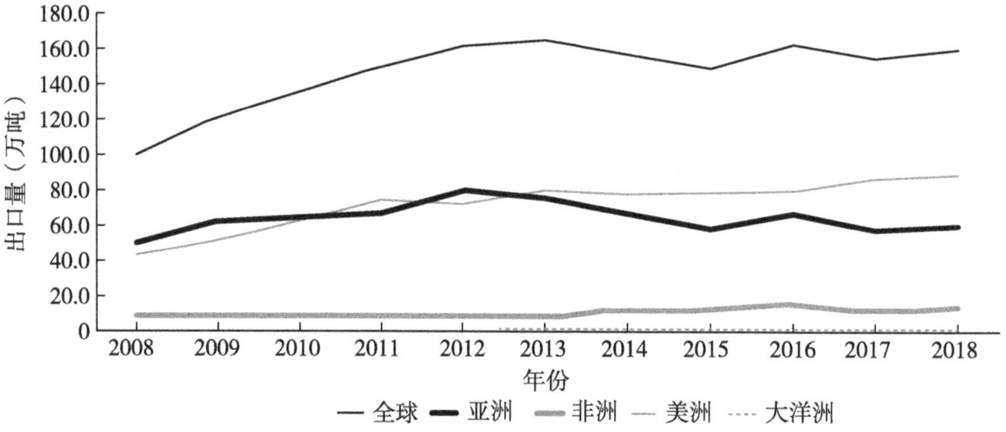

图4 世界各洲杧果出口量

（数据来源：联合国粮食及农业组织）

杧果进口量与出口量的增长规律相似（图6），2008—2013年持续增加，2014—2018年的进口量在150万吨左右。进口主要集中在亚洲、非洲、美洲、大洋洲和欧洲。世界杧果最大的进口地区分别是亚洲和美洲，从2016年以来进口比较多的地区为美洲。截至2018年，世界前十杧果的进口国和地区分别是美国、欧盟、中国、加拿大、俄罗斯、阿拉伯联合酋长国、瑞士、沙特阿拉伯、挪威和科威特（图7）。根据FAO统计资料显示，2018年全世界杧果的进口量为157.6万吨，各大洲中美洲的进口量最多，数量到达了56.8万吨，占世界总进口量的36%。其次是亚洲和欧洲，分别占世界进口量的31.7%和30.6%（图6）。从统计数据可知，美国是世界杧果进口最多的国家，进口量达到了49.6万吨，占世界总进口量的31.5%。美国2018年人均杧果需求量为1.5千克，欧盟为0.8千克，高于2009年的1千克和0.4千克。同时，美国杧果的批发价格平均在每千克 1. 94 美元，而 2016 年和 2017 年的年平均价格分别是 1. 72 美元和 1. 77 美元。

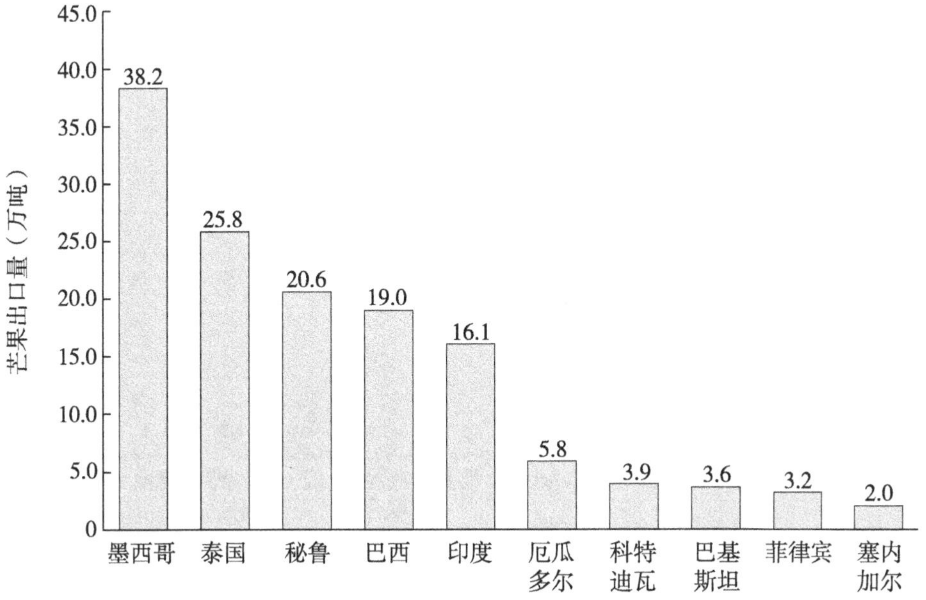

图 5　世界前十杧果出口国

（数据来源：联合国粮食及农业组织）

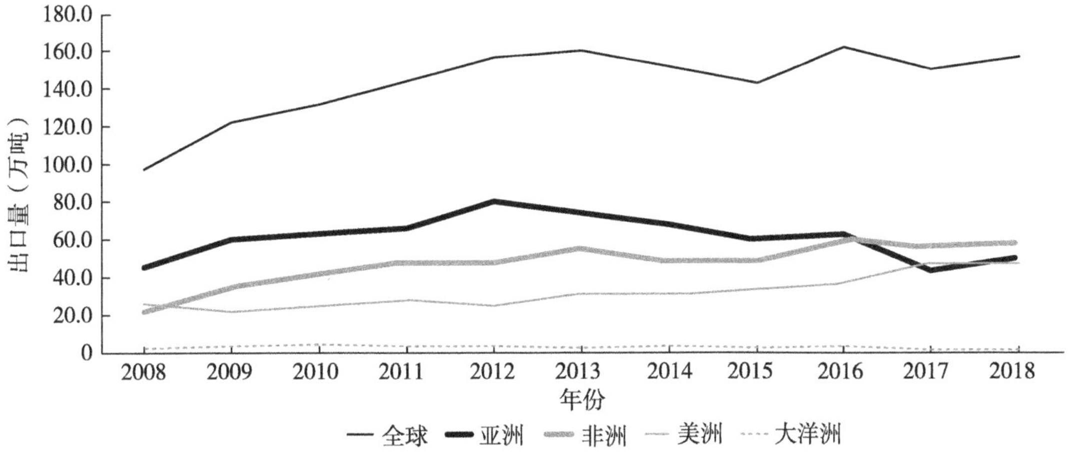

图 6　世界各洲杧果进口量

（数据来源：联合国粮食及农业组织）

1.2　重点国家发展情况

1.2.1　印度杧果种植情况

印度地处热带、亚热带，有适宜各种亚热带水果生长的优良气候。印度是世界上杧果产量最大的国家，这里的产量超过了 2 000 万吨，约占全球杧果产量的 40%。印度主要的杧果产区是马哈拉斯特拉邦、卡纳塔克邦、北方邦、古吉拉特邦、泰米尔纳德邦、孟加拉邦、奥里萨邦、安得

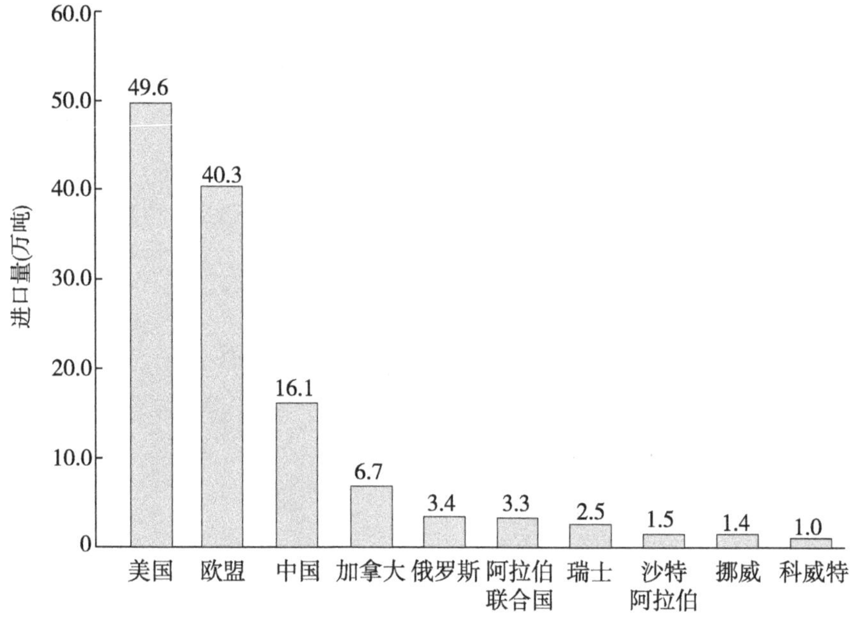

图7 世界前十杧果进口国

（数据来源：联合国粮食及农业组织）

拉邦、旁遮普邦、喜马偕尔邦。印度总共有大约 231 万英亩的杧果种植面积。

印度杧果产量高、质量好、分布广、种类多，在印度境内有全球已知的 1 000 个杧果种类，而在其他国家栽培的仅有 41 种左右。印度人对杧果宠爱有加，在历史上长时间作为各个土邦王室的专用贡品。印度杧果大的赛过椰子，重量超过 2 千克，小的犹如核桃。杧果的颜色更是多姿多彩，艳红的如玛瑙，碧绿的似翡翠，橙黄的赛水晶。印度人将杧果制成各种腌菜、酸辣酱、糖果、果汁、果脯、果酒和果酱等，制作工艺也非常成熟。

2008—2018 年，印度的杧果产量持续增长，从 1 399. 7 万吨增长到了 2 001. 5 万吨，增长了 30%。印度也是著名的杧果出口国，从 2008 年的 7. 7 万吨到 2018 年的 16. 1 万吨，出口量增加了 52. 2%，主要出口至英国、美国、加拿大、德国、法国和新西兰等国（图 8）。

1. 2. 2 泰国杧果种植情况

泰国位于热带地区，温度常年高于 18℃，平均的年降水量约为 1 000 毫米，这种地理位置和气候很适合杧果种植。泰国是世界上第三大杧果生产国，其杧果的种植面积在世界上也是名列前茅的。杧果是泰国很重要的经济作物之一，大约有 753 671 英亩的种植面积。泰国杧果的生产与种植历史虽不是很长，但也是比较适合种植与栽培杧果的地区之一，种类繁多。在过去的十几年中，通过泰国各部门的努力，杧果产业也取得了很大的成就。

目前，泰国种植的杧果分为绿皮杧果、熟食杧果以及加工专用的杧果。绿皮杧果的果实达到 70%~80%就可以食用，绿皮杧果主要有翠绿、瑞德、法兰和楠桑。熟食杧果的主要品种有多兰美、白象牙杧果和百花杧果。加工专用杧果，主要用来在工厂进行规模化加工，加工后的产品主要有：干的杧果片、杧果汁以及杧果罐头等。这种用于加工产品的杧果类型主要是马哈卡诺、瑞德杧果、法兰杧果，其中马哈卡诺杧果是最广泛的出口品种。

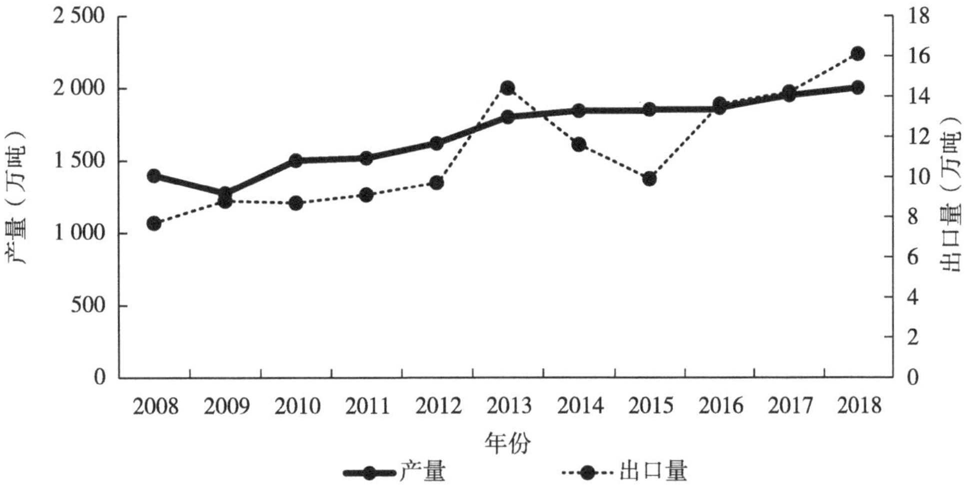

图 8　印度杧果产量与出口量

（数据来源：联合国粮食及农业组织）

从当前泰国杧果的生产和出口方面来看，泰国在杧果种植面积以及出口规模方面都有比较大的进步空间，但是发展并不是非常出色。2008—2014 年，泰国的杧果产量持续增长，从 237. 4 万吨增加到了 359. 8 万吨。而 2015 年产量下降到了 333. 1 万吨，再从 2015 开始持续增长起来，持续到 2018 年的 409. 8 万吨。泰国杧果因其独特的种植环境和成熟的种植技术，成为泰国重要的经济作物。

泰国杧果产业有很多竞争对手，主要的是巴基斯坦、墨西哥、中国台湾、菲律宾以及越南等国家和地区，此外越南的杧果业也慢慢地进入国际市场。这样会使泰国杧果在未来的国际市场上，面临激烈的竞争。杧果作为泰国重要的出口作物之一，2008—2018 年，泰国的杧果出口量一直在 20 万吨左右，出口市场主要为日本、韩国、越南、中国、新西兰、美国以及欧盟国家等，主要的出口品种为 Nam Dok Mai，约占出口量的 90%。泰国的杧果收货价格在产季时是 4. 38 元/千克，非产季时 8. 76 元/千克，而出口价格可达到 19. 71 元/千克。

2　中国杧果产业发展基本情况

近些年来我国杧果产业发展迅速，全国杧果种植面积从 2008 年的 177. 89 万亩，扩大至 2018 年的 386. 80 万亩，10 余年间上涨两倍有余（图 9）。在种植区域上，主产省份集中在我国南方省份，主要有海南、广西、云南、四川和广东五省区，其余省份如福建、贵州、重庆等省市，虽然也有种植，但是种植面积较小，多为零散种植，未能形成规模效应。市场方面，近年来，我国杧果市场不断扩大，国内生产量、消费量和贸易量同步提升，杧果市场价格保持稳定缓慢增高态势，但是受集中上市无法错峰销售的影响，年度价格波动依然明显。

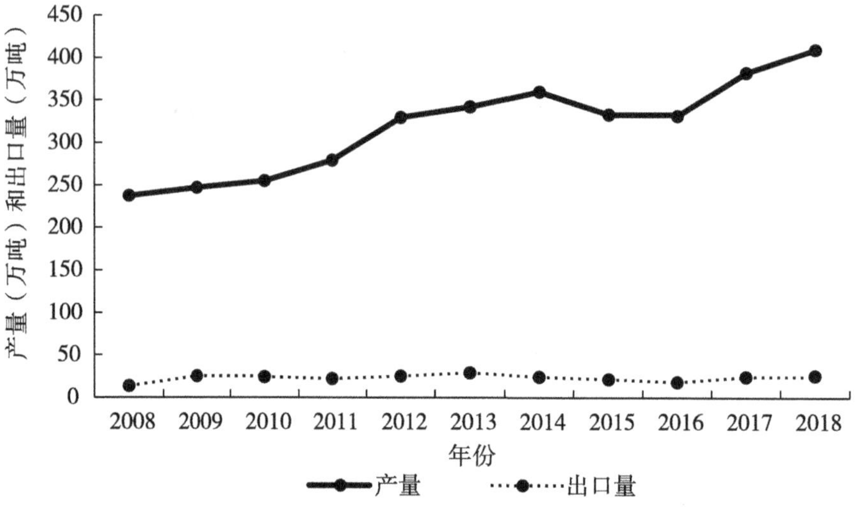

图 9　泰国杧果产量与出口量

（数据来源：联合国粮食及农业组织）

2.1　生产情况

2.1.1　全国生产特征变化

2008—2019 年 10 余年间，全国杧果种植面积飞速上涨，从 177.89 万亩扩大至 484.2 万亩。从种植主体上来看，种植面积的上涨主要来源于地方种植，农垦种植面积虽然也要一定上涨，但是幅度不大，总体而言较为平稳（图 10）。

就收获面积而言，虽然收获面积在 10 余年间表现出上涨的趋势，但是年度间收获比例的波动较大，2016—2018 年 3 年时间的收获比例都在历史低位，仅为 0.66、0.63 和 0.55，收获面积的上涨速度明显不如种植面积的上涨速度，年均增速仅为 4.85%，而由于农垦地区的种植面积较少，且常年间种植面积波动不大，在管理等方面与地方种植相比较更加简单，所以常年收获面积比例保持在 0.85 以上，仅 2017 年下降到 0.79（表 1）。杧果收获比例年度间波动较大的原因主要来自地方种植。

表 1　2008—2019 年中国杧果收获面积比例　（单位：%）

项目	2008 年	2009 年	2010 年	2011 年	2012 年	2013 年	2014 年	2015 年	2016 年	2017 年	2018 年	2019 年
农垦	0.85	0.85	0.98	0.88	0.86	0.91	0.92	0.91	0.84	0.79	0.85	0.94
地方	0.80	0.61	0.65	0.83	0.76	0.82	0.84	0.81	0.65	0.61	0.53	0.55
合计	0.81	0.64	0.69	0.84	0.77	0.83	0.85	0.82	0.66	0.63	0.55	0.57

在总产量方面，由于收获面积呈现增长态势，加之单位面积产量在 10 余年间随着科技以及

管理水平的提高，尽管受自然气候变化的影响，在某些年份有一定波动，但总体而言，保持稳定的上升态势，从2008年的562.14千克/亩，上涨到2019年的855.2千克/亩。在收获面积和单位面积产量都增加的情况下，中国杧果的总产量也是表现出增长势头，从2008年的80.91万吨，上涨到了2019年的278.2万吨（图11）。

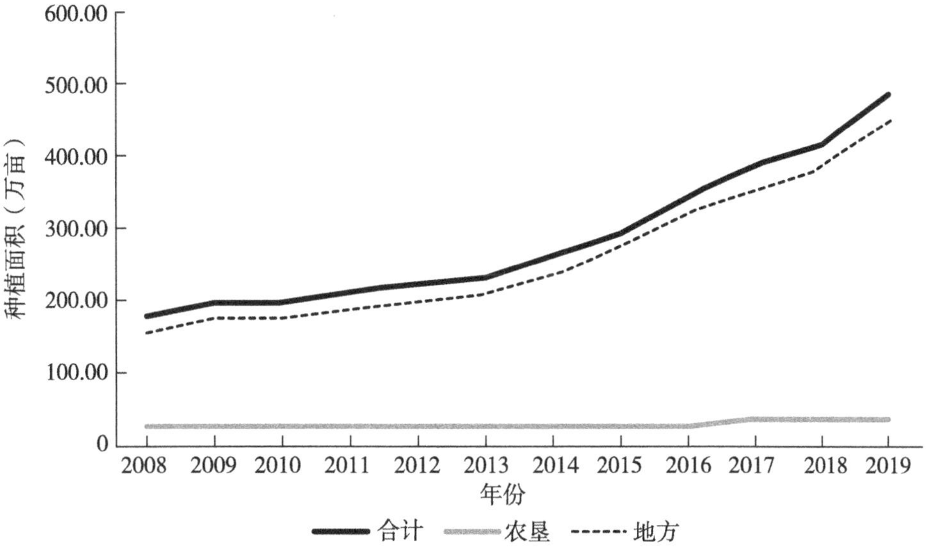

图10　2008—2019年中国杧果种植面积变化情况

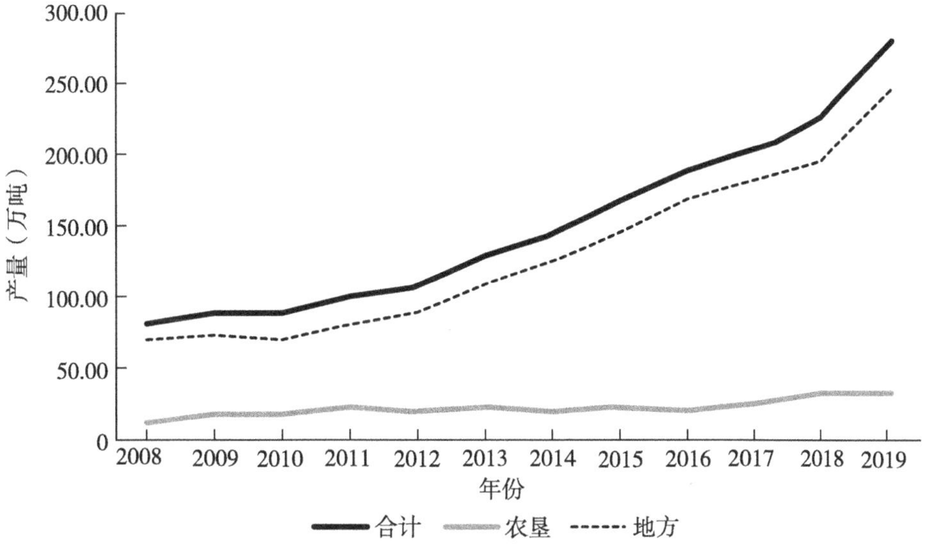

图11　2008—2019年全国杧果总产情况

2.1.2　各省生产特征变化

2.1.2.1　海南省

海南省一直都是我国杧果生产大省，无论是从面积还是产量上来看，都位居我国前列，主产品种有贵妃、金煌、台农、象牙、澳杧等。2008 年，海南省种植杧果 69.84 万亩，位居全国第一，2019 年上涨到 85.4 万亩，但是由于这 10 余年间海南杧果种植面积的增长速度远低于全国平均水平，因此虽然海南省有着较为广阔的基础面积，但后续仍然被广西和云南两省赶超。值得一提的是，全国农垦所种植的杧果，基本都来自海南省，10 余年来，海南农垦所种植的杧果面积，大约占全国农垦种植杧果总面积的 90%左右（图 12）。

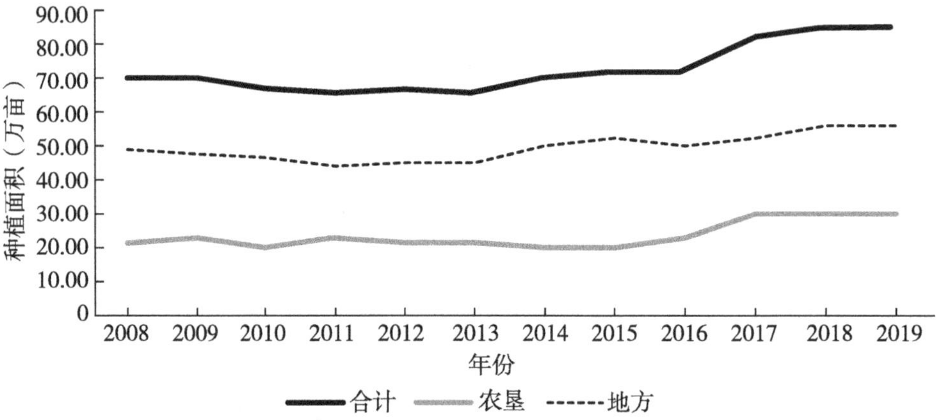

图 12　2008—2019 年海南杧果种植情况

在收获面积上，2008 年，海南省杧果收获面积为 57.17 万亩，到 2019 年，上涨到 78.7 万亩，高于种植面积的年均增速，海南省收获面积占总种植面积的比重有所提高，而且从 10 年间的变化情况来看，海南省杧果种植面积的收获比重一直都稳定在 0.8 以上，收获面积常年位居全国第一，这说明在全国范围内，海南省的杧果种植管理水平处于领先地位（表 2）。

表 2　2008—2019 年海南杧果收获面积比例

项目	2008 年	2009 年	2010 年	2011 年	2012 年	2013 年	2014 年	2015 年	2016 年	2017 年	2018 年	2019 年
农垦	0.84	0.85	0.99	0.88	0.86	0.92	0.93	0.92	0.84	0.79	0.84	0.89
地方	0.81	0.83	0.85	0.82	0.88	0.91	0.83	0.83	0.88	0.83	0.93	0.93
合计	0.82	0.84	0.89	0.84	0.87	0.91	0.86	0.86	0.87	0.81	0.90	0.92

在总产量上，由于海南省种植面积上涨，收获面积比重稳定再加上单位产量增加，从 2008 年的 534.33 千克/亩上涨到 2019 年的 858.9 千克/亩，海南省杧果总产量在这 10 余年间表现出增加态势，从 2008 年的 30.55 万吨上涨到 2019 年的 67.6 万吨。由于种植面积上涨速度较慢，致使其增速略低于全国水平（图 13）。

2.1.2.2　广西壮族自治区

目前，广西壮族自治区是我国杧果种植面积最大的省份，主产品种为台农 1 号、桂七杧、金煌杧、红象牙杧、玉文杧等。2008 年，广西壮族自治区杧果的种植面积仅为 47.78 万亩，排在海南之后位居全国第二，但是在 2008—2018 年这 10 余年间，广西的杧果种植面积增速明显快于海

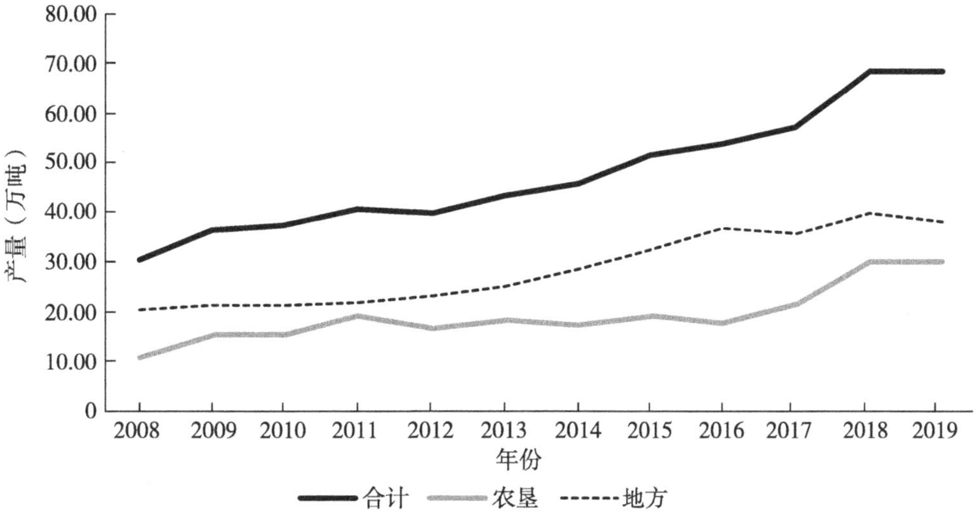

图 13　2008—2019 年海南杧果总产情况

南省，从 2008 年的 47.78 万亩上涨到 2018 年的 151.00 万亩（图 14），年均增速 12.20%，并于 2013 年超越海南成为全国杧果种植第一大省。

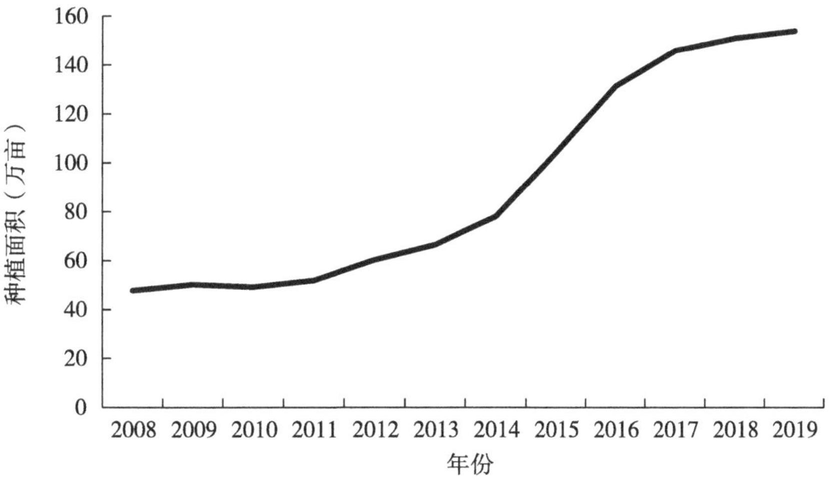

图 14　2008—2019 年广西杧果种植面积

在收获面积上，虽然广西杧果的种植面积在这 10 余年间有了较为快速的发展，但是收获面积却并未表现出同步增加的态势（表 3），2012 年，广西杧果的收获面积占比突然降为 0.60，虽然后续有所恢复，在 2013—2015 年间都表现出了较高的占比，但是在 2016 年又突然降至 0.50，随后在 2017 年和 2018 年持续降低，仅为 0.49 和 0.39，与海南稳定的收获面积占比形成了强烈的反差，也导致了广西虽然种植面积全国第一，但是收获面积依然位居海南之后。从种植主体上来看，收获面积占比的波动基本都来自地方，农垦一直都较为稳定，在 2016—2019 年，广西农垦的收获面积占比依然在 0.7 以上，2018 年更是达到 0.92，农垦与地方的强烈反差也说明了各主体在杧果的田间管理水平上有明显差距。

表 3　2008—2019 年广西杧果收获面积比例

项目	2008 年	2009 年	2010 年	2011 年	2012 年	2013 年	2014 年	2015 年	2016 年	2017 年	2018 年	2019 年
农垦	0.80	0.68	0.80	0.72	0.57	0.64	0.79	0.76	0.78	0.73	0.92	0.87
地方	0.81	0.81	0.93	0.91	0.60	0.81	0.91	0.85	0.49	0.49	0.39	0.61
合计	0.81	0.81	0.93	0.91	0.60	0.81	0.91	0.85	0.50	0.49	0.39	0.61

在总产量上，2008 年广西杧果的总产量仅为 17.69 万吨，2019 年上涨到 79.8 万吨。这 10 余年间，广西杧果产量的增加主要分为两个阶段：第一阶段是 2008—2011 年，这 3 年间，广西的杧果种植面积虽然有所增长，但是速度较慢，而且从实际收获面积来看，种植面积的有效增加值并不多，另外这 3 年间广西杧果的单产水平也一直未能得到明显提高，产量整体上保持略有波动的态势；第二阶段是 2012—2019 年，这段时间，广西的杧果种植面积增速变快，相应的收获面积也有所增加，同时杧果单产迅速提高，由原来的 400~500 千克/亩，上涨到 600 千克/亩的水平之上，后续更是增加到 2018 年的 1 242.73 千克/亩，10 余年间单产的年均增速度达到 10.52%，使得这段时间广西杧果的总产量得以快速提高（图 15）。

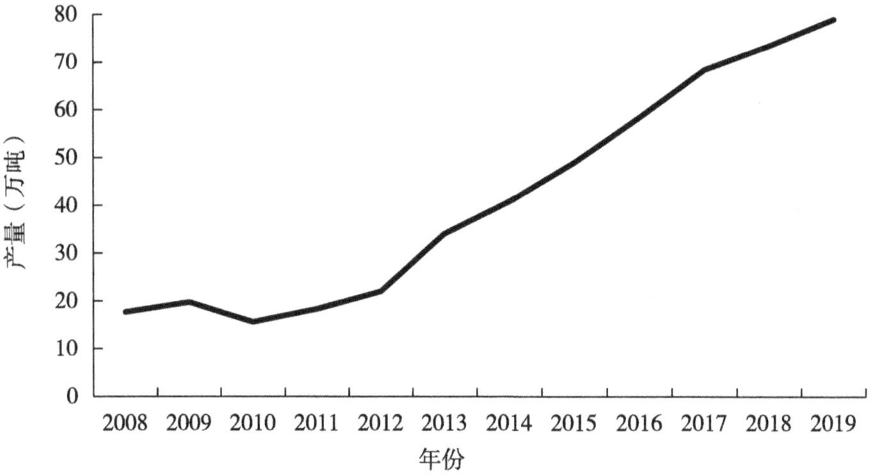

图 15　2008—2019 年广西杧果产量

2.1.2.3　云南省

云南省 2019 年种植面积达到 137.9 万亩，排行全国第二，主栽品种有凯特杧、圣心杧、红象牙杧、贵妃杧、台农 1 号等，但是在 2008 年，云南省的种植面积仅为 19.73 万亩，年均增速达到 18.87%，是所有主产省中增速最快的省份。同广西一样，云南的种植面积增长也主要来自地方，农垦种植面积多年一直保持稳定（图 16）。

在收获面积上，云南省的收获面积在数量上表现出增长态势，从 2008 年的 16.81 万亩上涨到 2019 年的 90.9 万亩。低于种植面积的年均增长速度大约 6 个百分点，收获面积占比降低，2008 年，云南省收获面积的占比还维持在 0.85 左右的水平，但是后续持续降低，尤其是在 2016

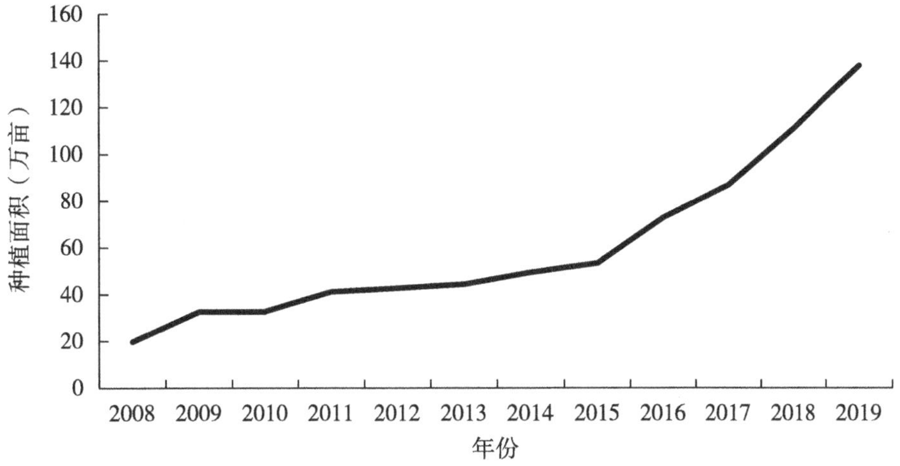

图 16　2008—2019 年云南杧果种植面积

年之后，收获面积占比降到 0.62，并在后续两年连续下滑，2017 年和 2018 年更是降到了 0.52 和 0.50。与其他省份相似，云南省农垦的杧果种植面积占比依然较低，但是收获面积占比常年维持在 0.85 的水平以上，体现出农垦方面杧果栽培管理的较高水平（表 4）。

表 4　2008—2019 年云南杧果收获面积占种植面积的比例

项目	2008 年	2009 年	2010 年	2011 年	2012 年	2013 年	2014 年	2015 年	2016 年	2017 年	2018 年	2019 年
农垦	1.00	0.99	1.00	1.00	1.00	1.00	0.70	0.89	0.85	0.88	0.84	0.84
地方	0.84	0.61	0.65	0.73	0.75	0.77	0.70	0.71	0.61	0.51	0.49	0.66
合计	0.85	0.62	0.67	0.74	0.76	0.77	0.70	0.72	0.62	0.52	0.50	0.66

在产量方面，云南省杧果总产 10 余年间持续走高，从 2008 年的 10.16 万吨上涨到 2019 年的 74.6 万吨，高于收获面积年均增速约 4 个百分点，这得益于单产水平的提高。2013 年之前，云南省的单产面积维持在 700 千克/亩的水平之下，2009—2012 年间更是仅在 500 千克/亩的水平上徘徊，2014 年，云南省杧果的单产水平开始快速上涨，当年达到 804.03 千克/亩，随后持续增加，2017 年达到 901.80 千克/亩，2018 年又有所回落，降到 859.99 千克/亩，平均来看，10 余年间单产年均增速为 3.59%（图 17）。

2.1.2.4　四川省

四川省杧果的主产品种主要为晚熟品种，以凯特杧、圣心杧、爱文杧、肯特等为代表。杧果种植面积 2008—2019 年间也表现出持续增长的态势，从 2008 年的 11.19 万亩上涨到 2019 年的 74.1 万亩，虽然增长速度在主产省中排名中等，但由于初始种植面积较小，所以种植面积的增加数量并不是很多。目前四川省杧果种植面积位居我国第四名。值得一提的是，四川省杧果种植未有农垦参与，全部由地方进行种植（图 18）。

在收获面积上，四川省的收获面积占比一直处于较低水平，仅在 2014—2017 年间维持了较

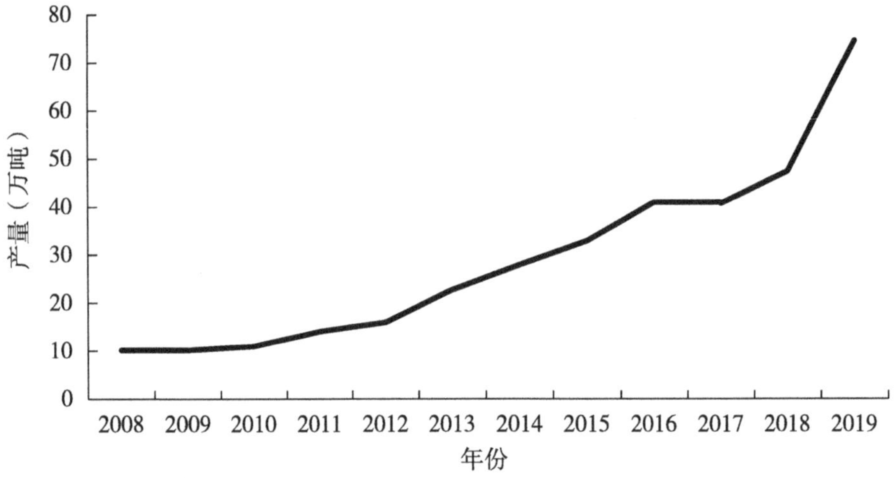

图 17　2008—2019 年云南省杧果总产情况

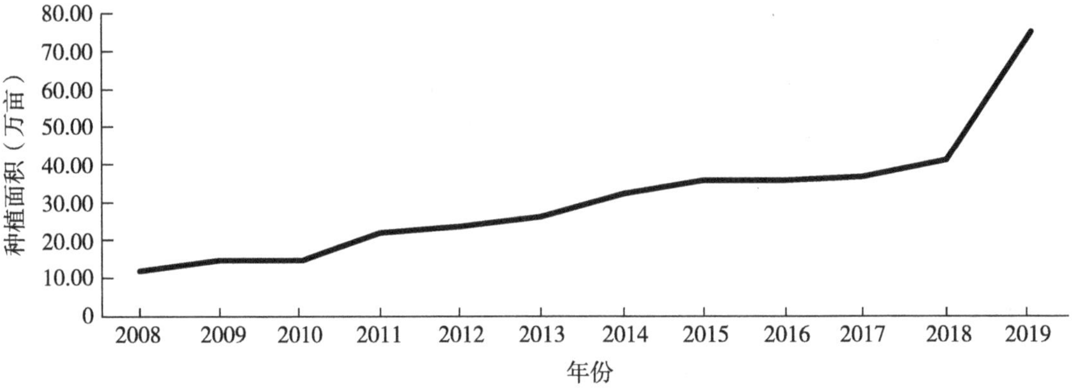

图 18　2008—2019 年四川省杧果种植面积

高水平，保持在 0.7~0.8，其余大部分年份都在 0.4~0.6 的水平（表 5），但是整体水平而言，四川省的收获面积占比还是处于上涨态势，收获面积也从 2008 年的 3.92 万亩上涨到 2018 年的 18.94 万亩，年均增速 17.07%，高于种植面积年均增速约 3 个百分点。

表 5　2008—2019 年四川省杧果收获面积收获比例

年份	2008 年	2009 年	2010 年	2011 年	2012 年	2013 年	2014 年	2015 年	2016 年	2017 年	2018 年	2019 年
比例	0.35	0.42	0.41	0.66	0.63	0.59	0.80	0.68	0.71	0.77	0.46	0.51

在产量上，四川省杧果的总产从 2008 年的 2.50 万吨上涨到 2019 年的 33.4 万吨（图 19），保持了较为稳定的增长速度，仅有 2014 年因为单产水平的断崖式下跌导致总产也有所下滑，其余年份都有不同幅度的增长，年均增速为 18.83%，高于收获面积年均增速约 1.76 个百分点，10 余年间，四川省杧果的单产水平呈现轻微幅度的上涨态势。

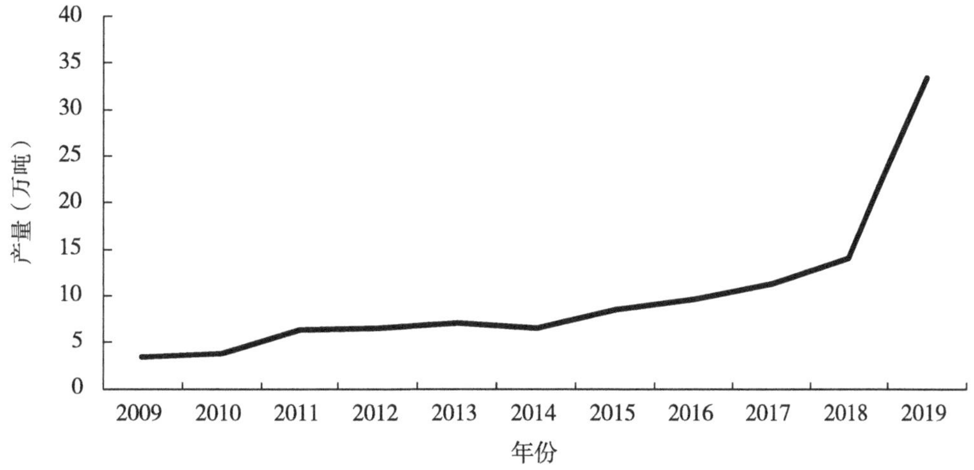

图 19　2008—2019 年四川省杧果总产情况

2.1.2.5　广东省

广东省作为我国杧果生产五大主产省中种植面积最小的省份，与其余 4 个省份最大的不同之处在于，2008—2017 年间，广东省的杧果种植面积并未有太大波动，仅在 2018 年有明显下滑，从 2008 年的 29.20 万亩到 2017 年的 28.10 万亩，基本都保持在 28 万亩的水平左右，2018 年下降到 20 万亩，2019 年为 21 万亩，与 2018 年基本持平。目前主要的种植品种为金煌杧、紫光杧、东镇红杧、桂香杧、红杧 6 号等（图 20）。

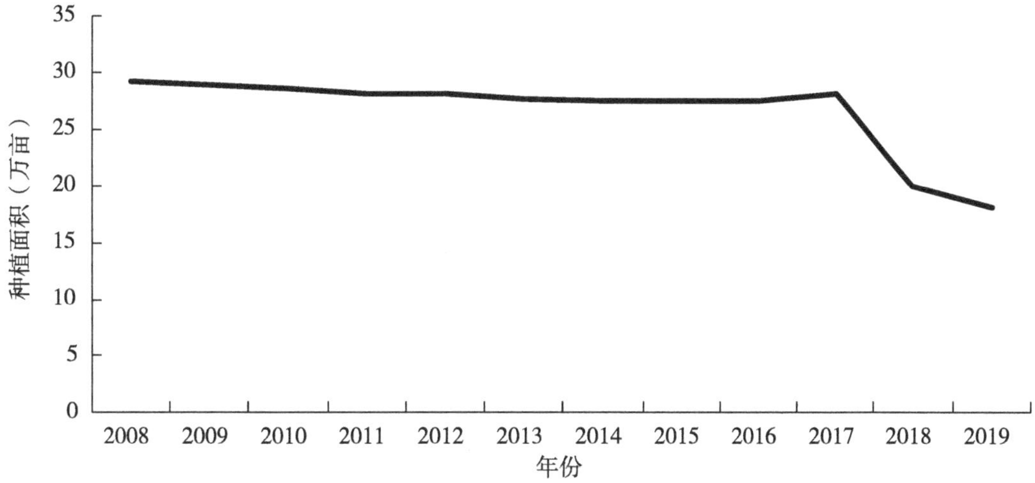

图 20　2008—2019 年广东省杧果种植面积

在收获面积上，广东省的收获面积占比也表现出与其余四省明显不同的特征，广东省的收获面积占比常年保持高位，并且在多个年份保持在 1 的水平之上，播种面积以及收获面积占比的双重稳定，使得广东省杧果的收获面积也保持了一个稳定的态势，从 2008 年的 26.28 万亩到 2017 年的 27.20 万亩，基本维持在了 27 万亩左右的水平上，2018 年下降到 18 万亩，2019 年为 19 万亩，与 2018 年基本持平（表 6）。

表 6　2008—2019 年广东杧果收获面积收获比例

项目	2008 年	2009 年	2010 年	2011 年	2012 年	2013 年	2014 年	2015 年	2016 年	2017 年	2018 年	2019 年
农垦	0.99	1.00	1.00	0.99	1.00	1.00	1.00	1.00	1.00	1.00	—	1.00
地方	0.90	1.00	1.00	1.00	1.00	1.00	1.00	1.00	1.00	0.97	0.90	0.86
合计	0.90	1.00	1.00	1.00	1.00	1.00	1.00	1.00	1.00	0.97	0.90	0.86

在产量方面，广东省杧果的总产量表现发展缓慢，从 2008 年的 18.92 万吨到 2019 年的 18.10 万吨（图 21）。其产量形成的原因：一方面来源于收获面积缩小，另一方面来源于单产水平增长。2008 年广东省杧果的单产水平为 719.78 千克/亩，2018 年上涨到 889.71 千克/亩，年均增幅为 2.14%，两者加持下，使得广东省的杧果总产量变化不大。

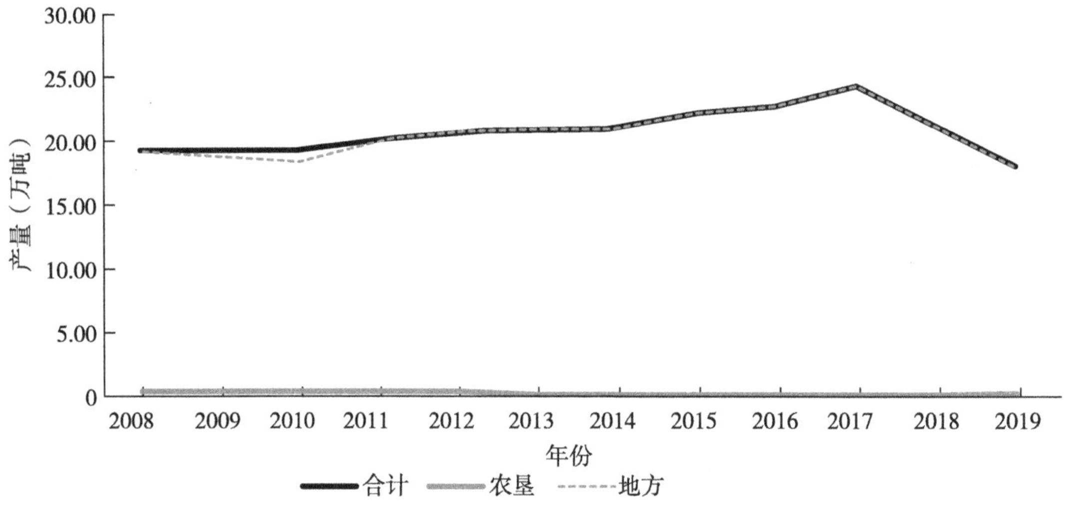

图 21　2008—2019 年广东杧果总产情况

2.2　产品加工情况

杧果可以加工成杧果干、杧果浆，还可以做杧果酒、杧果醋等。大规模加工的几种杧果加工品主要有：杧果肉、杧果汁、花蜜、水果调味料、水果鸡尾酒、干杧果片、杧果酒、调味酸奶冰淇淋。据统计，国内杧果干销量约占全部水果干销量的 40%，当前印度和泰国的杧果浆，正对国内杧果制品市场发起冲击。随着电商的崛起以及人们的消费习惯的改变，国内市场对杧果干等休闲产品的市场需求量将不断扩大，杧果销售的途径越来越广泛，市场对杧果加工品的接受度也越来越高，而目前中国主要依靠进口来满足这部分需求，可见杧果深加工产品也将有广阔的市场空间。

2.3　市场情况

2.3.1　国际市场情况

在进出口方面，2014—2017 年，中国杧果的贸易量有了一个飞速提升，并且由贸易逆差转变为贸易顺差，虽然 2018 年出口受挫，但是在 2019 年已经逐渐开始恢复。我国杧果进口量从 2014

年的 4 973. 32 吨，扩大到 2019 年的 1. 45 万吨，年均增长 23. 84%，出口量从 2014 年的 5 249. 72 吨扩大到 2019 年的 2. 96 万吨，年均增长 41. 36%；进口额从 2014 年的 1 727. 65 万美元扩大到 2019 年的 2 659. 88 万美元，年均增长 9. 01%，出口额从 2014 年的 765. 50 万美元上涨到 2019 年的 5 780. 60 万美元，年均增长 49. 83%，贸易顺差从 2014 年的-962. 15 万美元转变为 2019 年的 3 120. 72万美元（图 22）。

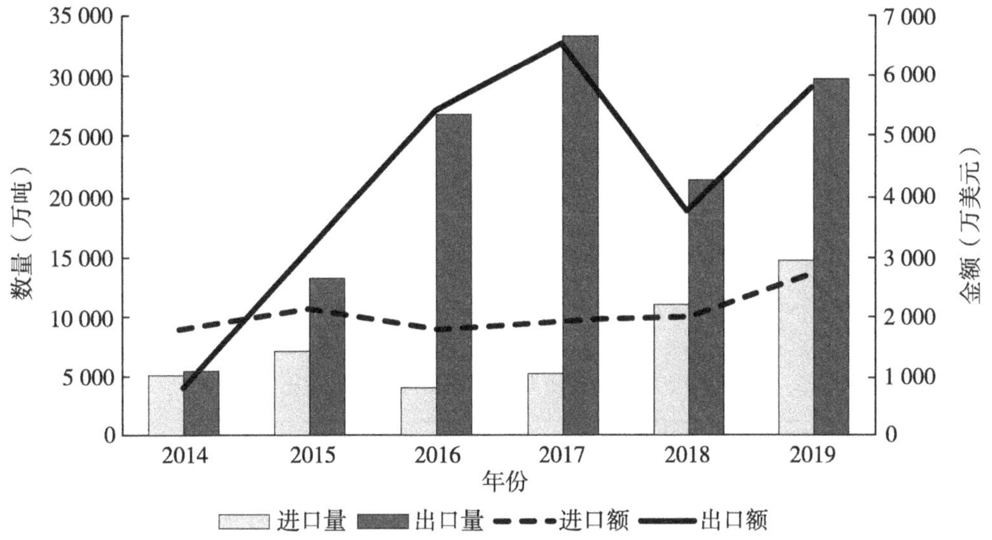

图 22　2004—2019 年中国杧果贸易情况

在加工制品上，以杧果汁为主要代表，虽然近年来我国对于国外杧果汁的进口量不断下滑，但是由于我国的杧果汁依然不具备足够的出口竞争力，贸易表现依然以进口为主。2014 年，我国杧果汁进口额为 424. 30 万美元，在 2015 年出现了一个较大幅度滑坡，下降到 296. 36 万美元，然后又开始保持了一个较为稳定的局面，2019 年杧果汁进口额为 259. 3 万美元。近几年杧果汁的出口额一直维持低位，2014 年出口额为 37. 72 万美元，2015 年出口额大幅下滑降为 3. 8 万美元，之后虽然缓慢恢复到 2019 的 25. 2 万美元，但是依然不及之前水平。杧果以及杧果加工品之间截然不同的走势。说明了在我国杧果产业链中，种植环节有所增强，但是加工环节短板依然严重（图 23）。

从进口情况来看，中国杧果的进口国家和地区相对集中且稳定，2014—2019 年，中国杧果的进口来源国家或地区主要集中在中国台湾、泰国、秘鲁、菲律宾和澳大利亚，而且贸易集中度较高，这 5 个国家或地区的进口额常年占据总进口额的 90%以上。在个别年份，例如 2019 年甚至达到 99. 23%，不过在 2018 年仅为 80. 84%，可见我国杧果的进口来源地也存在一定的波动性。从国别或地区排名来看，中国台湾和泰国在多年间都占据前二，而且就 2019 年的数据来看，这两个国家或地区的进口数量已经同其余 3 个国家拉开差距，贸易集中度进一步增强（表 7）。

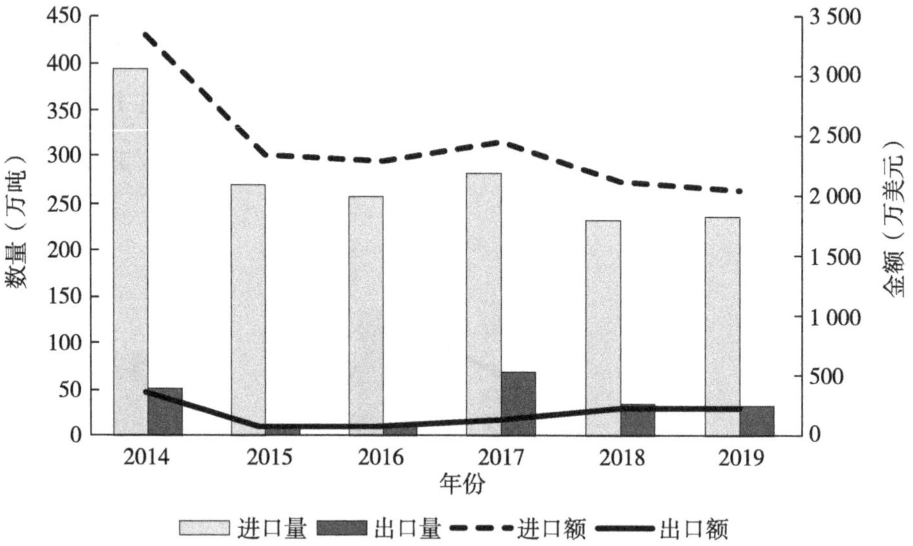

图 23　2014—2019 年杧果汁贸易情况

表 7　2014—2019 年杧果进口国和地区占比

国家或地区	2014 年占比	国家或地区	2015 年占比	国家或地区	2016 年占比	国家或地区	2017 年占比	国家或地区	2018 年占比	国家或地区	2019 年占比
泰国	0.32	中国台湾	0.45	澳大利亚	0.41	中国台湾	0.29	泰国	0.31	中国台湾	0.42
菲律宾	0.30	泰国	0.24	秘鲁	0.19	澳大利亚	0.26	中国台湾	0.29	泰国	0.39
澳大利亚	0.20	菲律宾	0.16	泰国	0.18	泰国	0.20	秘鲁	0.23	秘鲁	0.10
中国台湾	0.19	澳大利亚	0.13	菲律宾	0.12	秘鲁	0.19	菲律宾	0.08	菲律宾	0.06
巴基斯坦	0.00	秘鲁	0.01	中国台湾	0.09	菲律宾	0.05	澳大利亚	0.05	澳大利亚	0.02

与进口情况相似，中国杧果的出口国家或地区更加稳定。2017 年和 2019 年排名前五位的国家或地区分别为越南、中国香港、俄罗斯、美国和马来西亚，2018 年除了中国香港和越南排名互换之外，其余国家没有变动。从贸易集中度来看，出口贸易集中度也表现较高，常年维持在 90%以上的水平上，越南和中国香港作为常年排名前二的国家或地区，一直都和其余 3 个国家差距较大，仅越南和中国香港两个国家或地区的出口额，在 2015 年之后就常年占据了总出口额的 95%以上。

表 8　2014—2019 年杧果出口国家或地区占比

国家或地区	2014 年占比	国家或地区	2015 年占比	国家或地区	2016 年占比	国家或地区	2017 年占比	国家或地区	2018 年占比	国家或地区	2019 年占比
越南	0.85	越南	0.75	越南	0.49	越南	0.71	中国香港	0.50	越南	0.51
俄罗斯	0.06	中国香港	0.22	中国香港	0.47	中国香港	0.24	越南	0.35	中国香港	0.28
美国	0.04	俄罗斯	0.01	马来西亚	0.01	俄罗斯	0.03	俄罗斯	0.10	俄罗斯	0.18
德国	0.01	美国	0.01	俄罗斯	0.01	美国	0.01	美国	0.02	美国	0.01
日本	0.01	马来西亚	0.01	美国	0.01	马来西亚	0.01	马来西亚	0.01	马来西亚	0.01

2.3.2 国内市场情况

整体来看，近年来我国杧果市场空间变大，供应量和消费量都同步上涨，市场发展稳中向好，市场价格也逐年稳步上升，2015—2019 年的年均价格分别为 11.94 元/千克、12.01 元/千克、12.30 元/千克、12.32 元/千克和 12.82 元/千克。

虽然年份间杧果价格的走向稳中向升，但是价格年度内的波动情况依然较为剧烈。每年的第一季度，杧果价格都为当年高点，随后下滑（图 24），在第三季度达到低点，随后又开始上升。从历史价格数据来看，2015 年杧果价格低潮期为 6—10 月，2016 年和 2017 年为 7—9 月，2018 年为 6—8 月，2019 年为 8—10 月，基本都十分接近我国杧果集中上市期，即每年 6—8 月，我国杧果的集中上市在短期间造成了市场上的供过于求，结合第一季度的价格走高，说明了我国杧果贮藏技术以及相关冷链设备的缺失问题，无法实现杧果的错峰上市和长期保存。

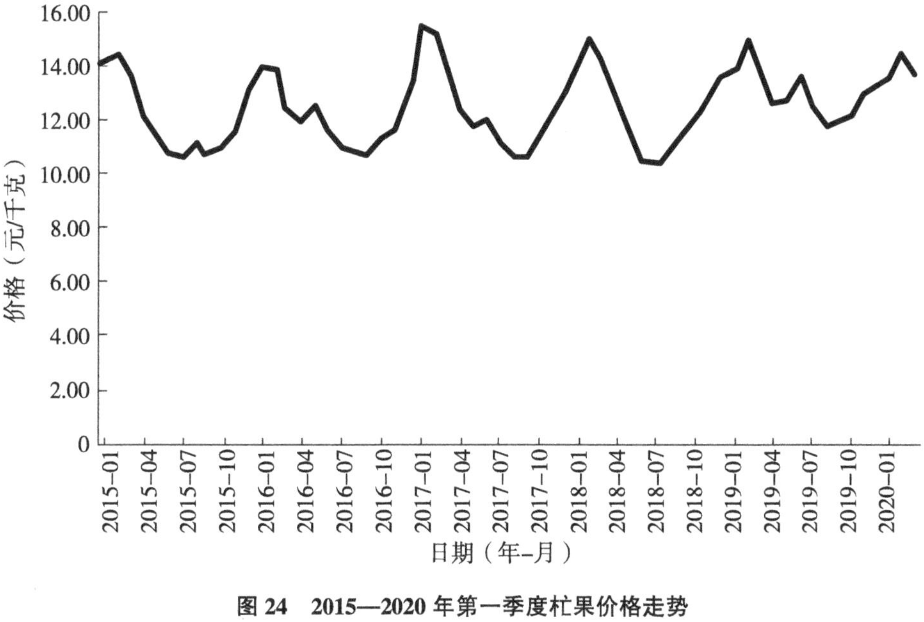

图 24　2015—2020 年第一季度杧果价格走势

2.4 成本与收益情况

整体来看，2016—2018 年，杧果成本收益波动情况剧烈，市场不平稳现象明显。从价格指标上来看，杧果的农民出售价和市场批发价先上涨后下降，且年度间变化幅度较大，基本都在 15% 以上，农民出售价和市场批发价之间有较大差距，说明农户在整个产业链中并不具备较高的议价能力。在生产资料价格方面，除了国产尿素和碳铵两种化肥的价格较为稳定之外，其余产品的价格波动情况也较为明显，以国产复合肥为例，国产复合肥市场价从 2016 年的 4 250 元/吨下降到 2017 年的 1 870 元/吨，然后又上涨到 2019 年的 3 650 元/吨，涨跌幅度十分显著。

从成本收益指标上来看，以海南省为例，2017—2019 年，杧果产业的生产收益经历了先增加后减少的阶段。产值方面，每亩地主产品产值 3 年间分别为 5 500 元、3 900 元和 4 100 元；成本方面，3 年间每亩地总成本分别为 4 100 元、3 650 元和 3 800 元，两者相比，成本的变化幅度远远低于产值的变化幅度，说明了海南省杧果产业收益不稳定的根源更多的在于销售阶段而非生产阶段。在成本结构上，物质与费用成本占最高，其次为人工成本，最后为土地成本，其中物质费用成本和人工成本的变化较为明显，土地成本相比而言较为稳定。利润方面，2017 年利润最高，达到每亩地1 400元，成本利润率高达 34. 62%，其余年份分别为 520 元和 320 元，直观地显示出了当前杧果产业收益低下的状况。

3　杧果产业主产区发展动态

3. 1　海南产区杧果产业发展动态

海南地处热带，土壤肥沃，温度、降水和日照时间都适宜优质杧果种植，具有成熟早、外观美、品质优等特点。海南杧果以早熟品种为主，春节后就开始陆续上市。产业发展集中在南部地区乐东、东方、昌江、陵水和三亚产区，已形成一定规模。尤其是三亚、乐东、陵水 3 个产区，产量高且每年 12 月底已有少量杧果上市，由于此时为市场淡季，市场行情好。同时，海南杧果是绿色名牌食品，海南省“无公害牌”红杧获得全国绿色食品称号，“神泉牌”贵妃杧获得“中国果后”称号，使海南省杧果在国内外市场上大受欢迎。

3. 2　广西产区杧果产业发展动态

广西杧果种植面积和产量均居全国首位，约占我国杧果产量的 35%，以中熟品种为主，上市集中在 6—9 月。百色市是广西杧果主产区，占广西杧果生产面积和产量的 90%左右，与海南、攀枝花并称为全国三大杧果之乡。百色市杧果种植主要分布在右江河谷流域一带，以右江区、田阳县、田东县、田林县为主。2014 年百色市委、市政府制定出台《百色市百万亩杧果产业发展规划》，提出到2020 年底全市杧果总产量突破 100 万吨的目标。2018 年制定《百色市十万亩杧果标准化生产示范基地建设规划（2018—2021 年）》，引进新品种新技术，打造优势果业集群。

百色市作为广西杧果主产市，市委、市政府推动各部门积极建设打造“百色杧果”区域品牌，大力发展绿色、生态、健康的杧果产品。2019 年在南京、深圳、石家庄、武汉、香港等大城市主办百色杧果序列专场推介会，提升杧果品牌知名度和市场占有率。随着“互联网+”兴起，百色举办“互联网+百色杧果”销售活动，约有 1 万家电商参与，百色杧果电商销售产业链不断建立与完善，形成了百色杧果电子商务化生态圈。杧果作为广西百色农民脱贫致富的重要产业，是我国首个以特色优势产业成功带动精准脱贫的典范。百色市各县区结合现代特色农业示范区建设，开展水果产业生态旅游、观光休闲等项目，推动产业扶贫，其中田东县林逢镇东养村发展成为“全国一村一品杧果村”，有效解决劳动力增收创收。

3.3 云南产区杧果产业发展动态

云南杧果以中晚熟品种为主，集中上市时间为6月中旬至9月上旬，种植区域分布广，形成了以怒江流域的保山、临沧，金沙江流域的丽江市，澜沧江流域的普洱和红河流域的玉溪、红河为主的杧果产业区的优势格局。由于云南95%的土地为山地，热区地域广阔，形成了低海拔、中海拔、高海拔3个种植带，利用气候条件和品种特点，将杧果产品供给时间延长为5—11月，极大地满足了市场对鲜果的需求。云南是野生杧果种质资源最丰富的地区，全国杧果近缘植物共计6种，其中5个都在云南有所分布。

3.4 四川产区杧果产业发展动态

四川杧果以中晚熟或晚熟品种为主，集中上市时间为7—10月，主要种植区域为攀枝花市。四川攀枝花杧果规模化发展从20世纪80年代初期开始，目前杧果种植面积57万亩，形成了以晚熟杧果凯特为主，吉禄、金煌、椰香等23个品种构成的“早、中、晚”相互搭配的品种体系，是我国“纬度最北、海拔最高、成熟最晚”的杧果主产区。2019年9月，以“完善产业体系·促进高质量发展”为主题的“中国·攀枝花杧果产业峰会”在攀枝花举行，会上同凉山州、海南三亚、广西百色、云南昭通等杧果主产区共同发布了《中国杧果产业发展倡议书》，围绕乡村振兴战略的实施和杧果产业的发展，发布共同推进产业可持续发展、携手开拓国际市场、合作延伸杧果产业链、联手加强区域协作、共享杧果发展盛会、共营产业发展环境六点倡议。

3.5 广东产区杧果产业发展动态

广东杧果以早中熟品种为主，集中上市时间为5—8月，包括金煌杧、紫花杧、东镇红杧、桂香杧、红杧6号、夏茅杧、奥西1号杧等，主产区集中在湛江、茂名和珠江三角洲。广东杧果产业起步较早，但由于对品种资源重视不足等问题，杧果产业地位下滑。

4 中国杧果产业生产及销售的预测

4.1 种植及生产预测

4.1.1 种植面积稳中扩大

从总体看，我国杧果种植面积及产量逐年上涨，当前杧果种植经济效益尚为乐观，农户种植杧果的积极性相对较好，杧果产业热度持续升温，杧果正成为农户心中的黄金产业，杧果产业正快步迈入提档升级的发展时代。预计未来杧果种植面积将稳中扩大。

4.1.2 错峰上市提高经济效益

受各地方的气候、生产条件、控梢催花等生产方式和市场需求的综合影响。我国各产区已形成了不同的上市时间，更好地利用市场空间，提高生产和营销的经济效益。随着控梢催花技术应用的进一步推广，将可以按果农意愿人为控制开花结果时间，进一步促进丰产丰收。

4.2 市场前景分析

4.2.1 杧果深加工前景可观

国内杧果深加工市场巨大，据相关统计，我国用于精深加工的水果不足10%，目前国内人均果汁消费量仅及世界平均水平的1/10，发达国家的1/40，具有极大的消费增长空间。仅国内的杧果干市场规模就高达10亿元，消费容量正逐年增长。随着杧果深加工企业开发的杧果原浆、杧果干、杧果汁、杧果醋等产业深加工需求量增加，次尾果收购价格也有所上涨。杧果深加工产业的发展不仅帮助果农解决了产品滞销问题，并且显著提高了其经济价值。

4.2.2 生鲜电商带动行业发展

随着冷链物流技术的进步，杧果行业吸引了众多电商进入，缩减中间流通环节、提升行业的毛利水平，成为水果行业的一个重要发展方向。而且随着互联网工具的加入，杧果品牌因素的展现、传播变得容易，消费者可以便捷、系统地了解杧果的产地、品质、知识等。

4.2.3 多种业态并行

除了传统的批发、农贸市场，近年来杧果流通渠道逐渐丰富，商超、连锁专卖店、精品店、社区便利店、电商、微店、餐饮等多种业态并存，极大地加快了杧果从田间树上到消费者手中的流通进程，助力将“丰产”变“丰收”。

5 中国杧果产业发展问题及制约因素

5.1 产业发展现存问题

5.1.1 研发及规划投入不足，种植品种单一

我国杧果种植面积广阔，种植历史悠久，有丰富的野生杧果品种资源，但是真正得以利用并将其投入到生产中的品种还远远不足。我国自20世纪70年代便开始进行杧果品种选育，但是由于杧果高度杂合体的天然特性，育种难度较大，对我国优质杧果资源库的利用效率偏低，而且由于杧果育种体系的建设培育和杧果育种的理论研究也未能有实质突破，所以品种选育依然任重而道远。原本我国杧果在不同的气候环境下，成熟期2—8月，但是由于品种选育不足，优质品种较少，各个省份出于对自身杧果产业发展的考虑，制定发展规划是都会优先考虑现有的优秀品种，再加上农户自身选择等因素，最终导致我国杧果的种植品种以中晚熟和晚熟品种为主，产品的上市期集中在6—8月，导致市场上短期内杧果供大于求，市场价格拉低、农民收益受损，甚至在个别极端年份，还会出现产品滞销等情况。

5.1.2 产业链发展滞后，产品加工能力弱

当前，虽然中国杧果的种植面积、种植农户等在近10年间都得到了一定量的提升，甚至在部分省份还展现出了较快的提升速度，但是这样快速发展的势头也仅仅停留在第一车间，即生产

环节，在后续的加工、包装、流通、销售等环节，依然没有形成具有标准化水平的规模。一方面，中国杧果生产者依然以小规模生产农户为主，并未形成有效的基层合作组织，导致我国的杧果在生产环节出现零散经营、质量参差不齐的现状，进而也导致后续的加工环节难以开展。另一方面，杧果产业中的龙头企业数量相对较少，我国杧果的年份内价格波动明显，而且产品集中上市也会导致销售受阻，这就使得企业必须具备有十分雄厚的经济实力，才能应对杧果产业中的价格及销售风险，但是农业企业利润微薄，几乎不可能有这样的实力，而且政府对于杧果企业的扶持力度也不多，这就导致杧果加工企业在近几年发展较为滞后，影响了杧果整条产业链的共同进步。

5.1.3 早采现象较为普遍，影响杧果销售品质

由于杧果具有上市期集中等特点，导致杧果市场供大于求现象时常发生，很多农户都会采取一些手段来规避滞销风险，由于杧果具有晚熟特性，从树上摘下后依然能够自行成熟，因此，部分农户就会选择在杧果将要成熟的时候就将杧果采摘下来，提前上市甚至有时为了抢夺市场，还存在少数果农使用催熟剂的现象，这些手段虽然能够保障杧果提前销售，降低农户自身销售风险，但是一方面这样的果子并未完全成熟，内部营养还未能得到完全积累，果子品质低下，影响了产业的长期发展，另一方面，收购商也对于农户采取的手段有所了解，因此在收购提前采摘的果子时也会进行压价，农户虽然降低了滞销风险，但是同时也降低了自身的经济收益。

5.2 产业发展的主要制约因素

5.2.1 技术水平

同多数热带水果一样，杧果生产需要较高的技术水平投入。近年来，杧果的种植面积不断上涨，但是收获面积却并未能稳定增加，这说明在种植面积上涨的同时，新加入的农户在生产栽培技术上要远远落后于原先的老农户，同时原先的老农户在经营更大面积时，自身原有的技术并不能满足现有种植规模的需求。而在农垦农场，虽然种植面积近几年来并未有明显增加，但收获面积的占比却常年保持高位，这说明我国农垦拥有一批具有熟练杧果栽培技术的农技人员。加强农技人员对普通农户的技术指导，同时引导农户之间开展技术互帮互助等活动，对于保障我国杧果稳产增产有着重要的现实意义。

5.2.2 产业发展标准

一套好的行业标准是行业获取消费者信任，提高行业效益的有利手段。杧果在我国种植面积较广，不同省份之间对于杧果生产加工等环节的行业标准尚未明确，更无法建立全国统一性的产业发展标准。当下随着阿里、京东等大型电商在销售渠道中的占比越来越高，杧果产业的销售渠道也不由得要采用线上销售的方法，农产品在网上的销售过程中，相比较工业品而言，并未形成完善的行业标准，所以消费者在购买过程中，往往更加倾向于选择品牌产品，进而保障自身的购物体验。实践表明，具有品牌效应的产品不仅能够销售更多，而且也能够给予产品更高的附加价

值，提高生产者的经济效益。但是由于杧果产业品种单一、采摘过早、管理水平较低、龙头企业缺乏等原因，杧果的生产质量一直难以得到有效保障，行业标准也未能有效建立并且落实，产品的品牌化自然也就难以实现。

5.2.3 冷链设施

目前，消费者对于农产品的消费需求升级，不仅要吃到品质更好的杧果，同时也在时效上提出了要求，这要求杧果要能够维持更长的上市时间，也需要能够运输到更远的距离。但是就当下海南、广西等地的基础设施来看，虽然道路、电力等基础设施已经在政府的支持下得到了很好的改善，但是冷链物流这一块依然是明显的短板，田间地头的冷库容量不足，产品集中上市时期无法使得产品得到很好贮藏，无法错开上市时间，也无法有效保障后期杧果加工时的品质要求，冷链车辆的缺失也使得杧果无法销往其他省份，即使可以，由于资源的稀缺，农户也需要付出高昂的运输费用。因此，无论是对于杧果的整个产业链建设来说，还是单纯针对农户的增收来讲，解决掉冷链物流这一障碍都是当下的迫切需求。

6 中国杧果产业发展政策建议

6.1 加强品种及栽培技术的研发和推广

首先针对目前我国杧果品种培育和栽种技术成果不足的问题，不断完善科技研发投入机制，推动科研力量共用、科研成果共享体系，探索合理的产业利益分配机制，通过有效的制度安排，建设杧果科研共享平台，加强顶层设计，明确杧果科研大思路，将不同机构的科研人员、研究思路以及现有成果等多项资源都纳入杧果研究主干道上，避免各自为战的低效率和资源浪费。在技术推广方面，不仅要重视实验室技术走向田间，更要重视推进农民田间地头之间的相互学习交流，充分发挥农民自身智慧和创造力，将技术推广高效地区的经验和模式进行总结，供其他地区进行借鉴学习，也可以支持种植技术熟练的农民或农技人员进行巡回讲课，扩大带动范围，提高技术推广效率。

6.2 推动基层合作组织及专业协会建设和职能完善

针对农户过早采摘、产业链中没有较高话语权、技术水平落后，信息获取渠道不足等问题，都可以通过推动基层合作组织和专业协会来解决，通过按股分配、按劳分配等效益分配方式，以利益链接的形式将农户捆绑成一个共同体，将多个小农户的力量联合起来，通过农户自身的社会关系来规范约束农户行为，提高其面对外部主体的市场地位，同时也增强了面对各项风险的应对能力。在推动基层组织和专业协会建设的同时，也要注重职能的完善，加大政策宣传力度，让农户真正知晓基层合作组织和专业协会的作用，同时加强管理技能培训，让基层组织真正能够发挥作用，要避免只注重形式上的建设，更多地要加大对内涵建设的重视程度，真正做到农民的合作社为农民，避免空壳合作社套补等现象的发生。

6.3 加大品牌建设力度

杧果种植效益低下的根本原因在于国产杧果的竞争力不足，没有在市场上获取足够的消费者认可，致使杧果产品附加值较低，也就没有办法在产品上附加过多的价值。因此在通过技术培训、基层组织培育等各种手段来实现杧果生产质量不断向好的同时，更是需要讲好国产杧果的故事，提高国产杧果在市场上的认可程度。首先要扶持龙头企业，支持其加快杧果汁、杧果干等杧果加工品的研发，丰富杧果产品的多样性，延长杧果产业链条。其次，强化杧果产品品牌的宣传力度，为不同的杧果产品设计符合自身特质的宣传标语和产品包装，同时也要考虑一个系列产品的共通之处，形成有辨识度的市场特征，提高市场知名度。最后，要从长远的角度出发，为品牌建设制定长期规划，严格约束种植户、企业的生产和宣传等行为，对不利于品牌建设的行为给予坚决打击，力保品牌建设工作长期稳定开展。

6.4 充分利用线上等多种资源拓宽销售渠道

杧果效益年度间波动较大很大程度上就是因为集中上市，市场缓冲空间较少，所以针对这一问题，需要考虑利用多种资源，采取多种形式来拓宽销售渠道，尽可能避免集中上市导致的短期内供过于求。除了传统的农产品批发市场这样的销售渠道之外，要充分重视线上的销售渠道，淘宝、京东、拼多多等电商巨头已经在农产品销售中探索出了较为成熟的销售模式，应当充分利用各大网络平台销售杧果。近年来的网红带货、政府领导带货等销售方式也证实了线上销售农产品的可行性。除了要利用多种资源之外，还要丰富销售形式，除了现货销售之外，还可以在果子未成熟的时候通过预售的形式进行销售，如此一来，拉长了销售时间，变相缓解了集中上市所带来的压力。

6.5 加快推进冷链物流设施建设

杧果加工和错峰销售，都需要杧果能够保留较长时间，因此冷链设施建设是实现杧果产业高质量发展的基础所在。2019 年，党中央已经将农产品仓储保鲜设施建设作为三农“补短板”工程的重要内容之一，杧果主产区也都集中在我国南方地区，各省应在中央政策和资金的扶持下，重视农产品仓储保鲜设施建设的重要意义，了解当地实际需求，出台相应的用地、用电等配套措施，针对融资问题与银行、信贷等部门积极协商，调动省内力量，配合农户、企业等主体，加快推动农产品仓储保鲜设施建设，为杧果产业发展提供有力保障。

参考文献

高爱平，罗睿雄，黄建峰，等，2019. 南亚国家杧果产业发展现状［J］. 中国热带农业（1）：19-21.

胡祎，张德生，刘康德，2015. 中国杧果产业发展变迁及影响因素研究［J］. 中国农业资源与区划，36（6）：53-59.

黄乃芬，黄浩洲，2019. 广西杧果产业优势与发展的思考［J］. 广西经济（11）：43-45.

赖琦妍，2017. 泰国杧果贸易出口竞争力及对策研究［D］. 哈尔滨：哈尔滨工业大学.

农昆澄，2019. 乡村振兴背景下的百色杧果产业发展研究［D］. 南宁：广西大学.

吴小波，彭杨，龚德勇，等，2019. 贵州杧果产业发展现状存在问题及对策［J］. 安徽农业科学，47（1）：244-245.

许能锐，2016-08-17. 杧果产业发力供给侧的思考［N］. 海南日报.

张发明，解德宏，陈于福，等，2014. 泰国杧果栽培及近年产销情况［J］. 热带农业科学，34（1）：85-89.

周启凡，2019. 我国杧果生产布局演变的实证研究［D］. 海口：海南大学.

朱杰，2019. 海南杧果产业现状、问题与发展建议［J］. 农业工程技术，39（32）：20-21.

龙眼产业发展情况研究报告

龙眼（*Dimocarpus longan* Lour.）为无患子科龙眼属的亚热带常绿果树。龙眼原产于中国南部及西南部，主产国有中国、泰国、印度、越南、孟加拉国、马达加斯加等，中国是世界龙眼种植面积最大、产量最多的国家，面积和产量约占世界的50%以上。主要分布在广东、广西、福建、四川、海南等省区，云南和长江中上游河谷也有少量栽培，我国龙眼种质资源丰富，主栽品种以石峡、储良、福眼、乌龙岭、广眼和大乌圆等为主。从栽培面积看，龙眼为我国热区第四大水果，仅低于荔枝、柑橘和香蕉。龙眼产业目前存在品种单一、产期集中、深加工和采后保鲜水平较低、产业组织化程度和品牌化建设亟待提高等问题，应优化龙眼品种布局和加大科技投入，提高龙眼产业的规模化、集约化和组织化水平，加快产业融合发展，促进农民增收和乡村振兴。

1 世界龙眼产业发展基本情况

2018年世界龙眼总产量约390万吨，种植面积约60万公顷。2018年中国龙眼203.12万吨，面积和产量分别约占世界龙眼面积和总产量的50%以上。泰国和越南也是龙眼主产国，2017年泰国龙眼年产量102万吨，面积达18.75万公顷，2018年越南龙眼面积7.89万公顷，当年产量54万吨。越南龙眼的30%~35%供加工，泰国龙眼加工的比例较高，达到60%~70%。泰国和越南是我国龙眼进口的两大主要来源国，泰国是全球龙眼出口量最大的国家。

泰国是世界上第二大龙眼生产国，主栽地区分布在泰国北部的清迈、南奔、清莱、帕夭、达府以及泰国东南部的庄他武里，已实现全年采收。泰国的反季节龙眼主要出口到中国。“伊多”是泰国龙眼的主栽品种。泰国的人工成本和复合肥等生产资料成本均低于中国，而且产期长，鲜果货架期长，加工利用率高，泰国龙眼的经济收益高于中国。

2 中国龙眼产业发展基本情况

我国龙眼主栽地区分布在广东、广西、福建、四川、海南等省区。我国在龙眼种质资源、遗传育种、采后生物学、生物技术等研究领域处于世界先进水平。已建成国际上资源数量最多、类型最为丰富的国家级龙眼种质资源圃，杂交育种培育出具有不同香气、留树保鲜期长、成熟期配套、优质丰产等优异性状的适宜轻简化栽培的系列新品种；先后构建了龙眼的基因组草图和精细参考基因组图谱，促进龙眼基础研究进入了功能基因组学和分子育种研究时代。

2.1 生产情况

2.1.1 全国生产特征变化

中国已构建海南特早熟、粤桂西南部早熟、粤桂中部中熟、粤东闽南晚熟及重庆、四川泸州特晚熟的差异化龙眼上市区。海南龙眼成熟期为全国最早，每年 3 月至 4 月中上旬成熟，接下来是广东湛江龙眼在 6 月中下旬成熟，广东茂名和广西玉林、北海的龙眼在 7 月初成熟，广西钦州和福建龙眼大概在 7 月下旬成熟，四川龙眼为全国最晚熟，在 8 月底成熟。

我国龙眼产业总体生产情况，2009—2018 年，我国龙眼收获面积基本保持在 410 万～480 万亩，2019 年减至 345.2 万亩。2015 年以来，龙眼总产量保持在 190 万～200 万吨，年产量呈逐年增加的趋势，2015 年突破 190 万吨，2017 年突破 200 万吨。2019 年减产到 177.2 万吨，同比减产 12.8%。受到龙眼单产和价格波动的影响，近 10 年我国龙眼产业的总产值波动幅度较大，2016 年之前在 60 亿～90 亿元，2016 年龙眼总产值突破 110 亿元，同比增长 67.61%，为近 10 年龙眼总产值增幅最大的年份，此后 3 年我国龙眼总产值保持在 110 亿元左右，2019 年增长到 146.31 亿元（图 1）。

2.1.2 各省生产特征变化

如图 2 所示，近 10 年，广东和广西的龙眼产量呈逐年增加的趋势，福建、四川、海南和云南的龙眼产量有小幅波动。广东省的龙眼产量居全国最高，2018 年和 2019 年，广东省龙眼产量均超过 90 万吨，占全国龙眼总产量的 45%以上；2018 年广西龙眼产量 67.47 万吨，同比增加 13.78%，占全国龙眼总产量的 33.22%；近 10 年，福建龙眼年产量在 30 万吨左右，2018 年产量为 25.61 万吨，同比减少 20.27%，占全国龙眼总产量的 12.61%，2019 年有所减产；海南龙眼年产量 5 万吨左右，2018 年产量为 5.5 万吨，同比小幅度减少 1.79%，占全国龙眼总产量的 2.71%，2019 年海南龙眼产量和上年持平。

如图 3 所示，广东和广西是中国龙眼两大主产区，2010—2018 年，这两省区的龙眼面积保持在 170 万～190 万亩的规模，2010 年以来广东的龙眼面积居全国第一，但在 2018 年广西超过广东，收获面积 173.7 万亩，占全国龙眼收获总面积的 40.21%，2019 年缩减到 124.5 万

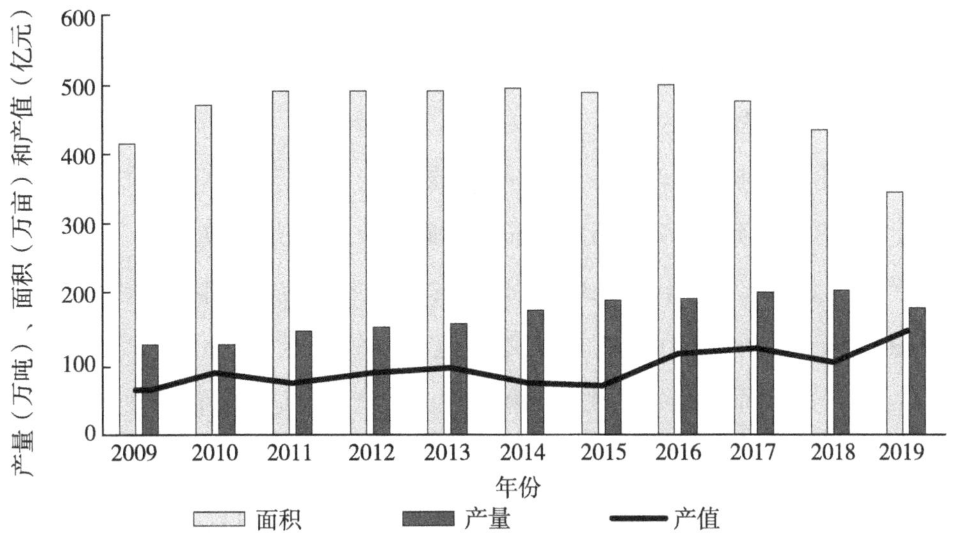

图 1　2009—2018 年我国龙眼的总产量、总收获面积和总产值

（数据来源：农业农村部南亚热带作物办公室）

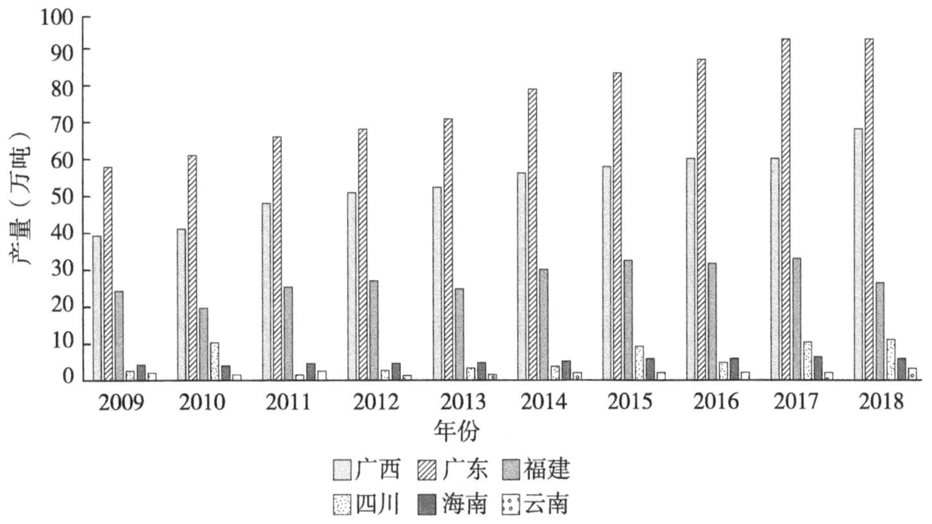

图 2　2009—2018 年我国各主产区龙眼的年产量

（数据来源：农业农村部南亚热带作物办公室）

亩；2014 年广东龙眼的收获面积突破 190 万亩，此后 4 年逐年小幅度缩减，2018 年减至 167 万亩，同比减少 10.70%，占全国龙眼总收获面积的 38.65%，2019 年缩减到 140 万亩。福建龙眼面积保持在 75 万亩左右的规模，2018 年缩减到 42.07 万亩，同比减少 43.05%，占全国龙眼总收获面积的 9.74%，2019 年减少到 39.5 万亩；四川省的龙眼种植规模逐年扩大，从

2014 年的 18.9 万亩增至 2018 年的 34.77 万亩，占全国龙眼总收获面积的 8.05%，2019 年减少到 22 万亩；海南龙眼基本保持在 10 万～11 万亩，2018 年海南龙眼收获面积 10.76 万亩，占全国龙眼总收获面积的 2.49%，2019 年减少到 10.1 万亩。2019 年，我国龙眼主产省区的龙眼收获面积都有不同程度的缩减。

近 10 年，广东龙眼产业的总产值在全国一直遥遥领先，保持在 30 亿～50 亿元的规模，2016 年突破 55 亿元，2018 年达到 59.66 亿元，占全国龙眼产业总产值的 57.06%，2019 年增至 65.21 亿元，可以说，我国龙眼产业的半壁江山都在广东省。广西龙眼产值排名第二，多年来，保持在年产值 20 亿～30 亿元的水平，2018 年广西龙眼产值 24.46 亿元，占全国龙眼总产值的 23.40%，2019 年增至 43.74 亿元，同比增长 78.82%。福建龙眼产值在 5 亿～11 亿元波动，2016 年突破 11 亿元大关，同比大幅增长了 74.09%，2018 年该省龙眼产值为 10.24 亿元，同比减少 20.31%，占全国龙眼总产值的 9.79%，2019 年增至 22.29 亿元，同比大幅增长 117.68%。四川省的龙眼产值在 2014 年出现了质的飞跃，从 2011 年的 0.65 亿元猛增至 4.38 亿元，此后一直稳定在 4 亿～6 亿元的水平，2018 年该省龙眼产值为 4.17 亿元，占全国龙眼总产值的 3.99%。海南的龙眼产值 2018 年达到 4.33 亿元，占全国龙眼总产值的 4.14%，2019 年突破 5 亿元。

2.2 产品加工情况

我国龙眼产业的加工历史悠久，在广东高州、福建晋江、莆田、泉州、同安、南安及广西大新等县建立了多个龙眼加工生产基地。其中，龙眼肉加工主要在广东高州、广西博白和岑溪、福建莆田和漳州；龙眼干加工主要在福建省。

近 5 年，我国鲜龙眼的年加工量 30 万～40 万吨，占总产量的 20%～25%。加工产品主要是龙眼肉、龙眼干和龙眼罐头等。龙眼采摘后极易失水、褐变及腐烂，影响了果实的外观品质与商品价值，而流通环节的冷链物流、冷库保鲜等基础设施和技术较落后，阻碍了龙眼的长期贮藏和长途销售。“龙眼冻干产品”可以规模化生产，但我国消费者对龙眼冻干的认知度不高，加工企业对这类产品的市场开拓能力有限。我国龙眼果实采后的研究重点为果皮褐变、果肉自溶、采后病害等品质劣变机理和安全保鲜技术。龙眼产品的规模化生产以龙眼干和龙眼肉等传统干制品为主，通过一体化干燥设备焙干龙眼，效率提高 50%以上。

调研结果表明，2018 年广西的龙眼加工量为 12.96 万吨，同比增长 16.32%，龙眼加工产值达 13.02 亿元，同比减少 15.13%。其中，产量较大的主产区是玉林市、贵港市、钦州市、南宁市和崇左市，加工量占产量比重较大的市县有玉林市（龙眼年加工量 7.65 万吨，占该市龙眼产量比重 71.63%，年加工产值达 7.86 亿元），贺州市（加工量 0.20 万吨，产值 0.13 亿元），来宾市（加工量 0.80 万吨，产值 0.44 亿元），崇左市（加工量 1.49 万吨，产值 0.48 亿元），南宁市（加工量 1.42 万吨，产值 1.16 亿元），反映出这些龙眼主产市县较高的加工水平。

2.3 市场情况

2.3.1 国际市场情况

中国龙眼的进出口贸易以鲜果为主，其次是龙眼干、龙眼肉和龙眼罐头，泰国和越南是我国龙眼进口的两大主要来源国，泰国是全球龙眼出口量最大的国家。

近10年，2009—2018年，我国龙眼鲜果和龙眼干、龙眼肉的进口量远大于出口量，表现出常年的贸易逆差趋势。鲜龙眼年进口量基本在30万~50万吨的规模，2017年鲜龙眼进口量达到52.88万吨，进口额4.38亿美元，为近10年峰值，我国鲜龙眼的年进口额在2亿~5亿美元。鲜龙眼的年出口量不足0.5万吨，年出口额不超过0.1亿美元。我国的龙眼干和龙眼肉的进口贸易波动较大，从2010年开始逐年缩减，2015年龙眼干的年进口量一度缩减到1.32万吨，进口额0.215亿美元，2016年以来有所回升，2018年龙眼干的进口量达到8.4万吨，进口额1.254亿美元，同比分别增加了45.08%和34.69%。龙眼干和龙眼肉的出口贸易额非常小，年出口量不超过0.04万吨，年出口额0.01亿~0.03亿美元。

2018年，中国龙眼及龙眼产品的进口总量为54.07万吨，进口额为4.91亿美元，出口量0.51万吨，出口额0.12亿美元，其中鲜龙眼进口量45.66万吨，同比减少13.65%，进口额3.66亿美元。2019年鲜龙眼进口量为40.7万吨，同比减少10.86%，进口额为4.2亿元，同比增加14.75%。2018年，龙眼干和龙眼肉进口量8.40万吨，进口额1.25亿美元，2019年龙眼干和肉的进口量和进口额同比分别增加35.71%和11.64%。鲜龙眼和龙眼干的进口贸易大于出口贸易，贸易逆差。龙眼产品出口也主要以鲜龙眼为主，2018年，中国鲜龙眼的出口量为0.37万吨，占总出口量的72.71%，同比增加15.63%。2019年，鲜龙眼出口量为0.16万吨。2019年，龙眼罐头出口量436.8吨，出口额62.7万美元，龙眼罐头的出口贸易大于进口贸易，贸易顺差。

2.3.1.1 进口来源国

如图3和图4，我国龙眼及其产品的进口地比较集中，鲜龙眼的主要进口来源国是越南和泰国，2018年，从这两国进口的鲜龙眼分别占当年进口总量的71.38%和28.62%。龙眼干95.21%从泰国进口，4.76%从缅甸进口。99%的龙眼罐头从泰国进口，也就是说，泰国是我国龙眼产品的最大进口来源国。

2.3.1.2 出口目标国家和地区

鲜龙眼主要出口国家和地区为加拿大、中国香港和中国澳门，占鲜龙眼出口总量98%；龙眼干和龙眼肉主要出口新加坡、马来西亚、日本和印度尼西亚等国家，占龙眼干和龙眼肉出口总量的86.51%；龙眼罐头主要出口到马来西亚，占龙眼罐头出口总量的47.12%，其次销往墨西哥、印度尼西亚、意大利、荷兰、德国、文莱等国家。

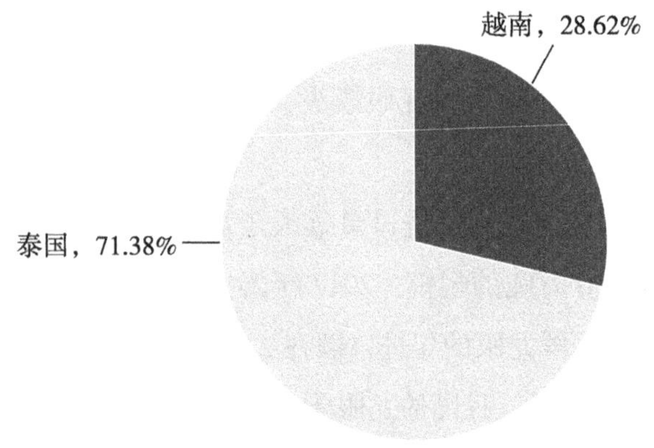

图 3　2018 年我国鲜龙眼进口来源国占比

（数据来源：农业农村部）

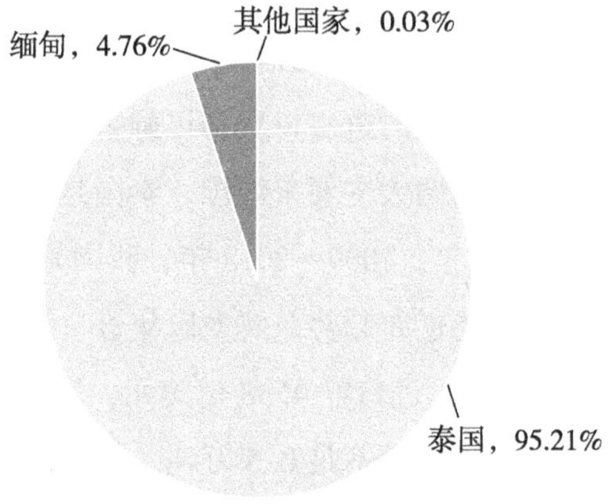

图 4　2018 年我国龙眼干进口来源国占比

（数据来源：农业农村部）

2.3.2　国内市场情况

2.3.2.1　价格

龙眼产量、上市期和果品质量是影响价格的主要因素，2019 年综合地头价涨至 11.4 元/千克，综合收购价 10.9 元/千克，综合批发价 13.4 元/千克，综合零售价 24.2 元/千克，都比 2018 年有较大幅度的上涨。2018 年各主产区的龙眼丰产，但品质参差不齐，加上越南和泰国等东盟国家进口龙眼的市场冲击，2018 年龙眼价格低迷，典型的“增产不增收”。2018 年龙眼丰产导致树体营养消耗过多，2019 年的龙眼树养分供应不足，挂果率降低，广东南部的龙眼减产明显。这也导致鲜龙眼价格较往年偏高。

近 5 年，中国龙眼月平均批发价格 13.0～15.5 元/千克，龙眼价格受到龙眼产量波动影响较大，我国鲜龙眼早熟品种在 3—4 月上市，中熟和晚熟品种集中上市为 7—8 月。1—3 月，反季节龙眼进入上市期，但由于产量较少，远远满足不了国内的消费需求，第一季度的鲜龙眼价格保持较高价位。“五一”国际劳动节假期拉动消费，鲜龙眼的价格上涨；6 月，其他时令水果陆续上市，水果市场供应充足，对龙眼的消费替代作用明显，龙眼的鲜食市场需求减弱，鲜龙眼的批发价格开始下跌。7—8 月龙眼平均批发价持续小幅度下跌，9—10 月龙眼晚熟品种的采摘期结束，超晚熟品种的产量不能满足市场的需求，加上中秋和国庆节的假日消费拉动，龙眼批发价再次上涨（图 5）。

2.3.2.2　消费

世界龙眼的产地主要在东南亚国家（泰国和越南）和我国华南地区，鲜龙眼及其产品的消费市场也相对集中在亚洲国家和地区。我国龙眼消费以鲜食为主，约占消费总量的 80%。龙眼加工产品主要以龙眼干、龙眼肉、龙眼罐头、龙眼果酒等为主，还有龙眼果汁、龙眼酱等产品。2016 年，我国鲜龙眼年消费量超过 200 万吨，国内龙眼产量不能完全满足消费，部分消费靠进口补充，2017 年消费量突破 220 万吨，鲜龙眼的消费空间潜力较大。

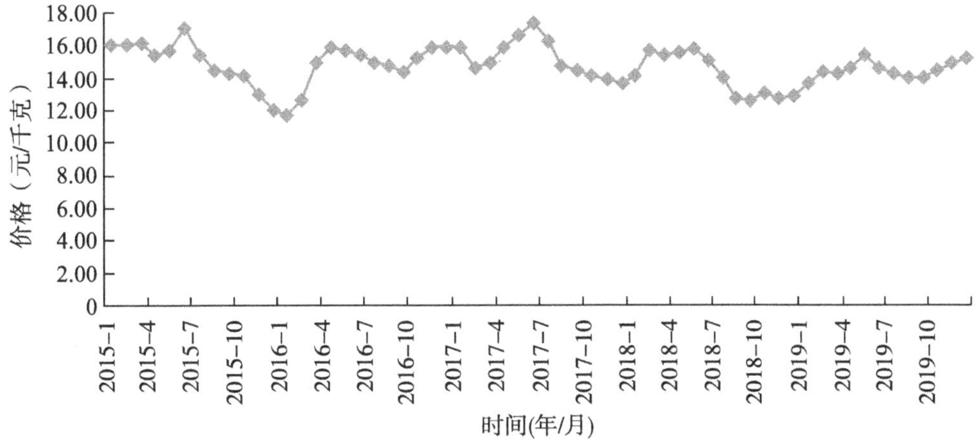

图 5　2015—2019 年全国批发市场的龙眼月度平均价格

（数据来源：中国农业信息网——国农产品批发市场价格信息系统）

龙眼鲜果的大小、果肉厚度、酸甜度、价位等是影响消费者购买的主要因素，广东的鲜龙眼主要销往珠三角地区，以及湖南、重庆、四川等相邻省份，一方面是长途运输成本高，另一方面运输时间长不利于龙眼鲜果的保鲜，影响鲜龙眼口感。龙眼干和桂圆肉则销往上海和浙江等长三角地区，销往北方省区较少。长三角和珠三角等南方省区消费者更偏爱广东和广西龙眼的风味和口感。珠三角地区的果园通过顺丰等快递，将清晨采摘的龙眼鲜果当天运到消费者的手中。而北方省份的消费者更偏爱泰国龙眼的风味和口感，进口的泰国龙眼则在我国的华东市场、华中市场和西南市场等销售。

2.4　成本与收益情况

对于不同产区和不同品种，龙眼果园种植的经济效益相差较大。2018 年，我国龙眼平均单产 470.15 千克/亩，福建龙眼 608.75 千克/亩，广东龙眼 550.90 千克/亩，广西龙眼 338.43 千克/亩，海南龙眼 511.15 千克/亩，管理水平较一般的中等龙眼果园的亩均产值为 3 000~5 000 元/亩，海南龙眼果园每亩可以种植 30~40 株果树，比广东和广西的龙眼果园密度高。龙眼果园的主要成本包括农药、化肥、农家肥、种苗、工人工资（雇工人，负责果园的整修、环割、施底肥、除草、打药、追肥、灌溉、疏花疏果、摘果等）、土地地租、果园水电费、农具等其他支出，中等规模的果园生产成本 1 000~2 000 元/亩，减去成本之后的平均收益 1 500~2 500 元/亩。

3　龙眼产业主产区发展动态

3.1　海南产区龙眼产业发展动态

海南龙眼年产量 5 万吨左右，逐年小幅度波动，2018 年 5.5 万吨，同比小幅度减少 1.79%，占当年全国龙眼总产量的 2.71%，2019 年海南龙眼产量和上年持平。海南龙眼基本保持在 10 万~11 万亩，2018 年海南龙眼收获面积 10.76 万亩，占全国龙眼总面积的 2.49%，2019 年减少到 10.1 万亩。海南的龙眼产值呈稳步增长趋势，2018 年达到 4.33 亿元，占比 4.14%，2019 年突破 5 亿元。主栽品种有石硖和储良。

海南龙眼成熟期为全国最早，每年 3—4 月中上旬成熟，海南省除三沙之外的各市县均种植龙眼。2019 年，乐东县的龙眼产量达 18 624 吨，同比增长 10.65%，保亭黎族苗族自治县龙眼产量达9 563吨，同比增长 1.64%，海南省通过“电商+”“旅游+”等多种模式促进龙眼产业发展。

3.2 广东产区龙眼产业发展动态

3.2.1 广东龙眼种植历史悠久

广东是我国龙眼产量最高的省份，也是近年来龙眼产业发展最快的省区之一，主产区在高州、电白、信宜、化州等地。主栽品种有石硖和储良等。2018 年和 2019 年，广东省龙眼产量均超过 90 万吨，占全国龙眼总产量的 45%以上；2014 年广东龙眼的收获面积突破 190 万亩，此后 4 年逐年小幅度缩减，2018 年减至 167 万亩，同比减幅 10.70%，占全国龙眼总收获面积的 38.65%，2019 年缩减到 140 万亩。广东龙眼产业产值保持在 30 亿~50 亿元的规模，2016 年突破 55 亿元，2018 年达到 59.66 亿元，占全国龙眼产业总产值的 57.06%，2019 年增至 65.21 亿元。

广东省是我国最大的鲜龙眼及龙眼深加工产品销售市场，约 70%的鲜龙眼在省内销售。茂名市是广东省最大的龙眼主产区，主要分布在高州西部地区，化州东部和南部，茂南区的西南部，电白区的东南部。广东湛江和茂名龙眼 6 月中下旬到 7 月初成熟。

20 世纪 80 年代开始，龙眼产业发展迅猛，茂名的高州市是联结大西南地区、珠三角和东盟的枢纽，历来为粤西、广西附近地区的商贸集散地，据《高州县志》记载“高州市为龙眼原产地之一，有 2000 多年的栽培历史”。在汉代，高州沙田的龙眼成为重要的贡品，《汉书和帝记》有“旧南海（沙田）献龙眼”的记述。在清朝，高州就有将桂圆加工成桂圆肉的传统，自古深受人们喜爱，桂圆肉已成为高州当地的地理标志保护产品。

3.2.2 广东省发布的热作产业农业保险政策

2016 年广东省发布了《广东省政策性岭南特色水果种植保险实施方案》，在全省范围开办香蕉、荔枝、龙眼、木瓜种植保险。按照水果品种确定为 900~1 200 元/亩，龙眼的保险额为 900 元/亩，保险费率沿海地区为 10%，内陆地区为 8%，保障范围主要为自然灾害、意外事故等非人为因素引起的损失。保费由省、市、县三级财政给予 80%的补贴。因自然灾害和意外遭遇的果树断茎等损失，损失率在 20%以上，按合同约定由保险公司赔付，损失率 80%以上定全损。在茂名，种植香蕉、荔枝、龙眼、木瓜等水果的农户均为实施品种及参保对象，以一年为一个投保周期，种植面积 10 亩以下的农户通过统保方式参加保险，10 亩以上的大户可单独投保或统保。

3.2.3　广东茂名龙眼主产区生产

2018年，茂名市的水果种植面积350.82万亩，其中，荔枝面积135.78万亩、龙眼面积78.52万亩，均与去年持平。储良龙眼占该市龙眼总种植面积的80%。2018年高州市龙眼面积32.09万亩，总产量16.5万吨。高州市建设了果、菜、养殖为支柱的十大农业商品生产基地，是国家级荔枝、龙眼标准化生产示范和省农产品流通加工试验区。茂名市重点农业龙头企业有125家，其中龙眼产业龙头企业37家。

3.2.4　广东高州龙眼加工

广东高州的龙眼仍然以粗加工为主，例如龙眼干和龙眼肉。如何提高龙眼的精加工水平，是引发高州龙眼人深思的问题。一个精深加工方向是龙眼干粉，在做月饼、糖果、饮料加工过程中都可添加。另一个精加工方向是做龙眼果汁、果酱、果酒。

在加工方法上，高州龙眼加工的手工操作费时长，效率较低，而机械化剥壳去核分离龙眼果肉会导致果汁与果肉营养成分流失，高州的龙眼加工主要依靠当地村里赋闲在家的妇女和留守老人，用手工方式分离果肉和果核，卫生条件不达标，加工程序简单。总之，龙眼加工是劳动密集型产业，人工成本较高，影响了龙眼加工产品的大规模发展。在采后保鲜方面，珠三角地区的消费者偏爱鲜果的新鲜口感，当地果园当日采摘发货。泰国出口龙眼的保鲜方法主要为熏硫处理，基本保持了龙眼的色泽和风味。

3.3　广西产区龙眼产业发展动态

2018年广西龙眼产量67.47万吨，同比增加13.78%，占全国龙眼总产量的33.22%，2019年广西龙眼产量和上年几乎持平；2010年以来广东的龙眼面积居全国第一，但在2018年广西超过广东，收获面积173.7万亩，占全国龙眼收获总面积的40.21%，2019年缩减到124.5万亩；广西龙眼产值排名第二，多年来，保持在年产值20亿~30亿元的水平，2018年广西龙眼产值24.46亿元，占全国总产值的23.40%，2019年增至43.74亿元，同比增长78.82%。

广西玉林和北海的龙眼在7月初成熟，广西钦州约在7月下旬成熟，主栽品种有石硖、储良、广眼和大乌圆等。广西龙眼主要分布于玉林市、钦州市、贵港市和崇左市等29个市县。2017年，广西南宁市的龙眼产量10.59万吨，其中，隆安县当年龙眼产量达6 629吨，马山县龙眼产量1 865吨，上林县626吨。贵港市龙眼当年产量70 978吨，其中，平南县43 865吨，桂平市16 683吨。

2018年，广西贵港市的平南县龙眼产量77 359吨，比2017年增长76.35%。该县拥有全国唯一的石硖龙眼母本园。“平南石硖龙眼”2018年被认定为富硒农产品、广西首批农产品区域公用品牌。平南县建成广西最大的龙眼种植加工基地，全县成立了92个石硖龙眼合作社，覆盖农户10万户，石硖龙眼种植遍布12个乡镇，建有5个石硖龙眼产地专业市场，并筹建了平南县果蔬（龙眼）保鲜研发中心移动实验室。引进阿里巴巴、淘宝网、京东商城等 15 家电商进驻平南。2019 年，平南县被农业农村部认定为石硖龙眼中国特色农产品优势区。该县龙眼产业走“电商扶贫”的模式，打造“富硒石硖龙眼”特色品牌和石硖龙眼特色产业带。

3.4 福建产区龙眼产业发展动态

福建省是我国龙眼干加工生产主要省份，龙眼主栽品种有福眼和乌龙岭等，以加工品种为主。福建龙眼年产量基本在 30 万吨左右波动，2018 年产量为 25.61 万吨，同比减少 20.27%，占全国龙眼总产量的 12.61%；龙眼收获面积保持在 75 万亩左右，2017 年福建龙眼的收获面积增加到 91.93 万亩，而 2018 年缩减到 42.07 万亩，同比缩减 43.05%，2019 年减少到 39.5 万亩。福建龙眼多在 7 月下旬成熟，该省龙眼产值在 5 亿~11 亿元波动，2016 年突破 11 亿元大关，同比大幅增长了 74.09%，2018 年该省龙眼产值为 10.24 亿元，同比减少 20.31%，占全国龙眼生产总值的 9.79%，2019 年增至 22.29 亿元，同比大幅增长 117.68%。

3.5 四川产区龙眼产业发展动态

四川龙眼为全国最晚熟，约在 8 月底成熟，以鲜食为主，加工量约占总产量的 10%，以焙干为主。四川省的龙眼种植规模逐年扩大，从 2014 年的 18.9 万亩增至 2018 年的 34.77 万亩，占全国龙眼种植面积的 8.05%，2019 年减少到 22 万亩；四川省的龙眼产值从 2011 年的 0.65 亿元猛增至 4.38 亿元，此后一直稳定在 4 亿~6 亿元的水平，2018 年该省龙眼产值为 4.17 亿元，占全国龙眼产值的 3.99%。四川龙眼主产区在泸州、攀枝花和乐山等地，其中泸州地区栽培面积最大，占全省龙眼种植总面积的 90%以上。泸州龙眼晚熟，色泽晶莹，果汁香甜，富含糖分和维生素。泸州龙眼栽培历史悠久，江阳区和丰场现存有树龄 500 年以上的“龙眼王”，在江阳区张坝龙眼林有百年以上龙眼树 1.50 万余株。

4 中国龙眼产业生产及销售的预测

4.1 龙眼的种植规模趋于稳定，产量将稳中有增

中国广东和广西这两大龙眼主产区的种植规模稳定，近年来，这两大产区的龙眼年产量呈逐年增加的趋势，在龙眼产期调节技术大面积推广应用的情况下，主产区的龙眼果园将越来越重视疏花疏果及水肥一体化管理，重视预防自然灾害和病虫害的侵袭，我国龙眼的总产量将在保持稳产的基础上有所增产。

4.2 鲜龙眼贸易持续进口大于出口，龙眼产品出口潜力大

“零关税”政策的实施给国内龙眼产品带来竞争压力，“南向通道”的开通更是丰富了消费者的市场选择，缩短了从泰国和越南进口龙眼的运输期。泰国龙眼在果肉厚、价格低、上市早等方面具有优势，国际贸易竞争力较强。中国鲜龙眼和龙眼干肉进口大于出口，将保持贸易逆差，

龙眼罐头贸易为净出口状况，但占比低，出口量依然很少。随着我国龙眼产量和品质的提升，精深加工产品的不断研发，龙眼干和龙眼罐头的出口具有很大潜力，可依托优质特色龙眼品牌化建设，扩大龙眼产品的出口规模。

4.3 国内龙眼产量供不应求，龙眼消费将持续增长

世界龙眼生产和消费区域高度集中于亚洲国家和地区。多年来我国鲜龙眼的产量满足不了鲜食和加工市场的需求，要依靠进口补充。随着龙眼在保健品和药用上的价值开发，龙眼产品种类的增加，深加工技术的不断提升，我国对龙眼的市场需求将持续增长，鲜龙眼的消费量也将持续增加。

5 中国龙眼产业发展问题及制约因素

5.1 生产中存在的主要问题

5.1.1 龙眼品种单一，产期集中

我国的龙眼产业整体上依然存在产业大而不强、产品多而不优、品牌杂而不亮等问题。我国龙眼主栽品种以“储良”和“石硖”为主，产期较集中在5—8月，在发展了特早熟和超晚熟龙眼品种优势区之后，全年龙眼上市期从3月延长到9月，但与泰国龙眼的基本全年上市相比，我国龙眼的货架期不够长且集中，品种较为单一，影响了果农的经济收益。

5.1.2 龙眼产品采后保鲜和加工水平较低

龙眼加工业仍沿用传统加工工艺，关键环节的加工机械和加工技术较落后，龙眼鲜果采后的损耗严重，采后易失水、褐变及腐烂，加上流通环节的冷链物流等保鲜设施跟不上，制约了龙眼加工企业的发展。而来自泰国、越南生产的龙眼在品种、价格、上市时间等方面具有明显优势，表现出较强的出口竞争力，对中国国内市场造成冲击，挤占了国产龙眼的市场份额。

5.1.3 龙眼产业的组织化程度偏低

龙眼产业仍存在较普遍的分散经营现象，组织化程度偏低，果农对新型经营主体的认同感低，不易示范推广新品种和新技术，为果农提供信息传递、技术推广、储藏销售等社会化服务体系不完善，政策和信息不对称、销售渠道单一，不利于龙眼产业的整体发展。

5.1.4 龙眼品牌化建设水平有待提升

我国龙眼加工历史悠久，龙眼产品种类丰富，但品牌杂，缺乏特色和优势龙眼品牌，“高州桂圆”“泸州桂圆”等地理标志产品覆盖范围还比较小，品牌影响力和知名度也不够，龙眼的品牌建设水平亟待提高。

5.2 产业发展的主要制约因素

5.2.1 自然灾害影响

广东、广西、福建和海南的龙眼主产区易受到热带风暴、低温霜冻和寒潮等自然灾害的影响，龙眼产量受天气影响较大。龙眼开花期遭遇台风，则影响正常授粉，结出来的果子少，导致减产。管理粗放致果树花期易遭到害虫破坏花蕊，结出来的果实大小不一，也会影响龙眼当年产量和价格。因此，台风、冻害、病虫害侵袭为龙眼挂果带来的风险非常大。

5.2.2 中青年劳动力不足

龙眼的初级加工和果园栽培管理都是劳动密集型产业，人工成本较高，如广东高州，当地的龙眼加工主要依靠当地村里赋闲在家的妇女和留守老人，用手工方式分离果肉和果核，效率低且卫生不易达标。四川省是劳务输出大省，大部分中青年壮劳力外出打工，泸县龙眼种植多为分户种植，劳动力老龄化现象严重，难以进行规模化生产。

5.2.3 农业保险等政策尚未全面覆盖

广东对龙眼等岭南特色水果遭遇自然灾害、意外事故等非人为因素引起的果树断茎等损失，损失率在20%以上，按合同约定由保险公司赔付，损失率80%以上定全损。福建对省建档立卡的贫困户所从事的农业产业项目都纳入产业扶贫保险政策保障范围，每亩龙眼参考保额1 000元，参保费率5%。但其他主产区对龙眼的农业保险体制还不完善，部分金融企业存在贷款年限不够、门槛过高和利率高、流程复杂等。因此，龙眼的种植户、合作社、企业面临着自然灾害和其他意外带来的经营风险。龙眼干和桂圆肉等产品的同质化现象严重，产品种类少、结构单一，不利于龙眼产品“走出去”开拓国外市场。

6 中国龙眼产业发展建议

6.1 加快龙眼品种更新和优化龙眼品种的区域布局

充分利用我国龙眼产区气候跨度大和龙眼品种多的优势，对我国各主产区龙眼品种进行更新，合理搭配特早熟、早熟、中熟、晚熟和超晚熟龙眼品种的比例，加大对晚熟和超晚熟品种的发展力度，适当发展部分早熟和特早熟品种，进行龙眼品种结构调整，延长龙眼上市期。选育特早熟、特晚熟、优质、不易裂、耐贮运的龙眼新品种，利用高接换种技术对低产、低质、低效的龙眼果园进行品种更新。建议在全国龙眼主产区，通过品种、纬度、海拔和小气候等因素调整产期，实现龙眼产期的衔接和互补，通过龙眼的产期调节技术实现龙眼鲜果的周年生产。

6.2 引导加工企业逐步延伸龙眼产业链，提高深加工水平

加大研发龙眼冻干、龙眼果酒、果汁、果脯、果干类、龙眼休闲膨化食品、营养保健品和药品等多种类的深加工产品，加大龙眼作为中间材料在食品、饮料等大众消费品的开发利用。同时

加大龙眼鲜果的产地预冷设施和冷链运输装备建设投入力度，以满足国内外水果市场需求。鼓励龙眼生产、加工主体利用各大知名电商平台来拓展营销渠道，减少中间环节，降低销售成本和损耗，从而增加收益。

6.3 加大龙眼全产业链的科技投入

大力推广和应用龙眼的丰产、稳产技术和高效栽培示范，做好龙眼果园的水肥管理，普发性和偶发、突发性病虫害的防控研究，创新小规模种植户共享农业机具的使用模式。应推广龙眼的产期调节技术，解决龙眼生产的大小年问题。加强龙眼果实采后果皮褐变和果肉自溶的分子调控机制、采后病理生理等研究，加大龙眼的贮藏保鲜、深加工工艺的科研投入和技术推广，提高龙眼鲜果的保鲜、仓储和物流的基础设施技术水平。

6.4 培育新型营销主体，拓宽线上销售

培育新型营销主体，积极与省内外产销企业合作，拓宽销售渠道。通过各大知名电商平台，利用微信社区群，QQ 群、苏宁、京东、天猫等公众平台，通过线上将龙眼鲜果和龙眼干等产品销往全国各地，缩短果园到消费者的物流时间，降低运输保鲜损耗和销售成本。加强“农超对接”“农校对接”“农企对接”，发展订单式农业，拓宽销售渠道。

6.5 加快龙眼果园的标准化种植，推动龙眼品牌建设

加大对龙眼生产的标准化体系建设，建设标准化的龙眼果园、龙眼加工基地和示范区，推广龙眼优良品种苗木、田间管理、保鲜运输等技术体系，利用产区优势和市场基础，形成龙眼质量控制系统，提供安全、优质、可追溯的龙眼产品。提高龙眼加工企业的品牌战略意识，打造龙眼优势特色产品，大力开拓国内外市场，提高我国龙眼产品的竞争力。

6.6 改善龙眼果园的基础设施，增强果园抵御自然风险能力

中国在龙眼产业的投入相对较少，特别是龙眼果园的水渠和管道等专业机械水平和基础设施等亟待提升。建议政府支持龙眼果园的标准化建设，大力开展果园基础设施建设。推广果园水肥一体化滴灌、管道喷药等生产自动化设备，提高效率，降低人工成本。

6.7 加强基层农技人才队伍建设

加强农技服务推广人才队伍建设。加强与农业高校、科研院所、基层农技推广站的合作，通过联合培养、技术推广、技术培训和讲座等方式提高龙眼种植户、农场主、合作社社员、基层农技推广人员的整体水平。邀请各大农业院校、农科院等高校和科研单位的教授专家们来为农户面授，到果园田间地头现场示范和培训实用技术。

6.8 提高龙眼产业的组织化程度，促进主产区的乡村振兴

在主产区推行“龙眼专业合作社+公司+农户”的发展模式，提高龙眼主产区的组织化程度。引导果农通过租赁、承包、股份合作等形式进行低产果园改造，鼓励多种经济成分共同参与发展龙眼产业，大力培育龙眼专业合作社、家庭农场、龙头企业为代表的新型农业经营主体，通过保底分红和股份合作等多种形式与果农联合，引导龙眼果园的标准化种植和管理，多渠道营销，以提高龙眼产业的规模化、集约化和组织化水平，提高龙眼农业社会化服务的整体水平，如提供机械化作业服务、专业技术服务、雇工服务等，提供统一的配送农药和化肥服务，提供统一的农药喷洒和土壤改良服务等。加快产业融合发展，深入挖掘龙眼文化内涵，鼓励靠近都市圈的龙眼果园从单纯的种植园向龙眼生态、采摘、休闲庄园转型，促进当地乡村振兴。

参考文献

郑少泉，曾黎辉，张积森，2019. 新中国果树科学研究 70 年——龙眼［J］. 果树学报，36（10）：1 414-1 420.

槟榔产业发展情况研究报告

槟榔（*Areca catechu* L.）属棕榈科，常绿乔木，是一种重要的药用植物，原生长于马来西亚，现主要分布在亚洲的中国，南亚的印度、孟加拉国，东南亚的印度尼西亚、缅甸、泰国、越南。中国槟榔主要分布在海南和台湾，广西等地区有少量种植。槟榔果属药食同源，既是一种口嗜品，也是一种重要的南药，居四大南药之首。2018 年，中国海南槟榔种植面积 11 万公顷，收获面积 7.86 万公顷，年产量 27.22 万吨，相关从业人员达 230 万。近年来，包装槟榔市场规模年均增长率约为 30%，消费区域从湖南、海南拓展到全国。国内槟榔原材料市场总体处于供不应求的状态，一些深加工企业已经开始布局海外原材料市场。

1　世界槟榔产业发展基本情况

1.1　世界发展情况

1.1.1　生产情况

1.1.1.1　2008—2018 年世界槟榔收获面积及产量保持稳定增长

2008—2018 年，世界槟榔收获面积基本稳定在 100 万公顷，呈缓慢增长趋势。主要分为 4 个阶段：2008—2011 年，为缓慢上涨阶段，由 83.99 万公顷增长到 87.9 万公顷；2011—2012 年，为快速增长阶段，由 87.9 万公顷增长到 98.53 万公顷；2012—2015 年为产业平稳发展阶段，基本保持在 98 万公顷上下；2017—2018 年迎来了新的增长期，由 97.09 万公顷增长到 108.99 万公顷（图 1）。

2008—2018 年，世界槟榔产量呈上涨趋势。主要分为 3 个阶段：2008—2011 年，为平稳期，保持在 109 万吨上下；2012—2016 年，为快速增长期，从 109.61 万吨增长到 139.73 万吨；2017—2018 年，恢复至平稳期，保持在 142 万吨上下（图 2）。

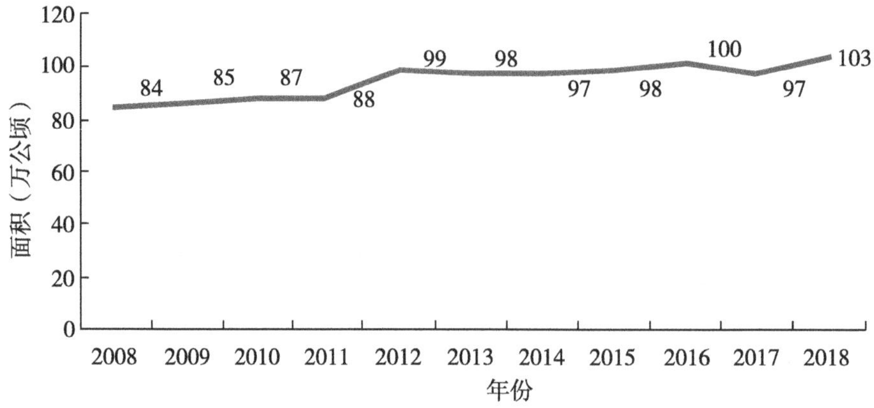

图 1　2008—2018 年世界槟榔收获面积变化趋势

（数据来源：联合国粮食及农业组织）

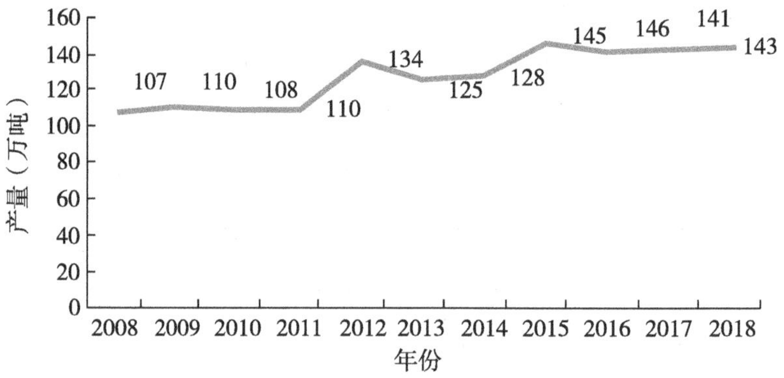

图 2　2008—2018 年世界槟榔产量变化趋势

（数据来源：联合国粮食及农业组织）

1.1.1.2　2018 年世界槟榔种植区相对集中

2018 年，世界槟榔收获面积为 102.99 万公顷，同比上涨 6.06%；产量 142.86 万吨，同比增长 0.97%；单产 1.38 吨/公顷，同比减少 6.98%。世界槟榔主要分布在亚洲，其中东亚槟榔收获面积为 8.3 万公顷，同比减少 0.72%，产量 20.58 万吨，同比增长 0.74%；南亚槟榔收获面积为 75.42 万公顷，同比增长 6.41%，产量 102.4 万吨，同比增长 1.73%；东南亚槟榔收获面积为 23.41 万公顷，同比增长 6.25%，产量 30.15 万吨，同比减少 1.4%（图 3、图 4）。

由图 3 和图 4 可见，世界槟榔主产地在南亚、东南亚以及东亚。南亚槟榔收获面积占世界总种植面积的 70.4%，产量占世界总产量的 67%；东南亚槟榔收获面积占世界总收获面积的 21.85%，占世界总产量的 20%；东亚槟榔收获面积占世界总收获面积的 7.75%，占世界总产量的 13%。由于气候、种植科技等因素影响，各大槟榔主产区的槟榔单产有差异。南亚单产最高，其次是东南亚，最低是东亚。南亚单产为 1. 35 吨/公顷，东南亚为 1. 29 吨/公顷，东亚为 1. 24 吨/公顷。

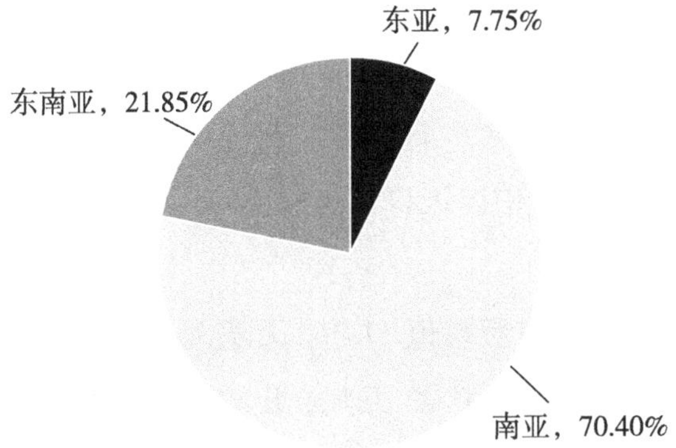

图 3　2018 年世界槟榔收获面积结构

（数据来源：联合国粮食及农业组织）

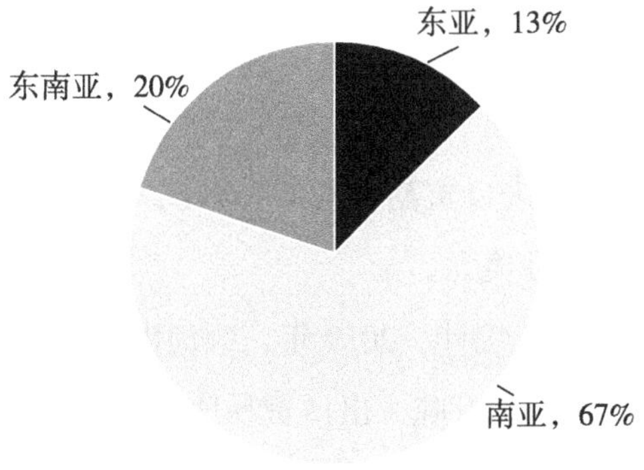

图 4　2018 年世界槟榔产量结构

（数据来源：联合国粮食及农业组织）

1. 1. 1. 3　2018 年槟榔主产国情况

南亚槟榔产业主要分布在印度、孟加拉国、斯里兰卡。印度收获面积 49. 5 万公顷，产量为 80. 9 万吨；孟加拉国收获面积 22. 84 万公顷，产量为 13. 7 万吨；斯里兰卡收获面积 17. 88 万公顷，产量为 5. 47 万吨。东南亚槟榔主要分布在印度尼西亚、缅甸、泰国。其中印度尼西亚收获面积为 15. 46 万公顷，产量为 12. 87 万吨；缅甸收获面积为 5. 56 万公顷，产量为 13. 21 吨；泰国收获面积为 2. 39 万公顷，产量为 4. 04 万吨。可见，印度和孟加拉国两大主产国收获面积占世界总收获面积的 67. 52%，占世界槟榔总产量的 66. 22%。东亚槟榔主要分布在中国，中国槟榔收获面积 8. 3 万公顷，产量为 20. 58 万吨。

1. 1. 2　贸易及加工情况

槟榔鲜果在常温下的保质期仅为 1 个月，若遇高温天气则更短，而且因为水分含量高，若低温保存容易形成小冰晶，影响槟榔口感。因此槟榔鲜果进出口贸易较少，贸易形式以初加工的干果为主。槟榔进口贸易集中在印度，出口贸易集中在印度尼西亚。

据 UN 统计，2018 年，世界槟榔出口贸易量 37. 71 万吨，出口值 5. 44 亿美元。出口贸易值最大的国家为印度尼西亚，其出口贸易量 25. 83 万吨，占世界槟榔总贸易量的 68. 5%，出口贸易值 3. 11 亿美元，占世界槟榔总贸易值的 57. 17%；斯里兰卡出口贸易量 4. 77 万吨，出口贸易值 0. 69 亿美元；缅甸出口贸易量 4. 3 万吨，出口贸易值 1. 2 亿美元；新加坡出口贸易量 0. 82 万吨，出口贸易值 0. 12 亿美元；阿联酋出口贸易量 0. 76 万吨，出口贸易值 0. 41 亿美元；越南出口贸易量 0. 7 万吨，出口贸易值 0. 1 亿美元；马来西亚出口贸易量 0. 28 万吨，出口贸易值 0. 04 亿美元；印度出口贸易量 0. 22 万吨，出口贸易值 0. 09 亿美元。

2018 年，世界槟榔进口贸易量 4. 16 万吨，进口贸易值 9 778 万美元。进口贸易值最大的国家为印度，进口贸易量1.66万吨，占世界槟榔总贸易量的40%，进口贸易值5 700万美元，占世界槟榔总贸易值的58.29%；其次为阿联酋，进口贸易量0.82万吨，进口贸易值903万美元；新加坡进口贸易量0.78万吨，进口贸易值1 152万美元；马来西亚进口贸易量0.26万吨，进口贸易值242万美元；缅甸进口贸易量0.14万吨，进口贸易值145万美元；泰国进口贸易量0.12万吨，进口贸易值128万美元；马尔代夫进口贸易量0.1万吨，进口贸易值407万美元；美国进口贸易量0.07万吨，进口贸易值545万美元。中国进口贸易量0.05万吨，进口贸易值75万美元。

据UN统计，2019年，缅甸出口贸易量4.73万吨，出口贸易值11 362万美元；新加坡出口贸易量1.64万吨，出口贸易值2 324万美元；印度出口贸易量0.23万吨，出口贸易值900万美元；马来西亚出口贸易量0.2万吨，出口贸易值250万美元；美国出口贸易量0.01万吨，出口贸易值51万美元。

2019年，新加坡进口贸易量1.63万吨，进口贸易值2 309万美元；印度进口贸易量1.36万吨，进口贸易值3 842万美元；马来西亚进口贸易量0.22万吨，进口贸易值159万美元；美国进口贸易量0.05万吨，进口贸易值441万美元；巴基斯坦进口贸易量0.05万吨，进口贸易值85万美元。

1.2 重点国家发展情况

1.2.1 印度槟榔产业发展情况

1.2.1.1 产业发展资源情况

印度国土面积仅298万平方千米，但其耕地面积高达1.6亿公顷，占全世界的10%，是亚洲耕地面积最大的国家。恒河平原辽阔且肥沃的土地为印度农业发展奠定了基础。印度属热带季风气候，雨季在6—10月，喜马拉雅山脉阻隔了北部的寒流和冷高压南下，全境炎热适宜热作产业发展。印度是农业大国，其农业约占全国GDP的16%，是印度的经济支柱。印度的槟榔、牛奶、椰子、生姜等世界排名第一，大麦世界排名第二。印度农业经济存在的短板主要有：基础设施落后、农产品加工滞后和区域发展不平衡等。

1.2.1.2 槟榔产业生产情况

印度槟榔收获面积占世界的45.42%，产量占世界的56.63%，均为世界第一。2008—2018年，槟榔收获面积呈平稳增长趋势，从38.66万公顷增长到49.5万公顷，增长1.28倍，年平均增长2.5%。期间，2011—2012年，为急剧增长期；2012—2013年，为大幅减少期；2013—2018年，为平稳增长期（图5）。2008—2018年，产量整体呈平稳增长期，从47.6万吨增长到80.9万吨，年均增长5.44%。2008—2011年，整体处于平稳期，由47.60万吨增长到47.80万吨；2011—2014年，属于波动式增长期，有急剧下降及急剧上升年份，由108万吨增长到125万吨；2015—2018年，属于平稳增长期，由128万吨增长到143万吨（图6）。

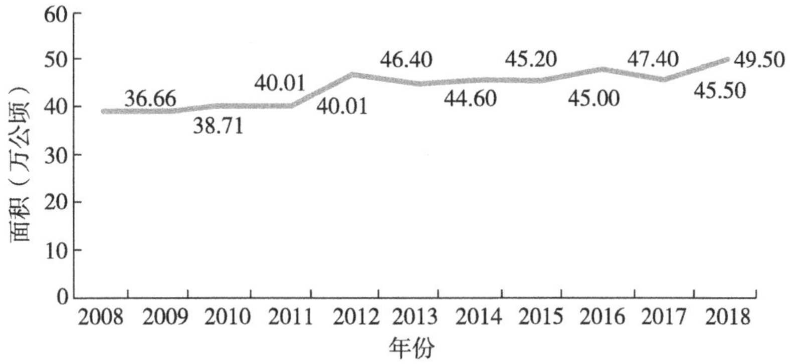

图 5　2008—2018 年印度槟榔收获面积变化趋势

（数据来源：联合国粮食及农业组织）

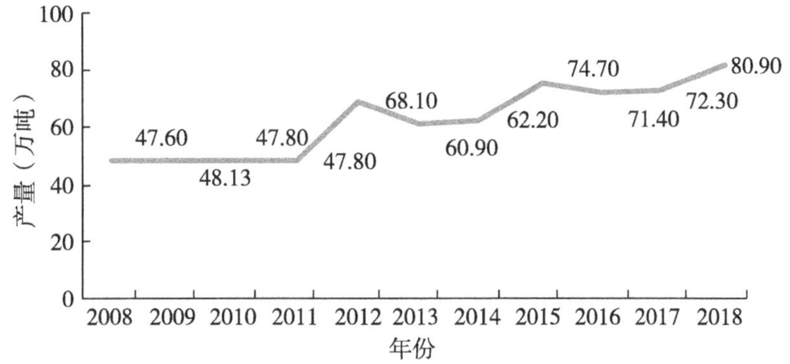

图 6　2008—2018 年印度槟榔产量变化趋势

（数据来源：联合国粮食及农业组织）

印度槟榔食用方式分为鲜食和加工食用两种。鲜食主要是将槟榔鲜果分块后，涂上白灰包上蒌叶，佐以槟榔核、烟叶、蒌叶粉等混合嚼食。加工后食用主要是把槟榔核切成片、丝或者磨成粉末状，加工成各种小吃和调料。

1. 2. 1. 3　印度槟榔产业贸易情况

印度是一个人口大国，也是一个农业大国，政府为了保障国内供给，采取限制农产品出口政策，对农产品出口采取最低价格限制。2018 年，印度槟榔出口量 0. 22 万吨，进口量 1. 66 万吨，槟榔进出口贸易呈逆差。

据 UN 统计，2013—2018 年，印度槟榔进口呈先增长后下跌趋势（图 7）。2013—2015 年，印度槟榔出口量呈快速增长趋势，由 6 696 吨增长到 55 791 吨，增长 5. 7 倍。2015—2017 年，印度槟榔出口量呈快速减少趋势，由 55 791 吨减少到 13 522 吨；2017—2018 年，印度槟榔出口量呈平稳增长趋势，由 13 522 吨上升到 16 648 吨（图 8）。

印度槟榔主要进口对象国多达 52 个国家，最主要的进口国是斯里兰卡，其次是印度尼西亚

图 7　2013—2018 年印度槟榔进口变化趋势

（数据来源：联合国统计数据）

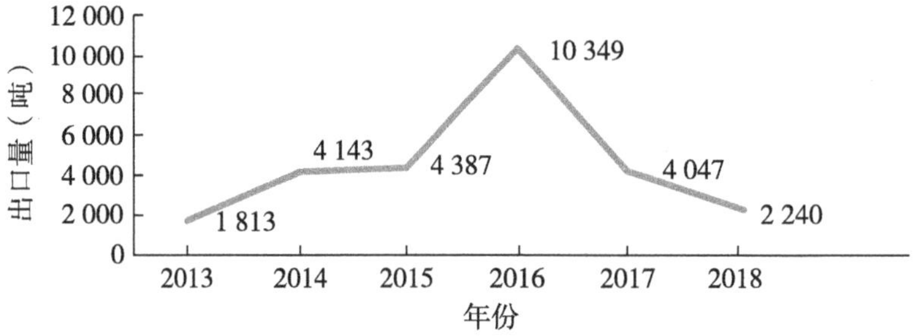

图 8　2013—2018 年印度槟榔出口变化趋势

（数据来源：联合国统计数据）

（表 1）。印度槟榔出口较少，主要的出口国有马尔代夫、阿联酋、尼泊尔、美国、斯里兰卡（表 2）。

表 1　2018 年印度槟榔进口量排名前 5 的国家　（单位：kg）

进口国	进口量
斯里兰卡	10 784 020
印度尼西亚	5 828 000
越南	32 000
阿富汗	3 360
澳大利亚	400

数据来源：联合国统计数据。

表 2　2018 年印度槟榔出口量排名前 5 的国家　（单位：kg）

出口国	出口量
马尔代夫	923 936
阿联酋	347 819
尼泊尔	273 265
美国	230 113
斯里兰卡	122 096

数据来源：联合国统计数据。

1.2.2 印度尼西亚槟榔产业发展情况

1.2.2.1 产业发展资源情况

印度尼西亚国土面积190.4万平方千米，耕地面积约8 000万公顷，世界人口第四大国，农村人口约1.75亿人，农业人口4 200万人。属于典型的热带雨林气候，具有气温高降雨多的特点。印度尼西亚是世界第三大农业国，是世界第二大热带作物生产国，是东南亚最大的豆类生产国，其天然橡胶、椰子收获面积居世界第二位，槟榔收获面积居世界第三位，棕榈油、咖啡、香料等也居世界前列，该国还生产香蕉、杧果等种类繁多的热带水果，有水果王国的美誉。印度尼西亚种植业占农业的90%，粮食作物又占种植业总产值的46%；牧业资源丰富，适宜放牧的面积广阔，但其畜牧业并不发达，仅占该国农业的10%；总体而言，印度尼西亚农业以小农经济为主，农业经济存在的主要短板：农业基础设施薄弱，农业机械化程度低，农业科技支撑弱。

1.2.2.2 槟榔产业生产情况

印度尼西亚是槟榔生产大国，收获面积世界排名第三，产量世界排名第四。印度尼西亚属于热带地区，温度和光照都适宜槟榔生长，槟榔单产较高。2008—2018年，印度尼西亚槟榔收获面积基本保持平稳，维持在15万公顷左右（图9）。产量总体呈下降趋势，从16.85万吨下降到12.87万吨（图10），年平均递减2.72%，其中2012—2013年经历了一个急剧下滑阶段，其他各年份基本保持稳定。印度尼西亚槟榔种植大省主要有亚齐、东努沙登加拉、廖内、占碑和西苏门答腊省。印度尼西亚槟榔种植模式较粗放，较多采用间种或套种，集中连片种植的很少，主要种植在路边和门前屋后，所以平均每亩种植30株槟榔（中国平均每亩种植约110株）。当地习惯等槟榔果成熟后才采收。主要品种有Betara、Bengkulu-1、Sumbar 3个品种。印度尼西亚气候条件非常适宜槟榔生长，花穗数量较多，全年可挂果，同一株树可能同时有成熟果、半成熟果、花，一年四季均可采摘。

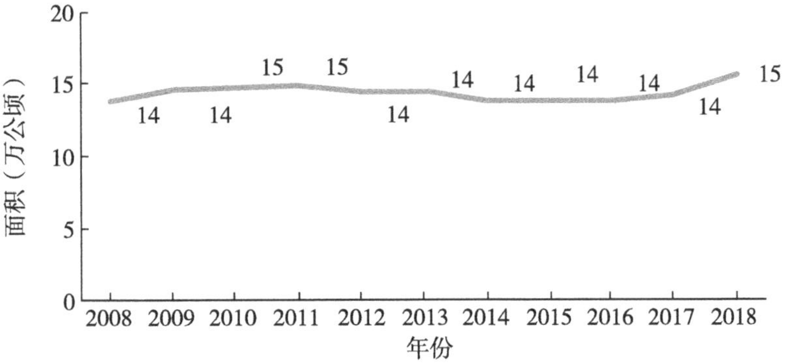

图9 2008—2018年印度尼西亚槟榔收获面积变化趋势

（数据来源：联合国粮食及农业组织）

1.2.2.3 槟榔产业贸易情况

印度尼西亚槟榔果，少量用于本国鲜食，主要用于出口，是最大的槟榔出口国。2012—2018

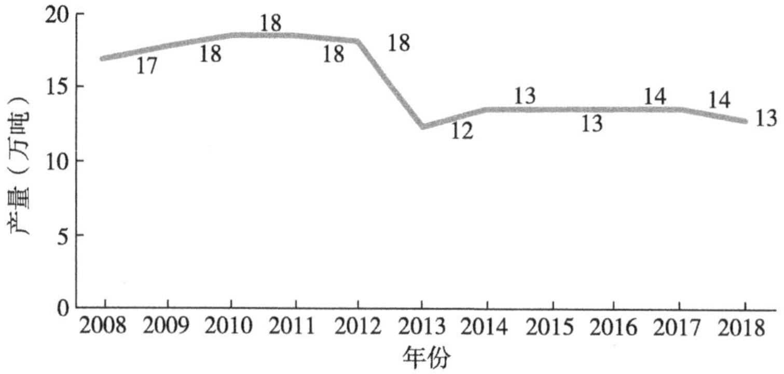

图 10　2008—2018 年印度尼西亚槟榔产量变化趋势

（数据来源：联合国粮食及农业组织）

年，印度尼西亚槟榔出口量呈逐年上涨，从 17.34 万吨增长到 25.83 万吨，年平均增长率为 6.87%。出口对象国23个，出口量排名前五的有泰国、伊朗、印度、阿联酋、越南，均超过1万吨，最大出口国泰国达 10 万吨。进口量不足 100 吨，进口国为中国、马来西亚、斯里兰卡（表3、图11、图12）。

表 3　2018 年印度尼西亚槟榔出口量排名前 5 的国家

出口国	出口量（万吨）
泰国	10.00
伊朗	7.87
印度	2.01
阿联酋	1.38
越南	1.04

数据来源：联合国统计数据。

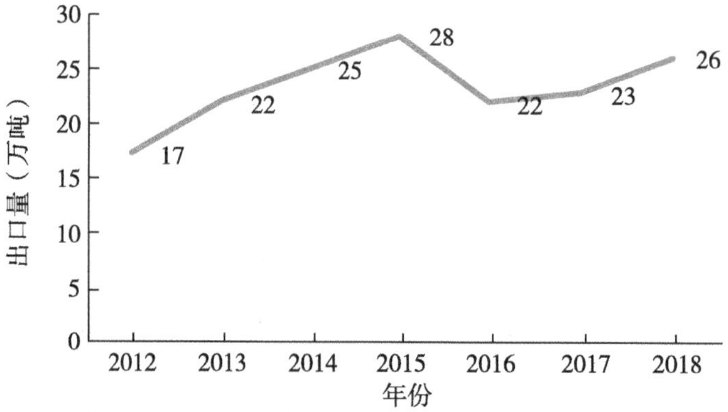

图 11　2008—2018 年印度尼西亚槟榔出口量变化趋势

（数据来源：联合国统计数据）

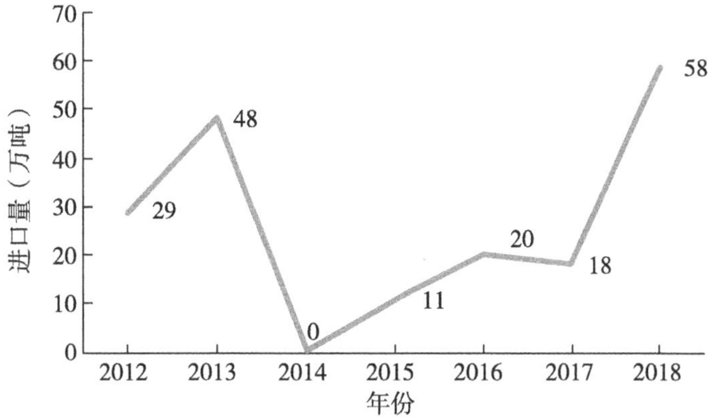

图 12　2008—2018 年印度尼西亚槟榔进口量变化趋势

（数据来源：联合国统计数据）

2　中国槟榔产业发展基本情况

2.1　生产情况

2.1.1　全国生产特征变化

中国是世界槟榔主产国之一，种植面积居世界排名第 4 名，产量世界排名第 2 名，种植面积占世界 3.87%，产量占世界 8.05%（图 13）。我国槟榔的主产区在海南。2019 年，中国槟榔（未统计中国台湾地区）收获面积 11.52 万公顷，占全国热带、南亚热带作物种植面积的 2.54%，同比增长 4.77%；槟榔总产量 28.7 万吨，占全国热带、南亚热带作物种植总产量的 0.89%，同比增长 5.43%。单产 230 千克/亩。目前，中国槟榔种植仍采用传统种植方式，机械化程度低，且经营主体以小农户为主。

2008—2018 年，我国槟榔产量、种植面积呈逐渐增长趋势，槟榔产量年平均增长率为 8.85%，种植面积年平均增长率为 5.76%。2008—2013 年，是槟榔产量的快速增长期，年平均增长率为 13.89%。2014—2018 年，是槟榔产量的平稳发展期，年平均增长率为 4.18%。

2.1.2　主要槟榔区域生产特征变化

中国槟榔主产区在海南，万宁市、琼海市、屯昌县、定安县、三亚市是排名前五的种植市县。从图 14 和图 15 可以看出，2018 年万宁槟榔种植面积和产量均排第一，万宁有“中国槟榔之乡”“海南槟榔半万宁”的美誉，总产量占全国总产量 15.72%。近年来，三亚市槟榔种植面积基本保持稳定，其他市县面积均呈增加趋势。

2.2　产品加工情况

中国槟榔果消费中鲜食消费约占 1%，初加工干果消费约占 4%（主要用于药材），深加工成

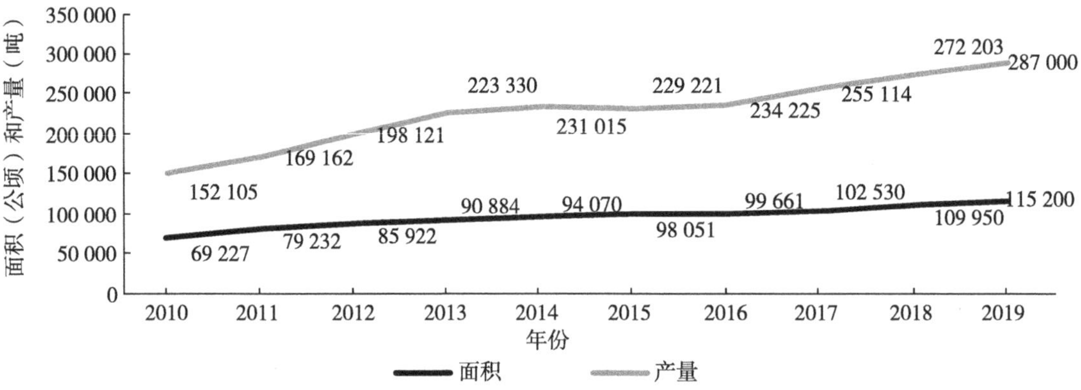

图 13　中国 2010—2019 年槟榔种植面积及总产量

（数据来源：《全国热带、南亚热带作物生产情况（2010—2019 年）》）

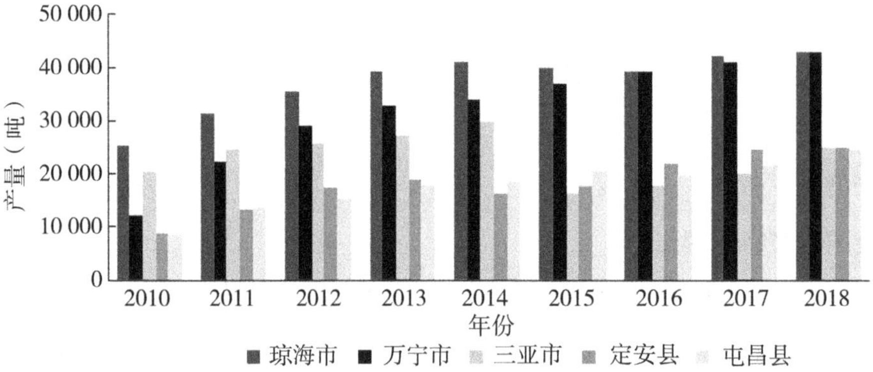

图 14　中国 2010—2018 年槟榔主产区产量

（数据来源：2018 年海南省统计年鉴）

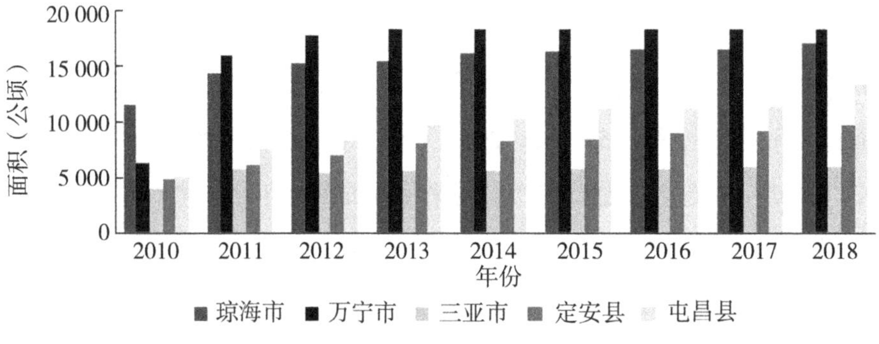

图 15　中国 2010—2018 年槟榔主产区面积

（数据来源：2018 年海南省统计年鉴）

咀嚼食品消费约占 95%。海南主要从事槟榔初加工，湖南湘潭、益阳主要从事深加工，近年湖南深加工企业开始在海南设立深加工厂房。

世界槟榔加工方式主要有中国加工模式和印巴地区加工模式两种。印巴地区主要选用成熟或半成熟的槟榔果，剥取槟榔核，把核磨成粉或者是切成丝。中国槟榔初加工主要是通过烘烤，把槟榔加工成白色或黑色的干果，一般称为黑果和白果。黑果加工方式主要是通过烟熏，要历经蒸煮、烘干、再烘干等流程，槟榔果加工后外表呈黑色被称之为黑果，俗称烟熏果。中国传统的槟榔初加工采取柴火熏烤，因为传统工艺加工成的黑果表面烟垢苯比芘含量超标，不符合食品安全，所以传统加工方式已经被淘汰。烟熏黑果具有独特的风味，为了保持独特风味，又保障健康，现在已经改良了烟熏工艺。白果加工方式主要是采取锅炉蒸汽烘干。因未经烟熏颜色呈白色，被称为白果。干果再经深加工制成包装槟榔销往市场。中国槟榔深加工主要是通过点卤、发酵、切片、软化纤维、增香等流程，把干果加工成咀嚼食品。中国槟榔经营企业约 9 284 家，其中湖南 4 058 家、海南 3 782 家、福建 484 家、广东 246 家。湖南企业以槟榔深加工为主，海南企业以槟榔初加工为主，也有部分湖南深加工企业为了争夺优质鲜果，在海南进行初加工。此外，也有企业从事槟榔有效成分提取，槟榔粗纤维软化，槟榔茶等产品研发，但是总体占比较小。

2.3 市场情况

2.3.1 国际市场情况

2.3.1.1 中国槟榔进口量较小

中国槟榔进口量较小，主要是进口干果。根据中国海关和 UN 数据显示，2018 年，中国槟榔进口量为 460 吨，进口值 74.77 万美元，约为中国槟榔总产量的万分之三。2012—2018 年，中国槟榔进口贸易由 1 086 吨（价值 173.65 万美元）降至 460 吨（价值 74.77 万美元），主要进口国是印度尼西亚以及东南亚国家（图 16）。但据调研，我国通过边贸从越南、缅甸等东南亚国家进口的槟榔干果数量约占我国槟榔干果消费量总额的 8.3%，规模约为从印度尼西亚进口量的 5 倍，高于官方统计数据。

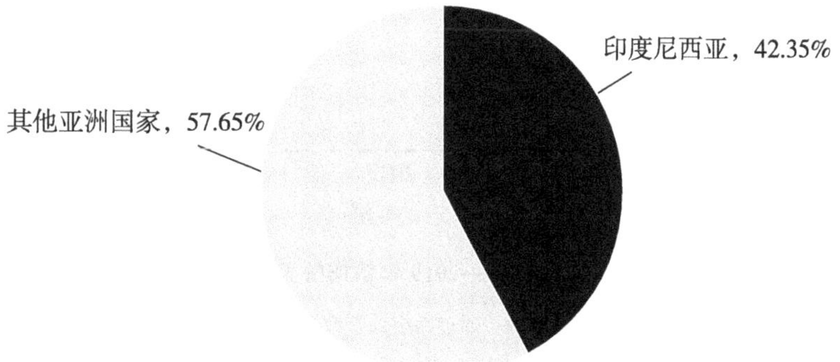

图 16 2018 年中国槟榔进口国家占比

（数据来源：联合国统计数据）

2.3.1.2　中国槟榔出口贸易增幅较小

中国槟榔出口量极少，以干果为主。根据UN统计数据显示，2012—2018年，中国（未统计香港、台湾、澳门）出口量由7.9吨（价值4.53万美元）增至22.12吨（价值10.09万美元），主要出口对象国为美国、泰国、新加坡、日本和马来西亚（图17）。中国香港主要从事槟榔转口贸易，主要出口对象国是日本、马来西亚。2018年，中国香港出口量105.45吨。

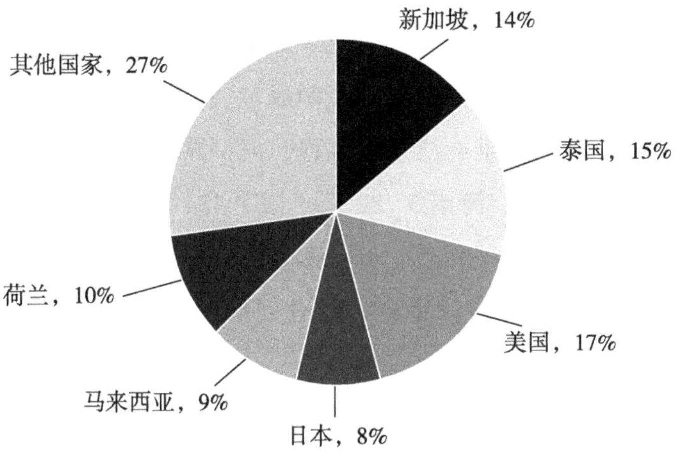

图17　2018年中国槟榔出口国家占比

（数据来源：联合国统计数据）

2.3.2　国内市场情况

2015—2019年，中国槟榔鲜果收购价格波动较大（图18）。2015—2018年，槟榔鲜果收购价格整体呈上升趋势，年均增长12.68%。2019年，受槟榔致癌负面舆情影响，槟榔鲜果价格暴跌。

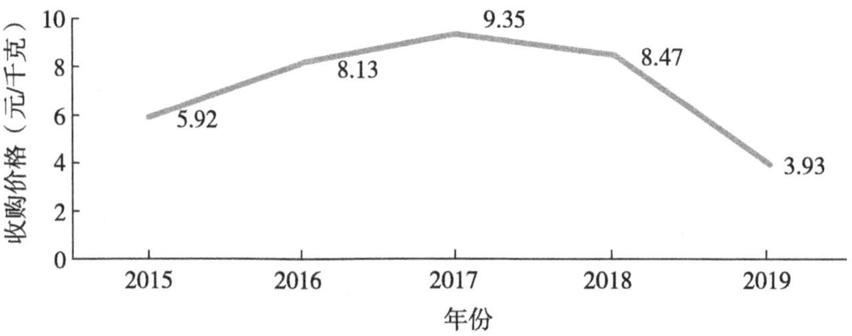

图18　中国2015—2019年槟榔鲜果收购价格

（数据来源：通过网络公开数据整理）

2019年，中国槟榔产业受负面舆情影响严重，鲜果收购价格最低跌至3元/千克（图19），包装槟榔销售量下滑（龙头企业口味王销售下滑约50%），消费市场萎缩，鲜果需求量锐减。而2008年以来，槟榔种植面积快速扩张，槟榔产量逐年增长。2019年，槟榔出现供过于求。

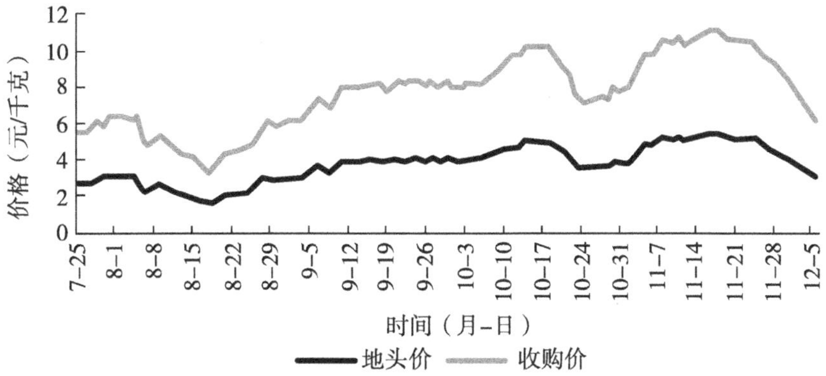

图 19　我国 2019 年槟榔鲜果收购价格

（数据来源：多元槟榔）

2019 年，国内包装槟榔品牌达 230 多种，市场呈现一超多强局面。口味王占据了包装槟榔 50%的市场份额，居行业第一，此外著名包装槟榔品牌还有“胖哥”“伍子醉”“皇爷槟榔”“张新发”“宾之郎”“叼嘴巴”等。2018 年，包装槟榔市场规模额达 300 亿元，未来槟榔产业仍将快速增长，预计到 2023 年市场规模将达到 1 000 亿元规模（图 20）。同时，包装槟榔市场竞争将越发激烈，市场份额将进一步集中在几个主打品牌中。

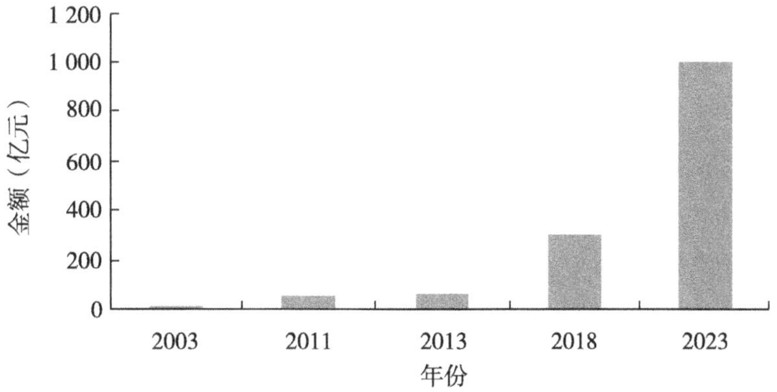

图 20　槟榔市场规模及预测

（数据来源：欧赛斯《2018 年槟榔行业调研及电商数据报告》）

2.4　成本与收益情况

2.4.1　槟榔易种植收益期长

由于种植主体、种植技术及种植品种等因素不同，槟榔种植成本差异较大。槟榔亩产成本计算详情如下：槟榔经济寿命约 60 年，40 年后开始衰退，每亩需要种苗 110 株，每株苗 2.5 元，平摊到每年种苗费约 7 元；每年每亩除草 2 次用工 0.66 个，施肥用工 1 个，摘果用工 1 个，打药用工1个，槟榔新植或补植用工0.01个（均摊到40年），工价按照120元计算，需要441.5元；每株槟榔施肥8元，每亩肥料费880元；每亩用药30元；槟榔种苗每亩需7元（均摊到40年）；土地流转成本每亩850元；槟榔种植成本合计2 208.5元/亩（表4）。

表4 槟榔种植成本 （单位：元/亩）

种苗	农药	化肥	土地流转	人工	合计
7	30.00	880.00	850.00	441.50	2 208.50

数据来源：根据访谈数据整理。

注：种苗费用均摊到40年。

2.4.2 槟榔种植收益尚可

由于种植技术差异，槟榔亩产约230千克鲜果，近5年槟榔鲜果收购价格约14.32元/千克，槟榔每亩收益约3 300元，扣除成本每亩收益1 100元。加之，槟榔主要种植在门前屋后的现空地上或者是种植条件差的山地上，对土地要求较低。因此，槟榔的比较种植效益较高。但与世界槟榔种植业相比，中国槟榔的种植成本相对较高。成本构成差异主要集中在人工及土地成本，南亚、东南亚人工及土地成本要明显低于国内。中国槟榔的主要出口国是美国、泰国、新加坡和日本，但由于槟榔是热带作物，日本不能种植，美国、新加坡等不是主要槟榔种植国，故与出口对象国农业不构成竞争关系。

3 槟榔产业主产区发展动态

3.1 海南槟榔产业发展动态

海南是中国槟榔主产区，上市期7—12月，其中9—11月是高峰期。中国槟榔有鲜食、药用、咀嚼零食3种消费方式。鲜食主要在海南，配蒌叶、贝壳粉裹住槟榔青果，直接咀嚼食用。咀嚼零食是通过深加工把槟榔制成咀嚼食品，现在已遍及29个地区。槟榔药用价值主要是驱虫、消积、行水等，药用遍及全国。

传统的烟熏槟榔加工后，槟榔容易残留生产苯并芘、焦油、硫化物等有害物质。另外，加工后槟榔粗纤维更硬，容易对口腔产生刺激。长期过量咀嚼，残留物超标和纤维刺激有导致患口腔癌的风险。2012年，槟榔被世卫组织列为一类致癌物质。2013年，央视报道口腔癌患者60%以上与咀嚼槟榔有关。2019年，国家卫健委印发的《健康口腔行动方案（2019—2025年）》强调在咀嚼槟榔地区加强口腔健康宣传。随后《槟榔王国中的割脸人》《千亿“软性毒品”槟榔，和正在上瘾的6 000万中国人》等网络软文更进一步引发社会对咀嚼槟榔的恐慌。在负面舆情笼罩下，包装槟榔市场销量下滑30%，槟榔鲜果价格暴跌。槟榔食用健康，始终是悬在槟榔产业头上达摩克利斯之剑，平均每隔5年左右就会爆发一次槟榔大范围的负面舆情。间歇性负面舆情爆发是引起槟榔价格波动主要原因，价格波动过大是影响海南槟榔产业发展的重要制约因素。槟榔价格总是陷入“暴跌—恢复期—暴涨”的怪圈，在负面舆情期间价格暴跌，负面舆情过后价格缓慢回升，然后经历价格暴涨，再因为舆情陷入暴跌。

在食品安全方面，2018 年，海南省出台《槟榔加工行业污染物排放标准》，加速了槟榔产业绿色改造升级。2019 年，海南省出台《海南省农业农村厅海南省生态环境厅关于做好 2019 年槟榔黑果环保烘干设备推广产品目录筛选推荐工作的通知》，推广槟榔烘烤环保设备。在药理研究方面，槟榔是一味对多系统疾病治疗具开发前景的中药，已开展槟榔及其主要成分槟榔碱对机体多系统的药理和毒理作用研究。槟榔中的主要成分槟榔碱有促智作用，促进胃肠运动的功能，改善糖尿病，同时还具有消炎镇痛、抗氧化、抗肿瘤、抗抑郁等作用；其毒理作用主要体现在长期大量“咀嚼槟榔”存在潜在健康风险，表现为口腔黏膜下纤维化、泌尿生殖毒性，成瘾性和细胞毒性等方面。在槟榔保鲜技术方面，研究者开展了槟榔保鲜技术研究。槟榔鲜果在采后贮藏过程中存在果仁褐变问题，研究发现槟榔果肉褐变会产生聚苯醚（PPO），对纯化后 PPO 的动力学性质研究表明，槟榔果仁中该酶的最适温度为 20℃，在温度低于 40℃的范围内较为稳定。

3.2　湖南槟榔产业发展动态

湖南既不是槟榔产地，也不毗邻产地，却成了主要的槟榔深加工省份和最大消费省份，堪称槟榔世界的“飞地”。明末清初湖南湘潭人开始有咀嚼槟榔习惯，在民国时期发展了食用槟榔加工技术，1938 年湘潭就有 27 家槟榔铺，20 世纪 90 年代，加工商家达 2 000 多家，2019 年据天眼数据显示，全国槟榔企业 9 284 家，其中湖南 4 058 家。自 20 世纪 30 年代，海南槟榔主要销往湖南湘潭，现在海南 90%的槟榔果供应给了湖南深加工企业。迄今全国有 6 000 多万槟榔消费者，其中湖南省超过 4 000 万，湖南人咀嚼槟榔比例高达 38. 42%。2019 年，受槟榔致癌的负面舆情影响，湖南省槟榔食品行业协会发布《关于停止广告宣传的通知》，包装槟榔销量下滑 30%。2020 年，受疫情影响，广东等一些主要消费省份，复工复产受影响，包装槟榔全国销量同期相比至少下降二成，并出现包装槟榔整包价格上涨，单片槟榔数量增加，单片平均价格下跌的消费降级现象。

湖南槟榔产业的制约因素：一是自 2003 年槟榔被世卫组织列为一级致癌物，咀嚼槟榔是否致癌引发争论。尽管 2003 年 9 月 CCTV2 出面指出了“槟榔致癌”并无科学依据，但槟榔致癌舆情不定期爆发会打击槟榔产业。二是槟榔产业基础研究滞后，深加工槟榔基本成分变化，咀嚼槟榔对口腔健康的影响缺乏定量分析，现行的结论缺乏理论上的证明，容易引发消费者恐慌。三是湖南槟榔深加工产品较为单一，对包装食用槟榔市场高度依赖，槟榔药用价值没有充分挖掘，药品、保健品、美容产品以及日用品等开发滞后。

3.3　中国台湾槟榔产业发展动态

台湾是中国槟榔主产区之一，种植面积达 4. 27 万公顷，总产量 10. 21 吨，在当地十大果品种植面积排名第一，是当地第二大经济作物。屏东县、嘉义县与南投县是中国台湾主产县。因为中国台湾受地形狭长影响，南北气候不同，具有亚热带季风气候和热带季风气候两种气候条件，所以各地槟榔产季不同，屏东县槟榔产季为5月到翌年1月，嘉义县产季为8月到翌年3月，南投县产季为1—3月。中国台湾槟榔最早由东南亚引进，20世纪80年代，槟榔产业开始盛行，嚼食槟榔人数超过200万，1996年我国台湾槟榔种植面积5.67万公顷，达到历史最高峰。20世纪90年代末，因为食用槟榔致癌负面舆情，槟榔种植不利水土保持以及槟榔西施引发的社会问题等原因，当地不鼓励发展槟榔产业，开始实施“不鼓励、不辅导、不禁止”政策，近年又发起“槟榔废园”运动，给予补贴鼓励农户种植其他替代作物，所以自2011年来，中国台湾槟榔种植面积减少了3 700公顷，约占总种植面积的8%。槟榔种植比较经济效益下滑，但槟榔种植具有技术门槛低，不需要精细化管理，耗费人工少，抗台风，收获期长达40年等诸多优势，加之当地农村老人居多青壮年少，故仍旧保持槟榔种植。槟榔产业往多元化的方向发展，走农旅结合路子，开发槟榔扇等工艺品，发展槟榔间作套种农业模式，推广槟榔特色餐厅。

4 中国槟榔产业生产及销售的预测

4.1 种植及生产预测

4.1.1 种植面积整体稳定，品种逐步优化

槟榔产业市场规模未来会持续扩大，槟榔鲜果的需求量仍会增长，槟榔鲜果价格长期看好。受经济利益驱使，我国槟榔种植面积及产量仍将保持稳定，全国种植面积维持在11万公顷左右，种植区域仍集中在海南。随着槟榔良种的培育，中国热带农业科学院选育出热研1号槟榔新品种，产量、果形、口感等相较传统品种更具优势，预计未来槟榔老品种（海南本地种、中国台湾种、越南种）种植面积将逐步缩减，新优品种将逐步被推广，槟榔种植面积有望逐年扩大。

4.1.2 槟榔加工业发展迅速

槟榔咀嚼食品年平均增速约30%，推动了槟榔加工蓬勃发展，槟榔鲜果的需求量逐年增加。虽然中国槟榔产量每年平均增长8.85%，但仍存在约20%的槟榔果消费缺口。中国槟榔加工用的干果91.3%来自中国本土，7.6%来自越南及周边国家，1.1%来自印度尼西亚。中国槟榔加工企业已经开始在海外设立工厂，主要集中越南及周边地区、印度尼西亚。随着槟榔市场的扩张，槟榔原材料需求逐年增加，国内以及越南周边地区的槟榔产量将难以满足中国槟榔加工企业的需求，未来势必要参与世界核心产区（印巴地区）的原材料争夺。国内槟榔市场消费仍将以深加工咀嚼食品为主，槟榔鲜食仍将维持在1%左右，药用槟榔总体仍然保持稳定，深加工长期看仍将迅速增长，预计2023年达1 000亿元级规模。

4.2 市场前景分析

4.2.1 国内市场将增速放缓

中国槟榔主要消费市场由海南、广东、湖南逐步扩张到29个省区市，包装槟榔销售平均增幅达30%，2018年市场规模达155.4亿元。受槟榔负面舆情频发的影响，槟榔广告被禁止投放，槟榔消费量的增速可能会减缓。类似同为口嗜品的香烟，有害健康已经被世界公认，虽然其消费量在逐年减少，但是市场规模却一直在稳步增加。槟榔未来的市场规模预计也会逐年增加。随着槟榔加工工艺的完善，槟榔烘烤技术将更环保健康，槟榔粗纤维软化技术的进步使其对口腔刺激会降低。国内槟榔消费从传统省份扩张到新兴市场，也说明槟榔市场可以培育，国内外槟榔市场仍有很大的挖掘潜力。国内槟榔深加工龙头企业“口味王”的包装槟榔在东南亚就格外走俏，一包在国内售价为20元人民币的“口味王”白果，在越南的销售价是20美金。

4.2.2 进出口量将持续增长

据UN数据显示，中国槟榔进口量不足总需求量的万分之三，进口对象国主要是印度尼西亚、印度、马来西亚。实际上，中国也从越南、缅甸、老挝通过边贸进口槟榔。随着包装槟榔消费增长，中国槟榔未来进口量将持续增长。随着中国深加工企业到海外进行原材料布局及海外市场开发，包装槟榔的国际市场潜力将被挖掘，出口量未来呈增长趋势，未来出口对象国除了现有美国、新加坡、日本、马来西亚外，一些华裔、华人较多的东南亚国家也将是出口重点。

4.2.3 槟榔深加工产品亟待投入市场

制约槟榔深加工产业发展的主要因素是食品安全，保持风味和去除有害物质，减少粗纤维对口腔的刺激是未来工艺完善的重点发展方向，包括槟榔环保的烘烤设备研发及推广，槟榔质量安全标准的完善等。另外，槟榔有益成分提取技术的进一步研发也是加工业将来重要方向。

5 中国槟榔产业发展问题及制约因素

5.1 产业发展存在主要问题

5.1.1 槟榔病虫害为害严重

据海南省林业局2019年统计数据显示，黄化病发生面积40万亩（约占总面积24.25%），椰心叶甲发生面积约占总面积20%以上，以陵水、万宁、琼海、保亭、屯昌尤为严重。黄化病被誉为“槟榔癌症”，尚无有效的药物治疗方法，会让槟榔根部腐烂，导致树叶变黄，影响光合作用与产量。椰心叶甲则直接啃食槟榔芯，导致槟榔树死亡。

5.1.2 槟榔加工流程亟待改进

2019年，槟榔致癌风波负面影响非常大，虽然在“科技支撑槟榔产业健康可持续发展高峰论坛”上有专家发声我国食用槟榔是安全的，但随着大众对槟榔咀嚼健康的关注，更健康的槟榔加工工艺亟待开发。槟榔黑果加工通过工艺改造已经在全面推行更环保的加工设备，而槟榔纤维软化技术还有待进一步提升。

5.1.3 健康食用加工槟榔科普缺失

槟榔是我国四大南药之首，具有抗抑郁、抗幽门螺杆菌、驱虫等药用功能。在民间是迎接宾客、款待亲友的佳品。槟榔跟人们生活密切相关，如何避免槟榔的害处，利用槟榔的好处，健康食用槟榔的相关科普知识亟待普及。健康的槟榔食用方式，例如不用熟石灰粉代替贝壳粉，不食用槟榔核，不添加烟丝，不过度咀嚼槟榔，宣传、倡导、普及健康的槟榔食用方式，是槟榔行业去污名化的必经之路。

5.1.4 中长期存在供过于求风险

随着我国槟榔市场的逐渐成熟与发展，加上国内每隔几年爆发一次槟榔负面舆情，国内槟榔市场增速将会放缓，国内消费市场会逐步趋向饱和，而国内槟榔种植面积和产能增加，存在供过于求的风险。国内方面，我国台湾槟榔产业也经历了 20 世纪 80 年代、20 世纪 90 年代的兴盛，成为我国台湾重要经济支柱，后来由于咀嚼槟榔的健康问题、社会问题以及对水土保持不利的负面舆情影响，现在已经走向衰败。国际方面，2012 年，世界卫生组织把槟榔列为一级致癌物，多个国家和地区，对槟榔说“不”。

5.2 产业发展主要制约因素

5.2.1 成本增长风险

随着主产区海南自贸港推进，海南地租成本、人工成本势必持续上涨，槟榔种植的比较效益会下降。我国槟榔种植原本相较东南亚国家已不具备优势，未来东南亚的槟榔原料可能更具有价格优势，对国内槟榔种植形成价格挤压，农户种植槟榔意愿可能会下降，影响我国槟榔种植业的发展。未来我国槟榔种植产业可能转移到东南亚，种植或加工企业可能“走出去”到东南亚种植及加工。

5.2.2 深加工发展滞后

国内槟榔种植面积及产量可挖掘潜力都有限，未来槟榔产业的发展方向在于通过精深加工增加槟榔附加值。目前，槟榔深加工仅限于包装槟榔加工，深加工发展品种过于单一，槟榔药用价值深加工挖掘还不足，技术相对滞后。槟榔是四大南药之首，兼具抗抑郁的药效，是国家卫生健康委员会发《新型冠状病毒诊疗方案》处方药之一，具有广泛的药用价值，但是我国在槟榔有益成分的提取方面还比较滞后，槟榔保健、药用产品的开发工艺尚有待进一步提升。现有的槟榔深加工过度依赖包装槟榔市场，我国台湾槟榔产业发展经验表明对槟榔食用市场过度的依赖，将随着人们对健康更为关注，而对槟榔产业发展有较高的风险威胁，需要发展多元化的加工技术。

6 中国槟榔产业发展建议

6.1 加强疾病防治，加速技术攻关

槟榔黄化病等病虫害已严重威胁槟榔产业可持续发展，一方面应加强系统防治，另一方面应加强协同攻关。槟榔病虫害的防治是一个系统工程，从种苗的培育到病虫害的预防，应集聚科研力量联合攻关攻克黄化病、椰心叶甲，已刻不容缓。

6.2 打造槟榔品牌，挖掘文化内涵

加大对健康食用槟榔的科普知识宣传。可以农产品地理标志认证为契机，打造区域公共品牌；通过槟榔药食同源及产品标准认定等方式打造槟榔品牌；充分挖掘槟榔文化内涵，把产业发展与旅游、科普、养生等结合，促进槟榔产业再升级。

6.3 利用好国内外两种资源两个市场

槟榔是一个世界性的产业，全世界约有 10 亿人咀嚼槟榔。中亚、东南亚、南太平洋诸岛等国家基本都有咀嚼槟榔的习惯，拥有非常大的市场。在国内市场增速放缓背景下，开拓国际市场，是我国槟榔产业的一个发展趋势。国内槟榔企业已经在开拓东南亚市场，例如口味王包装槟榔就在越南特别走俏，销售价格是国内的 6~7 倍。槟榔是典型的热带作物，东南亚的槟榔种植在气候、土地等资源方面更具优势，且种植成本更低。随着包装槟榔终端市场逐年增长，消费市场不断扩大，对槟榔原材料的需求将逐年增加。在“一带一路”背景下，应鼓励我国槟榔加工企业“走出去”，积极布局海外原材料市场。

6.4 深挖槟榔药用价值，走多元化道路

槟榔食药同源，但现有槟榔消费模式单一，95%用作咀嚼零食。应进一步深入挖掘槟榔药用价值，其具有几个方面的意义：一是可以拓展槟榔的销售渠道，稳定槟榔价格，避免价格波动过大给产业带来的毁灭性影响；二是可以提升槟榔的美誉度，槟榔作为世界四大口嗜品之一，因为“槟榔致癌”负面舆情让一些消费者有恐惧心理。所以应统筹各方科研力量深入挖掘槟榔药用价值，形成鲜食、加工咀嚼食品、药用三足鼎立的局面，促进槟榔产业可持续发展。

6.5 提高槟榔机械化，发展矮化技术

槟榔植株高达 10 多米，施药、采摘基本依靠人工，在农业用工短缺且价格逐年上涨的背景下，提高槟榔产业机械化水平，发展槟榔矮化技术是提高槟榔生产力的有效途径。

参考文献

多元槟榔（2019-09-29）. 湖南槟榔深加工企业布局海外原材料市场，多元槟榔［EB/

OL]. [2020-3-30]. https：//www. blbbw. cn/pc/point/detail. html? id=29.
何政，2014，印度尼西亚经济社会地理 [M]. 广州：世界图书出版社广东有限公司 .
湖南槟榔第一频道（2019-12-17). 独家：掏 30 元买一包槟榔，为何是消费降级？[EB/OL]. [2020-3-30]. https：//mp. weixin. qq. com/s/dr8KPHhqmvlCm9JW0G7blg.
黄丽云，刘立云，李艳，等，2014. 海南主栽槟榔品种鲜果性状评价 [J]. 热带作物学报，35（2）：313-316.
李军，黄玉玺，胡鹏，等，2017. 全球化中的农业：印度农业 [M]. 北京：中国农业出版社.
里雨曦，刘睿智（2019-12-17). 一面致富，一面致癌，叫不停的百亿“槟榔帝国”. [EB/OL]. [2020-1-15]. https：//mp. weixin.qq.com/s? _ _ biz=MjM5MTM5MTQ4MA==&mid=2652961196&idx = 1&sn = d1231f83b20ec03c393ab12862cf5332& chksm = bd62123b8a159b2da6f42848672d 0945302721400309b4329062a48c786c2e 1891070dd46205&scene=0&xtrack=1.
马雪（2018-07-24). 台大教授：槟榔就像台湾这块土地的癌细胞 [EB/OL]. [2020-3-30]. https：//www. guancha. cn/local/2018_ 07_ 24_ 465413_ s. shtml.
肖时平（2019-11-27）. 破解海南槟榔产业发展困局需走高端化路线 [EB/OL]. http：//www. hinews. cn/news/system/2019/11/27/032224217. shtml.
许尔生（2019-09-28). “三棵树”系列报道丨海南槟榔产业转型要看市场脸色？[EB/OL]. [2019-10-15]. https：//www. jiemian. com/article/3542044. html.
宗义湘，王俊芹，刘晓东，2007. 印度农业国内支持政策 [J]. 世界农业（4）：36-38.

咖啡产业发展情况研究报告

咖啡是中国热区重要的经济作物，云南咖啡占全国咖啡生产面积95%以上，生产的保山小粒咖啡风味独特享誉全球。但云南咖啡多数以咖啡生豆形式销售，价格低廉；同时中国每年又从国外大量进口咖啡熟豆进行消费。每年大幅增长的咖啡市场需求没有给云南咖啡产业带来额外的利润共享，反而在国际咖啡价格持续低迷情况下，导致大量咖农收入减少。咖啡产业需要借助“一带一路”发展机遇与旅游业融合发展，拓展咖啡产业发展空间，提高咖啡产业经济效益，促进农民增收，与乡村振兴。

1　世界咖啡产业发展基本情况

1.1　世界发展情况

1.1.1　生产情况

1.1.1.1　世界咖啡种植面积波动明显

2009—2018 年，世界咖啡的种植面积呈现波动趋势（图 1）。主要分为 4 个阶段：2009—2011 年为下降阶段，世界咖啡面积下降到 993 万公顷；2011—2015 年咖啡面积恢复性增长；2015 年达到近 10 年最高点 1 070 万公顷；2016—2017 年咖啡面积萎缩，2018 年又恢复到之前的水平，达到 1 058 万公顷。

1.1.1.2　世界咖啡产量稳步增长

咖啡种植和出口分布在热带、亚热带地区的 80 多个发展中国家，而深加工、进口和消费则主要分布在欧美、日本等发达国家。近几年，世界咖啡产量保持稳步增长，生产格局相对稳定，巴西、越南和哥伦比亚稳居产量前三位。

根据国际咖啡组织的数据，全球咖啡产量 2018 年达到 958 万吨（图 2），自 2014 年以来，连续 4 年产量上升。2017—2018 年巴西、越南、哥伦比亚、印度尼西亚、洪都拉斯、埃塞俄比亚、秘鲁 7 国产量整体保持增长，其中越南、哥伦比亚和洪都拉斯增速较快；而十大生产国中的墨西哥和危地马拉产量有所下滑。

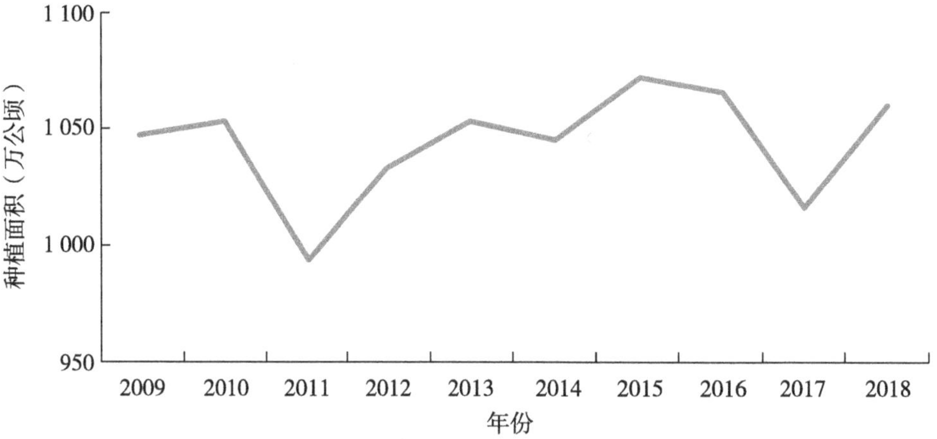

图 1　2009—2018 年世界咖啡种植面积变化趋势

（数据来源：联合国粮食及农业组织）

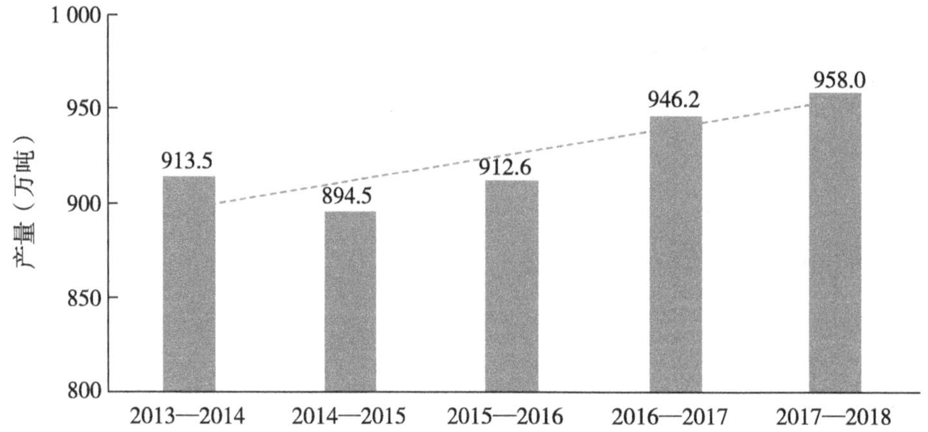

图 2　2013—2018 年全球咖啡产量

（数据来源：国际咖啡组织）

咖啡主要的生产国为：巴西、越南和哥伦比亚。仅巴西和越南咖啡产量就已经占到全球咖啡产量的 50%（图 3）。

1.1.2　全球咖啡贸易格局

1.1.2.1　出口贸易

根据美国国家农业部监测数据，2017/2018 年度咖啡出口量约为 13 087 万袋。出口量居前十的国家为巴西、越南、哥伦比亚、印度尼西亚、洪都拉斯、乌干达、秘鲁、埃塞俄比亚、印度和危地马拉。其中巴西、越南和哥伦比亚多年稳居前三，印度尼西亚于 2015/2016 年度超越印度，位居第四位。

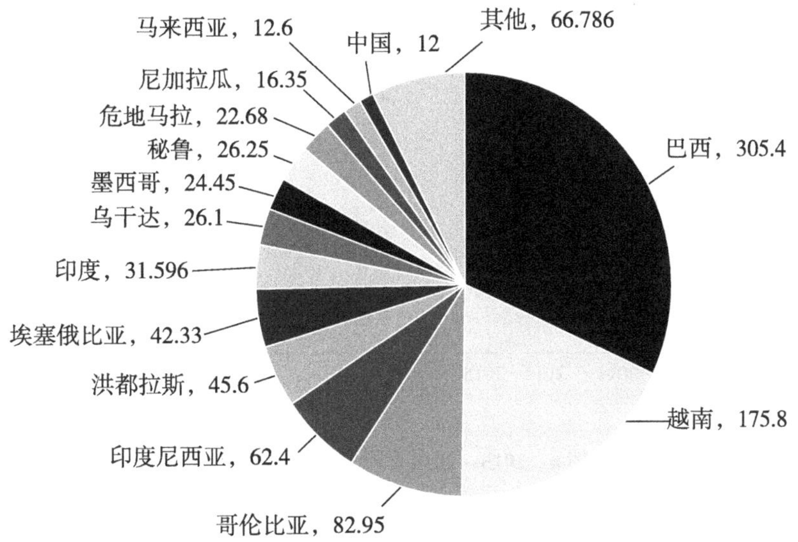

图 3　2017—2018 年咖啡主要产区产量分布（单位：万吨）

（数据来源：美国农业部）

从 2013/2018 年度全球十大咖啡生产国咖啡豆的出口量变化情况来看，十大咖啡出口国中，出口量为世界第一的巴西除 2014/2015 年度 3 305 万袋较 2013/2014 年度有所增加外，此后 3 年均为下降，2018 年巴西与越南的咖啡豆出口量十分接近，这与巴西国内消费需求较大有关系，而其他国家的出口相对稳定。

咖啡深加工产品出口方面，自 2013 年以来，除 2015/2016 年度较上年下滑 0.3%之外，烘焙豆和碾磨粉的出口量稳步增长，2017/2018 年度，其出口总额达到 389 万袋。

速溶咖啡出口，2016/2017 年度出口量为 1 597 万袋，2017/2018 年度的出口总量为 1 575 万袋，出口量居前十的国家为巴西、马来西亚、越南、印度、印度尼西亚、墨西哥、哥伦比亚、泰国、厄瓜多尔和中国。

1.1.2.2　进口贸易

据美国国家农业部监测数据，自 2013 年以来，世界咖啡产品进口总量稳步增长，由 2013/2014 年度的 11 701 万袋，增加到 2017/2018 年度的 12 696万袋。其中，2016/2017 年度全球咖啡豆进口总量为 10 726 万袋，2017/2018 年度咖啡豆的进口总量较上年稍有增加，为 10 780 万袋。咖啡豆进口量居前十的国家或地区是：欧盟、美国、日本、加拿大、俄罗斯、瑞士、韩国、阿尔及利亚、澳大利亚和马来西亚，欧盟和美国进口量约为全球咖啡豆总进口量的 66.4%。2017/2018 年度，烘焙豆和碾磨粉进口总量为 338 万袋，较 2016/2017 年度减少 0.5%。2017/2018 年度速溶咖啡进口总量为 1 579 万袋，较 2016/2017 年度减少 0.66%。

1.1.3　全球咖啡需求状况

据国际咖啡组织（ICO）数据，自 2013 年以来，全球咖啡消费平稳增长（图 4）。

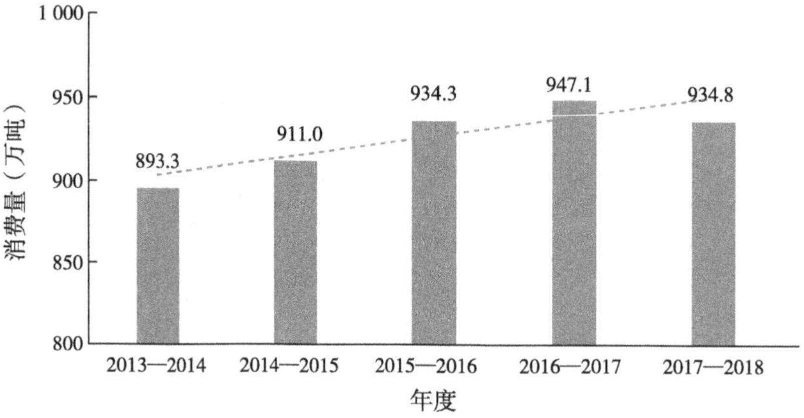

图 4　2013—2018 年全球咖啡消费量

（数据来源：国际咖啡组织）

根据 USDA 数据，自 2013 年以来，世界咖啡消费量由 2013/2014 咖啡年的 14 269 万袋增长到 2017/2018 咖啡年的 15 866 万袋。2017/2018 咖啡年消费总量较 2016/2017 咖啡年的 15 705 万袋，增长 1.02%。

2017/2018 咖啡年消费总量居前 10 的国家和地区：欧盟、美国、巴西、日本、菲律宾、俄罗斯、加拿大、中国、印度尼西亚和埃塞俄比亚。5 年来，欧盟、美国、巴西、日本的消费总量一直占据前四位，消费总量稳步增长，在世界消费总量中占比为 65%左右。菲律宾、中国和越南的消费量近几年增长较快，其中，菲律宾消费量在 2015/2016 年度超过俄罗斯和加拿大，成为世界第五大咖啡消费国。中国在 2016/2017 年度消费量跃居第 8 位，2017/2018 年消费总量为 383 万袋。

1.1.4　国际市场价格情况

2019 年 ICO 各月综合平均价总体显示下降趋势，从 1 月的 101.56 美分/磅下降到 10 月的 97.35 美分/磅。其中 5—7 月价格有小幅回升。罗布斯塔咖啡价格没有表现出回升趋势，1—10 月价格基本都在下跌，由 78.24 美分/磅下跌到 68.63 美分/磅，下跌幅度 12.28%（图 5）。

阿拉比卡占据全球咖啡市场份额的 62%。据《华尔街日报》报道，截至 2019 年 4 月 11 日，阿拉比卡咖啡的期货价格跌至 0.93 美元/磅，已经低于种植和加工的成本（图 6）。

巴西是全世界咖啡种植最多的国家，巴西咖啡的产量和价格对全球咖啡价格影响很大。2011 年至今，巴西货币雷亚尔大幅贬值，相较于美元已经下跌了 60%；在 2018/2019 年度，雷亚尔贬值了 12%，影响了咖啡的期货价格。

相比于中南美洲邻国种植咖啡时仍采用手工劳动，巴西已经用政府资助的机械化生产方式来种植咖啡，采摘也基本实现了机械化，人工费用低于其他咖啡生产国。巴西咖啡产量增加以及巴西货币的贬值共同导致了国际咖啡的低价。

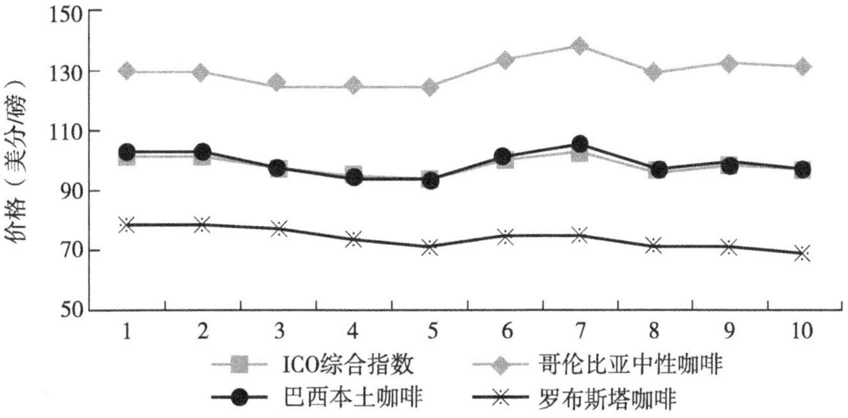

图 5　2019 年 1—10 月世界咖啡价格变化趋势

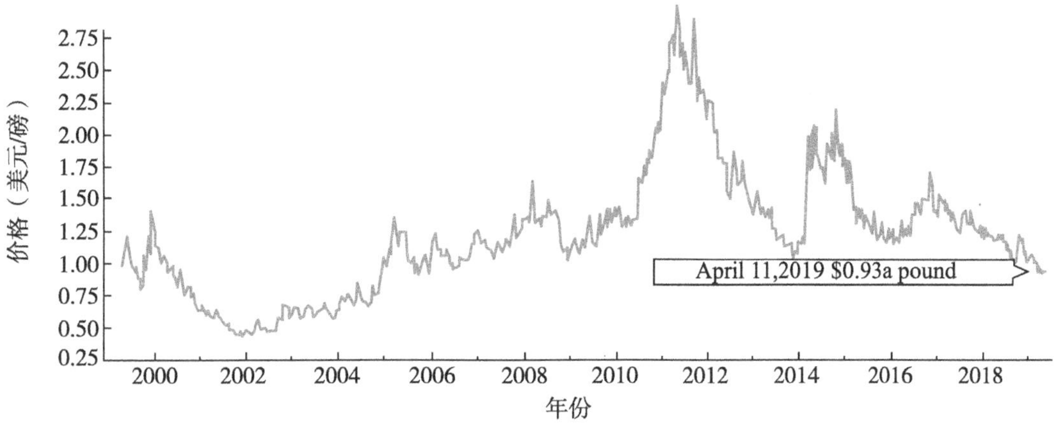

图 6　阿拉比卡期货价格

（数据来源：华尔街日报/FactSet）

1.2　重点国家发展情况

从全球范围来看，咖啡产销呈不对称分布。咖啡种植和原料销售主要集中在发展中国家，而精深加工和终端销售主要集中在发达国家。据美国农业部统计 2018/2019 咖啡年度，全球咖啡产量为 1.745 亿袋（每袋 60 千克），比去年增加 1 560 万袋，新增部分几乎全部来自巴西。

全球 56 个咖啡生产出口国（ICO 成员国），2017/2018（咖啡年）共生产 1.586 亿袋（每袋 60 千克），总计 951.36 万吨咖啡。12 个国家的咖啡总生产量占 ICO 56 个成员国咖啡生产量的 92.7%（图 7）。

1.2.1　巴西

巴西 2018/2019 年度阿拉比卡咖啡产量比上年度增加 840 万袋，达到 4 690 万袋。罗布斯塔的产量预计增加至 1 650 万袋。Espirito Santo，Rondonia 和 Bahia 3 个主要产区的产量预计有所增长。

1.2.2　越南

越南咖啡通过几十年的发展，种植面积不断上升，产量也逐年增加。主要种植品种为罗布斯塔和阿拉比卡两种咖啡。目前罗布斯塔咖啡是种植面积最大的咖啡品种，占到全部咖啡种植面积的 90%左右。

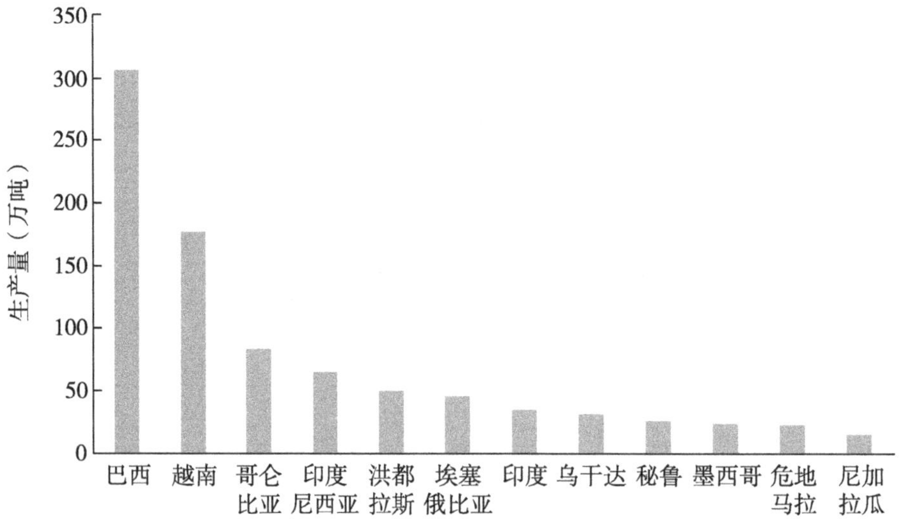

图 7　2017/2018 咖啡年全球咖啡生产量国家排名

（数据来源：亿欧智库）

1997—2017 年，越南咖啡种植面积从 17.4 万公顷增加到 2017 年的 60.1 万公顷，咖啡产量从 42.05 万吨增长到 146.08 万吨。越南在 2018 年 1 月结束的采摘季中产量首次突破 3 000 万袋，达到 3 054 万袋，相比 2017 年 2 554 万袋增长了 500 万袋，增幅 19.58%。

1.2.3　哥伦比亚

在过去 10 年中，哥伦比亚咖啡产量增加了约 30%。自 2012 年重新种植计划开始以来，已有超过 42 万公顷的土地进行了翻新，占近 50%的咖啡面积，种植的防锈品种总面积达到 80%左右。每年平均修复 8.4 万公顷，但全国哥伦比亚咖啡种植者联合会（FEDECAFE）和哥伦比亚政府计划将其至少提高到 9 万公顷，以达到 1 800 万袋的产量。

1.2.4　印度尼西亚

印度尼西亚在苏门答腊南部和爪哇岛的低地地区，罗布斯塔的产量有望达到 970 万袋。阿拉比卡的产量也出现反弹至 120 万袋。咖啡出口预计变化不大，大约为 700 万袋，而期末库存从 30 万袋增加至 90 万袋。

2　中国咖啡产业发展基本情况

2.1　生产情况

2.1.1　全国咖啡生产情况

近年来，中国咖啡产业发展迅速，已成为热区农民致富、企业增效和财政增收的重要渠道之一。根据农业农村部农垦局的统计数据，截至 2019 年年底，全国咖啡种植面积 140.3 万亩（图 8)，较 2018 年面积减少 23.77%。其中，云南 138.8 万亩，较 2018 年减少 23.99%，海南 1.4 万亩，四川 0.10 万亩。云南咖啡种植面积占全国咖啡总种植面积的 98.93%。产量方面，2019 年全国生咖啡豆总产量 14.55 万吨（图 8）。其中，云南 14.55 万吨，占全国总产量的 99.65%；海南 0.03 万吨，四川 0.01 万吨。2019 年全国平均单产 133.1 千克/亩。其中海南 145 千克/亩，云南 133.1 千克/亩，四川 64.5 千克/亩。

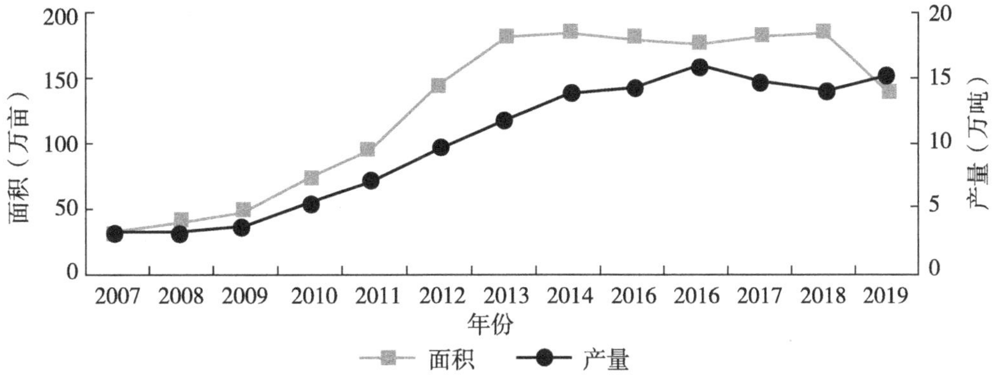

图 8　2007—2019 年中国咖啡历年种植面积与产量情况

2013 年以前，中国咖啡种植面积扩张速度很快，2014 年之后，每年新增面积逐年减少，种植面积基本维持稳定。这主要是因为当年新增面积逐年减少，2017 年当年新增面积仅有 1.91 万亩，2018 年新增面积 6.87 万亩。2019 年咖啡面积骤减，主要是因为国际咖啡价格持续下跌，国内价格受其影响，一直保持低位，很多咖农咖啡售价低于成本，造成 2019 年云南出现很多砍树现象，但由于平均亩产的提高，2019 年的咖啡豆产量依然有 14.55 万吨。

从产值上看，近年来咖啡产值有下滑趋势，这主要是因为近些年国际咖啡市场供过于求，咖啡国际交易价格大幅下跌，国内成交价受此影响也大幅下滑，造成产值下降。2019 年全国咖啡产值达到 223 733.8 万元（图 9）。

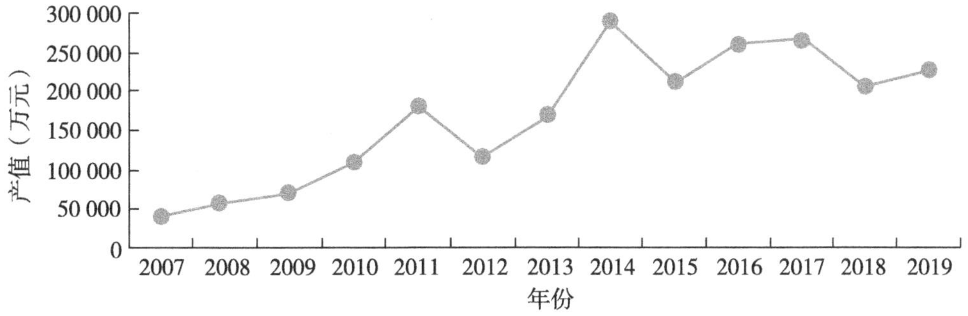

图 9　2007—2019 年中国咖啡历年产值情况

从咖啡种植品种上看，云南咖啡主要以小粒种咖啡为主，海南主要种植品种为中粒种咖啡。具体品种分布情况见表1。

表1　中国咖啡主要栽培品种

<table>
<tr><th>省份</th><th>种植区域</th><th colspan="2">主要种植品种</th></tr>
<tr><td rowspan="9">云南</td><td>德宏</td><td rowspan="9">小粒种咖啡</td><td>卡帝莫7963，S288，矮卡，P86，PT，波邦，铁皮卡，K7</td></tr>
<tr><td>保山</td><td>卡帝莫7963，矮卡，波邦，铁皮卡，P4，P3，P2，P1，P86，PT，S288，卡杜拉（巴西矮）</td></tr>
<tr><td>普洱</td><td>P4，P3，P2，P1，PT，卡帝莫7963，S288，矮卡，T8867，T5175，CB52，CC25，CC24</td></tr>
<tr><td>西双版纳</td><td>P4，P3，P2，P1，PT，卡帝莫7963，S288，矮卡，SL28，SL34，蓝山咖啡（紫叶）</td></tr>
<tr><td>临沧</td><td>卡帝莫7963</td></tr>
<tr><td>文山</td><td>波邦，铁皮卡，S288，卡杜拉，卡帝莫7963</td></tr>
<tr><td>红河</td><td>卡帝莫7963，矮卡、P系列混种的品种</td></tr>
<tr><td>怒江</td><td>卡帝莫7963，矮卡、P系列混种的品种</td></tr>
<tr><td>其他地区</td><td>楚雄州的元谋县：卡帝莫，S288，波邦，铁皮卡；丽江地区：从潞江坝购买的混杂的卡帝莫7963、P系列和矮卡品种</td></tr>
<tr><td>海南</td><td>澄迈</td><td colspan="2">中粒种咖啡</td></tr>
</table>

2.1.2　云南咖啡生产情况

中国云南省绝大部分区域的海拔高度值均超过1 000米，而且主要的地形为山地，存在相对大的起伏，不仅土质优良，而且日照条件较为良好，降水量较多，白天和夜晚之间的温差相对较大，正是这些条件，为云南咖啡种植提供了适宜环境，同时也让云南小粒咖啡拥有了自身独有的特征。

云南省咖啡产区分布于11个州市42个县（市、区），占全国咖啡面积的99%，其中普洱、临沧、德宏、保山、西双版纳占云南省咖啡总面积的90%。云南咖啡种植户38万余户，咖农114万余人。种植面积超过1万亩的有27个县（市、区），其中，11个县可培育为10万亩以上规模，7个县可培育为5万亩以上规模。这27个重点县（市、区）包括保山的隆阳、龙陵；普洱的思茅、宁洱、景谷、江城、孟连、澜沧、墨江；临沧的临翔、凤庆、耿马、云县、永德、沧源、双江、镇康；德宏的杧市、盈江、陇川、瑞丽；西双版纳的景洪、勐海；大理的宾川；红河的河口；怒江的泸水以及文山的麻栗坡。

2019年，云南共种植咖啡138.8万亩，收获面积108.9万亩，全年生咖啡豆总产量14.5万吨，占全国咖啡总产量的99.65%。近40万农户从事咖啡种植。铁皮卡（Typica）和波旁（Bourbon）这两个经典优质咖啡品种是云南咖啡早期主要栽培品种。1999年又从肯尼亚引入了卡迪姆（Catimor）。

2.2 产品加工情况

咖啡加工分为初加工和深加工。初加工有干法加工和湿法加工两种，干法加工操作简单，是最传统、最便宜的咖啡豆加工方法，而较高质量的咖啡豆则用湿法加工。咖啡的深加工包括炒磨咖啡加工、速溶咖啡加工和调味咖啡加工。

中国速溶咖啡的加工起步晚，20 世纪 80 年代初才形成规模化生产，产量也不大。随着咖啡饮料消费的迅猛增长，目前全国已有不少厂商积极致力于咖啡加工业。中国咖啡产业链比较健全的企业有德宏后谷咖啡公司、海南力神公司、保山景兰公司、云岭咖啡公司、临沧凌丰咖啡产业发展有限公司、普洱桑莱特咖啡有限公司、云南普洱曼老江农业开发有限公司、普洱漫崖咖啡实业有限公司、云南宏基咖啡产业有限公司、宾川高原有机农业开发有限公司、保山云潞咖啡产业开发有限公司、保山市合美咖啡产业有限公司等。精品咖啡比重约为 3%，精深加工产品比重为 18%。省级以上龙头企业 10 户。

中国咖啡初加工企业数量虽然较多，但生产规模、质量、技术和国外许多加工企业相比还落后甚远，加工的咖啡豆质量不一。中国现有的几家咖啡深加工生产企业不仅数量少、生产规模小，加工能力与国外大型公司相比也有一定的差距。中国咖啡深加工主要以原料咖啡为主，咖啡产业的附加值有待发掘。

虽然中国咖啡贸易值每年递增，中国咖啡市场日益庞大，但是由自己生产的咖啡数量只占消费总数的 10%。上好优质的原材料多用于出口，在国外进行加工，然后再高价从国外买入，影响了我国咖啡利益环节的分配，同时我国缺乏成熟的营销渠道以及稳定的消费群体。我国境内的咖啡精深加工以跨国企业为主，其中以国际咖啡巨头雀巢、麦斯威尔实力较强。本土咖啡精深加工企业合计生产能力仅为 3 万吨左右。相对于以咖啡种植和初加工生产为主的云南，海南省的咖啡产业发展以咖啡深加工及咖啡生态观光为重点，并借助旅游优势拓展市场。

2.3 进出口情况

出口以咖啡生豆为主，进口以制成品为主。2019 年 1—12 月累计，中国进口咖啡 65 170 吨；进口额为 26 956 万美元（图 10、图 11）。出口咖啡 68 824 吨；出口金额 15 198 万美元（图 10、图 11）。咖啡进口主要来源国是越南（占进口总量的 33.21%）、巴西（占进口总量的 13.12%）、马来西亚（占进口总量的 8.64%）、哥伦比亚（占进口总量的 8.62%）。咖啡出口国家主要有德国（占出口总量的 28.81%）、越南（占出口总量的 9.79%）、美国（占出口总量的 8.72%）、马来西亚（占出口总量的 7.04%）和比利时（占出口总量的 6.49%）。

2.3.1 咖啡贸易以生豆为主

中国咖啡贸易以生豆（未焙炒咖啡豆）为主，约占进口量的 50%，约占出口量的 90%（图 12）。同时由于国内消费市场刚起步，加工环节尚不完善，咖啡熟豆（已焙炒的咖啡）和咖啡加工品（咖啡浓缩精汁）同样占据重要份额。

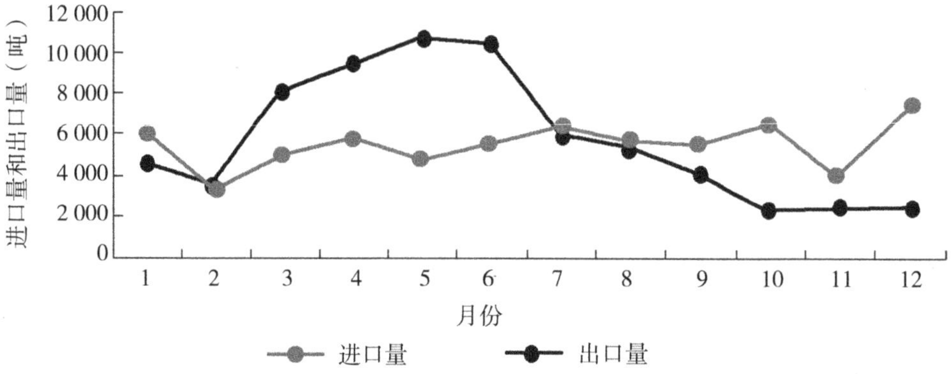

图 10　2019 年 1—12 月中国咖啡进出口量变化趋势

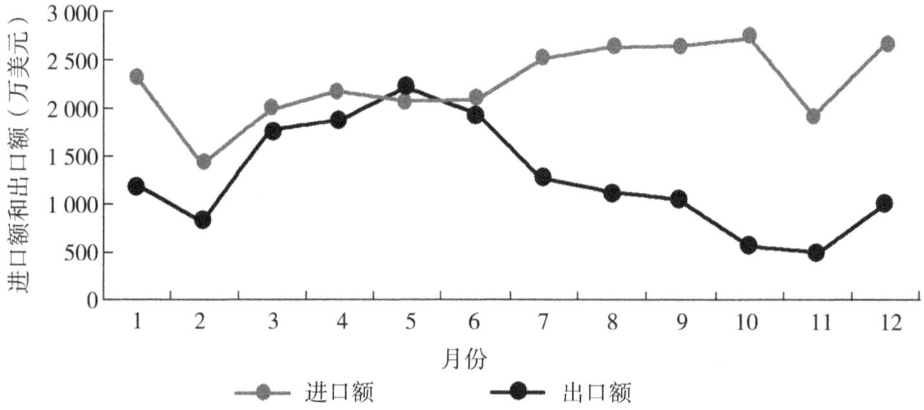

图 11　2019 年 1—12 月中国咖啡进出口额变化趋势

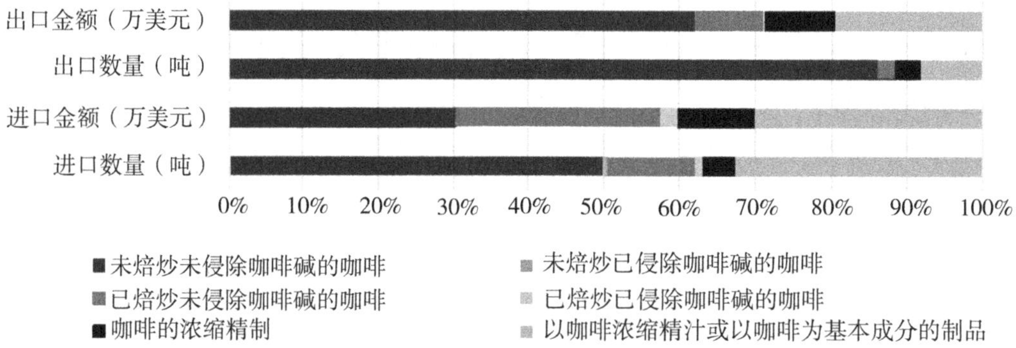

图 12　2019 年中国咖啡进出口产品类型分布

（数据来源：中国海关总署）

2.3.2　咖啡生豆进口主要来自越南和印度尼西亚

过去 8 年，中国咖啡生豆进口国结构发生显著变化：进口自越南和印度尼西亚的生豆占比在过去两年显著下降（图 13）。2012 年，中国进口自越南和印度尼西亚的生豆合计占全部生豆进口量的92%，2015年，这一比例小幅下降到76%，2016年回升至80%；2017年，这一比例下降到64%，并在2019年进一步下降到38%。

全球咖啡豆产区分布方面：越南和印度尼西亚是主要的罗布斯塔豆产区；巴西、哥伦比亚、埃塞俄比亚等其他地区则主要生产阿拉比卡豆。上述比例变化侧面反映出我国阿拉比卡豆进口量在过去几年显著提升。同时，咖啡生豆进口国集中度逐年下降。2012—2019年，前五大生豆进口国进口量占比由97%逐年下降到71%，中国咖啡生豆进口来源正变得越来越丰富。

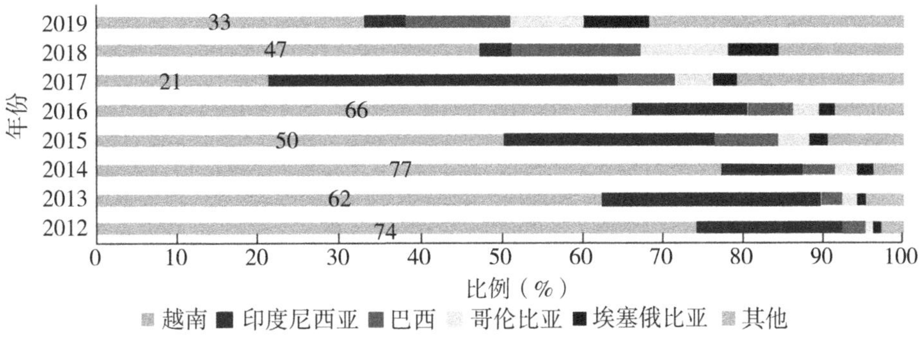

图13 中国咖啡生豆进口国来源情况

（数据来源：中国海关总署）

2.3.3 云南咖啡出口量最多，中国咖啡近半数销往越南和德国

中国咖啡出口量最多的前十省市区分别是云南、江苏、广东、福建、北京、上海、广西、重庆、湖北和山东。其中，云南省出口量最多，占全国咖啡出口总量的55%，出口量排名第二和第三的是江苏省和广东省。云南是中国最大的咖啡种植地、贸易集散地和出口地，其咖啡出口主要以咖啡生豆为主，产品销往越南、德国、美国、法国、日本、比利时等国。除此之外，近年来，行业内优质企业凭借专业的咖啡深加工技术、优秀的产品定制能力以及广泛的客户基础等优势在东南亚等国际市场占据了良好的市场地位，速溶咖啡粉等产品的出口呈现显著增长。

2.4 市场情况

2019年，受国际期货市场价格影响，重庆咖啡交易中心平均月度价格呈现先降后升趋势（图14）。1—4月价格由29.94元/千克下跌到27.08元/千克，下跌幅度9.55%，5月价格开始回升，到7月价格升至31.94元/千克，回升幅度17.95%，8—10月，价格一直维持在30元/千克左右的水平。11—12月重庆咖啡交易中心价格受国际咖啡价格上升影响，开始大幅回升11月达到32.50元/千克，12月上涨到36.70元/千克。

我国咖啡主要集中在云南边疆民族地区，发展咖啡生产对于促进边疆民族地区农业结构调整、拓宽农民增收渠道、改善生态环境、推动区域经济社会发展意义重大。据云南省农业农村厅统计，目前云南从事咖啡产业农户数量约为38万户120万人，亩均生产成本1 665元。其中劳动力成本1 000元、肥料成本300元、农药成本20元、加工费145元、土地租金及其他200元。

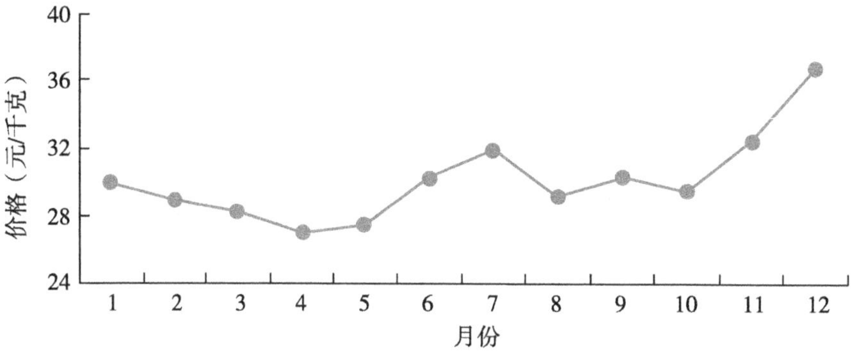

图 14　2019 年 1—12 月中国咖啡价格变化趋势

2018 年亩均产量约为 97.61 千克，年度综合平均价为 17.01 元/千克，亩均产值 1 660 元，亩净产值为-5 元。这主要是由于 2018 年云南咖啡单产由 2017 年的 121.82 千克/亩，下跌到 97.61 千克/亩，同时咖啡价格受国际市场影响，价格持续下滑，导致 2018 年云南咖啡收益勉强与成本持平。

2.5　需求情况

对绝大多数消费者而言，口味是选择咖啡的主要依据，我国咖啡以小粒咖啡为主，小粒咖啡因颗粒小而匀称，醇香浓郁，且带有果味而驰名中外，为世界上高品质的咖啡。从咖啡豆消费量分析，2010—2017 年我国咖啡消费平均增长率为 31.99%，为全球的 13.50 倍，其中 2017 年我国咖啡消费量 12 万吨，较上年增长 12%，总量消费排名世界第 17 位。继续保持强劲增长势头，咖啡消费市场前景广阔。

从人均饮用量上看，目前我国咖啡人均年饮用量仅为 0.03 千克，远远低于欧盟的 5.6 千克、美国的 4.2 千克以及全球人均年咖啡饮用量的 1.25 千克。且从增速上看，近 10 年我国咖啡消费年增长率在 15%左右，远高于全球市场 2%的增长率。

我国咖啡主要消费市场集中于华东、华南区域，占据我国咖啡消费市场的半壁江山。但咖啡消费终端市场主要由国际知名咖啡企业和连锁店占据，本土咖啡企业和咖啡馆的影响力和市场占有率极其有限。目前，我国咖啡零售市场仍以速溶咖啡为主，高占七成以上市场份额。但是，随着咖啡连锁店的高速发展以及消费者对咖啡认知度的提高，焙炒现磨咖啡消费进入高速增长阶段。

我国咖啡行业中，比较大的咖啡连锁系统有星巴克、漫咖啡、动物园、太平洋、上岛、塞纳左岸、PASCUCCI、咖啡陪你、咖啡之翼等。据统计，目前全国共有咖啡馆 9 万多家，咖啡生产企业 2 200 多家，从业人员 60 多万人。从咖啡饮用结构上看，尽管焙炒咖啡的市场份额还只有 10.1%，但近几年在我国的增长速度很快，平均超过 25%。这也是星巴克、上岛等连锁咖啡店在我国未来的机会。

当前，北京、上海、广州、深圳4个一线城市是我国咖啡消费的核心区域，占据了30%的市场份额。在我国咖啡连锁店数量正以平均每年超过25%速度增长的同时，二三线城市消费量也在不断增加，所占市场份额也在不断增加，将成为我国未来20年咖啡消费的核心区域。消费群体方面，根据一项在12个内陆城市的调查，32%的城市居民饮用咖啡。过去一年内喝过速溶咖啡的人口比例在30%以上的地区除了上海之外，还有北京、昆明、厦门、杭州和天津。其中，青年男女是咖啡馆消费的主力军，而家庭主妇、35%以上的都市白领是在家饮用咖啡的主要群体。

除线下实体市场外，我国咖啡在电商平台销售量也在迅速增长。我国电子商务研究中心（100EC. CN）监测数据显示，2016年我国电子商务交易额22.97万亿元，同比增长25.5%，其中2016年我国B2C网络零售交易额5.3万亿元。我国B2C网络零售市场咖啡1年交易额约31.2亿元，我国整个电子商务咖啡1年的交易额约135.6亿元。

3 中国咖啡产业生产及销售的预测

3.1 种植及生产预测

3.1.1 咖啡面积将保持稳定，品种将进一步优化

短期内我国咖啡面积将维持在185万亩左右，产量约维持在15万吨水平。品种将进一步优化，卡蒂姆品种面积将减少，铁皮卡面积将增加。

3.1.2 中国咖啡市场规模将持续增长。

我国咖啡市场起步晚但发展迅速，咖啡消费量迅猛增长。根据前瞻产业研究院的分析，2018年我国咖啡市场规模超2 000亿元。未来几年，随着人们生活水平的提高，我国咖啡的市场规模将逐渐扩大，预计到2024年，我国咖啡的市场规模将超过3 300亿元。

3.1.3 品牌意识逐渐增强，消费渠道多样化

我国咖啡产业目前已形成两大消费市场，即速溶咖啡与现磨咖啡。随着咖啡文化的普及以及消费者对于咖啡品味的提升，现磨咖啡的消费意识逐渐增强，消费者开始关注咖啡的品牌、口味与风味。同时随着咖啡机的便利化，咖啡消费渠道也向多元化发展：超市、咖啡餐饮店、电商平台、便利店和自动贩卖机等。多渠道消费的形成，为扩大消费群体、增加市场消费量提供了保障。

3.1.4 本土化烘焙是国内咖啡市场一大趋势

依据目前我国的关税规则，未焙炒咖啡豆征收商品额8%的关税，而已焙炒咖啡豆则征收商品额15%的关税。由于生豆和熟豆较高的经济价值差异，此部分关税差距不容忽视。同时咖啡的新鲜度要求，本土烘焙可以省去运输、备货时间。国内咖啡需求量的增加以及各国品牌的进驻，提升了本土烘焙的需求。

3.2 市场前景分析

3.2.1 国内价格有望触底反弹

受国际咖啡供过于求的影响，国内咖啡价格在2019年上半年一直持续下跌，2019年下半年国际市场库存减少，咖啡国内国际价格开始逐渐回升，但依旧持续低位徘徊。预计2020年，由于咖啡库存的消化以及新兴咖啡市场规模的扩大，尤其是国内咖啡市场体量的不断增加，潜在的短缺预期将会带动明年咖啡价格的回升。

3.2.2 中国咖啡市场规模将持续增长

随着近几年中国咖啡产量的稳定增长，未来中国咖啡将成为全球咖啡豆供应的一只新兴力量。中国咖啡市场规模虽与美国、日本等成熟市场相比规模较小，但按照目前的发展速度，可发展空间很大，中国咖啡的消费量将持续高速增长。

3.2.3 产业链下游环节价值贡献93%

咖啡产业链利润分布不均衡。在上游种植环节中，最终产品类型为咖啡豆。根据国际咖啡组织数据，2017年7月至2018年8月咖啡生豆均价为17.1元/千克。中游深加工环节主要将生豆烘焙成熟豆的过程；下游主要是流通环节。上中游的价值贡献分别占整个产业链的1%和6%。下游环节的价值贡献为93%，属于高利润区①。

4 咖啡产业发展问题及制约因素

4.1 产业发展存在主要问题

4.1.1 生产技术落后，品种比较单一

我国咖啡生产技术比较落后主要表现为繁育体系和病虫防控体系才刚刚起步，一些技术措施难以得到实施，导致咖啡的初加工水平和商品豆质量不太高，商品化情况落后，生产规模较小而散，产品质量较低，生产的成本高，效率低。

云南咖啡种植品种单一，绝大多数为卡蒂姆系列。由于种植栽培方式的原因（例如大量施用化肥），目前云南很多咖啡种植园卡蒂姆咖啡的衰退期已经缩短到7~8年，卡蒂姆品种的优良性逐年下降。然而新咖啡的培养投入又比较大。经费不足、装备落后、研究人才短缺制约了新品种的开发与推广。同时，近年来咖啡产业在种植规模快速扩大的同时，对咖农的技术培训跟不上，

① Jingdata数据。上游种植环节，最终产品为咖啡生豆，2018年价格约为17.1元/千克。因此，上游环节价格贡献为17.1元/千克。中游加工环节是烘焙厂将生豆烘焙熟豆过程，通常会在总产本基础上加价50%~60%。取烘焙豆中间加个100元/千克，计算出中游环节价值贡献为86元/千克。下游包含批发与零售，产品类型为咖啡饮品，平均每杯咖啡15克咖啡粉计算，最终产品价格为25元/杯咖啡，最终价格为1 667元/千克。比中游价格增值1 567元/千克。

对咖啡园管理不到位，大多数咖农并没有很好地掌握和应用规范性栽培技术，致使鲜果质量参差不齐。从而咖啡豆品质大打折扣，一级品咖啡豆比例不高，质量不稳定，咖啡豆一级品率仅不到20%。

4.1.2 现有咖啡标准体系不健全，与国际接轨不足

现有咖啡体系标准数量较少，系统化程度低，还有一些领域标准仍是空白，影响了我国咖啡产业的发展。建立和健全产业标准体系迫在眉睫。

目前我国咖啡标准体系对国际先进标准采用率较低。现有许多标准与国际主流标准间存在较大差异。我国咖啡出口量占产量的66%，产品依旧以出口为主，标准与国际接轨不足，不利于我国咖啡产业的健康发展。

4.1.3 产品附加值低，市场占有率不高

我国咖啡加工业处于初级产品加工阶段，生产技术落后，生产设备简陋，精深加工能力不足，产业附加值低，产业的大部分利润被国外咖啡商拿走。受“低端豆”标签影响，咖啡在国内市场的占有率不高。大部分咖啡由跨国收购商以统货低价出口至欧美国家和地区。但是，咖啡在国际咖啡产业中的份额均较小，咖啡种植规模和出口规模仅占全球比重的1.5%~2%，国际市场影响力有限。咖啡豆收购价格参照纽约咖啡期货价格来制定，在价格方面没有话语权，交易中处于弱势地位，难以保护咖农、企业的利益，无法保证咖啡产业的稳定发展。

4.1.4 咖啡企业标准意识淡薄，营销水平不高

我国咖啡行业标准化生产意识薄弱，欠缺标准化生产，咖啡产品难以与国际标准接轨。生产不规范，导致每批次的咖啡豆质量难以达到统一。咖啡企业对于国内消费市场和国外消费市场的风险认知不足，被动接受价格现象普遍，缺乏对市场风险的鉴别和承受能力。主产区云南省的咖啡大多依赖雀巢、麦氏等国外的大型企业收购，省内的销售量不大，没有形成稳定的国内销售渠道。

4.2 产业发展风险分析

4.2.1 咖啡产业面临全球咖啡豆低价风险

目前，全球咖啡市场受到供给过剩的影响，近两年咖啡国际价格持续下跌，同时根据ICO数据，2019/2020年度全球咖啡成为第二个丰收年，咖啡市场供给依旧充分，库存消化率不高，预计2020年全球咖啡价格依旧低迷，国内市场受国际咖啡价格的影响，面临低价风险。

4.2.2 我国咖啡市场竞争激烈

我国咖啡行业处于发展的初级阶段，发展迅速。国内市场中的咖啡品牌来自世界各地，有星巴克、雀巢等此类的国际巨头，也有国内土生土长的自有品牌。国内咖啡市场呈现竞争激烈的状态。从模式、渠道、品牌等呈现多样化竞争。消费者在市场中有着越来越多的选择。

4.2.3 替代品竞争风险

咖啡、茶和可可是世界三大无酒精饮料，其中茶是我国最重要的饮料之一。2006—2016 年，世界茶叶产量增长 55%，达 573 万吨，我国茶叶生产达到 244 万吨，占全球茶叶总产量的 42.6%。2007—2016 年，中国茶叶消费量以每年 10.1%的速度高速增长。中国几乎人人都喝茶，而咖啡作为外来品，是茶等饮品的替代品。随着咖啡文化和理念的不断深入，咖啡市场将会越来越大。但随着国人越来越追求健康生活，喝茶的人数越来越多，替代品威胁较大。

5 中国咖啡产业发展建议

5.1 生产环节发展对策和建议

5.1.1 健全我国咖啡标准体系

积极消化吸收国外先进的标准，同时创新国内咖啡各环节标准，逐步健全我国的咖啡标准体系，覆盖咖啡的产前、产中、产后所有环节，加快与国际标准的接轨。支持我国的咖啡协会、团体和组织，通过“标准+认证”的方式，发展产品质量认证、从业人员认证、咖啡品鉴实验室认证等具有市场活力的团体认证标准。

5.1.2 推动咖啡产业优化布局

按照《全国热带作物优势区域布局》对咖啡产业布局要求，遵循因地制宜，突出重点，统一规划，集中连片的原则，在现有咖啡生产种植区域的基础上，利用现代化科学技术，结合其他作物的生产种植规划，培育我国咖啡生产优势产业带，巩固发展次适宜区，逐步淘汰不适宜区，使我国咖啡产业生产走向规模化、区域化。

5.1.3 改良咖啡品种，开展精深加工技术创新研发

目前，云南已初步建立了咖啡产业相关的教学、科学研究以及推广工作体系。云南目前急需改良咖啡品种，提高咖啡的品质。筛选、培育适合云南气候地理条件的优良新品种，并同时开展精深加工技术的科技创新。建议借鉴哥伦比亚，组建国家级咖啡产业研究科学创新中心，对咖啡育种与精深加工等关键技术进行联合攻关，以科技创新支撑、引领产业发展。在目前已有的重庆、上海、云南等现货交易平台基础上，逐步扩大交易量，逐步开展云南咖啡期货交易平台，让咖啡豆的定价权掌握在自己手中，通过金融手段抵御市场风险。同时积极与东盟咖啡主产国家进行联合，建设亚洲咖啡生态圈，保护咖农和咖啡企业利益，让中国咖啡走上世界舞台。

5.2 市场环节发展对策和建议

5.2.1 借助“一带一路”机遇，拓展咖啡产业发展空间

“一带一路”给咖啡产业化带来前所未有的机遇。中国咖啡产业可以与东南亚主要咖啡生产国家联合，整合资源优势与市场，共同打造亚洲咖啡生态圈。

旅游业作为云南的支柱产业之一，在国内消费者心目中已经树立了牢固的行业地位，云南咖啡发展可借力云南旅游产业优势，通过产业间延伸和交叉，如在旅游景点休息处或机场、车站等交通运输枢纽提供有偿或无偿的云南咖啡饮品，将云南咖啡产品的销售和消费与旅游业相结合，尽可能多的使来自全国各地，甚至世界各地的旅游消费者同时也“身兼”云南咖啡产品的消费者和宣传者角色，有效扩大云南咖啡产品的知名度。

5.2.2 构建咖啡产业平台

发挥重庆、昆明、普洱等地咖啡交易中心的作用，推动咖啡加工企业与原料基地共同发展，与服务业融合，建设连接东南亚最大的咖啡豆交割仓，扩大咖啡豆的现货交易量，为各环节主体提供及时、准确的信息服务。建立健全咖啡豆收储制度，稳定国内咖啡市场交易价格，规范咖啡豆加工环节标准化，让国内咖啡逐步走向可持续化发展方向，推动咖啡产业发展壮大。

5.2.3 明确产品定位，提高经济效益

咖啡作为全球大宗贸易商品，全世界有 80 多个国家种植，100 多个国家品饮。对咖啡豆不同的加工和烘焙方法带来不同的口感。精品咖啡豆产量低但价格较高，大宗咖啡豆产量大但价格较低。二者均具有巨大的市场空间。明确不同咖啡的定位，提高产品质量，精品豆和大宗咖啡豆都能带来不错的经济效益。

菠萝产业发展情况研究报告

菠萝是重要的热带水果也是热区农民重要的经济来源。近几年来，我国菠萝产业面临着内部与外部的双重压力，既要应对消费结构不断升级的国内市场，又要面对国际进口贸易的强效冲击。但从历年菠萝生产消费经济效益分析可以看出，菠萝仍是相对高效的热带作物，对产业扶贫、农民增收具有良好的带动作用。政府、科研单位、种植户应携起手来，实现菠萝产业的优化升级，不断提升菠萝产业的国际竞争力，同时用好“一带一路”的“两个市场、两种资源”，从而更好地“破解产业发展难题，推动乡村产业振兴”。

1 世界菠萝产业发展基本情况

1.1 世界菠萝产业发展总体情况

1.1.1 世界菠萝生产情况

1.1.1.1 2008—2018 年世界菠萝种植面积及产量保持稳定增长

2008—2018 年，世界菠萝的种植面积基本呈上涨趋势（图 1）。大体分为 4 个阶段，2008—2010 年为快速上涨阶段，由 84.70 万公顷增长到 94.94 万公顷；2011—2012 年增长趋势有所放缓，由 97.62 万公顷增长到 101.09 万公顷；2013—2015 年产业发展稳定，由 100.86 万公顷增长到 101.80 万公顷；2016—2018 年恢复快速上涨，由 103.69 万公顷增长到 111.14 万公顷。

2008—2018 年，世界菠萝的产量基本呈上涨趋势（图 2）。大体分为 3 个阶段，2008—2012 年为快速上涨阶段，由 1 993.57 万吨增长到 2 425.84 万吨；2013—2016 年进入稳定发展阶段，由 2 477.89 万吨增长到 2 582.53 万吨；2017—2018 年恢复快速上涨阶段，由 2 738.31 万吨增长到 2 792.43 万吨。

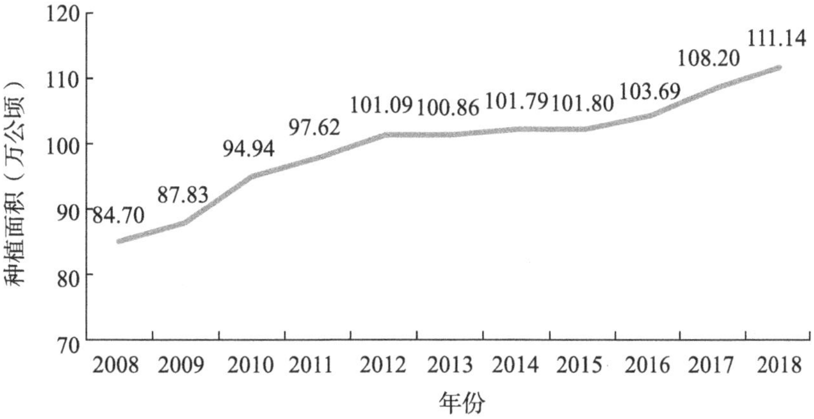

图1　2008—2018年世界菠萝种植面积变化趋势

（数据来源：联合国粮食及农业组织）

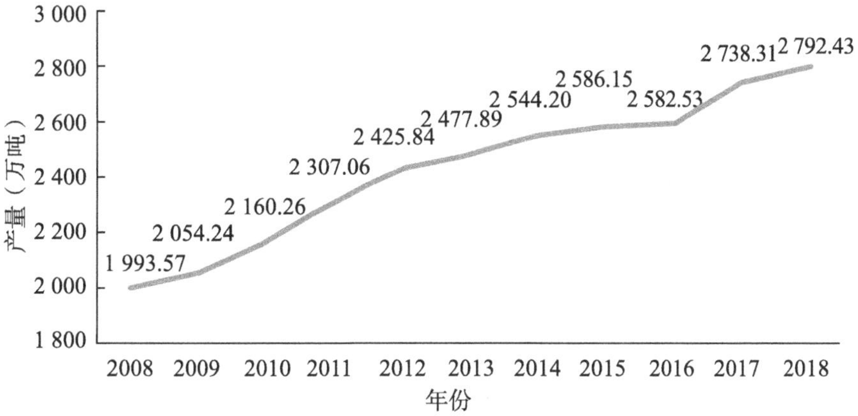

图2　2008—2018年世界菠萝产量变化趋势

（数据来源：联合国粮食及农业组织）

1.1.1.2　2018年世界菠萝种植面积及产量构成

2018年，世界菠萝种植面积为111.14万公顷，同比上涨2.72%；产量2 792.43万吨，同比增长1.98%；单产25.13吨/公顷，同比增长1.93%。其中亚洲种植面积为43.44万公顷，同比增长0.27%，产量1 167.28万吨，同比下降0.97%；非洲种植面积为40.86万公顷，同比增长3.13%，产量549.86万吨，同比增长1.75%；美洲种植面积为26.26万公顷，同比增长5.63%，产量1 062.49万吨，同比增长5.54%；欧洲种植面积为56.00公顷，产量948.00吨，同比稳定；大洋洲种植面积为0.56万公顷，同比增长47.17%，产量12.70万吨，同比增长2.41%。

由图3可见，世界菠萝种植主要集中在亚洲、非洲及美洲。亚洲菠萝种植面积最大，占世界总种植面积的39.09%；非洲种植面积占世界总种植面积的36.77%；美洲种植面积占世界总种植面积的23.63%；大洋洲种植面积占世界总种植面积的0.50%；欧洲种植面积占世界总种植面积的 0.01%。

由图 4 可见，世界菠萝产量集中在亚洲、美洲及非洲。其中亚洲菠萝产量最高，占世界总产量的 41.80%；美洲产量占世界总产量的 38.05%；非洲产量占世界总产量的 19.69%；大洋洲产量占世界总产量的 0.45%。

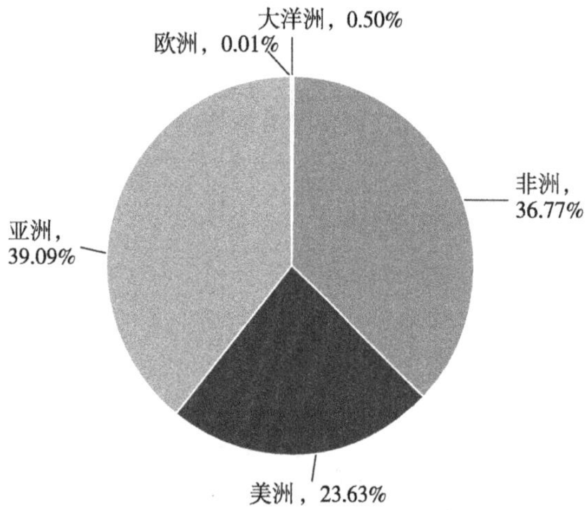

图 3　2018 年世界菠萝种植面积结构

（数据来源：联合国粮食及农业组织）

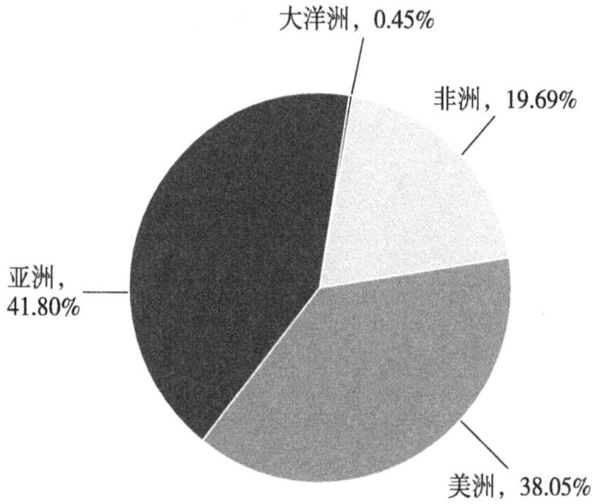

图 4　2018 年世界菠萝产量结构

（数据来源：联合国粮食及农业组织）

受气候、种植技术等因素影响，各大洲菠萝单产差异较大。美洲单产最高为 40.45 吨/公顷；亚洲其次为 26.87 吨/公顷；大洋洲为 22.73 吨/公顷；欧洲为 16.93 吨/公顷；非洲为 13.46 吨/公顷。

1.1.1.3　2018 年各洲菠萝主产国生产情况

世界菠萝种植主要集中在非洲、亚洲及美洲，大洋洲及欧洲分布较少。其中，大洋洲种植集中在澳大利亚和巴布亚新几内亚，其中澳大利亚种植面积 0.38 万公顷，产量 8.87 万吨；巴布亚新几内亚，种植面积 0.12 万公顷，产量 2.30 万吨。两主产国种植面积之和占大洋洲菠萝总面积的 89.44%，产量之和占大洋洲菠萝总产量的 87.88%。欧洲种植集中在葡萄牙，种植面积 56.00 公顷，产量 948.00 吨。

（1）非洲菠萝种植情况

2018 年，非洲菠萝种植面积最大国为尼日利亚，种植面积 19.99 万公顷。其次为安哥拉 5.05 万公顷、几内亚 3.28 万公顷、马达加斯加 1.68 万公顷、坦桑尼亚 1.60 万公顷、马拉维 1.49 万公顷、莫桑比克 1.05 万公顷、加纳 1.04 万公顷、肯尼亚 0.98 万公顷、南非 0.89 万公顷。该十国菠萝种植面积占非洲菠萝总种植面积的 90.64%。

非洲菠萝产量最大国也是尼日利亚，产量 166.45 万吨。其次为加纳 71.39 万吨、安哥拉

59.77 万吨、坦桑尼亚 38.96 万吨、贝宁 37.25 万吨、肯尼亚 34.94 万吨、马拉维 31.99 万吨、喀麦隆 31.08 万吨、刚果（金）18.69 万吨、几内亚 13.77 万吨。该十国菠萝产量占非洲菠萝总产量的 91.71%。

（2）亚洲菠萝种植情况

2018 年，亚洲菠萝主要种植国家及地区有印度 10.30 万公顷、泰国 8.60 万公顷、中国（未统计台湾、香港、澳门）7.35 万公顷、菲律宾 6.62 万公顷、越南 4.55 万公顷、印度尼西亚 1.47 万公顷、孟加拉国 1.43 万公顷、马来西亚 1.06 万公顷、中国台湾 0.84 万公顷、斯里兰卡 0.55 万公顷。该 10 个国家及地区菠萝种植面积占亚洲菠萝总种植面积的 98.46%。

亚洲菠萝产量主要集中国家及地区有菲律宾 273.10 万吨、泰国 211.34 万吨、印度尼西亚 180.55 万吨、印度 170.60 万吨、中国（未统计台湾、香港、澳门）157.35 万吨、越南 65.48 万吨、中国台湾 43.21 万吨、马来西亚 32.94 万吨、孟加拉国 20.84 万吨、斯里兰卡 3.47 万吨。该 10 个国家及地区菠萝产量占亚洲菠萝总产量的 99.28%。

（3）美洲菠萝种植情况

2018 年，美洲菠萝主要种植国有巴西 7.16 万公顷、哥斯达黎加 4.50 万公顷、委内瑞拉 2.44 万公顷、哥伦比亚 2.16 万公顷、墨西哥 2.08 万公顷、秘鲁 1.59 万公顷、危地马拉 1.12 万公顷、多米尼加 0.80 万公顷、古巴 0.69 万公顷、巴拉圭 0.64 万公顷。该 10 国菠萝种植面积占美洲菠萝总种植面积的 88.28%。

美洲菠萝产量大国有哥斯达黎加 341.82 万吨、巴西 265.05 万吨、墨西哥 99.96 万吨、哥伦比亚 90.04 万吨、秘鲁 54.85 万吨、委内瑞拉 51.87 万吨、多米尼加 40.71 万吨、危地马拉 31.25 万吨、厄瓜多尔 14.95 万吨、美国 14.93 万吨。该 10 国菠萝产量占美洲菠萝总产量的 94.63%。

1.1.2 世界菠萝贸易及加工情况

世界菠萝进出口贸易多以鲜干菠萝为主，其加工产品以菠萝罐头、菠萝汁为主，此外还有菠萝酱、菠萝酒、菠萝纤维、菠萝叶饲料及菠萝蛋白酶。

1.1.2.1 鲜干菠萝进口贸易集中美国，出口贸易集中哥斯达黎加

据 UN 统计，2018 年世界鲜干菠萝出口贸易量 375.74 万吨，出口贸易值 20.03 亿美元。出口贸易值最大的国家为哥斯达黎加，出口贸易量 233.39 万吨，占世界鲜干菠萝总出口贸易量的 62.12%，出口贸易值 10.38 亿美元，占世界鲜干菠萝总出口贸易值的 51.83%；其次为转口贸易发达的荷兰，出口贸易量 23.36 万吨，出口贸易值 2.06 亿美元；菲律宾出口贸易量 44.21 万吨，出口贸易值 1.92 亿美元；比利时出口贸易量 13.44 万吨，出口贸易值 1.11 亿美元；美国出口贸易量 10.94 万吨，出口贸易值 0.90 亿美元；厄瓜多尔出口贸易量 6.44 万吨，出口贸易值 0.41 亿美元；西班牙出口贸易量 3.91 万吨，出口贸易值 0.40 亿美元；墨西哥出口贸易量 7.51 万吨，出口贸易值 0.31 亿美元；葡萄牙出口贸易量 2.99 万吨，出口贸易值 0.26 亿美元；德国出口贸易量

2.08 万吨，出口贸易值 0.23 亿美元。

世界鲜干菠萝进口贸易量 340.30 万吨，进口贸易值 27.20 亿美元。进口贸易值最大的国家为美国，进口贸易量 116.50 万吨，占世界鲜干菠萝总进口贸易量的 34.23%，进口贸易值 7.26 亿美元，占世界鲜干菠萝总进口贸易值的 26.69%；其次为转口贸易发达的荷兰，进口贸易量 25.44 万吨，进口贸易值 2.03 亿美元；中国进口贸易量 18.60 万吨，进口贸易值 1.83 亿美元；德国进口贸易量 16.17 万吨，进口贸易值 1.58 亿美元；西班牙进口贸易量 17.88 万吨，进口贸易值 1.44 亿美元；比利时进口贸易量 15.19 万吨，进口贸易值 1.36 亿美元；意大利进口贸易量 17.60 万吨，进口贸易值 1.35 亿美元；英国进口贸易量 16.00 万吨，进口贸易值 1.34 亿美元；日本进口贸易量 15.90 万吨，进口贸易值 1.30 亿美元；法国进口贸易量 13.08 万吨，进口贸易值 1.23 亿美元。

1.1.2.2　菠萝罐头进口贸易集中美国，出口贸易集中泰国

据 UN 统计，2018 年世界菠萝罐头出口贸易量 102.69 万吨，出口贸易值 9.60 亿美元。出口贸易值最大的国家为泰国，出口贸易量 47.72 万吨，占世界菠萝罐头总出口贸易量的 46.47%，出口贸易值 4.04 亿美元，占世界菠萝罐头总出口贸易值的 42.05%；其次为菲律宾出口贸易量 22.13 万吨，出口贸易值 1.92 亿美元；印度尼西亚出口贸易量 18.55 万吨，出口贸易值 1.57 亿美元；荷兰出口贸易量 2.69 万吨，出口贸易值 0.45 亿美元；肯尼亚出口贸易量 3.02 万吨，出口贸易值 0.38 亿美元；德国出口贸易量 1.55 万吨，出口贸易值 0.22 亿美元；越南出口贸易量 0.84 万吨，出口贸易值 0.15 亿美元；中国出口贸易量 1.10 万吨，出口贸易值 0.11 亿美元；斯威士兰出口贸易量 0.22 万吨，出口贸易值 0.08 亿美元；阿拉伯联合酋长国出口贸易量 0.75 万吨，出口贸易值 0.07 亿美元。

世界菠萝罐头进口贸易量 94.57 万吨，进口贸易值 10.37 亿美元。进口贸易值最大的国家为美国，进口贸易量 29.91 万吨，占世界菠萝罐头总进口贸易量的 31.63%，进口贸易值 3.17 亿美元，占世界菠萝罐头总进口贸易值的 30.61%；其次为德国进口贸易量 8.00 万吨，进口贸易值 0.80 亿美元；西班牙进口贸易量 4.52 万吨，进口贸易值 0.62 亿美元；俄罗斯进口贸易量 6.42 万吨，进口贸易值 0.54 亿美元；荷兰进口贸易量 3.64 万吨，进口贸易值 0.42 亿美元；英国进口贸易量 3.21 万吨，进口贸易值 0.41 亿美元；法国进口贸易量 3.13 万吨，进口贸易值 0.38 亿美元；日本进口贸易量 3.25 万吨，进口贸易值 0.36 亿美元；澳大利亚进口贸易量 2.02 万吨，进口贸易值 0.25 亿美元；加拿大进口贸易量 2.28 万吨，进口贸易值 0.22 亿美元。

1.1.2.3　糖度值超过 20°Bx 菠萝汁进口贸易集中荷兰，出口贸易集中泰国

据 UN 统计，2018 年世界糖度值超过 20°Bx 菠萝汁出口贸易量 26.75 万吨，出口贸易值 3.75 亿美元。出口贸易值最大的泰国为 1.11 亿美元，占世界总出口贸易值的 29.60%；其次为菲律宾出口贸易量 11.15 万吨，出口贸易值 0.75 亿美元；荷兰出口贸易量 4.45 万吨，出口贸易值 0.56

亿美元；哥斯达黎加出口贸易量2.75万吨，出口贸易值0.32亿美元；印度尼西亚出口贸易量2.91万吨，出口贸易值0.29亿美元；肯尼亚出口贸易量1.49万吨，出口贸易值0.22亿美元；南非出口贸易量1.02万吨，出口贸易值0.09亿美元；巴西出口贸易量0.33万吨，出口贸易值0.04亿美元；美国出口贸易量0.22万吨，出口贸易值0.04亿美元；德国出口贸易量0.13万吨，出口贸易值0.04亿美元。

世界糖度值超过20°Bx菠萝汁进口贸易量31.85万吨，进口贸易值2.97亿美元。进口贸易值最大的国家为荷兰，进口贸易量4.93万吨，占世界总进口贸易量的13.78%，进口贸易值0.51亿美元，占世界总进口贸易值的17.17%；其次为美国，进口贸易量12.37万吨，进口贸易值0.43亿美元；西班牙进口贸易量2.37万吨，进口贸易值0.26亿美元；法国进口贸易量1.21万吨，进口贸易值0.15亿美元；意大利进口贸易量1.20万吨，进口贸易值0.15亿美元；德国进口贸易量0.96万吨，进口贸易值0.14亿美元；日本进口贸易量0.78万吨，进口贸易值0.11亿美元；俄罗斯进口贸易量0.64万吨，进口贸易值0.09亿美元；沙特阿拉伯进口贸易量0.71万吨，进口贸易值0.09亿美元；英国进口贸易量0.69万吨，进口贸易值0.08亿美元。

1.1.2.4 糖度值低于20°Bx菠萝汁进口贸易集中法国，出口贸易集中哥斯达黎加

据UN统计，2018年世界糖度值低于20°Bx菠萝汁出口贸易量33.91万吨，出口值1.87亿美元。出口贸易值最大的为哥斯达黎加，出口贸易量15.06万吨，占世界总出口贸易量的44.41%，出口贸易值0.73亿美元，占世界总出口贸易值的39.02%；其次为转口贸易发达的荷兰，出口贸易量8.83万吨，出口贸易值0.34亿美元；比利时出口贸易量1.83万吨，出口贸易值0.13亿美元；德国出口贸易量1.26万吨，出口贸易值0.12亿美元；菲律宾出口贸易量1.12万吨，出口贸易值0.08亿美元；西班牙出口贸易量0.59万吨，出口贸易值0.06亿美元；塞浦路斯出口贸易量0.92万吨，出口贸易值0.05亿美元；奥地利出口贸易量0.04万吨，出口贸易值0.05亿美元；法国出口贸易量0.46万吨，出口贸易值0.05亿美元；爱尔兰出口贸易量0.28万吨，出口贸易值0.02亿美元。

世界糖度值低于20°Bx菠萝汁进口贸易量28.34万吨，进口贸易值2.10亿美元。进口贸易值最大的国家为法国，进口贸易量4.44万吨，占世界总进口贸易量的15.65%，进口贸易值0.37亿美元，占世界总进口贸易值的17.75%；其次为转口贸易发达的荷兰，进口贸易量4.90万吨，进口贸易值0.31亿美元；德国进口贸易量3.98万吨，进口贸易值0.26亿美元；美国进口贸易量3.66万吨，进口贸易值0.23亿美元；比利时进口贸易量2.90万吨，进口贸易值0.21亿美元；西班牙进口贸易量2.23万吨，进口贸易值0.15亿美元；英国进口贸易量1.51万吨，进口贸易值0.13亿美元；中国进口贸易量0.54万吨，进口贸易值0.04亿美元；加拿大进口贸易量0.48万吨，进口贸易值0.03亿美元；意大利进口贸易量0.23万吨，进口贸易值0.03亿美元。

1.2 重点国家发展情况

1.2.1 世界菠萝主产国哥斯达黎加发展现状

1.2.1.1 产业发展资源情况

哥斯达黎加属北美洲，位于中美洲地峡，物种资源丰富。气候以热带和亚热带为主，有雨季及旱季两个季节，4—12月为降水多的雨季，12月底到翌年4月为干季。哥斯达黎加是中美洲地区经济较发达国家之一，农业是其支柱性产业，其农业发展水平在美洲处于较高水平，以生产咖啡、香蕉、甘蔗等香辛饮料及热带水果作物为主。并且，哥斯达黎加积极实行贸易开放政策，与美国、中国、欧盟等多个国家签了自由贸易协定，与世界50多个国家（地区）有贸易关系。农业的对外贸易在其国民经济中占据重要地位。

1.2.1.2 菠萝生产情况

2018年，哥斯达黎加菠萝种植面积4.5万公顷，产量341.82万吨，其菠萝产业目前有4.8万名从业人员，其中MD2品种产量占全球产量一半以上，主栽品种还有Champaka、Cayena及Golden等。菠萝加工业正不断发展壮大，是世界第一大糖度值低于20菠萝汁的出口国。目前10%的哥斯达黎加菠萝生产仍旧在中小型个体种植者手中，菠萝种植的经营主体正逐渐向大型跨国公司转变。由图5、图6可见，2008—2018年哥斯达黎加菠萝种植面积有所波动，但近几年逐渐恢复。产量则一直呈波动增长趋势，由2008年的194.61万吨增长到2018年的341.82万吨。

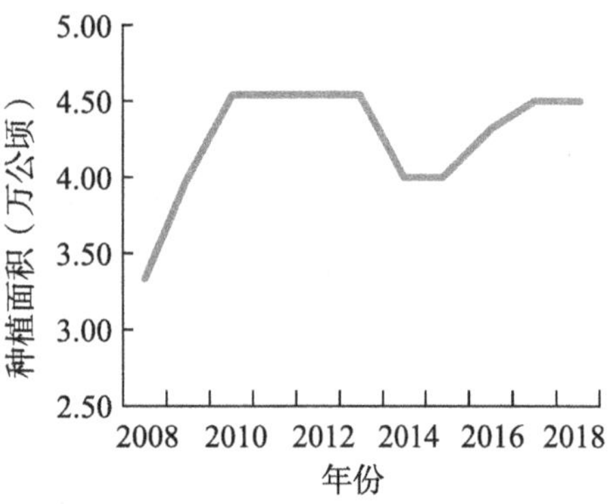

图5 2008—2018年哥斯达黎加菠萝种植面积

（数据来源：联合国粮食及农业组织）

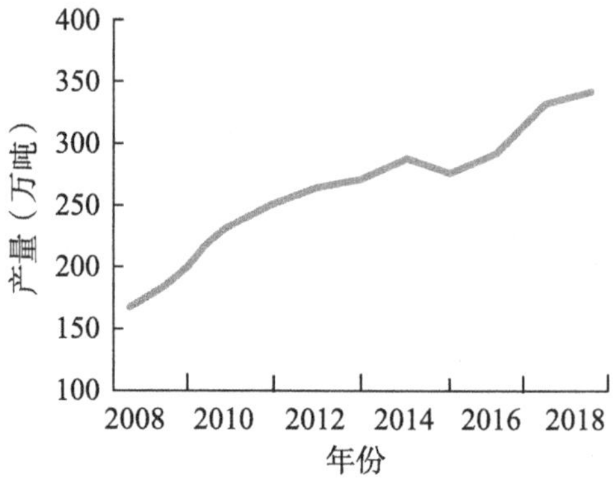

图6 2008—2018年哥斯达黎加菠萝产量

（数据来源：联合国粮食及农业组织）

1.2.1.3 菠萝贸易情况

据哥斯达黎加出口促进局统计，菠萝是其仅次于香蕉的第二大出口农产品。在世界鲜干菠萝国际贸易中，2/3的菠萝来自哥斯达黎加。其中，50%被送往美国，另50%的大部分被送往欧盟地区。在美国及欧盟进口的菠萝中，有85%来自哥斯达黎加。2014年，中国有关部门就开始了对哥斯达黎加菠萝病虫害的研究工作，并于2018年正式通知其可以对华出口菠萝。哥斯达黎加各部门也积极组织企业参与各种菠萝推介活动，中国市场需求反应良好。但由于物流成本高、运输时间长等物流问题，哥斯达黎加菠萝一直在中国市场上缺乏竞争力，项目进展缓慢。

2018 年，哥斯达黎加菠萝进口贸易量 310.00 吨，进口贸易值 16.10 万美元。进口对象国相对分散，主要进口贸易伙伴国为泰国，进口贸易量 7.10 吨，占总进口贸易量的 2.29%，进口贸易值 2.09 万美元，占总进口贸易值的 12.97%。哥斯达黎加菠萝出口贸易量 233.39 万吨，出口贸易值 10.38 亿美元。出口对象国相对集中，主要出口贸易伙伴国为美国，出口贸易量 113.05 万吨，占总出口贸易量的 48.44%，出口贸易值 4.99 亿美元，占总出口贸易值的 48.07%。由图 7、图 8 可见，2008—2018 年哥斯达黎加菠萝出口贸易呈波动增长，出口量由 145.90 万吨增长至 233.39 万吨，出口值由 5.75 亿美元增长至 10.38 亿美元。

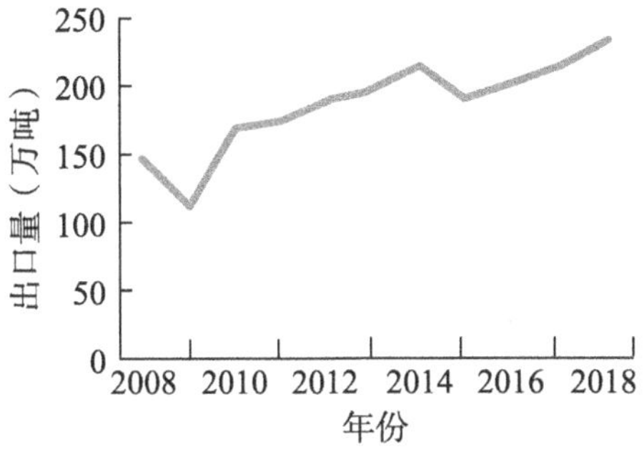

图 7　2008—2018 年哥斯达黎加菠萝出口量

（数据来源：联合国）

图 8　2008—2018 年哥斯达黎加菠萝出口值

（数据来源：联合国）

1.2.2　世界主产国泰国菠萝生产情况

1.2.2.1　产业发展资源情况

泰国属东南亚国家，位于中南半岛，物种资源丰富，热带季风气候，有热、雨及凉 3 个季节。泰国是东南亚新兴的第二大经济体，是东盟成员国，也是世界五大农产品出口国之一。农业占泰国国内生产总值不高，但却是泰国传统经济产业，是泰国外汇收入的主要来源之一。其农业发展水平较高，稻米、天然橡胶、热带水果是其重要出口作物，主要产区集中在中部湄南河三角洲、东北部呵叻高原的沿河区域、北部山间盆地和南部半岛。泰国积极实行贸易开放政策，与东盟、中国、日本等多个国家签了自由贸易协定。

1.2.2.2　菠萝生产情况

2018 年，泰国菠萝种植面积 8.60 万公顷，产量 211.34 万吨，种植品种多为皇后类和无刺卡因类。泰国著名的小菠萝叫“布兰”，多在清迈、清莱、普吉三地种植，该品种圆润，拳头大小，气味芬芳。市场价格可销至 10~15 泰铢/千克（1 泰铢≈0.212 7 元，2018-12-31）。菠萝加工量较大，加工产品主要有菠萝罐头、菠萝汁、菠萝脆片。由图 9、图 10 可见，2008—2018 年泰国菠萝种植面积与产量呈波动下降，但近几年有回升趋势。种植面积自 9.31 万公顷下降到 8.60 万公顷，产量自 227.82 万吨下降到 211.34 万吨。

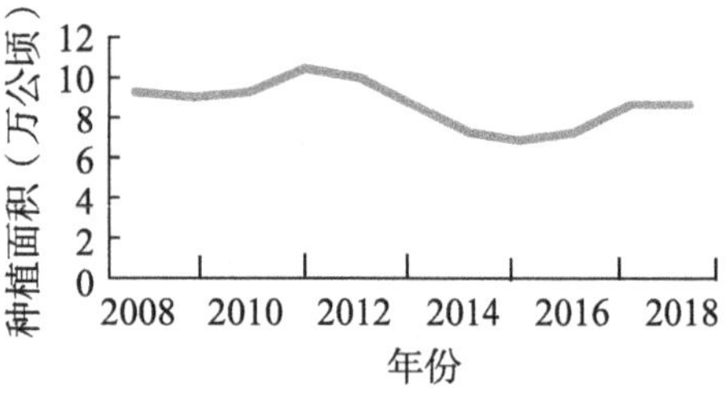

图 9　2008—2018 年泰国菠萝种植面积

（数据来源：联合国粮食及农业组织）

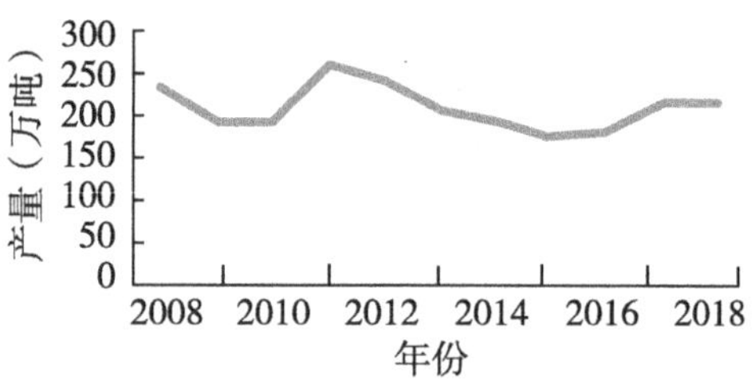

图 10　2008—2018 年泰国菠萝产量

（数据来源：联合国粮食及农业组织）

1.2.2.3　菠萝贸易情况

2018 年，泰国菠萝进口贸易量 2.23 吨，进口贸易值 0.56 万美元。出口贸易量 1.74 万吨，出口贸易值 1 038.72 万美元。出口对象国相对集中，主要出口贸易伙伴国为中国，出口中国的贸易量 1.49 万吨占总出口贸易量的 85.43%，出口中国的贸易值 729.61 万美元占总出口贸易值的 70.24%。由图 11、图 12 可见，2008—2018 年泰国菠萝出口贸易在 2017 后迅猛增长，出口量由 2008 年的 0.40 万吨增长至 1.74 万吨，出口值由 330.20 万美元增长至 1 038.72 万美元。

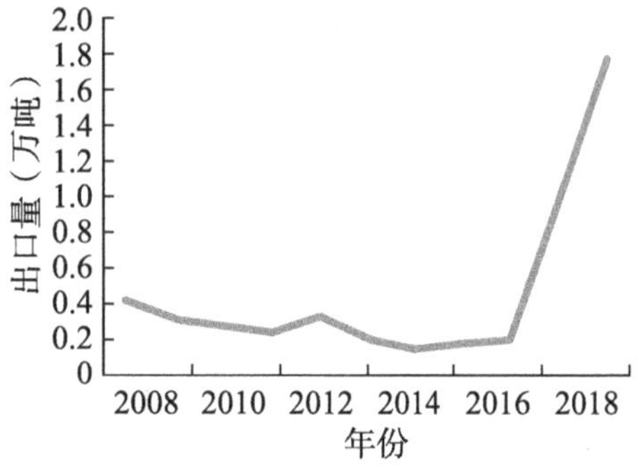

图 11　2008—2018 年泰国菠萝出口量

（数据来源：联合国）

图 12　2008—2018 年泰国菠萝出口值

（数据来源：联合国）

2　中国菠萝产业发展基本情况

2.1　生产情况

2.1.1　全国菠萝生产呈稳定增长趋势

我国是世界菠萝主产国之一，种植面积和总产量分别约占全球总量的 7.22%和 8.05%。主产区有海南、广东、广西、福建及云南。2019 年我国菠萝实有面积 94.30 万亩，较上年增长 4.60%，占全国热带水果总面积 3.41%；菠萝总产量 173.30 万吨，较上年增长 5.36%，占全国热带水果总产量 6.33%；单产 2 529.60 千克/亩；总产值 40.80 亿元，较上年增长 13.02%。目前，我国菠萝产业仍是半机械化生产模式，生产主体仍以小农户为主。主栽品种以巴厘为主，其他主栽品种还有金菠萝、台农 16 号、台农 17 号（下称凤梨），其市场价格较为稳定且均高于巴厘菠萝。

由图 13 可见，2010—2017 年，我国菠萝产量呈逐渐增长趋势，由 106. 82 万吨增长到 167. 17 万吨。2018 年菠萝产量略有下降至 164. 49 万吨。2019 年又有所回升至 173. 3 万吨。

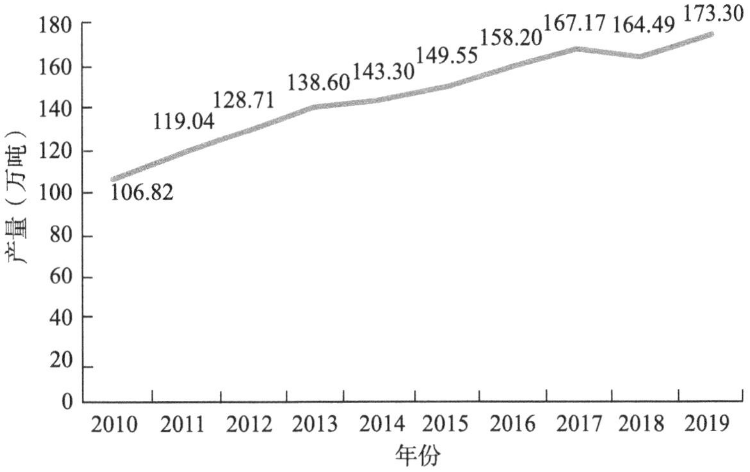

图 13 中国 2010—2019 年菠萝总产量

（数据来源：农业农村部南亚热带作物办公室）

2. 1. 2 各省生产特征差异明显

从图 14 可见，我国菠萝的主产区为海南、广东、广西、福建及云南。广东及海南的产量仍相对较高，广东产量占我国总产量的 64. 05%，海南产量占我国总产量的 26. 08%。近几年，云南的菠萝产量增长较快，特别是橡胶林下间作，是橡胶价格低迷时期很好的经济效益提升模板。广

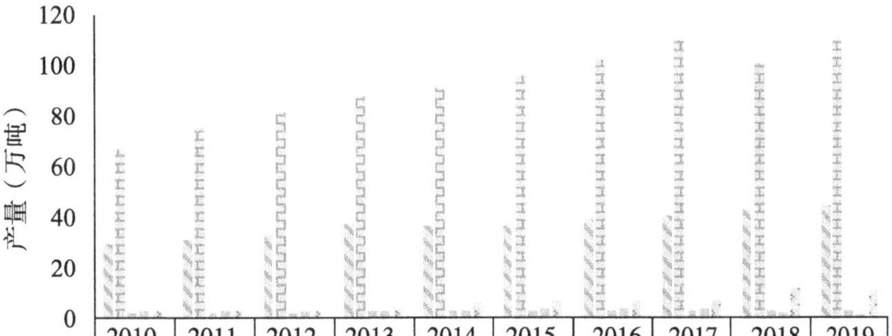

	2010	2011	2012	2013	2014	2015	2016	2017	2018	2019
海南	29.73	31.67	34.27	38.30	37.30	37.47	39.80	40.99	44.00	45.20
广东	67.55	76.91	82.10	88.90	91.80	96.86	103.40	111.00	102.00	111.00
广西	2.76	2.93	3.05	3.30	3.40	3.43	3.40	3.54	3.65	3.70
福建	3.16	3.90	3.78	3.70	3.90	4.08	4.30	4.45	2.39	1.70
云南	3.62	3.63	3.51	4.40	6.90	7.71	7.30	7.19	12.45	11.70

图 14 我国 2010—2019 年菠萝主产区产量

（数据来源：农业农村部南亚热带作物办公室）

西的产量较为稳定，略有增长。2019 年，福建产量较 2017 年有大幅度下降。

2.2　产品加工情况

我国用于加工的菠萝占菠萝总产量的比值较少，约为菠萝总产量的 10%左右，加工产品以菠萝罐头为主，此外还有菠萝汁、菠萝干、菠萝酱、菠萝酒、菠萝纤维及菠萝蛋白酶等。菠萝罐头等制品加工过程仍需高度依赖人工，多为半机械化作业。所用菠萝通常是 0.75 千克以下小果，多使用巴厘菠萝为加工原料。经过人工削皮、挖果眼工序后，利用率约为 50%，再进入冷冻、杀菌及加工环节，果酱、罐头加工利用率可达 98%，果汁出汁率可达到 80%以上。我国菠萝加工厂多分布在广东、广西两省。以广东徐闻为例，现有 40 家菠萝加工企业，2 家规模以上企业，菠萝加工量占生产总量的 20%，年加工鲜果能力约 30 万吨。

2.3　市场情况

2.3.1　国际市场情况

2.3.1.1　中国菠萝国际贸易以鲜果进口为主

2019 年，我国鲜干菠萝出口量 0.59 万吨，出口值 674.28 万美元；进口量 24.93 万吨，进口值 2.32 亿美元。进出口贸易对象相对集中，主要进口对象国是菲律宾（图 15），主要出口对象国是俄罗斯（图 16）。

2019 年，我国鲜干菠萝对俄罗斯出口量 4 130.07 吨，出口值 458.36 万美元；对吉尔吉斯斯坦出口量 774.37 吨，出口值 78.72 万美元；对哈萨克斯坦出口量 636.69 吨，出口值 48.18 万美元。从菲律宾进口量 18.51 万吨，进口值 1.50 亿美元；从中国台湾地区进口量 5.00 万吨，进口值 6 639.23 万美元；从泰国进口量 1.28 万吨，进口值 1 429.03 万美元。

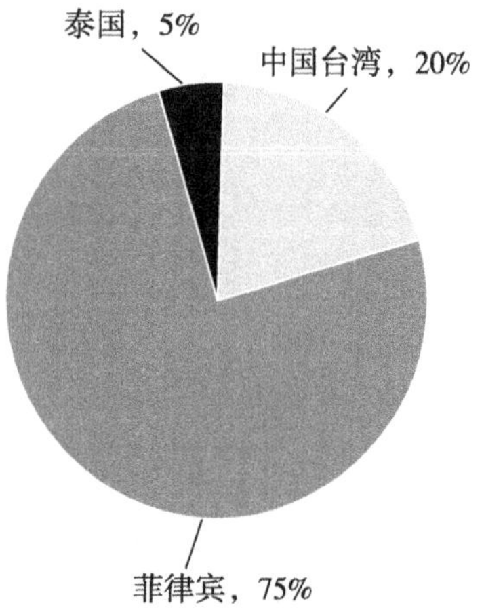

图 15　2019 年中国菠萝进口来源国家和地区占比

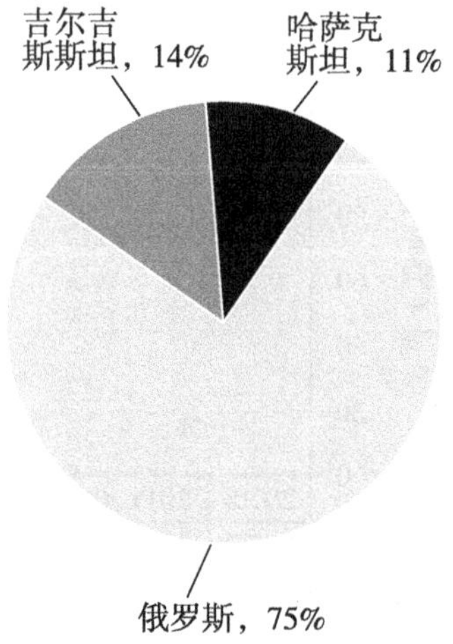

图 16　2019 年中国菠萝出口对象国家占比

我国鲜干菠萝进出口贸易量差较大。2019 年，中国鲜干菠萝进口贸易主要集中在 3—4 月（图 17），与我国菠萝的主要上市期重合。出口贸易在 12 月激增（图 18），但该时期并非我国主产菠萝上市季，上市菠萝以凤梨为主。

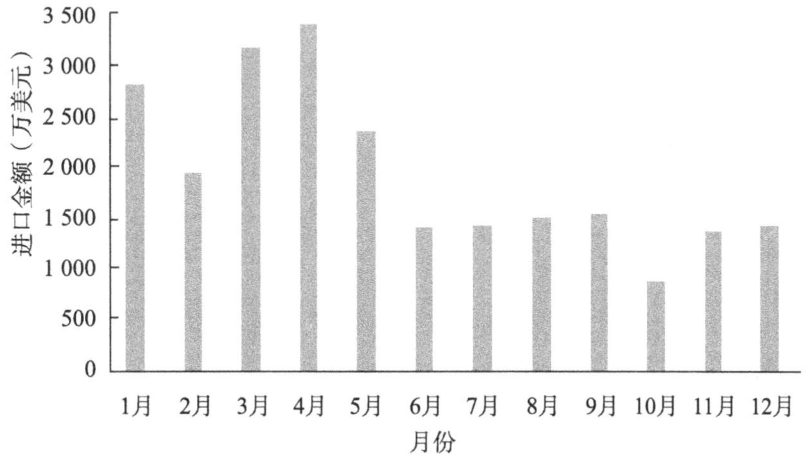

图 17　2019 年中国菠萝进口金额

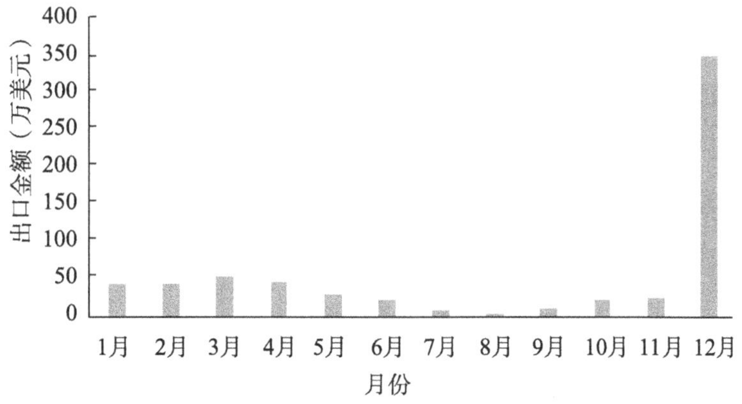

图 18　2019 年中国菠萝出口金额

2.3.1.2　我国菠萝进口贸易增长迅速

2010—2019 年，我国鲜干菠萝进口贸易由 1.97 万吨 0.13 亿美元增至 24.93 万吨 2.32 亿美元。进口贸易集中，主要进口对象国为菲律宾。出口量由 0.26 万吨 171.49 万美元增至 0.59 万吨 674.28 万美元，出口贸易也较集中，主要出口对象国为俄罗斯。

2.3.2　国内市场情况

2019 年，中国菠萝田头收购价格、市场价格均基本稳定。由于上年暖冬，广东及海南菠萝多集中在 3 月上市故价格略低，产地收购价在 1.7~2.2 元/千克，批发市场均价为 2.4~3.6 元/千克，零售价在 3.8~5.0 元/千克。后随上市量减少，价格一路回升，批发市场最高价出现在 6 月的 4.4 元/千克，到 8 月后由于其他水果的替代效应，批发市场价格又开始回落，12 月已低至 3.2 元/千克。但供给精品水果店和超市的优质菠萝价格一直较为稳定，零售价格为 13.98 元/千克。华北市场与华南市场喜好存在差异，华北市场喜欢大箱包装且果实偏大，华南市场喜欢小箱包装且果实适中。由图 19 可见，近几年我国菠萝批发市场价格成周期波动。

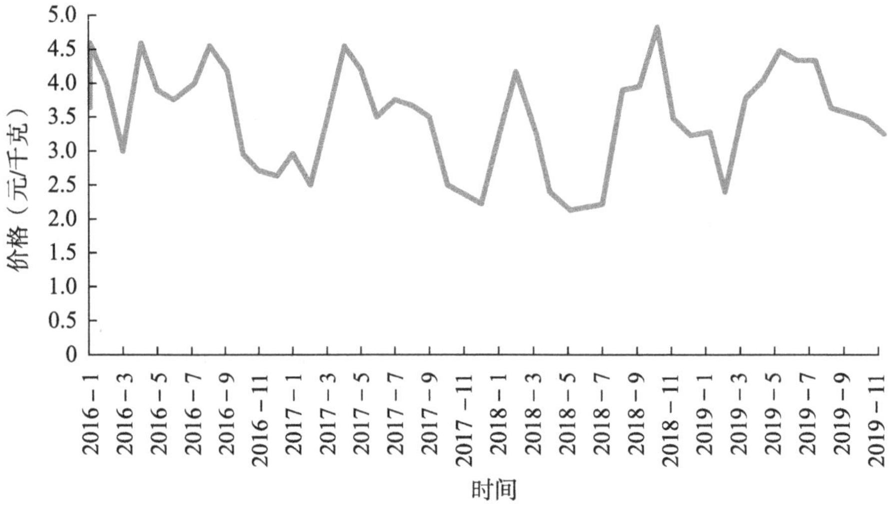

图 19　我国 2016—2019 年主要批发市场菠萝价格情况

2.4　成本与收益情况

2.4.1　菠萝种植成本较高

由于种植主体、种植技术及种植品种不同，菠萝种植成本存在很大差异。农户若新植菠萝，种植成本每亩约为 6 500~8 000 元。巴厘种苗每株 0.5 元，凤梨苗每株 1~1.6 元，每亩 2 800~3 500 株。此后数年，农民可自留种苗，种植成本每亩约为 5 000 元。其中，地膜、农药、化肥、有机肥等农资投入约 2 300 元/亩，机耕 300 元/亩，人工成本（包括自用工）投入约 1 400 元/亩。新流转土地地租为 1 200 元/亩/年，老流转土地地租为 500 元/亩/年（菠萝生长周期一般为 18 个月，算两年地租）。

表 1　菠萝种植成本表　（单位：元/亩）

项目	种苗	农资	机耕	人工	土地流转
成本	1 500	2 300	300	1 400	1 200

不同种植主体的成本差异主要在于人工成本及土地成本。小农种植户多为自用工（或少量雇工）及自有土地，每亩菠萝种植成本约为 3 400 元/亩（自留苗）。种植企业则需雇佣人工及租赁土地，每亩菠萝种植成本约为 5 200 元/亩（自留苗）。

2.4.2　菠萝种植收益尚可

由于种植技术及投入生产要素差异，同品种菠萝的亩产差异较大，为 2 000~4 000 千克。其中巴厘菠萝商品率可达 90%左右，成本收益平衡点为 1.4~2.0 元/千克。一般情况下，主栽品种巴厘菠萝种植户一亩可收益约 1 400 元。

与世界菠萝产业相比，中国菠萝的种植成本相对较高，约为泰国、柬埔寨等东盟国家的 2 倍。成本构成差异主要集中在人工成本及土地成本，东盟国家的人工及土地成本要明显低于我国。中国菠萝的主要出口国是俄罗斯，但由于菠萝是热带作物，俄罗斯不能种植，故不与其国内农业构成竞争关系，出口贸易较为流畅。

2.4.3 不同流通渠道成本差异比较

电商渠道流通成本情况：因成熟的菠萝不耐储运，电商多喜欢收购七成熟的菠萝，并将 2.5~5 千克菠萝装成一箱，定为一单，在淘宝、京东等电商生鲜平台分销。菠萝包装所用的纸箱及防压材料费约为 2.0 元/单，推广费约为 1.5 元/单，快递成本均价约为 8.0 元/单。

传统渠道流通成本情况：巴厘菠萝多以散装形式销售及运输，台农和金菠萝这两个品种多依靠冷链运输，一般从产地经 2~3 天可以到达批发市场，除果损率，菠萝的运输成本约为 0.4 元/千克。

3 菠萝产业主产区发展动态

3.1 海南产区菠萝产业发展动态

海南菠萝是我国上市最早的菠萝，多集中在清明节前后上市或选择在 5 月上市。受暖冬气候影响，2019 年海南菠萝与广东菠萝在上市初期有所重合，清明节左右的第一批果价格相对较低，后缓慢增长，较上年相比市场销售价格下降明显。越来越多的种植户及合作社愿意利用电子商务平台销售菠萝。

海南省农业科学院科研人员研究出“一种菠萝浓缩清汁的制备方法”，并获得第二届海南省专利优秀奖。可以从菠萝中获取甜味纯正、清澈透亮的浓缩清汁。作为纯果汁产品的糖源，它不仅可以作为饮料、冰激凌、糖果、罐头等产品的调配料，也可以复原成果汁，还可以应用在其他食品加工领域。海南省农业农村厅近日出台《关于推进我省菠萝产业调优增效的指导意见》（以下简称《意见》），全省将用 3 年时间扩大凤梨生产规模，力争全省良种覆盖率达到 80%以上，并逐步淘汰巴厘菠萝等老品种。昌江县（十月田）好清香水菠萝“一村一品”电商+媒体采风推介会在十月田镇好清村举办。来自海南 50 多家电商企业和社区团购负责人、菠萝种植大户、快递企业、媒体单位等近 100 多人欢聚，同尝香水菠萝品味绿色生态，致力打造十月田好清香水菠萝“一村一品”最美品牌。当天的菠萝订单与网上预售量就已达到 11 688 件。

3.2 广东产区菠萝产业发展动态

广东是中国最大的菠萝种植省份，其菠萝种植区域仍相对集中在湛江地区。多分春季果和夏季果，春季以巴厘为主，夏季以粤脆为主。湛江徐闻推出全国首个政策性菠萝产值保险，且大部分保费将由各级财政承担。巴厘品种的保险金额为每亩 5 000 元、台农系列的保险金额为每亩

8 000 元，金菠萝的保险金额则为每亩 10 000 元。但收取的保险费统一为每亩 450 元，保险周期均为一年半。当自然灾害、意外事故以及出售期价格下跌等原因造成保险菠萝实际总产值低于保险金额（约定产值）时既按照保险合同约定赔偿。为了鼓励农户种植新菠萝品种，对不同类的菠萝品种，实施不同程度的保险保障。其中种植巴厘品种的农户只能得到 70%的保费补贴，而种植台农系列与金菠萝的农户，购买保险时的保费补贴，则达到了 85%。

3.3 其他产区菠萝产业发展动态

广西菠萝上市期为 4—11 月，但因天气炎热不耐储运，种植户很少选择 7 月采收销售。种植品种以巴厘为主，金菠萝、台农菠萝占总种植面积的 20%～30%。广西政府十分重视西部陆海新通道建设项目，借此强化与东南亚国家菠萝等热带水果的贸易往来。广西一些市县已将菠萝列为“一村一品”发展产业，如田东县登高村园艺场现已发展连片菠萝种植 1 500 多亩，引进菲律宾蜜菠萝等优质品种，亩产达 2 000 多千克，年产值达 600 余万元。

云南的菠萝种植区域相对集中，主要分布在红河、景洪、文山等地，三地菠萝种植面积占整个云南菠萝总种植面积的 90%以上。主栽品种多为无刺卡因，但品种质量逐渐退化。此外，河口菠萝多被种植于山坡，近几年在拼多多等电商平台带动下，经济效益不断提升。普洱菠萝多被间作在橡胶林下，为橡胶价格低迷期农户经济效益提升路径做出了良好的示范效用。

福建菠萝种植面积相对稳定，主要集中在闽南地区，每年 4 月之后为成熟上市期，多供给本地市场。龙海市程溪镇素有“菠萝之乡”的美称，现已注册了“程溪菠萝”商标，并通过了无公害产品认证。

4 中国菠萝生产及销售趋势的预测

4.1 种植及生产预测

4.1.1 种植面积整体稳定

预计，中国菠萝种植面积及产量仍将保持稳定，全国种植面积维持在 6.67 万公顷左右。主要种植区域仍集中在广东及海南，广东仍是我国第一大菠萝主产区。但随着云南及广西菠萝种植面积的快速增长，广东及海南菠萝种植面积在全国占比将有所下降，而福建菠萝种植面积将保持稳定。

4.1.2 菠萝品种逐步优化

受市场因素影响，预计我国巴厘菠萝种植面积将逐步缩减，台农等高产值菠萝品种逐步受到种植户认可，种植面积将逐年扩大。由于新品种对种植技术要求较高，菠萝品种的更新将由企业及合作社引领，今后高产值菠萝的生产将多采用“企业/合作社+基地+农户”模式。

4.2 市场前景分析

4.2.1 国内市场继续两极分化

我国人均菠萝的消费量远低于世界发达国家，随着国内消费市场的结构升级，国内菠萝消费量将继续扩大，特别是受市场偏爱的凤梨消费量将大幅上涨。巴厘菠萝价格将继续低位波动且波动越加频繁，凤梨仍将在短时间内供不应求，继续侵占巴厘菠萝的市场份额。传统市场的运输及分销系统将更加完善，菠萝的运输期不断缩短。电子商务运行体系也逐渐完善，占市场营销份额有所扩大。

4.2.2 进口量继续增长，出口贸易受到挤压

我国菠萝的进口贸易仍将继续增长，主要来源国仍集中于东盟国家。鲜果主要出口国仍将集中于俄罗斯，罐头出口贸易仍将集中于美国，但受资源及成本制约，我国菠萝罐头出口量可能会逐年减少。然而，我国菠萝出口贸易应有很大的增长空间，欧盟是全球最大的鲜食菠萝进口市场，长期以来受菠萝质量、生产标准及保鲜技术等因素限制，我国对欧盟市场的菠萝出口通道尚未打开。

4.2.3 菠萝加工品市场潜力巨大

从短期来看，我国菠萝加工产业仍将受到资源、成本及消费者偏好影响，发展较为缓慢。菠萝加工品仍以菠萝罐头为主，且多参与出口贸易，销往国际市场。但依据全球果汁需求量每年10%的上涨比例以及经济发展与果汁消费量的正向相关性推算，我国国内市场及国际市场的菠萝汁需求量会有很大增长空间，应是我国菠萝加工业今后主要发展方向之一。

4.2.4 菠萝深加工产品亟待投入市场

以菠萝为原料的精深加工产品很多，如菠萝蛋白酶、菠萝纤维、菠萝饲料和菠萝生物有机肥等，但受加工技术、市场成本等诸多因素限制，短时期内很难被广泛使用及推广。但从长期来看，菠萝废弃物的循环利用、菠萝麻抗菌性等应用符合社会与经济发展需求，通过加工制造技术的不断优化，将成为菠萝加工业的重要支撑力量。

5 中国菠萝产业发展问题及制约因素

5.1 产业发展存在主要问题

5.1.1 品种结构单一老化

巴厘菠萝在湛江等传统种植区已有 90 多年的历史，品种特性不断退化，且中国 76%左右的菠萝都是巴厘品种。主栽品种单一老化，一直是影响我国菠萝产业升级的主要制约因素。各级政府、科研院所及农民都逐步认识到菠萝品种老化单一的不利影响。这样不仅上市期集中，果品品质不高，而且和凤梨相比地头收购价相差甚多。但凤梨在推广上受到资金和技术两大制约因素影

响。凤梨苗价格较高，种植管理、采收时间掌控等技术对传统菠萝种植户都是挑战。

5.1.2 品牌效益未体现

虽然我国部分菠萝主产区有自己的国家地理标志，但我国菠萝产业的品牌效益普遍较低，在市场上的认知度有限。有的菠萝在销售时打上“台湾凤梨”标识反而更受市场欢迎，我国菠萝品牌的市场价值还未真正体现。菠萝品牌发展滞后的原因，一是菠萝目前仍以小散种植为主，品牌培育未受到种植户重视。二是现所销售的菠萝趋于同质化，并没有明显体现品牌菠萝的优特性。三是缺乏专项资金投入。打造自己的菠萝品牌就涉及包装、储运、销售等一系列问题，在市场回报不明显的情况下，菠萝种植户不愿意该项投入。

5.1.3 种植标准化、机械化困难

优良菠萝品种推广受到种植技术普及度制约。众所周知凤梨的市场价格明显高于巴厘菠萝，但多年来品种替换效果不佳的主要原因就是凤梨在催花、采果、施肥等生产环节有一系列配套技术，专业性要求高，但多数农户还未熟练掌握。另外，巴厘菠萝的种植标准化程度低。在种植过程中由于农户对农药、化肥施用技术不专业，有时存在药剂使用量大的情况，不仅在经济上浪费农业资本，在销售时也会影响果品质量，易造成果实外表大而内在品质下降，不耐储运易黑心等现象。而且种植标准的差异也影响了菠萝产业机械化的发展。目前菠萝的种收多依靠人工作业，急需专业的菠萝种植及采收设备。

5.1.4 菠萝加工业受到原料及技术限制

受菠萝上市季节性及市场消费偏好的限制，我国菠萝的加工业一直发展较为缓慢。一是，巴厘菠萝不适宜加工。削皮、挖眼之后的净果率只有40%~50%，原材料的废弃率太高。而且菠萝加工机械化水平低，菠萝加工前处理过程多依靠人工作业，不仅卫生状况较差，而且成本高，效率低。二是，菠萝加工制品在我国国内市场一直打不开销路。当鲜食菠萝收购价格高时，农户想获得更高的收益不愿将菠萝卖到加工厂；当菠萝收购价格低时，菠萝加工厂又不能短时间储运大量菠萝。致使部分菠萝加工厂存在原料不足的现象，只能选用差果、小果，难以做到全年开工。据调研，菠萝罐头的盈亏平衡点是在菠萝原料进价1.4元/千克，但这也是一般菠萝鲜果田头收购价的盈亏平衡点，我国菠萝罐头产业的发展局面十分尴尬。而且菠萝罐头的加工原料收购价、人工费及其他费用也在逐年增长，但我国菠萝罐头在国际市场的销售价格偏低。

5.2 产业发展主要制约因素

5.2.1 成本增长风险

随着经济发展，菠萝种植所需的投入成本也在不断增长，但巴厘菠萝的市场销售价格低迷，农民对巴厘菠萝的种植意愿有所下降。土地地租持续上涨，从原来的300~500元/亩，上涨到1 200~1 500元/亩。化肥、农药等农资价格攀升，特别是菠萝多年连种，化肥农药的使用量也逐年加大。人工成本从80元/天增长到120元/天，有的打农药工人需要200元/天。

5.2.2 劳动力缺乏风险

和其他农业生产相似，菠萝的农业用工也日剧紧缺。年轻劳动力更愿意在城市务工，从事工业、商业、服务业等行业生产。而且菠萝的专业化农业机械发展较为缓慢，种植株距紧密，施肥、催花、采收均需人工完成。经常出现即便给予较高工资，在农忙时仍雇不到工人的现象。

6 中国菠萝产业发展建议

6.1 积极优化品种结构，规范种植技术

迎合鲜食及加工两个市场需求，调整菠萝的种植品种。在鲜食方面，加快凤梨品种的推广力度，以企业、合作社等新型经营主体为主导，调动种植户种植积极性，为凤梨种植户提供种植技术保障，保持销售渠道畅通。丰富菠萝种植品种，减少集中上市的竞争风险。增强我国菠萝的国际竞争力，抢占世界高端消费市场份额。专项培育适宜加工的菠萝品种，扩大菠萝加工比例，延长菠萝产业链，提升菠萝产业经济效益。加大国内新优菠萝品种选育力度，推出即适宜鲜食又适宜加工、储运的优良品种。支持绿色有机菠萝的生产种植，强化菠萝质量安全控制，做强菠萝鲜果及菠萝加工产品的出口创汇。

6.2 提升菠萝质量，培育区域公共品牌

实施区域菠萝整体品牌形象塑造工程，以政府为主导联合龙头种植企业、大型加工企业，根据国际标准、国家标准和生产规范，制定并不断完善菠萝生产技术流程和操作规程的地方标准。实现从生产环境、种苗种植、农资施用、病虫害防治、品质监测、加工包装、流通储运等众多环节形成全产业链的质量控制标准体系。以互联网、传统媒体为途径，构建菠萝区域品牌线上线下相融合的对外宣传平台。不断丰满菠萝品牌形象，升华菠萝品牌文化内涵。

6.3 利用好“两种资源两个市场”

菠萝是典型的热带作物，东南亚国家的高温多雨气候更适宜菠萝种植，而且东南亚菠萝种植成本也远低于国内。在“一带一路”背景下，应鼓励我国菠萝种植企业“走出去”，利用好两种资源，在东南亚发展菠萝种植。并且利用好“两个市场”在对内返销回国的同时更应积极利用发达国家给予发展中国家的外贸优惠政策，将菠萝出口至欧盟及美国市场。鼓励国内菠萝加工企业利用东南亚丰富的菠萝原料资源，发展加工业，解决加工原料不足等问题，抢占菠萝加工品的国际市场份额。

6.4 引导菠萝产业信息化、机械化

利用菠萝种植习性，建立菠萝产业信息化服务平台，加强种植户与农技推广人员、种植户与市场、种植户与种植户之间的联系。定时、定期、定向为种植户推送菠萝产业的种植技术及市场信息。建立菠萝价格、流通量及质量安全的监测预警系统。建立农户与农技专家线上咨询体系。引导种植户

对淘宝、京东等生鲜农产品交易电子商务平台的使用，以抖音等新兴自媒体吸引市场流量，拓展销售途径。提升种植户在菠萝市场销售及生产种植过程中的信息量，减少信息不对称状态。同时，给予专项资金支持及政策倾斜，鼓励菠萝种植及加工机械研发工作，促进我国菠萝产业长远发展。

参考文献

王玉洁，2019-11-25. 海南菠萝“灵感”：研发可替代人工甜味剂新糖源［N］. 海南日报.

徐莹，2019-03-08. 海南加快菠萝产业调优增效［N］. 海南日报.

郑展能，2019-01-23. 全国首个政策性菠萝产值保险落地广东徐闻［N］. 南方农村报.

火龙果产业发展情况研究报告

火龙果又称红龙果、玉龙果、龙珠果及仙蜜果，原产于中美洲的危地马拉、古巴、哥斯达黎加等地，后传入越南、泰国及中国，是重要的热带亚热带水果。火龙果味道香甜、营养丰富，具有较高的营养价值，含有丰富的维生素、花青素、水溶性膳食纤维，以及一般植物少有的植物性蛋白，是一种天然、绿色、环保果品，具有一定的保健功效。

1 世界火龙果产业发展基本情况

1.1 世界火龙果产业发展总体情况

1.1.1 生产情况

世界火龙果种植主要分布在越南、中国（未统计台湾、香港、澳门）、中国台湾、泰国、马来西亚、以色列、澳大利亚，中美洲的厄瓜多尔，美国的佛罗里达、加利福尼亚等22个国家和地区的热带区域。

1.1.2 加工情况

目前火龙果销售仍以鲜食为主，深加工技术还不尽完善，深加工产品产量不大，还未作为成熟商品大范围推广，仅中国、越南国家的部分企业尝试着将火龙果加工成火龙果酒以及火龙果冻干片、火龙果原浆、火龙果饮料、火龙果冰淇淋等。由于火龙果营养元素含量高且可以用来提取天然色素，火龙果的深加工产业有很大的发展空间。但火龙果深加工技术仍面临这不少困难。一方面从火龙果中提取的色素明亮且鲜艳，特别适合作为天然色素用于食品添加中，但火龙果色素极不稳定易发生变化；另一方面，优良的火龙果果酒菌种还未筛选出来。

1.2 重点国家发展情况——越南

1.2.1 越南火龙果产业资源情况

越南是世界第一大火龙果生产国。位于东南亚的中南半岛东部，北与中国的云南、广西接壤，西和老挝、柬埔寨交界，东邻中国南海。地处东南亚腹地，被称为东南亚的心脏，扼太平洋、印度洋海上交通要塞，战略地位十分重要，素有中南半岛的“前沿屏障”和“重要门户”之称。地处北回归线以南，属热带季风气候区，空气湿润，雨量充沛，全国年平均降水量1 500~2 000毫米。北部四季分明，多数地区年平均气温为23~25℃，南部地区平均气温26~27℃。

越南国土狭长，地势西高东低，南北全长1 650千米，东西最窄的地方为50千米，海岸线长3 260多千米。其中，北部和西北部地势高，多为高山和高原，中部长山山脉纵贯南北，东部沿海为平原、地势低平、河网密布。

越南共划分为58个省和5个直辖市。河内为越南首都，位于红河三角洲西北部，是越南政治、文化中心。胡志明位于湄公河三角洲的东北侧，南临南中国海，是越南的经济中心、全国最大的港口和交通枢纽。越南是传统农业国，其农业生产条件优良，是世界主要的农产品出口国，其中腰果仁、胡椒出口量居世界第一位，大米、咖啡豆的出口量居世界第二位，天然橡胶出口量居世界第三位，茶叶出口量也位居世界前列。1986年越南革新开放后，经济增长较快，经济总量不断增加。农业作为支柱产业，对国民经济贡献较大。近年来，越南对外贸易保持高速增长，农产品出口是其外汇收入的重要来源，中国是越南主要的出口来源国。

1.2.2 越南火龙果生产情况

越南火龙果种植面积居世界之首，分布在40多个乡村和地区。以白肉火龙果生产为主，但近年来红肉火龙果在越南的南部也开始出现小规模种植。越南火龙果已经实现全年上市，集中成熟期在每年6—10月，每年收获可达14季，有时2个月内就可以采收3季，还可以通过灯照来延长光照时间，增加采收期数。但出于品质考虑，通常仅采收12季。

由图1可见，2009年，越南火龙果种植面积仅为20.1万亩，产量为28.4万吨；到2016年时，越南火龙果种植面积增长到66.87万亩，产量为81.8万吨。2018年，火龙果种植面积达到83.11万亩，产量达到107.42万吨，其种植面积与产量均呈持续性增长趋势。

越南火龙果主要种植在北中部和中部海岸平顺以及湄公河三角洲的隆安省和前江省。2016年，三省的火龙果种植面积占越南总种植面积的84%，其中，平顺省的特殊气候条件最适合优质火龙果生产，其种植面积和产量占全国的70%以上。近几年来，因部分地区受干旱和海水入侵影响，该省政府一直在致力于鼓励农户们减少或停止水稻及其他农作物的种植，改成种植特色作物。为了种植拥有高商业价值的特色水果，该省已建立集中种植区域，其中就包括在东区设立的7 500亩火龙果种植基地。平顺省火龙果种植面积逐年增长，2018年又增加了1 500亩的种植面积。平顺省中南部被认为是火龙果生产王国，种植面积近4.5万亩，年产量超过50万吨，其中近八成通过小批量边境贸易进入中国市场。

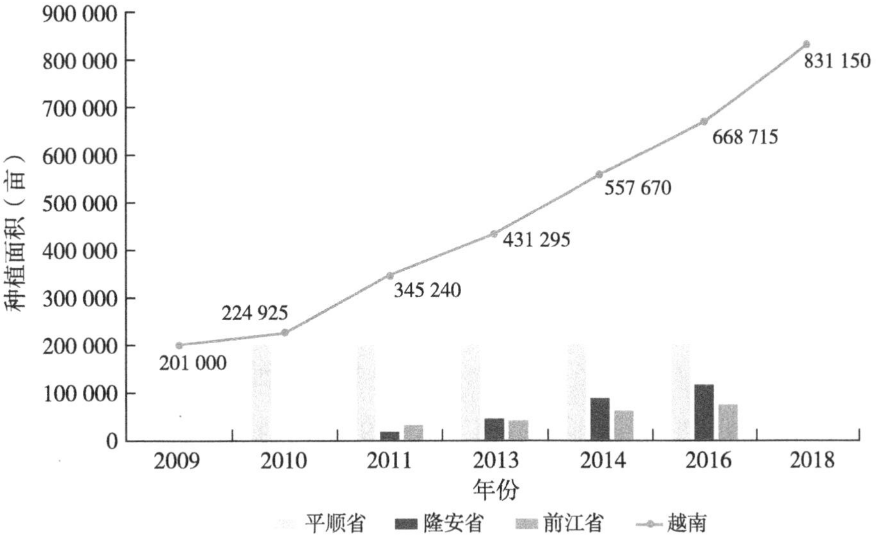

图1　越南火龙果种植面积

（数据来源：越南农业与乡村发展部）

1.2.3　越南火龙果产业贸易情况

1.2.3.1　越南火龙果出口情况

越南火龙果出口量位于世界第一，其规模化、商业化程度高。75%的越南火龙果出口国外，是越南重要的出口创汇农产品。2016年，越南火龙果出口额达到历史最高，为9亿美元，占据越南水果和蔬菜总出口额增加值的36.1%，占鲜果总出口量的50.3%。中国是越南最大的果蔬出口市场，出口价格普遍高于本地市场价格，当地果农都迫切希望能够实现对华出口。

越南火龙果一直受到中国消费者的青睐，其中80%的火龙果通过广西凭祥、防城港、东兴、云南河口等地口岸以边贸形式出口中国，2019年5月7日，中国海关总署又增批了广西口岸、龙邦口岸、凭祥弄尧为互市通道。近些年，云南口岸的通关更加便利化，带动了越南的火龙果等水果便捷地进入了中国市场。

2016年以后，越南火龙果对中国出口量年均为50多万吨。2016年，越南出口到中国的火龙果量为52.7万吨，占越南火龙果总产量的64.43%；2017年，出口到中国的火龙果量为53.34万吨；而后随着中国（未统计台湾、香港、澳门）火龙果种植面积不断增加，中国对越南火龙果进口需求不断降低，致越南火龙果对华出口日趋吃紧。2018年，出口到中国的火龙果量为51.08万吨，仅占越南火龙果总出口量的47.55%。

2018年以来越南对中国火龙果出口市场明显下滑，造成越南火龙果出口困难的原因一方面是中国生产的火龙果产量已经大幅提升，从而减少了进口，使得越南火龙果滞销越来越明显；另一方面是中国对越南火龙果的进口商有所限制。2018年，中国公布的输华火龙果果园名单中，位于平顺省的果园最多，共有77个果园；其次是隆安省和前江省，分别有54个和40个果园。

据广西管理机构要求，从2018年4月1日起，对我国广西出口的越南水果产品要有可追溯性，企业需要以中文或英文列出水果的名称、原产地、包装厂的名称或代码，此外，企业还可以添加条形码、二维码、防伪标志等，以便查看。这一措施施行后，也间接控制了通过这一渠道出口火龙果到中国的越南果商数量。2019年3月以来，中国进一步加强了对越南果蔬产品的检验检疫，要求其提供认证证书及原产地溯源标志，而越南对中国的新鲜果蔬出口大多处于小规模、未经监管的“灰色地带”，这对越南火龙果出口造成了不小障碍。

越南胡志明港——广西防城港水果航线的开通运营，可使水果运输成本节省50%左右。2019年3月初，共计30个火龙果冷藏柜经由越南胡志明港抵达广西防城港，并通过铁路运往重庆地区。海铁联运，相比其他通过汽车运输的线路节约了约50%的物流费用。货物在防城港港口码头可以实现直接从货轮到铁路班列“零距离”的接驳，便捷又省时。

1.2.3.2　越南火龙果进口情况

近些年，由于中国火龙果种植技术日益提升，火龙果口感和果品品质逐步提高，越南开始进口中国高端火龙果，其中中国台湾地区的火龙果在越南市场最受欢迎。2018年年底，中国台湾的红肉火龙果在越南河内与胡志明市开始销售，并因果大肉厚、香脆多汁，受到了越南消费者的广泛青睐。尽管越南本土也生产红肉火龙果，且售价便宜每千克4万越盾至6万越盾，而中国台湾红肉火龙果售价高达每千克35万越盾，但仍供不应求。

2　中国火龙果产业发展基本情况

2.1　生产情况

2.1.1　全国生产特征变化

2.1.1.1　种植面积

据农业农村部南亚热带作物办公室统计，2002年中国（未统计台湾、香港、澳门）开始种植火龙果，且仅有海南种植0.039万亩；2003年仅广东省、海南省和云南省有较少种植，种植面积为0.29万亩；2004年仅四川有很少规模，为0.001 5万亩，2005—2006年没有火龙果种植，2007年之后，火龙果的种植面积稳步增长、种植区域也逐步扩大。2019年，我国火龙果（未统计台湾）总的种植面积为86.50万亩，收获面积达70.20万亩，仅次于越南，在世界火龙果种植面积中排名第二，同比分别增加16.00%、19.96%。种植区域主要分布于我国热区7省（区），包括广西壮族自治区、广东省、云南省、贵州省、海南省、台湾和福建省，我国火龙果种植情况见图2。

2.1.1.2　产量

2019年，我国火龙果的年产量为129.7万吨，同比增长26.98%。全国平均火龙果单产为

1 848.8 千克/亩，同比增加 5.92%。

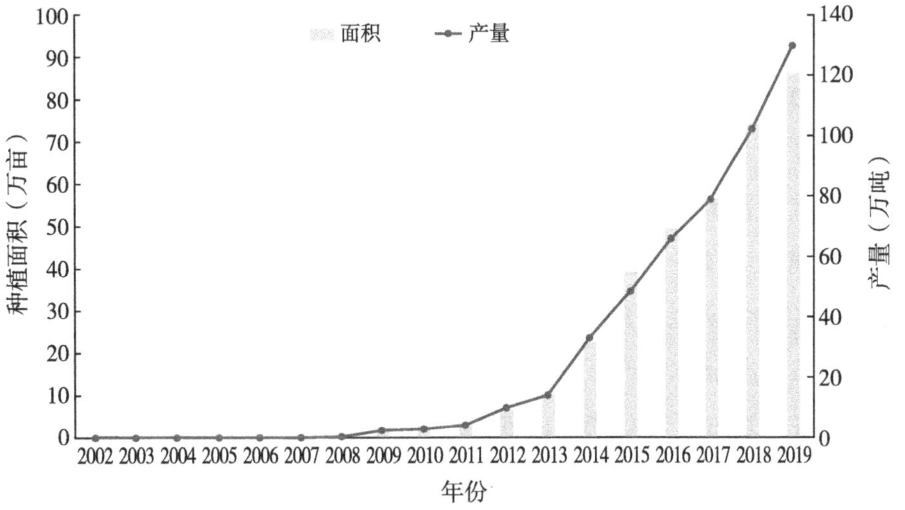

图 2　中国（未统计台湾）火龙果主产区种植情况

（数据来源：农业农村部南亚热带作物办公室）

2.1.1.3　品种

我国火龙果主要品种有金都一号、软枝大红、大红、莞华红、莞华白、莞华红、粉粤红、红水晶、白水晶、富贵红、紫红龙、晶红龙和粉红龙等。

2.1.2　各省生产特征变化

2.1.2.1　各省种植面积

广西壮族自治区自 2012 年开始种植火龙果，由最初的 2.78 万亩发展到 2019 年 30.5 万亩（图 3），短短 7 年，种植面积翻了 9 倍，其火龙果种植面积居全国之首，占全国火龙果总种植面积的 35.26%。

2003 年广东便开始了火龙果种植，早于其他省份但种植面积很少，仅为 0.249 万亩。2004—2006 年没有种植，2007 年以后开始了持续种植且种植面积逐年增长，2019 年火龙果的种植面积在全国主产省（区）中排名第二，其火龙果的种植面积为 23 万亩，占到了全国火龙果总种植面积的 26.59%。

自 2003 年，云南也开始了火龙果种植，种植面积仅 0.004 万亩，2004—2006 年没有栽植，自 2007 年之后一直都有种植，且种植面积也逐年增长。2019 年火龙果的种植面积为 12.60 万亩，占到全国火龙果种植面积的 14.57%，在全国火龙果种植排名中位居第三。

贵州省火龙果自 2001 年引种，2010 年后开始连续种植，2010 年面积仅为 0.87 万亩，至 2019 年达到 9 万亩，并将火龙果列为 2019 年重点主导产业，占全国总种植面积的 10.40%。

海南省火龙果早在 2002—2003 年就有少量种植，种植面积仅为 0.039 万亩，2004—2012 年

再无火龙果种植，直到2013年才重新种植，2019年火龙果种植面积达到7.5万亩，占全国总种植面积的8.67%

福建省自2010年开始种植火龙果，当年种植面积仅为0.34万亩，到2013年种植面积几乎没有太大的变化，但2014年栽种面积翻了5倍。2019年，种植面积达到3.3万亩，占全国火龙果种植面积的3.82%。

2.1.2.2　各省产量及单产

2019年，广东省火龙果产量位居全国之首，为40.50万吨，占全国火龙果总产量的31.23%；广西壮族自治区火龙果产量排第二，为34.90万吨，占全国总产量27.00%；海南省火龙果产量位居第三，占全国总产量16.81%；云南省占全国火龙果总产量的14.11%；贵州、福建两省火龙果产量分别占全国总产量的5.55%和4.78%。2019年中国火龙果生产分布情况见图3及图4。

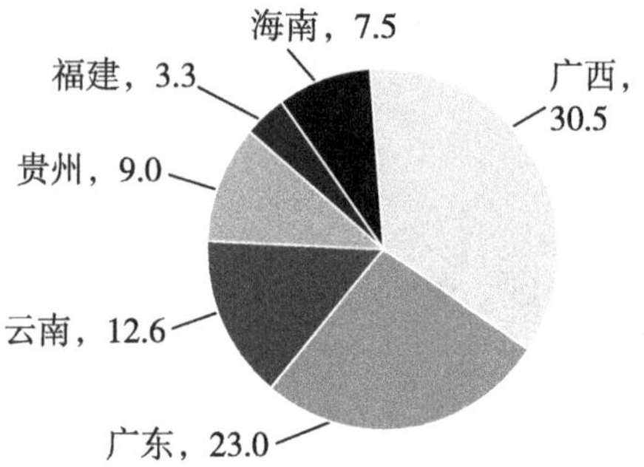

图3　2019年火龙果主产区分布（万亩）

（数据来源：农业农村部南亚热带作物办公室）

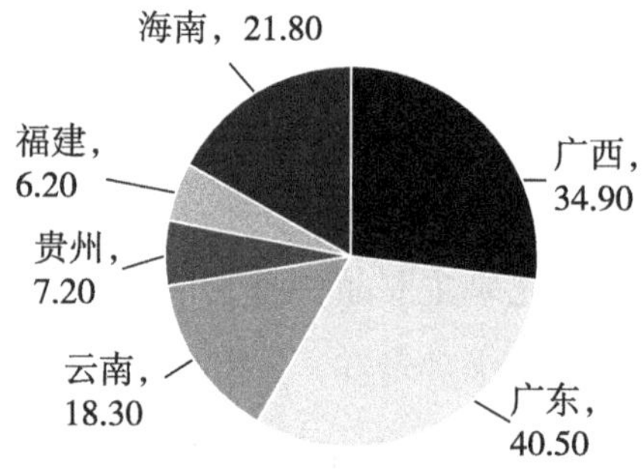

图4　2019年火龙果产量分布（万吨）

（数据来源：农业农村部南亚热带作物办公室）

2019年全国平均火龙果单产为1 848.80千克/亩，同比增加5.92%。海南单产全国排名第一，为3 376.80千克/亩；其次是广东2 500.00千克/亩；福建位居第三位，为2 000.00千克/亩；云南、广西、贵州火龙果单产分别为1 657.50千克/亩、1 313千克/亩、1 167.20千克/亩。

2.1.2.3　主栽品种及分布

广西壮族自治区主栽品种包括金都一号、软枝大红、红金宝、大红等。火龙果种植在一定程度上解决了广西劳动力就业难题，成为多个市县的脱贫产业。

广东省火龙果种植生产格局是以粤西雷州半岛为主产区，粤东为新兴产区。经营主体以中小型规模果园（基地）为主。种植品种有莞华红、红冠1号、双色1号、莞华白、莞华红粉、粤红、粤红3号、仙龙水晶、红水晶6号和大丘4号等，其中主栽品种包括粤红、红水晶、白水晶和普通红肉种。

海南省火龙果种植主要分布在三亚、乐东、陵水、昌江、东方等市（县），琼海、定安、儋州等市县也有少量种植，以早熟品种为主，主栽品种包括大红、金都一号和富贵红。

贵州省火龙果主要种植在干热河谷地区，包括罗甸县、关岭县、册亨县、望谟县等，主栽品种包括紫红龙、晶红龙和粉红龙，目前贵州已成为我国火龙果的重要产区。

云南及福建的火龙果主栽品种相对集中，云南火龙果主栽品种有软枝大红和普红，福建火龙果主栽品种有大红、蜜红、光明和巨龙。火龙果各主产区主栽品种及分布情况见表1。

表1 火龙果各主产区主栽品种及分布情况

主产省区	主栽品种	分布
广西	金都一号	南宁市隆安县
	软枝大红	武鸣区和宾阳县
	红金宝	南宁市西乡塘区、崇左、百色田东县
	大红	崇左市
广东	粤红、红水晶、白水晶、普通红肉	粤西雷州半岛为主产区，粤东新产区
云南	软枝大红、普红	红河流域、澜沧江流域、怒江流域和金沙江干热河谷地区
贵州	紫红龙、晶红龙、粉红龙	南北盘江及红水河流域干热河谷区
福建	大红、蜜红、光明、巨龙	闽东南地区
海南	金都一号、大红	全省各市县均有种植

2.2 产品加工情况

2019年全国火龙果加工量仅占鲜火龙果总产量的千分之一。火龙果加工生产技术成熟的企业主要有海南北纬18度果业有限公司、海南东方果自然公司、贵州贵果王公司。海南北纬18度果业有限公司已建成了2万多亩的火龙果种植基地。该企业生产的火龙果产品上市反馈效果较好，加之海南省东方市政府对火龙果产业发展的鼓励和扶持，该公司已建设了火龙果深加工基地。贵州贵果王实业有限公司，着力发展贵州省当地的火龙果深加工，是一家集科研、开发、推广、加工、销售于一体的农产品深加工企业，构建了“贵州贵果王”品牌。2017年7月，贵果王公司从火龙果鲜果生产后开始投料生产，收购火龙果800吨，其中生产用料600吨，鲜果销售200吨，生产火龙果冻干片100万包，生产火龙果露酒及发酵酒原酒200吨，火龙果酒主要销往北上广、浙江、武汉等地酒吧及KTV，其他火龙果加工产品主要通过网络渠道销售，该公司已建立自有营销体系，并与广州王老吉计划共同推出火龙果低度酒。

2.3 市场情况

2.3.1 国际市场情况

2.3.1.1 进口波动中下降

2015年以前，我国鲜火龙果主要从越南、中国台湾、泰国、马来西亚等国家和地区进口，2016年以后，仅从越南和中国台湾地区进口，且由于我国火龙果种植区域和产量逐年增长，火龙自进口量减少（图5）。据中国海关信息网统计，2019年，我国鲜食火龙果的进口量和进口额分别为43.57万吨和36 213.95万美元，同比分别减少14.70%和8.68%，其中99.98%的火龙果进口来源国为越南。

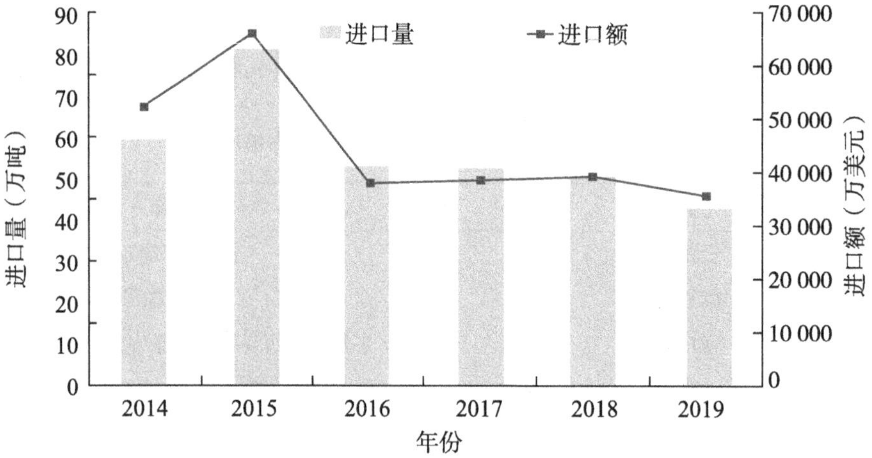

图5 中国火龙果年进口情况

（数据来源：中国海关信息网）

2.3.1.2 出口稳步增加

我国火龙果2015年以后出口量和出口额都快速增长，见图6。据中国海关信息网统计，2019年，我国鲜食火龙果出口量为0.51万吨，同比增长了28.75%，出口额也大幅度增长，为903.72万美元，同比增长40.77%，主要出口到马来西亚、俄罗斯、泰国、马尔代夫、哈萨克斯坦、荷兰、菲律宾、蒙古、意大利、加拿大等国家以及中国香港、中国澳门地区。其中超过半数出口到中国香港地区，另有23%和11%分别出口到俄罗斯联邦和中国澳门地区。全年火龙果的进出口贸易逆差明显，表明中国对火龙果需求仍然巨大。

2.3.1.3 火龙果进出口分析

5—11月是我国火龙果集中上市时期，12月至翌年4月，仅有部分省份，如海南、广东、广西有“照灯果”（通过补光技术，调整果期）上市。受清明祭祖和五一节假日影响，每年4月是一年中火龙果进口量最多的月份。每年6月是鲜火龙果进口量全年最低的月份；此外，11月，由于国内无大的节假日，消费者送礼需求减少，市场对大果、特大果需求不大，进口量也非常少。2016—2019年中国火龙果月进出口情况见图7。

2.3.2 国内市场情况

2.3.2.1 平均市场批发价有所增加

据食品商务网和新思农网的数据，火龙果市场批发价格总体呈现波动变化。受传统文化影响，每年春节前后，火龙果市场批发价格为全年最高价，2017年以后，春节期间火龙果市场批发价格年年上涨。

2018年全国水果批发市场火龙果平均批发价格为9.62元/千克，最高批发价为11.03元/千

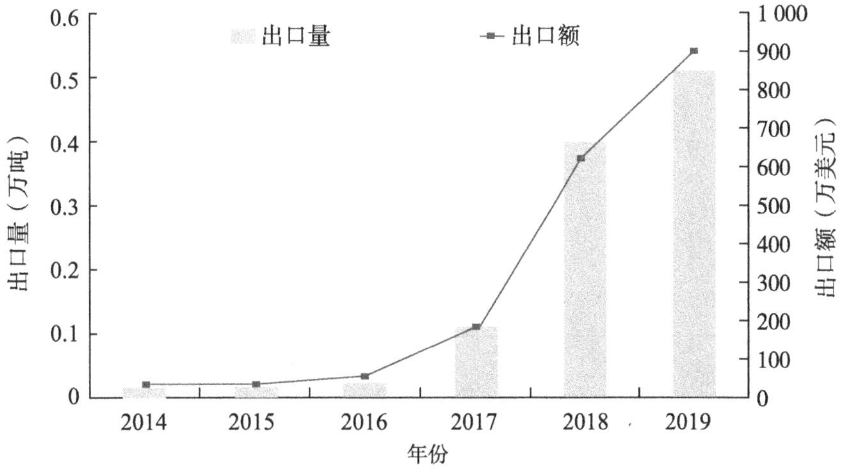

图 6　中国火龙果年出口情况

（数据来源：中国海关信息网）

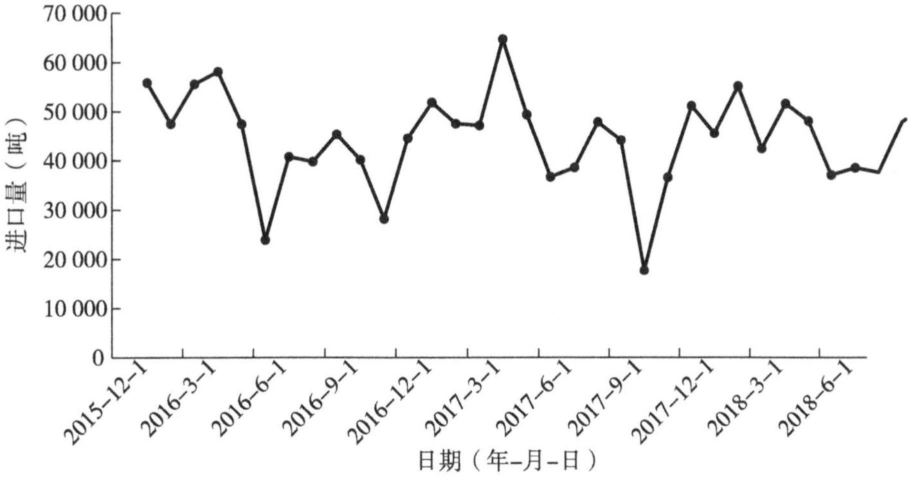

图 7　2016—2019 年中国火龙果月进出口情况

（数据来源：中国海关信息网）

克，最低批发价为 7.88 元/千克（图 8）。2019 年，火龙果平均批发价格达到 9.73 元/千克，同比增加 1.19%，且春节期间的火龙果批发价格最高，为 13.46 元/千克，此后火龙果价格有所回落，最低批发价格为 6.98 元/千克。

2.3.2.2　平均地头收购价有所增加

近几年，国内水果市场行情低迷，部分水果出现价低滞销现象，而火龙果田头收购价格多年持续保持坚挺态势。火龙果正季开花结果时间可从 5 月底持续至 11 月，但通过补光技术可延长开花结果期至翌年 4 月。由于其他水果的替代效用，6—9 月各种水果集中上市时火龙果价格相对偏低，12 月到次年 4 月水果淡季时“照灯火龙果”价格相对较高。

2019 年全国一级、二级、三级、四级火龙果平均田头收购价格分别为 11.46 元/千克、10.57

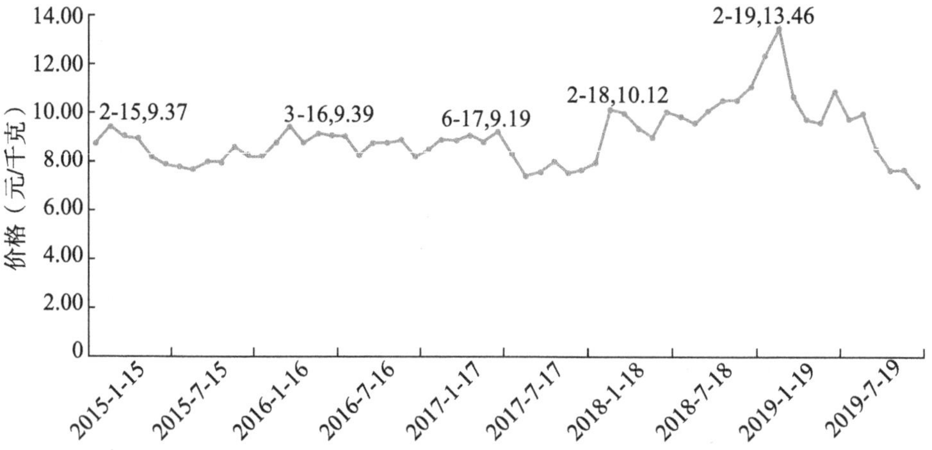

图 8　2015—2019 年中国火龙果市场平均批发价格

（数据来源：食品商务网、新思农网）

元/千克、8.89 元/千克、7.22 元/千克。其中，主栽品种金都一号的一级果、二级果、三级果、四级果平均田头收购价格分别为 12.20 元/千克、10.86 元/千克、9.02 元/千克、7.22 元/千克。云南的普红品种收购价格最低，一级果、二级果、三级果、四级果平均田头收购价格分别为 7.20 元/千克、7.20 元/千克、5.27 元/千克、3.43 元/千克。海南临家红韵品种田头收购价最高，一级果、二级果、三级果、四级果平均地头收购价格分别为 14.00 元/千克、14.00 元/千克、12.00 元/千克、10.00 元/千克。2019 年全国火龙果主产区地头收购价格见表 2。

表 2　2019 年火龙果主产区地头收购价　（单位：元/千克）

品种	产区	0.2~0.3 千克	0.3~0.4 千克	0.4~0.5 千克	>0.5 千克
金都一号	广东	7.23	8.98	10.60	11.79
	广西	6.65	8.49	10.32	11.85
	海南	8.31	10.15	12.09	13.78
	云南	6.68	8.47	10.43	11.37
普红	云南	3.43	5.27	7.20	7.20
木兰	广东	7.82	7.82	7.82	7.82
临家红韵	海南	10.00	12.00	14.00	14.00
蜜宝	海南	7.67	9.67	12.07	13.83

数据来源：实际调研。

2.4　成本与收益情况

据调研，火龙果正常投产之前一般需要成本 2.5 万~5 万元/亩，其中种植面积较大的企业（1 000 亩以上）需要 4 万元/亩，种植面积较小的企业（1 000 亩以下）需要 2.5 万元/亩，而对于以施用有机肥为主要肥料、覆盖绿草不喷洒除草剂的基地则需要的投入成本更多，为 6.5 万元/亩。

2013 年，火龙果苗比较贵，为 30 元/株，当时普遍种植为 500 株/亩；2018 年以后，火龙果苗为5~8元/棵，每亩地扩种到1 300~1 500株，也有个别企业种植到2 000株/亩。调研计算，火龙果苗施种到地里以后，每年每亩地固定投入为8 000~20 000元。投产第一年，包括人工成本（长期雇工，不包括管理人员费用）为3 200~4 200元/（人·月·15亩）（不包括提成），即每年长雇工费用为4 992元/亩；电费每年为2 000元/亩；肥料费用为1 025元/年；农药、杀菌剂每年费用为975元/亩；投产前分担到每年的成本为2 500~3 000元，故亩均投入为11 492~11 992元/年。按照全国主产区火龙果亩产1 745.39元/千克及平均地头收购价为7.8元/千克计算，每亩火龙果种植收益为13 614元。投产第一年每亩地净收益为1 622~2 122元/年。

3 火龙果产业主产区发展动态

7—10月是全国各大火龙果主产区产销旺季，几乎每隔半月就有熟果上市。火龙果种植通常采用“公司（企业、合作社）+基地+农户”的经营模式，吸引周边农户或相邻省（区）市县务工人员以土地资源或劳动力资源为股份，参与火龙果田间的日常种植管理工作，并由基地的管理人员对农户或务工人员进行统一的培训和对全程进行监督指导。通过这种模式，既能确保火龙果种植的规范性又能有效减少种植户的市场风险，确保农户的经济收益。

3.1 海南产区火龙果产业发展动态

3.1.1 海南火龙果生产种植及分布特征

2019年海南省火龙果种植面积为7.5万亩，总产量为21.8万吨，单产为3 376.80千克/亩，成为全国第五大火龙果种植大省，且海南省火龙果种植面积仍将继续扩张，未来将达到15万~20万亩。海南省照灯光果采收时间为1—6月上旬，6月底以后正季火龙果陆续上市。2019年全省反季节果平均亩产为2 000千克，平均地头收购价为21元/千克。

3.1.1.1 儋州市火龙果生产种植情况

2019年底儋州市火龙果种植面积达0.3万亩，当年新种0.11万亩，其中收获面积为0.24万亩，全年产量为0.37万吨，单产为1 238.50千克/亩。较大火龙果种植企业共3家，为儋州双玉农业庄园、儋州红豫农业开发公司、儋州梦园绿色农业专业合作社。

双玉农业庄园种植火龙果400亩，该基地管理理念先进，已被评为高标准火龙果种植基地。该基地运用物理防病防虫措施，减少了化肥、农药的使用量，并采用水肥全自动滴灌设施，使土壤有机质得以提升，还根据自身总结的经验形成了一套火龙果产业化发展模式。2018年8月该基地的火龙果通过绿色食品认证。

梦园绿色农业专业合作社的火龙果种植面积在2018年年底达到100亩，2019年年底达到130亩。该基地采用生态循环农业模式，果树底下散养的鸡、鸭、鹅等家禽不仅能很好的给果园松土除杂草，还能为果树施下无添加的天然养分。

3.1.1.2 东方市火龙果生产种植情况

东方市从2012年开始，开始种植火龙果，到2015年种植面积迅速扩大，生产规模不断优化。2016年是东方市打造农业品牌创建年，东方市政府把火龙果列为主导产业，大力创建东方火龙果品牌，并要求有关部门加强指导和服务，组织标准化生产，鼓励支持企业商标注册，做好“三品一标”和质量认证，积极争创名牌农产品和海南省著名商标，并引进专业营销团队，开展电商销售新模式，进行线上线下火龙果销售。通过政策扶持激励，扩大火龙果品牌的知名度和影响力，打响东方火龙果知名品牌。2019年全市火龙果种植面积达4.1万亩，成为全省最大的火龙果种植市县，2019年全年产量为8.62万吨，单产为2 102.44千克/亩。目前种植的品种有大红1号、富贵红、金都1号和临家红韵等多个品种。目前，东方已成为我国重要的红心火龙果产区，产品远销北京、上海、广州、深圳以及东北等多个省市地区。

东方市火龙果种植企业数量增长迅速，2019年仅东方市火龙果协会成员就达到36家。种植反季节灯光果的企业与农户占到协会总成员数的85%。东方市火龙果企业主要有东方金一纬生态农业发展有限公司、海南水果岛公司、东方果然好公司、东方市果自然公司、北纬十八度公司、东方天韬公司、东方市百丰公司等。

东方市反季节灯光果采收时间为1月至6月上旬，2019年东方市反季节灯光果平均亩产为1 500~2 500千克，平均地头收购价为14~26元/千克，最贵收购价格在清明节前的26元/千克。7月正季火龙果陆续上市，虽受干旱气候影响该市有四批正季火龙果产量减少，但却帮助下半年的火龙果蓄积了能量，使得后批单果重量增大，从而对全年产量影响较小。

东方市火龙果最大生产企业，也是海南省火龙果最大种植龙头企业——海南北纬十八度果业有限公司，2017年该公司火龙果种植面积仅为8 000亩，但截至2019年年底该公司火龙果种植面积已达到2万亩。2017年每亩地仅种植600株，2019年则扩种到每亩最多2 000株。该公司主栽品种为金都一号，年产量为1 700~2 500千克/亩，已实现生产、加工、贸易一体化，全部果都实现国内自销。该公司采用全程无污染绿色生态有机种植，使用纯生态有机肥料，全程拒绝化学除草剂及化学肥料，人工进行除草，种植出来的火龙果甜度高、香味浓、水分多，口感极佳，是纯绿色生态食品。采用“公司+基地+农户”的经营模式，农户和务工人员作为公司的员工进行火龙果的田间日常管理，每对夫妻管理30亩火龙果基地，公司对基地管理人员进行统一的培训和全程监督指导。公司化、规模化经营是该企业发展的主要特点，这种方式促进了海南东方市火龙果由传统农业向现代农业转化，有助于实现该市火龙果产业的高产、高效和标准化。

3.1.1.3 乐东县火龙果生产种植情况

乐东县2019年火龙果种植面积达1万亩，全年产量为2.62万吨，单产为2 620千克/亩。该县反季节灯光果采收时间为1—5月，2018年反季节果平均地头收购价为14~28元/千克；2019年反季节灯光果平均地头收购价为12~24元/千克，最贵收购价格都在清明节前。6月底正季火龙果陆续上市。

乐东县最大火龙果种植企业福霖果业有限公司基地在乐东县 2 000 亩、东方市 2 000 亩，且 2019 年主要以反季节果为主，夏季正季果仅占年产量的 25%。2019 年清明节前，仅一批反季节果收益就达到了 8 800 元/亩。该公司正计划进军高端果市场。

3.1.2 海南火龙果成本价格及销售情况

海南省火龙果正常投产之前需要 4 万~5 万/亩的费用，种植 1 000 亩以上的企业投产前成本为 4 万元/亩，种植面积为 1 000 亩以下的企业需要 4.5 万元/亩的成本。

3.1.3 海南火龙果采后保鲜及加工情况

3.1.3.1 火龙果采后保鲜情况

通过气调保鲜的研究，海南省火龙果保鲜期已从最初的 7 天延长至 18~22 天，基本实现了 7—12 月鲜火龙果市场的无间断供应。东方、乐东的大多数火龙果企业已经基本实现地头采收后 6 小时（极端天气不超过 12 小时）之内进入冷库，通过压差预冷，对火龙果进行降温保鲜。而照灯补光技术有助于对火龙果进行产期调节，延迟了火龙果成熟期，让原本 6—11 月成熟的火龙果扩展到全年都有果，这对提高火龙果的产量和商品性都有很好的效果。

3.1.3.2 火龙果产品加工情况

目前，火龙果在海南乃至我国仍以鲜食为主，深加工也才刚刚启动不久。海南省仅有少数几个企业尝试着将火龙果加工成火龙果产品。东方市果自然生态农业公司，进行了火龙果产品加工的探索，目前已研发出的火龙果酒，味道香甜可口，很有市场。海南省火龙果最大企业——北纬十八度果业有限公司，已投资 3 亿元建设火龙果深加工基地，目前已经实现了火龙果生产、加工、贸易等全产业链发展。其火龙果加工产品主要包括火龙果原浆、火龙果汁、火龙果干和火龙果粉，市场前景广阔。

3.1.4 海南火龙果产业面临的问题

3.1.4.1 机械化水平仍然不高

海南省劳动力短缺，人工费用日益升高，使得火龙果生产成本也不断增长，而目前海南省火龙果主产区施药基本以人力劳作为主；仅有少数几个大企业采用机械施肥施药，实现手机端控制微喷灌，实现了水肥一体化。而对于整个海南省火龙果产业来说，机械化水平仍然有待增强。

3.1.4.2 标准化意识仍然不强

除典型的种植大户和公司具有标准化意识，海南省火龙果种植户对于标准化种植仍没有清晰的概念。为了追求高产，用药、用肥过多，造成土壤板结、土壤通透性变差、土壤地力减弱，除反季节火龙果有竞争优势，与全国其他主产区相比，正季果的竞争力不强。

3.1.4.3 科技服务投入力度仍然不够

尽管海南科研院所针对火龙果育种、产期调节、病虫害防治、肥水高效利用等关键问题开展了大量研究，但科技服务投入力度仍然不够，科技成果转化力度仍然不强，综合防治及新品种辐射推广带动的作用仍然没有发挥最大作用，生产技术水平尚有较大提升空间。另外，对火龙果种植大户和企业开展的专业火龙果培训很少，使其缺乏专业化的知识体系，很多农户都是自己摸索积累经验，即使遇到了问题也很少向相关专家或部门求助。

3.1.4.4 营销观念仍不够现代

部分果农营销观念仍没有根本改变，尤其是一些种植规模较小的种植户，仍然指望外地批发商直接到地头收购。而外地收购商又不愿到种植规模小的基地收购火龙果，种植户对于电商的了解不深刻，还一直在寻找火龙果收购商，影响了火龙果出园的时间，也影响到了自己的收益。

3.1.4.5 果品收购标准过高

一般来讲，重量 300 g 以上的火龙果才会被收购，250 g 以下的火龙果几乎没有市场。

3.1.4.6 火龙果精深加工开发仍然不够

目前海南省对火龙果精深加工的重视、开发和支持力度还不够，缺乏火龙果精深加工研发团队，研发人员普遍较少，势必会影响火龙果全产业链的发展。

3.1.4.7 基础设施仍然较差

东方市是海南省火龙果种植最大市县，但该市电压荷载不足，变压器经常无法正常发电，反季节照灯时电供应不上，导致部分做反季节火龙果企业照灯时间不足，影响口感及价格。道路建设和修整仍然没有得到及时处理，大多数火龙果种植户离高速公路比较远，在偏远的农村，农村的道路坑洼不平，尤其是下雨时节，车几乎无法进入基地，影响火龙果及时销售。部分种植基地没有打井，仅仅依靠当地市县水务局放水，而东方市每年 6—7 月降雨较少，此时刚好是全市水管检修时节水闸关闭，很多种植基地因为缺水影响了火龙果的生长。另外，海南省网络建设仍需进一步完善并覆盖到乡村，规模较大的企业已经开始着手手机端操控水肥一体化及生长环境的实时监测，而智能监控设施往往因为没有网络而束之高阁。

3.1.5 海南火龙果产业发展对策建议

3.1.5.1 提高规模化、机械化水平，实现高产高效农业

公司化、规模化经营是火龙果产业发展的大趋势，这会促进海南省火龙果产业由传统方式向现代方式转化，逐步实现海南省高产、高效农业的发展。

3.1.5.2 提高种植标准化水平，加快品牌建设步伐

鼓励“公司+基地+农户”的经营模式，以生态安全为根本，规范火龙果园的种植标准，对施肥、施药的种类严格把关，鼓励并支持逐渐使用水肥全自动电脑控制滴喷灌设施，大力推广应用生态循环农业、测土配方施肥、水肥一体化、土壤有机质提升、秸秆综合利用、绿色植保防控等农田清洁生产技术，打造海南火龙果知名品牌。

3.1.5.3 增强科技服务投入力度，增加火龙果全产业链专门培训

政府应引导种植户、企业以及合作社与科研院所就火龙果种植、加工、销售环节，建立长效合作机制，细化海南省及各市县火龙果协会职责，对种植户、企业和合作社开展针对火龙果生产（整形修剪、疏花落果）、种植、水肥高效利用、“三品一标”、火龙果产品质量溯源、加工、销售、病虫害管理与综合防治、电商平台推广等的专业培训，提高种植户果园管理水平，增加火龙果经济效益和生态效益。

3.1.5.4 尽快转变传统营销模式及观念，提高种植收益

火龙果行业的电商规模已初步形成并得到了快速发展，种植户、企业应尽早转变火龙果的营销观念，增强对电商平台的认识，掌握电商营销的技能，提高收益。

3.1.5.5 加大力度开展火龙果精深加工，促进火龙果全产业链发展

海南省应借助自由贸易港的优势，加大火龙果精深加工技术研发及其推广应用的扶持力度，有效完善海南省火龙果产业链。

3.1.5.6 增加资金支持，加快建设和完善基础设施建设

规模化、标准化发展离不开资金的支持，政府应增加火龙果产业专项资金，并加大力度完善乡村路网水电等基础设施建设，促进海南省火龙果产业健康有序高效生态发展。

3.2 广西产区火龙果产业发展动态

从20世纪90年代到21世纪前10年，国内火龙果大多为红皮白肉。随着消费偏好变化，市场对这种单一火龙果品种的接受度越来越弱，导致火龙果销量不断下滑，改良火龙果品种显得尤为紧迫。为了适应市场的新形势，广西壮族自治区培育出了桂红龙1号、桂热1号、美龙1号和美龙2号等多种新火龙果品种。这些火龙果属红皮红肉且能自花授粉的品种，与人工授粉的火龙果品种相比，品质、产量、等级及成本都更胜一筹，在植株抗病性和果实耐贮藏性方面，也比较有保障。尤其金都1号品种的火龙果比同级别红皮白肉火龙果的价格高3~5倍。目前广西已形成以南宁市为主产区，百色、崇左市为新兴产区的产业格局，并在钦州、防城、玉林、北海、河池、贵港均有火龙果种植，其中仅南宁市火龙果已超过13万亩，占据了广西火龙果的一半以上。

3.2.1 广西火龙果主产市县（隆安县）生产种植及分布特征

南宁隆安县为广西壮族自治区火龙果第一种植大县，自2013年以来，隆安县从中国台湾引进了金都一号、红宝龙等火龙果品种，经过6年多的种植，火龙果产业得到了较快的发展，隆安县火龙果产业实现了从无到有、从小到大、从劣到优的跨越式发展。2018年隆安火龙果种植面积5.17万亩，产量6.77万吨，主要分布在那桐镇、丁当镇、乔建镇、雁江镇和华侨经济区。仅那桐、丁当、乔建、雁江镇和华侨经济区的火龙果种植面积就达5.06万亩，占全县总种植面积

的97.87%；产量为5.51万吨，占全县总产量的81.39%。截至2019年底隆安县火龙果种植面积已经扩大到6.17万亩，年产值5亿元以上。

全县有46个100亩以上连片的火龙果基地，总面积为3.65万亩。涉及农户12 510户，其中贫困户1 650户；全年累计用工量共计31 275人，其中贫困劳动力为2 775人，火龙果产业成了带领隆安县贫困户脱贫的典范，有效地提升了当地农业经济。

种植的主要品种有金都一号、红宝龙和美龙3号等，试验性栽培的品种有厄瓜多尔燕窝火龙果、以色列无刺黄龙和中国台湾蜜炫龙等，火龙果良种覆盖率达100%。在隆安县成规模的果园中，90%以上都是金都1号火龙果，在品质、产量、成本等方面优势突出，市场的认可度较高，受到收购商和消费者的一致好评。

3.2.2 广西火龙果市场特征

3.2.2.1 抢抓先机，加大力度宣传

近年来，广西火龙果由于生产过程的标准化、分选过程科学化、冷链储运高规格化以及食用品质高质量化，深受消费者喜爱，线上线下销售火热。加之中央电视台广告精准扶贫项目的播出，有效提升了广西火龙果的美誉度、知名度和竞争力，对促进广西贫困县的产业扶贫、促进广西实现脱贫攻坚提供了有效的支撑。

3.2.2.2 组团出门，占据一线市场

金福、龙穗等广西7家大型企业以火龙果种植基地为纽带，采取联盟方式，组建了广西桂族火龙果专业合作社，其所产果品70%销往北上广地区。合作社坚持“信息集中、价格统一、管理统一”的原则，使得各个火龙果种植基地在标准化与自动化建设程度上越来越高，所产火龙果保持较高的价格。如今，桂族火龙果专业合作社成了南宁火龙果企业联盟的一员，通过组团方式迈向了更广阔的市场。

3.2.3 广西火龙果加工物流特征

一是广西已在多地建设了生态农产品物流中心，在多个市县设立采购和配送中心。不仅可以促进本地生产的生态农产品快速流通，还可以汇集全国各地的优质农产品，带动广西火龙果鲜销以及深加工。二是广西低温车间、分拣中心、冷库等采后配套的场所完善。为了提升广西火龙果产业发展，部分市县优先调配发展火龙果产业的建设用地，在企业进驻前做好“三通一平”工作，通过财政拨款用于配套火龙果产业公共基础及新品种培育。三是广西积极引入火龙果精深加工技术。最著名的那佰峰庄园酒业公司通过引进新的生物酶和发酵技术，深度开发了绿色环保健康的火龙果果酒、火龙果醋、火龙果蜜等系列产品，进一步延展了广西火龙果的产业链。

3.2.4 广西火龙果成功经验与模式

广西火龙果种植采取“企业+基地+合作社+农户”的利益联结模式，通过土地流转、集中经营、技术创新，建立完善的利益联结机制，增加多种创收方式，为基地周围农民增加经济收入来源。

3.2.4.1 广西金穗农业集团有限公司种植经营模式

广西金穗公司流转的土地储备面积达5.6万亩，拥有265名在岗员工及630名固定农民工，季节性农民工3 000人，年支付土地流转金4 000多万元，是一家以农业种植为主的农业产业化国家重点龙头企业。涉及贫困村9个、贫困户870户，贫困人口3 993人，土地流转后实现就地务工贫困户共522户791人。

公司始终以生态农业全产业链建设为立足点，以促进一二三产业融合发展为指导，形成了“种植+深加工+物流+旅游”四位一体的全新发展模式，其火龙果的标准化生产种植技术已经达到国内领先水平，拥有成熟的现代化农业种植经营模式，是目前广西规模最大、产业化程度最高、设备技术最先进的农业龙头企业。

2016年，金穗公司联合5家联盟企业、13个家庭农场和12家种植大户发展火龙果种植，开创了“龙头企业+产业联盟+基地+农户”特有的“金穗模式”，通过对土地流转与集中经营，实现了火龙果生产的技术创新，打造火龙果产业链，与农民建立了利益联结共享机制，实现了企业与农户共赢，建成了隆安县规模最大、产业程度最高、设备技术最先进的火龙果农业产业化联合体。2018年，为深化火龙果产业一二三产业融合，加强了火龙果产业中多种经营主体的利益连接，发展火龙果产业联合创新，积极实施优质火龙果种植发展战略，推动隆安县优质火龙果种植、采收、加工、销售一体化进程。通过将农业产业、科技展示、休闲旅游等的有机结合，提高了农业和农产品的附加值，促进了多产业的共融发展，形成了开发综合于一体的休闲观光农业示范区。通过“公司+家庭农场”“公司+合作社+基地+农户”等形式进一步带动周边农户参与火龙果种植，建设集标准化生产示范、种苗繁育、现代农业技术展示等于一体的水果种植示范区，实现了火龙果一二三产业的深度融合。

3.2.4.2 广西金福农业有限公司种植经营模式

广西金福农业有限公司基于“公司+基地+合作社+农户+贫困户”的产业发展模式，通过“万企帮万村”“脱贫攻坚——委员在行动”活动，探索了“五金”带贫益贫模式，即土地流转有租金，公司通过土地流转的方式，与农户签订土地流转合同，流转的土地每亩每年租金1 100~1 200元，每亩收益比农户自己发展种植的收入多400元左右。农民把土地流转给公司，既提高了土地收益，又解放了家庭劳动力；基地务工有薪金，公司根据生产需要，在剪枝、采摘、分拣、包装等生产环节，从当地农户中聘用农民工，每人每天收入100~120元；反包管理有酬金，公司按照便于管理的原则，将基地划成25~60亩不等的小地块，反向承包给农户管理，公司支付承包管理费，管理费每亩每年1 500~2 700元，每户每年可得到6万元多的酬金；超产分成有奖金，公司在反向承包管理中，与农户一起制定水果量化基本产量标准，对于超出基本产量的部分，承包户按不同单果重量获得提成，每户每年平均可得3万元左右提成；村企合作享股金，为发展村集体经济，周边村通过村民合作社将财政扶持村集体经济发展资金、产业发展资金与公司合作，分享企业发展红利，村民合作社每年按 8%～10%的比例获得保本收益分成，其中最多的定坤村获得收入 23 万元，有效地带动了村集体经济发展。实现了公司有发展、贫困户有收入、村集体有收益。

3.2.4.3　广西龙穗农业有限公司种植经营模式

广西龙穗农业公司结合广西桂族火龙果种植专业合作社，通过“公司+合作社+基地+农户”模式管理经营，在加快火龙果产业发展的同时积极带动了周边农户的共同发展，实现了现代农业生产、加工、销售、服务全产业链一条龙。公司龙头企业带动基地周边农户发展火龙果种植，或农户以土地流转形式拿地租、到基地务工挣劳务费、吸收贫困村村集体经济资金及其他资产参与合作经营等方式增加农民收入，实现贫困村民脱贫致富。该基地聘用周边村屯的农民或贫困户从事火龙果种植、管护工作，年雇佣固定工人 216 人，其中建档立卡贫困户 52 人，季节性劳动力 800 多人，临时农民工日工资达 100 元以上，月收入 3 000 元/人，有效地促进了周边农民的增收致富。

3.2.5　广西火龙果产业发展面临的问题

3.2.5.1　精高端果占比仍不高

广西精品高端果占比仍不高，远远不能满足高端消费者的需求，势必会受到越南及国内其他主产区精品高端果冲击，削弱火龙果市场竞争力。

3.2.5.2　产销仍不对称

广西的火龙果产销存在不对称现象，种植端和销售端信息也不对称，一些果商、果贩收购恶意对火龙果进行压价，果农劣势地位明显。

3.2.5.3　三产融合未全面覆盖

广西火龙果企业农旅耦合发展不充分，三产融合未全面覆盖。尽管广西火龙果已经得到越来越多消费者青睐，但以火龙果产业对当地旅游业发展的促进作用仍显薄弱，对火龙果休闲观光配套服务的打造尚不完善。

3.2.6　广西火龙果产业发展对策建议

3.2.6.1　提高精高端果市场占有率

以市场为导向，科学引进并选育适宜广西的火龙果新品种，合理优化火龙果产业区域布局，适度规模增加黄龙果的种植，提高精优端火龙果的市场占有率，实现火龙果产业跨越式发展和提质增效。

3.2.6.2　加快电商销售体系建设

广西主产区应加快大型火龙果交易中心建设；推广“互联网+火龙果”模式，融合线上线下销售，发展农村电商。

3.2.6.3 促进火龙果一二三产业融合发展

加强火龙果全产业链的配套衔接，形成广西火龙果产业集群优势，有效完善隆安县火龙果产业链、价值链，促进火龙果一二三产业融合发展。

3.3 贵州产区火龙果产业发展动态

3.3.1 贵州火龙果生产种植及分布特征

贵州省火龙果自2001年引进试种后逐步推广，目前产业发展迅速，生产规模逐年扩大，综合生产能力逐渐增强。2019年，贵州省火龙果种植面积约9万亩，位居全国第四，主要分布在罗甸、镇宁、关岭、贞丰、望谟、册亨等地。

3.3.2 贵州火龙果研究已取得成果

贵州省在火龙果的生态适应性、资源收集保存、丰产栽培技术、种苗繁殖技术、设施栽培、品种选育、病虫害防治、采后生理、贮藏保鲜、优质高效示范园建设等方面都开展了相关的研究，并取得了较好的成绩。近10年间，仅贵州省果树科学研究所就选育了6个火龙果新品种；获省科技进步二等奖1项、省成果转化二等奖1项、省农业丰收奖3项；申请国家发明专利5项；颁布火龙果标准2个，通过省级科技成果鉴定4项。通过10余年的研究，贵州省火龙果的研究深度和水平已经达到国内领先甚至国际先进水平。

3.3.3 贵州火龙果优劣势分析

3.3.3.1 贵州火龙果优势

相对国内其他火龙果产区，贵州省火龙果具有以下明显的优势：一是生态环境优良，适合高品质火龙果生产；二是昼夜温差相对较大，火龙果品质优异、酸甜适中、风味浓郁；三是由于空气湿度适中以及山体的间隔优势，少有重大病虫害为害。

3.3.3.2 贵州火龙果存在的问题

经过近20年的发展，贵州火龙果产业仍然存在诸多问题。一是许多果园基础设施缺乏、土壤瘠薄、有机质含量低；二是自花授粉新品种普及率低，多为人工授粉品种，劳动力成本加高，由于不注重疏花、疏果和套袋，造成单产低、优果率低；三是平地和坡地均为单柱式，栽培模式单一；四是标准化生产程度不高，果园管理人员的专业技术欠佳。

3.3.4 贵州火龙果发展对策建议

针对上述存在的主要问题，建议重点开展良种选育与优质种苗繁育技术研发与应用、山地果园抗旱节水技术研发、病虫害绿色防控技术研发与应用、采后处理与贮运保鲜技术研发与应用、产品加工及副产物利用技术研发与应用、贵州火龙果绿色生产关键技术集成与示范等方面的技术攻关和示范推广。力求全面覆盖火龙果产业发展的各个环节，同时突出重点，着力解决制约产业发展关键问题，促进贵州省火龙果产业的健康发展。

4 中国火龙果产业生产及销售的预测

4.1 种植及生产预测——火龙果生产增速将有所减缓

在地方政府优惠政策的支持下，火龙果种植技术与冷链物流设施不断创新完善，反季节和夜间补光催花技术不断推广，火龙果扩种潮仍将持续，种植面积和收获面积仍将增加，各主产区火龙果总产量也会增加，但生产增速将有所减缓。

4.2 市场前景分析

4.2.1 国内市场消费仍将进一步增长

随着市场对标准化、生态化、高效化生产的要求，火龙果分级也将越来越严格。我国火龙果市场平均批发价格和地头收购价格仍将会呈增加态势，尤其是高端水果的价格增长幅度将变大；而随着火龙果消费群体对中高端火龙果需求量的增多，罩灯火龙果的市场价格仍将保持上涨态势。而在将来，火龙果企业将综合好火龙果全产业链中的各要素，让无论多远、无论任何季节的消费者们都能尝到品质和口感始终如一的优质火龙果，火龙果消费将进一步增长。

4.2.2 出口增多，国外市场占有率将进一步增加

近几年我国加大了火龙果的生产投入、加强了火龙果的管理和储藏水平，果肉口感明显提高，改变了之前长期依赖国外尤其是从越南进口的情况。近些年，我国鲜火龙果出口量逐年增长，但白肉火龙果几乎全部进口，与越南相比在劳动力成本和良好的热带气候方面仍不占优势。未来白肉鲜火龙果仍需从越南大量进口，而红心火龙果进口量将继续减少，出口量将大幅度增长，增加在世界火龙果贸易中所占份额。

5 中国火龙果产业发展问题及制约因素

5.1 生产中存在的主要问题

5.1.1 生产方面问题

5.1.1.1 规模化、机械化与产业化水平仍然不高

由于我国火龙果产区大部分在相对不富裕地区，坡地果园居多，除典型的种植大户和公司具有品牌化意识外，火龙果规模化、机械化与产业化水平仍然不高，必然会限制火龙果产业发展。另外，部分产区为了追求高产，用药、用肥过多，短期来看，火龙果产量确有提高；长期来看，造成土壤板结、土壤通透性变差、土壤地力减弱，火龙果的果品、果相和口感都会受到影响，势必影响其销售、效益和品牌实力的提升。

5.1.1.2 区域性独特的单项技术创新不足，标准化技术水平仍然较低

我国火龙果对区域性高优栽培等单项技术创新能力仍严重不足，这将影响到火龙果产业的均衡可持续健康发展。另外，我国火龙果生产过程的标准化技术实施力度不足，对于标准化种植概念仍没有形成，未能全面实现火龙果产业科技在田间的普及应用，从而限制了火龙果产业的全面发展。

5.1.1.3 上市仍过于集中，产期不够长，冬季果供不应求

各省火龙果多集中于夏季上市，夏季产量过多，而 12 月至翌年 4 月受冬天寒冷气候影响，冬季产果量很少甚至不产果。目前广西、海南、广东省已着手灯光果生产的研究和探索，并有较多火龙果企业通过照灯补光技术延长了火龙果产期，但是产量仍然不能满足国内市场对火龙果的需求。

5.1.2 销售方面问题

5.1.2.1 营销观念陈旧，营销模式不够多样和开放

火龙果行业的电商规模已形成并快速发展，仅海南省 2017—2018 年就催生出了一大批为微商、电商做代购的火龙果供应商，更促使生产第一线的农民有了售后危机和责任。而多数火龙果产区没有火龙果综合收购批发市场和统一销售平台，销售渠道不通畅，对外销售规格、包装、物流、销售服务不统一，果农销售压力较大；果农无法实时掌握火龙果市场行情，许多地区火龙果生产者，尤其是边远山区生产者，营销观念陈旧，营销模式单一，仍然依靠收果商到田间地头收果，直接影响火龙果上市时间和新鲜程度，无法将火龙果经济效益最大化。

5.1.2.2 火龙果果品同质化严重，会削弱火龙果市场竞争力

一是近些年大红系列火龙果主栽品种面积过大，导致火龙果种植同一市县不同基地、相邻市县甚至不同省份之间果品同质化严重，产品多样化严重不足，全国性知名品牌还未建立。二是精品高端果占比仍然不高，远远不能满足高端消费者的需求。这些因素都将制约我国火龙果产业在国内外市场的竞争力。

5.1.3 加工方面问题

火龙果深加工技术仍面临着不少困难。一是从火龙果中提取的色素明亮且鲜艳，特别适合作为天然色素用于食品添加中，但火龙果色素极不稳定且易发生变化。二是制作火龙果果酒的优良菌种筛选问题还未彻底解决。三是目前我国火龙果主产区对火龙果精深加工的重视和支持力度还不够，各省普遍缺乏火龙果精深加工研发团队及研发人员。四是我国火龙果仍以鲜果鲜销为主，选育种以鲜食为主要目标，缺乏优良的专用型加工品种，且火龙果加工产品不够多样，高附加值的加工产品种类少，产业链延伸不充分。

5.2 产业发展的主要制约因素

5.2.1 生产资源

5.2.1.1 易受到自然灾害影响，劳动力日渐匮乏

火龙果在热区省份种植较多，这些省份常常受台风、高温、多雨影响；高温、多雨不利于火

龙果生长易造成火龙果口感和品质下降。随着国内劳动力日益短缺及人工费用不断增加，火龙果的生产成本越来越高，且机械化采收技术发展缓慢。

5.2.1.2　冷链系统仍不完善，贮运货架期仍较短

我国火龙果产业起步较晚，部分火龙果产区冷链系统仍不完善，冷库数量不足，冷链运输仍存在较大困难，火龙果果实采后保鲜处理率较低，导致贮运货架期短，除广东、海南省火龙果贮存较久外，其余省份火龙果贮存时间最多15天。

5.2.1.3　良种苗培育体系尚未建立，种植技术有待提升

火龙果各主产省（区）至今未达成共同建立良种健康种苗培育体系的共识，精品果高效生态标准化栽培技术的推广应用力度不够大。存在为了追求火龙果的高产量低成本，仍然使用较多的无机肥，导致土壤板结、有机质下降、养分失衡、土壤有益微生物不断减少，造成土壤生态破坏的现象，也存在未通过引进与筛选良种或者因地制宜购买合适种苗，对病虫害防控措施力度不够的现象。这些现象直接导致了火龙果产业受溃疡病影响较大。

5.2.2　政策

5.2.2.1　农业贷款缺乏相应担保机制与政策，涉农保险机制不完善

一是，农业合作社贷款仍比较难。农业贷款政策相对不完善，农业贷款缺乏相应担保机制，农信机构缺乏对农村固定资产更新和改造的长期贷款及评估机制，影响了火龙果专业合作社的发展；二是，涉农保险机制仍不完善。农业保险的推广力度仍不够，当火龙果种植户和企业的经济效益受到自然灾害影响时，农业保险的惠及度仍不强。

5.2.2.2　产销仍存在不对称现象，缺乏监测预警配套政策体系

2014—2015年全国火龙果产业呈现跨越式增长，火龙果面积增加了十几倍。由于火龙果的扩张速度过快，销售渠道来不及拓宽，宣传和推广的力度不充分，且缺乏完善的监测预警政策体系，导致了火龙果种植端和销售端信息不对称，一些果商在收购时恶意压价，果农劣势地位明显。

6　中国火龙果产业发展建议

6.1　生产环节发展对策和建议

6.1.1　种植规模化、标准化亟待提升，品牌建设步伐需要加快

规模化将助推品牌化，火龙果应以打造国内甚至国际火龙果品牌为切入点，鼓励“公司+基地+农户”的经营模式，以基地为载体、企业为主体、生态安全为根本，规范火龙果园的种植标准，对施肥、施药的种类严格把关，鼓励并支持火龙果种植户、企业、合作社逐渐使用水肥全自动电脑控制滴喷灌设施，提倡生态循环农业技术，采用绿色植保防控、测土配方施肥、水肥一体

化、秸秆综合利用等农田清洁生产技术来提升土壤有机质含量，运用物理防病防虫措施，减少化肥、农药的使用和施用量，提升中国火龙果的果品质量。通过实施火龙果品牌战略，打造国内甚至国际火龙果知名品牌，促进中国火龙果产业可持续发展和绿色发展，提高中国火龙果知名度和影响力。

6.1.2 增强科技服务投入力度，增加火龙果全产业链专业培训

地方政府应引导种植户、企业及合作社加强与火龙果种植、加工、销售等相关科研院所的沟通与联系，细化当地火龙果协会和其他市县火龙果协会的职责，对种植户、企业和合作社开展针对火龙果生产、种植、水肥高效利用、“三品一标”、火龙果产品质量溯源、加工、销售、病虫害管理与综合防治、电商平台推广等专业培训，提高种植户和企业的果园管理水平，增加火龙果产业的经济效益和生态效益。

6.1.3 增加资金支持范围，加快基础设施的建设和完善

火龙果规模化、标准化发展离不开资金的支持，化肥农药、土地租金、水电路网、人力成本等各方面的大量资金投入成为火龙果发展的限制条件，主产区政府应加大火龙果产业的扶持资金力度，完善路网水电气等基础设施建设。简化农户贷款手续，缩短农户放贷时间，促进火龙果产业健康有序高效生态发展。

6.2 市场环节发展对策和建议

6.2.1 尽快转变传统营销模式及观念，提高种植收益

火龙果种植户、企业、合作社应尽早转变传统的营销观念，增强对电商平台的认识，掌握电商营销技能，充分整合国内火龙果主要种植市县产业资源，提升火龙果产业电商应用水平，拓宽火龙果销售渠道，延伸产业链条，增强国内外竞争力，促进产业转型升级，将火龙果销售引入相对稳健的渠道，为火龙果产业创造更大的经济效益和社会效益。

6.2.2 加快销售体系建设，加强“线上+线下”融合发展

火龙果主产省（区）应加快大型火龙果批发市场建设，完善运输、储存、配送等配套服务，实现火龙果采收季节集中供货，批量外销。通过主动招商促进购销，推进产销结合，提高火龙果田头收购价格。推广电商营销模式，发展农村电商，融合“线上线下”销售渠道。

6.2.3 加大力度开展火龙果精深加工，促进火龙果全产业链发展

若想提升我国火龙果的市场竞争力，不应单纯依靠生产初级农产品，各主产区政府应当重视并加大火龙果精深加工技术研发及推广的扶持力度，有效延长火龙果产业链，加强火龙果各产业链环节的配套衔接，促进火龙果一二三产业融合发展，降低国内火龙果产业风险。

6.2.4 加快形成全国火龙果产销联盟，增强国际市场竞争力

为加快整合国内各主产区火龙果产业资源，做大做强中国的火龙果产业，迎合国内消费者需求偏好的日益多样性，增强我国火龙果在世界贸易中的市场占有率和竞争力。各火龙果主产区政

府应极力推动全国火龙果产销联盟形成，从而转变产业传统的个体竞争思路，做强火龙果产业整体实力。

6.2.5 建立信息共享平台，构建完整的监测预警信息服务体系

应构建我国火龙果产业的监测预警体系和信息服务体系，为种植公司、企业、合作社、种植大户及时提供火龙果价格和供求信息。应建立长效的火龙果购销信息发布机制，加强与国内外水果市场和企业的联系，帮助生产者准确把握火龙果最佳销售时机及市场动态，并将火龙果市场信息及时反馈至火龙果产业监测预警人员，构成完整的火龙果生产销售信息链。

参考文献

高笑冉，2013. 越南的“大国平衡战略”[D]. 北京：外交学院.

李彩琴（2017-08-02). 打造区域品牌，南宁火龙果抱团抢市场 [EB/OL]. [2020-6-30]. http://www. chinacoop. gov. cn/HTML/2017/08/02/120356. html.

杨波，黄初艺（2018-08-10). 隆安：火龙果“结出”5 亿元大产业 [EB/OL]. [2020-6-30]. http://www. gxnews. com. cn/staticpages/20180810/newgx5b6cfcd3-17555659. shtml.

叶雪萍，王富有，2013. 海南农业金融服务研究 [J]. 学习借鉴，6：69-71.

中国农业网（2019-01-16). 云南：火龙果“甜”了千万家 [N/OL]. 云南日报，http://gp. zgny.com.cn/Cons_ 548569. shtml.

椰子产业发展情况研究报告

椰子（*Cocos nucifera* L.），棕榈科（Palmaceae）单子叶多年生常绿乔木，属于典型热带木本油料作物，原产于印度尼西亚至太平洋群岛和亚洲东南部，主要分布在赤道两侧20°之内的亚洲、非洲和拉丁美洲等热带滨海地区，在高温多雨、阳光充足的环境下生长发育良好。椰子经综合利用后开发出的产品多达360多种，在国外有“宝树”和“生命木”之称。全球椰子产量86%集中在东南亚地区，东盟国家的椰子产量占世界椰子总产量的50%以上，全球椰子产量排名前五的国家分别为印度尼西亚、菲律宾、印度、斯里兰卡和巴西。中国椰子进口主要来源于印度尼西亚、越南和泰国。海南省是我国唯一的椰子主产区，其余零星分布在广东省和云南省。98%的椰子集中在海南种植，加工产值（含进口椰子）200多亿元，正规注册的椰子加工企业有359家，位列全国之首。年产量超过1 000万个的市县有琼海、文昌、三亚、陵水、万宁、乐东等，其中文昌市的椰子种植面积最大，产量最多。另有400多家手工作坊从事椰子初加工及椰衣、椰壳、椰子种皮、椰子水等副产物加工，已基本形成了完整的椰子加工产业链。

1　世界椰子产业发展基本情况

1.1　世界发展情况

1.1.1　生产情况

世界椰子主产国为印度尼西亚、菲律宾、印度和斯里兰卡等国家，东盟国家是世界椰子的主产区，其椰子产量占世界总产量的50%以上，亚洲东南部和南太平洋地区椰子产量和种植面积约占全世界80%。

如图1，根据联合国粮食及农业组织（FAO）的统计数据分析，2008年全球椰子收获面积为1 142.31万公顷，总产量6 060.54万吨，单产5.31吨/公顷。2018年全球椰子收获面积为

1 238.11 万公顷，比 2017 年略有增幅 0.88%，总产量 6 186.54 万吨，比 2017 年增产 2.35%。单产 4.996 吨/公顷，同比上年提高 1.46%。

2008—2018 年世界椰子收获面积逐年扩大，产量波动幅度较大，收获面积从 2008 年的 1 142.31万公顷增加到 2018 年的 1 238.11 万公顷，增幅 8.39%，椰子总产量也基本保持在 5 800 万~6 200 万吨（图 2），2008—2010 年、2012—2014 年、2016—2018 年都突破了年产 6 000 万吨的记录，2011 年和 2015 年分别跌回 5 800 万吨和 5 900 万吨，近 10 年椰子产量波动幅度较大。单产水平在 4.9~5.3 吨/公顷。

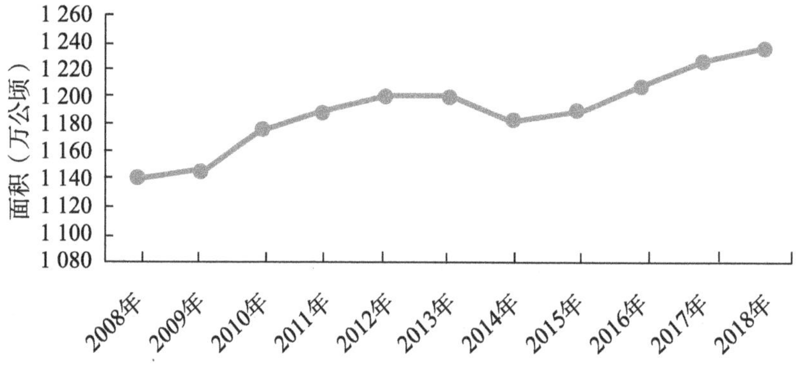

图 1　2008—2018 年世界椰子收获面积

（数据来源：联合国粮食及农业组织）

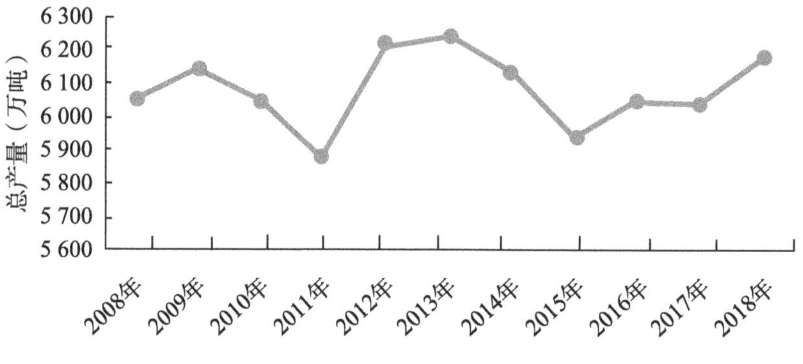

图 2　2008—2018 年世界椰子总产量

（数据来源：联合国粮食及农业组织）

亚洲椰子的产量和收获面积居五大洲第一（图 3，图 4），2018 年亚洲椰子产量 5 210.38 万吨，占全球椰子总产量的 84.22%，收获面积 1 000.98 万公顷，占全球椰子总收获面积的 80.84%，当年椰子单产水平在 5.21 吨/公顷。

2018 年美洲椰子产量 497.70 万吨，占总产的 8.04%，收获面积 59.30 万公顷，占总面积的 4.79%，单产 8.39 吨/公顷，为五大洲椰子单产水平最高。

2018 年非洲椰子产量 204.25 万吨，占比 3.30%，收获面积 128.77 万公顷，占比 10.4%，单产 1.59 吨/公顷，非洲的椰子单产为五大洲椰子单产水平最低。

2018 年大洋洲椰子产量 273.80 万吨，占比 4.43%，收获面积 49.02 万公顷，占比 3.96%，单产 5.59 吨/公顷。

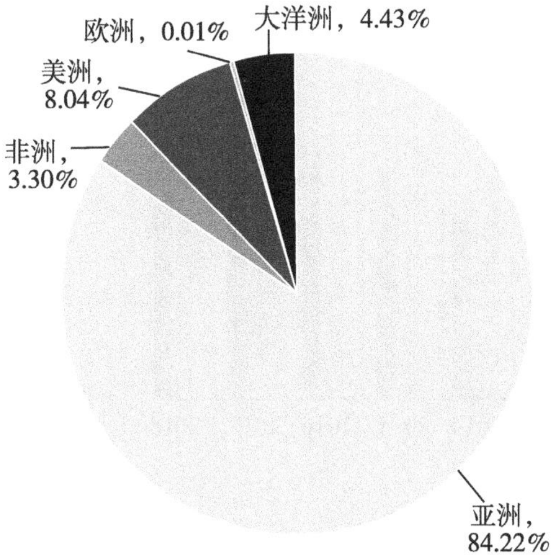

图 3　2018 年世界五大洲椰子产量占比

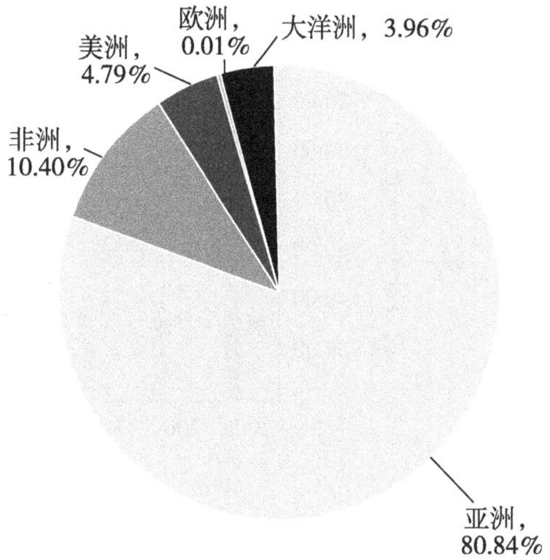

图 4　2018 年世界五大洲椰子收获面积占比

1.1.2　加工情况

国外的椰子产品有罐装椰奶、椰奶粉、椰子酱、椰子糖浆、食品酵母、浓缩椰子水、椰子油等。除了椰衣纤维及制品、椰肉制品等初加工产品之外，马来西亚和菲律宾还研发了椰油制品及椰子醇、甲基酯等产品。菲律宾、印度和斯里兰卡的椰子木材加工业已成规模，是房屋建造和家具生产重要原材料之一。东盟国家的椰子花序汁液系列产品——椰花汁糖、椰花汁酒和饮料等均出口创汇，菲律宾推广的椰纤维网被公认为最有效的治荒、固土、保堤的环保产品。泰国用椰衣粗纤维制成苗圃营养砖。菲律宾把椰衣粉与玉米粉、鱼粉等进行配比制成牲口和家禽饲料配料。与我国相比，东盟国家更重视椰子系列产品的深加工研发。

为了提高椰子产品的国际竞争优势，占据更多的世界市场份额，各大椰子主产国都非常重视椰子产业的科技投入，提高椰子产品科技含金量，如菲律宾投资生产椰子生物柴油，国外市场高度关注研发椰子水运动型饮料、椰子花序汁液系列功能性食品等，中国也研发出椰子抗氧化多肽和椰子球蛋白铁强化剂等。中国的科技成果总体转化率为 30%~40%，低于科技发达国家的平均水平，热带地区因资金不足、设备和技术水平落后等诸多因素限制，热带水果加工转化率仍低于全国平均转化率。与其他热带水果和经济作物比较，椰子产品的深加工程度和水平相对较高。

1.1.3　贸易情况

如图 5 所示，近 10 年来，世界椰子进出口贸易呈增长趋势，2008 年，世界椰子出口量为

35.67 万吨，出口额 13 296.4 万美元，此后逐年增长，2018 年世界椰子出口量为 117.69 万吨，出口额 49 470.5 万美元，2018 年的椰子出口量较上年同比增加 5.23%，出口额较上年同比下降 8.08%。

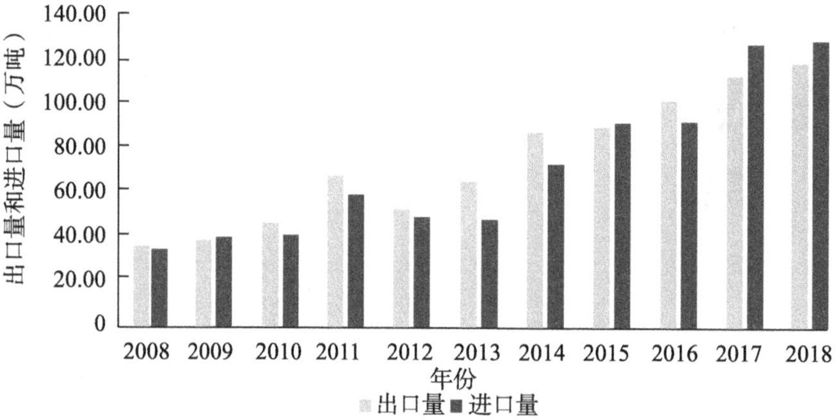

图 5 2008—2018 年世界椰子出口和进口量

（数据来源：联合国粮食及农业组织）

2008 年，世界椰子进口量为 34.43 万吨，进口额 14 904.2 万美元，此后逐年增长，2018 年世界椰子进口量为 127.59 万吨，进口额 61 076.3 万美元，2018 年的椰子进口量较上年同比增加 0.91%，进口额较上年同比增加 3.59%。

国际市场上交易椰子产品主要包括鲜椰果、椰干、椰子油、椰麸等。椰子的主要出口国为印度尼西亚、越南、印度、泰国、马来西亚、斯里兰卡（图 6）；主要进口国为中国、马来西亚和泰国等国（图 7）。

2018 年，世界椰子出口量最大的国家是印度尼西亚，占比 50.04%，当年出口椰子 58.90 万吨，同比下降 16.55%；排名第二是越南，出口量占比 13.79%，当年出口椰子 16.23 万吨，同比增长 192.71%；第三名是泰国，出口量占比 13.08%，当年出口椰子 15.39 万吨，同比增长 30.60%；印度椰子出口量占比 5.31%，当年出口椰子 6.25 万吨，同比下降 10.19%；科特迪瓦和加纳的椰子当年出口量分别为 4.09 万吨和 3.11 万吨，分别占比 3.47%和 2.64%。

2018 年，中国（未统计台湾、香港、澳门）是世界最大的椰子进口国，占比 35.37%，当年椰子进口量达 45.11 万吨，较上一年同比增长了 18.15%；其次是马来西亚，占比 19.65%，当年椰子进口量达 25.07 万吨，同比增长了 50.66%；泰国的椰子进口量占比 16.50%，当年进口 21.04 万吨，美国的椰子进口量占比 4.36%，当年进口 5.55 万吨，同比增长 15.82%；阿拉伯的椰子进口量占比 3.17%，当年进口 4.04 万吨，同比下降 5.18%；中国香港的椰子进口量占比 2.66%，当年进口 3.39 万吨，同比增长 39.01%。

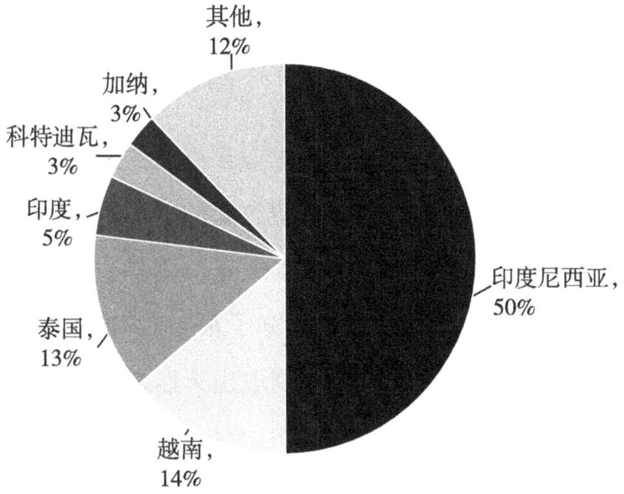

图6　2018年椰子主产国出口量占比

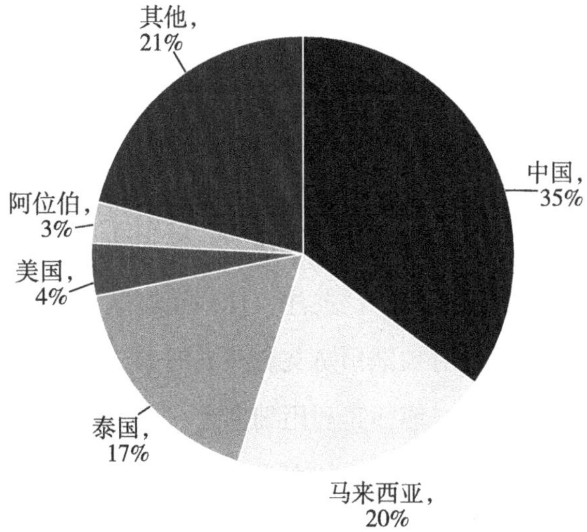

图7　2018年椰子主要进口国进口量占比

2018年，世界椰子油出口大于进口，出口量达到214.50万吨，出口额为277 418.90万美元，同比分别增长了6.87%和减少了20.99%；进口量211.62万吨，进口额315 854.80万美元，同比分别增长了16.75%和减少了8.76%。菲律宾椰子油出口量占全球椰子油出口总量的44.48%，其次是印度尼西亚，占比31.48%（图8）。

1.1.4　科研进展

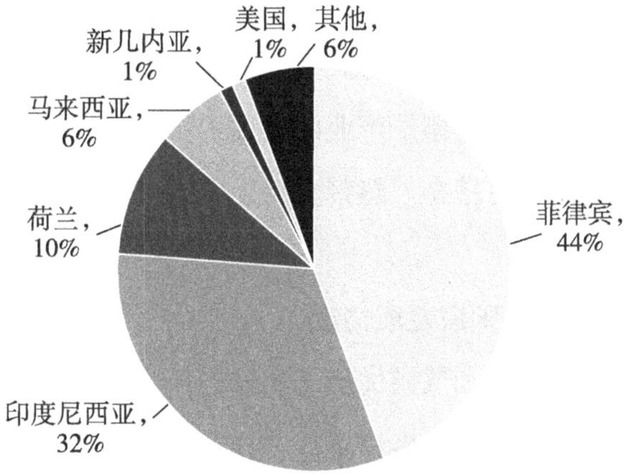

图8　2018年主产国椰子油出口量占比

在椰子种质资源收集及保存方面，国际植物遗传资源研究所已于20世纪80年代制定出椰子的种质资源描述规范。热带多年生作物研究发展局和国际椰子遗传资源网一直致力于收集椰子种质资源，并共同建成椰子种质资源数据库。菲律宾椰子署收集椰子种质材料200多份，印度尼西亚和马来西亚均收集100多份，这几个东盟国家在椰子种质资源收集利用和椰子产品深加工方面的科研水平处于国际领先。印度尼西亚椰子种质收集与鉴定等工作已采用SSR技术，印度中央种植园作物研究所（CPCRD）拥有世界上最大椰子种质资源库，收集和保存印度本地和其他国家的椰子品种资源。

在椰子杂交育种、组织培养、栽培技术方面，利用矮种与高种椰子杂交、高种与高种杂交等方法培育出许多优良杂交新种，如印度培育Chandra Sankara杂种，20世纪50年代开始椰子的组培研究，许多国家先后用花分生组织、叶外植体、椰子成熟合子胚进行体外培养均获得成功，20世纪80年代末菲律宾利用软肉椰果胚进行组培获得成功，90年代初斯里兰卡椰子研究所组培室采用未成熟椰子胚进行组织培养，英国的科研人员从椰子树取出茎、叶、花序等外植体进行离体培养，一个月内就能产生愈伤组织。栽培技术方面，印度在椰园中间种牧草和饲养牲畜，通过土壤改良提高椰果产量，在干旱地区对椰子施行滴灌技术。

马来西亚的棕榈油燃油转化工程，将椰子油经过系列的提炼，生产出类似于汽油的燃油，把椰子油从日用化工和食品加工拓展到动力能源领域。对椰子在医疗药用价值方面的利用研究也引起了科研人员的广泛关注。据报道，菲律宾的 PCRDF-CUILAB-DOH/SLH 研究，从椰油中提取某些物质能有效地预防艾滋病 HIV 病毒。菲律宾的科研人员发现了椰奶、椰子水和椰肉有防癌、抗疟疾功效。菲律宾利用细菌酶“gamanase”从鲜椰肉中提取出椰油，并制取出天然蛋白上清液以及纤维添加剂，添加在汉堡包和薄脆饼干的制作工艺中。

世界各国专门设立有关椰子产业的科研机构或者组织，国际上的相应科研机构有：热带多年生油料作物研究发展局，国际椰子研究与发展联盟等，联合国粮农组织专门成立了椰子工作组。世界椰子产业的主产区集中在东盟国家，菲律宾椰子署，越南油料植物研究所，马来西亚农业研究与发展研究所和该国农业部下属的椰子试验站，印度尼西亚椰子和棕榈植物研究所，泰国园艺作物研究所，这些科研单位都承担起本国椰子产业的相关研发工作。

1.1.5 组织管理

2005 年起菲律宾政府为农户提供技术支持，并实施“先给种苗后付款”计划。马来西亚早在 50 年前就将椰子与油棕、可可、橡胶列为优先发展的经济作物。印度尼西亚政府推出椰子改良计划，非常重视椰子产业的研发工作，政府加大对椰子产品开发资助力度，为促进椰子产品出口而解除其贸易壁垒。热带多年生作物研究发展局和国际椰子遗传资源网一直致力于收集椰子种质资源。

1.2 重点国家发展情况

从地理条件和气候优势来比较，东盟国家所占优势资源比其他国家和地区丰富，东盟的椰果产量占世界总产的一半以上，在世界椰子产品贸易中，东盟的椰子出口贸易额占世界市场的一半，椰子产品出口主要集中于东盟国家的印度尼西亚、菲律宾和泰国。这些国家的椰子种植适宜区面积广，劳动力成本低，且热带农产品具有上市早、货架期长、价格低的三重优势。因此，椰子生产和加工区域较为集中，也促进了椰子加工产品贸易的发展。

据 FAO 数据显示，2018 年，菲律宾、印度和印度尼西亚椰子收获面积分别为 362.81 万公顷、209.89 万公顷、324.79 万公顷，分别占了世界椰子总收获面积的 31.76%、18.37% 和 28.43%，这 3 个主产国的椰子收获面积占了世界椰子总收获面积的 78%。椰子产量最高的是印度尼西亚 1 855.54 万吨，其次是菲律宾 1 472.62 万吨，印度 1 170.63 万吨，分别占当年世界椰子总产量的 30.62%，24.30%，19.32%。

1.2.1 印度尼西亚

印度尼西亚位于印度和太平洋海西之间，拥有17 508个岛屿，是全世界最大的群岛国家，疆域横跨亚洲及大洋洲，别称“千岛之国”。典型的热带雨林气候，7—9月降水量丰富，日照充足，农作物生长周期短，是椰子生长的理想环境。

印度尼西亚是世界椰子年产量最高的国家，近10年，印度尼西亚椰子年产量在1 600万~1 900万吨的水平，2012年突破1 900万吨，收获面积逐年扩大，从2008年的288万公顷扩大到2018年的324.8万公顷（图9），2018年印度尼西亚椰子产量1 855.54万吨，同比减少1.02%，收获面积324.79万公顷，同比增加0.70%，单产5.71吨/公顷。

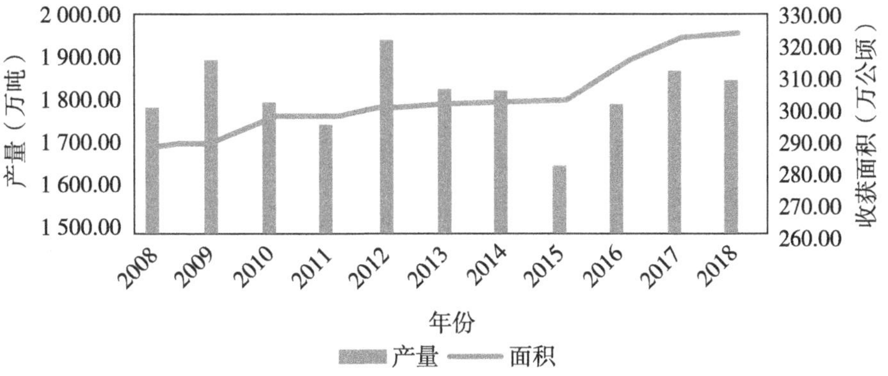

图9 2008—2018年印度尼西亚椰子的年产量和收获面积

（数据来源：联合国粮食及农业组织）

1.2.2 菲律宾

菲律宾是一个位于太平洋西部的东南亚岛国，是椰子油出口量最高的国家之一，是东盟成员国，也是亚太经合组织（APEC）的24成员国之一。属季风型热带雨林气候，高温、多雨、湿度大、台风多。

菲律宾的椰子年产量仅次于印度尼西亚，2015年之前都保持在1 500万吨/年，2016年大幅减产到1 382万吨。收获面积基本保持在330万~360万公顷的规模，菲律宾椰子的产量和面积的波动幅度较大（图10），2018年，菲律宾椰子产量1 472.62万吨，同比增加4.82%，收获面积362.81万公顷，同比几乎持平，单产4.06吨/公顷。

1.2.3 印度

印度是世界四大文明古国之一，也是世界人口第二大国，全境炎热，大部分属于热带季风气候，农村人口占总人口的72%。印度的喀拉拉邦、卡纳塔克邦、泰米尔纳德邦、果阿、奥里萨邦和岛屿地区是椰子主产区。

2008—2018年，印度椰子的年产量和收获面积波动较大，2013年的产量和面积为近10年最

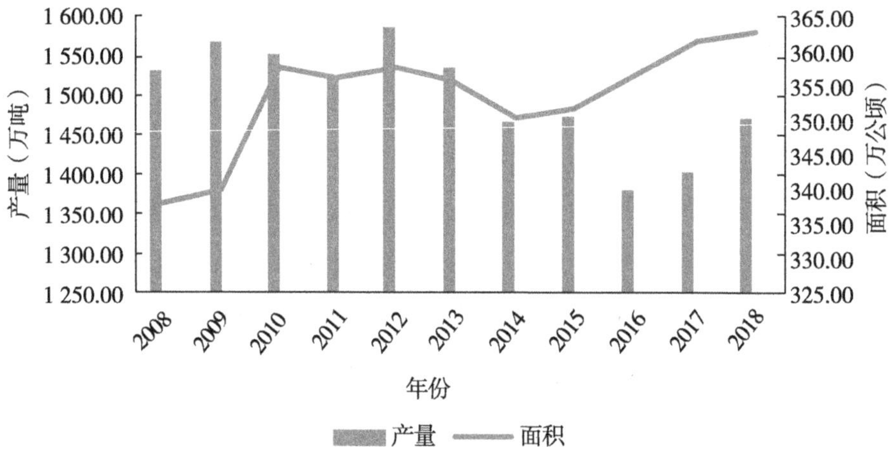

图 10　2008—2018 年菲律宾椰子的年产量和收获面积

（数据来源：联合国粮食及农业组织）

高，达到 1 193 万吨和 214 万公顷（图 11），2018 年印度椰子产量 1 170.63 万吨，同比增加 4.83%，收获面积 209.89 万公顷，与上年几乎持平，单产 5.58 吨/公顷。

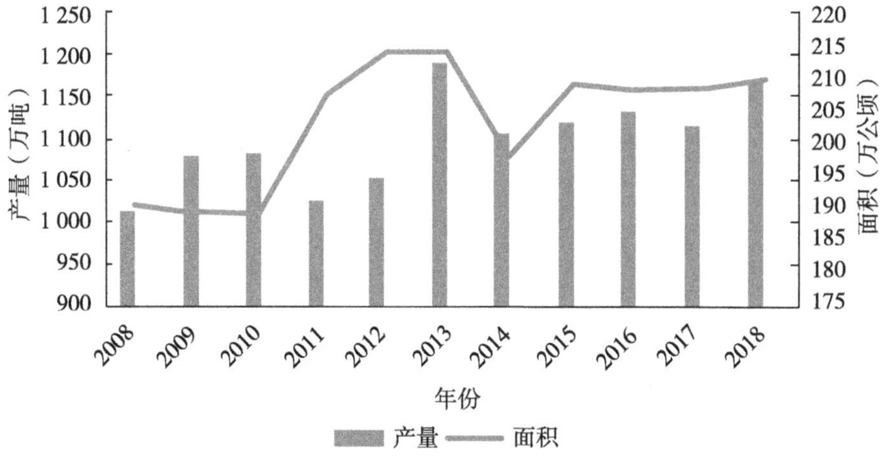

图 11　2008—2018 年印度椰子的年产量和收获面积

（数据来源：联合国粮食及农业组织）

1.2.4　斯里兰卡

斯里兰卡是印度洋上的岛国。斯里兰卡属热带季风性气候，终年如夏，非常适合种植椰子树。斯里兰卡的经济以农业为主。

近 10 年，斯里兰卡的椰子年产量基本保持在 200 万~260 万吨的水平，2016 年突破 300 万吨，收获面积在 39 万~45 万公顷的规模，2018 年，斯里兰卡的椰子单产水平最高，达到 5.76 吨/公顷，印度和印度尼西亚的椰子单产水平约 5 吨/公顷。2018 年，斯里兰卡椰子产量 262.30 万吨（图 12），同比增加 7.29%，收获面积 45.53 万公顷，同比几乎持平。

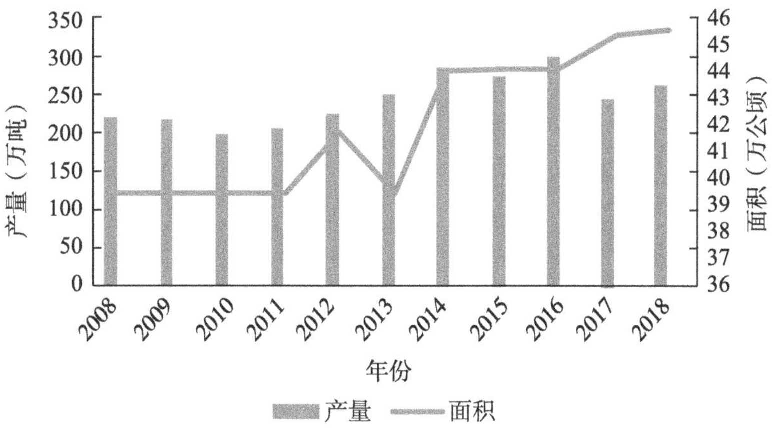

图 12　2008—2018 年斯里兰卡椰子的年产量和收获面积

（数据来源：联合国粮食及农业组织）

1.2.5　巴西

巴西是南美洲最大的国家，巴西大部分地区属热带气候，拥有 7 491 千米海岸线，以椰子树和沙滩而闻名。巴西牧业发达，是世界蔗糖、咖啡、柑橘、玉米、鸡肉、牛肉、烟草、大豆的主要生产国。巴西从 20 世纪 70 年代开始，从甘蔗、大豆、油棕等作物中提炼燃料，树立了世界绿色能源发展的典范。

2008—2018 年，除了 2011 和 2014 年之外，巴西椰子年产量逐年减少，从 2008 年的 322. 4 万吨减至 2018 年的 234. 68 万吨，收获面积也逐年削减，从 2008 年的 28. 7 万公顷减至 19. 87 万公顷。2018 年，巴西椰子产量 234. 68 万吨（图 13），同比增加 6. 18%，收获面积 19. 87 万公顷，同比减少 5. 11%，单产 1. 18 吨/公顷。

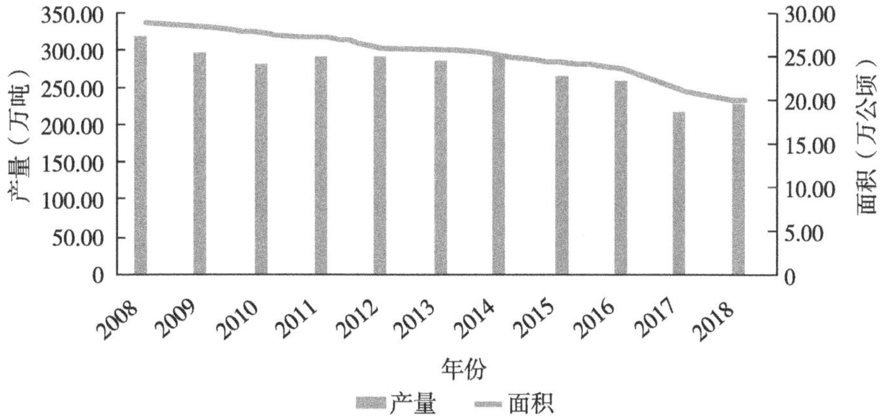

图 13　2008—2018 年巴西椰子的年产量和收获面积

（数据来源：联合国粮食及农业组织）

2　中国椰子产业发展基本情况

2.1　生产情况

2.1.1　面积和产量

2008 年我国椰子总产量 2.50 亿个，总产值 3.08 亿元，收获面积 44.79 万亩，单产水平为 557 个/亩，其中，95%的椰子总产量和总产值为地方所贡献。2009—2014 年的椰子种植生产情况基本保持稳定向上的发展趋势。2011 年全国椰子总产值 4.80 亿元，2012 年 4.79 亿元，这两年的椰子总产值都突破 4.7 亿元的大关。2013 年和 2014 年全国椰果总产量均超过 2.5 亿个，但总产值低于 2011 年和 2012 年。2014—2015 年全国椰子总产量减少，2016 年重回 4 亿元的总产值记录。2016 年全国椰子收获面积 43.5 万亩，其中海南省椰子收获面积为 43.45 万亩。2019 年，全国椰子收获面积 42.4 万亩，椰果总产量 2.3 亿个，椰子总产值达到 3.90 亿元。

2009 年，全国椰子平均单产水平为五年来的最高点，达到 614 个/亩，但是，因收获面积缩减导致产量和产值均不高。2010—2014 年的全国椰子平均单产恢复到 550 个/亩左右，2015—2016 年的全国椰子单产水平有所下降，为 510 个/亩，是 2008—2016 年 8 年间全国椰子单产水平最低值。2019 年全国椰子单产为 546 个/亩。

2.1.2　品种

我国椰子种植品种主要以本地高种为主，占种植面积的 90%以上。通过国家和海南省品种认定和国家审定的椰子新品种有文椰 78F1、文椰 2 号、文椰 3 号、文椰 4 号、文椰 5 号和文椰 6 号，主要推广文椰 2 号、文椰 3 号（市场俗称金椰）和文椰 4 号。本地高种椰子抗旱、抗寒、耐盐碱能力强，但种植 7~9 年之后才开花结果，综合经济效益有待提高。文椰 2 号等产量高，种植 3~4 年后就可以结果，该水果型品种具有植株矮化、投产早、产量高、商品性能好、市场价值高的优势。

2.1.3　批发价

2019 年上半年，我国椰青批发价在 5.75~7.5 元/个波动（图 14），最高价在 5 月上旬的 7.5 元/个，下半年的椰青批发价环比略有下跌，在 5.25~6.75 元/个波动。

2.1.4　零售价

我国椰子供不应求，原料缺口较大，加工用的椰果多从东南亚国家进口，天气因素对椰子加工需求和产量的影响不大，但对鲜椰果的市场需求有一定影响，在炎热的夏季和游客增长的冬季，海南鲜椰果的市场价格明显上涨，但是，2019 年受到来自泰国进口椰果的冲击，以及越南椰子降价的影响，入夏以来，海南省海口和文昌等地，椰子田头价、批发价和市场零售价同环比都在小幅度下跌，5—7 月海南椰子零售价一度跌破 7 元/个以下的价位，12 月临近元旦和春节，

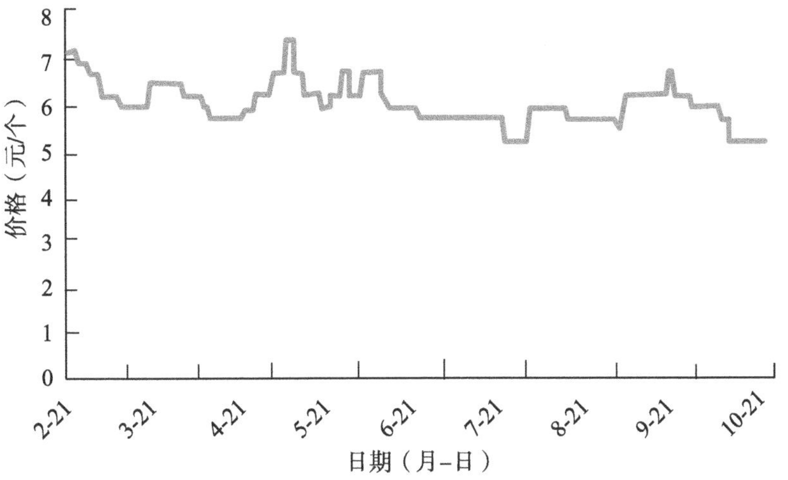

图 14　2019 年中国椰青的日度批发价格

［数据来源：http：//www. xinfadi. com. cn/北京新发地（1 月、11 月及 12 月无相关上市信息）］

来海南过冬和旅游的人数增加，海南椰子的零售市场价格上涨到 8. 17 元/个，为 2019 年椰子零售市场的月度最高价（图 15），环比上涨 9. 37%，同比上涨 15. 23%。海南本地种的鲜椰果基本供应进岛游客和本地居民鲜食，鲜椰果的利润高于加工椰果。

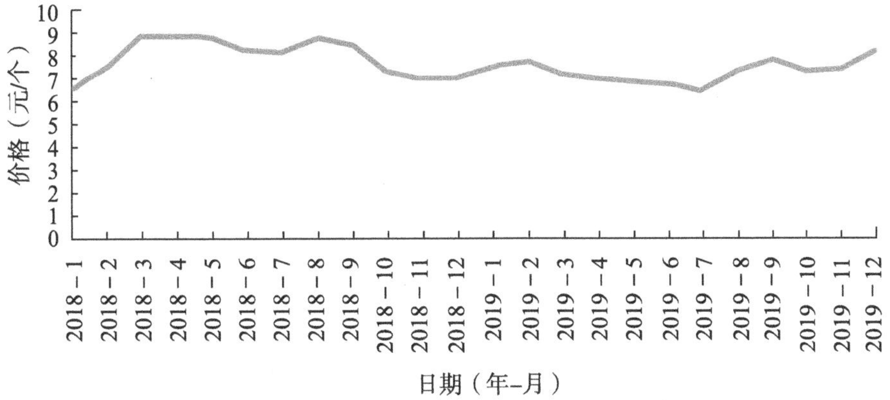

图 15　2018 年 1 月至 2019 年 12 月海南椰子市场月度零售价格情况

（数据来源：中国农产品监测预警系统）

2. 2　产品加工情况

椰子是热带木本油料作物，具有重要的经济价值。椰子加工在我国热带农产品加工中占重要组成部分。国外的椰子产品已达到 300 多种，涉及食品、化工、轻工、医药、航海等多个领域，有脂肪醇、脂肪酸和甲基酯等椰子深加工的精细化工产品。椰子加工企业 400 余家，年总产值超过 500 亿元，主要集中在海南，分布在岛内东部和北部地区，文昌市的椰子加工企业 198 家，加上各类大小作坊 400 多家，从业人员 20 万余人，已形成种植、科研、加工、销售一体化的产业链。我国目前知名度最高的椰子产品当属椰子汁，天然椰子汁多次获得“国家星火科技一等奖”“中国国宴饮料”“首届中国食品博览会金奖”等殊荣。文昌南椰实业有限公司、文昌春光食品有限公司等5家椰子加工企业被海南省政府确认为农副产品加工龙头企业。椰子油具有改良心血管、增强免疫力、促进消化、抗SARS和抑制致癌物质等多方面的保健功效。椰子水能使高等植物的成熟细胞迅速不规则分裂，刺激植物生长，可以用作微生物的液体培养基，可作制造酒精、醋和甘露醇的原料。国际市场上椰子水和椰纤维的加工规模在扩大，椰糠产品也被逐步开发。

2.3 市场情况

2.3.1 国际市场情况

除了出口椰果、椰干和椰饼等传统产品之外，还开发出其他产品，比如椰花汁酒、椰花汁醋、椰花汁饮料、天然环保产品椰纤维网等。除了众所周知的食品和化工轻工行业之外，椰子加工还涉及医药和航海等高精尖端领域。海南椰子加工企业有300多家，但精深加工水平不高，进出口贸易产品结构也存在缺陷，国内椰子产品在国际市场上缺乏竞争力。椰子主产国为了在国际市场上争夺更多的份额，产品推陈出新，品种多样化趋势明显。

2.3.2 国内市场情况

中国椰子主产区海南年产椰果量约2.2亿个，只占世界总产量的0.51%，而椰果市场需求量是产量的10倍以上，我国椰果供不应求，每年从东南亚国家进口椰果20多亿个，进口依存度超90%，“椰树”“春光”“南国”等知名椰子产品企业的原料大部分来自泰国等东南亚国家。斯里兰卡、菲律宾已经禁止出口加工用毛椰子，印度尼西亚和越南也在酝酿椰子出口禁令。

2019年，中国椰子进口的最大来源国为泰国，占当年椰子总进口量的37.80%。2018年最大来源国印度尼西亚占当年椰子进口总量的41.4%，在2019年退居第三位，排在泰国和越南之后，印度尼西亚依然是我国椰子油进口的最大来源国。

2019年1—12月，我国椰子进口总量为659 676.74吨，进口总额为28 654.93万美元，其中，从泰国进口椰子249 490.42吨，进口额达20 164.64万美元，占当年椰子总进口量的37.80%；从越南进口226 507.58吨，进口额4 837万美元，占当年椰子总进口量的34.30%；从印度尼西亚进口168 916.39吨，进口额3 305.54万美元，占当年椰子总进口量的25.60%，从菲律宾进口14 592.65吨，进口额329.53万美元。此外，我国椰子有少量出口到俄罗斯。

2019年，中国进口椰子油总量172 330.60吨，同比大幅度增加1 064.83%，进口总额达15 922万美元，同比增加867.34%。进口单价为923.93美元/吨，同比下跌16.95%，其中，从印度尼西亚进口椰子油99 781.84吨，同比增加41.42%，从菲律宾进口50 079.01吨，同比增加88.10%，从马来西亚进口20 459.35吨。

2.4 成本与收益情况

在椰子鲜果销售方面，以矮种椰子计算，文昌市每亩种植椰子树20株，4年挂果，平均产量为50个/株，每亩经济效益可达6 000元。海南文昌目前种有666公顷金椰，年产值可达600万元。按5年正常结果来算，如果一亩地种植18株椰子，种植成本主要摊在椰苗、人工费、土地租金和水肥农资等，种植椰子一亩地投入成本为4 000~4 500元，第5年平均每棵椰子树产果50个，按照椰子地头收购价5~6元/个，年产值4 500~5 000元/亩，第6年平均每棵椰子树产果100个，纯收入超过5 000元。

2.5 国内椰子产业科研进展

多年来，我国专注于优化椰子品种，主推抗风高产的椰子品种；在加工技术方面，重点研发椰子产品的精深加工技术，提高产品附加值。中国热带农业科学院椰子研究所、热带生物技术研究所，华大基因和法国农业国际合作研究中心（CIRAD）等单位共同完成了椰子的基因组测序拼接及序列分析工作，海南高种椰子全基因组测序的完成及公布尚属全球首次。椰子全基因组的公布为椰子个体的重测序、功能基因的挖掘（高抗，优质相关）及抗逆分子机理（低温、高盐、干旱等）和重要品种形成机理的研究（香味、颜色等）、DNA分子标记的开发、椰子重要农艺性状的解析和关联分析、全基因组关联分析等提供参考体系。

在标准制定方面，近10年来，我国已经制定并颁布了椰子产品的相关标准近20项，涉及椰子种果种苗、种质资源描述规范和椰子加工产品（包括椰子汁等椰子饮料、椰果、椰纤维、椰油、椰青、椰浆、椰子粉和椰子糖果等）。此外，还制定了椰子主要病害和虫害的防治技术规程和检验检疫方法等标准（表1）。

表1　椰子产品相关标准

序号	标准号	标准名称	标准类型
1	NY/T 353—1999	椰子　种果和种苗	行业标准—农业
2	NY/T 353—2012	椰子　种果和种苗	行业标准—农业
3	SN/T 1388—2004	出口椰子汁检验规程	行业标准—商品检验
4	NY/T 1522—2007	椰子产品　椰纤果	行业标准—农业
5	NY/T 1522—2007	椰纤果	行业标准—农业
6	NY/T 230—2006	椰子油	行业标准—农业
7	NY/T 1441—2007	椰子产品　椰青	行业标准—农业
8	QB/T 2300—2006	植物蛋白饮料　椰子汁及复原椰子汁	行业标准—轻工
9	QB/T 2300—1997	植物蛋白饮料　椰子乳（汁）	行业标准—轻工
10	NY/T 1810—2009	椰子 种质资源描述规范	行业标准—农业
11	DB46/T 107—2007	椰子浆	地方标准
12	DB46/T 79—2007	椰子产品　椰子糖果	地方标准
13	DB46/T 78—2007	椰子产品　糖渍椰肉	地方标准
14	DB46/T 69—2006	椰子粉	地方标准
15	QB/T 2300—2006	植物蛋白饮料椰子汁及复原椰子汁	行业标准
16	NY/T 490—2002	椰子果	中国标准
17	QB 465—1964	椰子酱罐头	中国标准

（续表）

序号	标准号	标准名称	标准类型
18	ASTM D 1841—1963	馏出的椰子脂肪酸	国外标准
19	ISO 11861—1999	铺地织物　椰壳粗纤维垫　类型和规范	ISO 标准
20	BS ISO 11861—1999	纺织品地板覆盖物·椰壳粗纤维垫·类型和规范	BSI 标准
21	Codex Stan 177—1991	Codex Standard For Desiccated Coconut (Revision 2011)	CAC 标准
22	AOAC Official Method 971. 24	Aflatoxins in Coconut, Copra, and Copra Meal Thin - Layer Chromatographic Method First Action 1971 Final Action 1988	AOAC 标准
23	AOAC Official Method 978. 19	Filth in Coconut (Shredded) First Action 1978 Final Action 1988	AOAC 标准
24	CODEX STAN 240-2003	codex standard for aqueous coconut products-coconut milk and coconut cream	CAC 标准

数据来源：中国知网。

在专利申请授权方面，椰子产品研发和椰子加工机械设备等知识产权保护研究也硕果累累，提高了知识产权保护意识，树立了专利提前布局的观念，已经申请并获授权的椰子相关专利高达 1 700 多件，授权专利包含了椰子产品、制备方法、加工机械、采摘设备等等。1988 年，“一种天然椰子汁的生产方法”获得中国专利授权，我国政府提升了品牌的知识产权保护意识，向新加坡、马来西亚、菲律宾、印度尼西亚、日本等国都申请了专利保护，1997 年，以“改进的椰子汁饮料制法及用该方法制备的产品”再次向中国专利局申请专利并获授权。国际标准化组织、英国标准协会、国际食品法典委员会等国外相关组织和机构也制定了椰子产品的相关标准。

在椰子品种选育和椰园管理方面，我国培育出文椰 78F1、文椰 2 号、文椰 3 号和文椰 4 号等椰子品种，收集椰子种质资源近 200 份。并制定出《椰子种质资源描述规范》和《椰子种质资源数据质量控制规范》。为提高椰子产业经济效益，国内外很多椰园采用间作模式，在椰子树行间种可可、香蕉、木薯、芋头、番薯、红豆、绿豆、姜、姜黄等作物，中国热带农业科学院椰子研究所在不同地区的椰子基地进行椰子间作试点，比如椰子间种柱花草、番木瓜和菠萝等，以求节约土地资源，提高经济效益的目标。

在产品研发方面，中国的天然椰油提取、质量控制和贮藏稳定性等关键技术集成达到国际先进水平。建立椰子果和椰花汁的双采模式，优化椰子花序汁液产品中试生产工艺。中国热带农业科学院椰子研究所已经成功探索出椰花汁的多种加工方法，并成功开发出天然椰花汁果酒、白酒，天然椰子花序汁液醋，在椰子花序汁液的采集和利用、椰衣栽培基质、原生态椰子油、新型椰子汁和椰子产品糖、无硫椰角糖及椰子蛋白质的提取分离及其功能活性产品开发等方面进行了深入的研究。在深圳的第十五届中国国际高新技术成果交易会上，中国热带农业科学院的高档天然椰子油旅游产品获“第十五届高交会优秀产品奖”。

在病虫害防治研究方面，中国热带农业科学院环境与植物保护研究所牵头研发集成与创新了椰心叶甲应急防控与持续控制关键技术，并获 2012 年国家科技进步二等奖。椰子研究所建立了红棕象甲早期监测实用技术，明确测试位点与虫口密度及幼虫发育期的关系，形成信息素诱集防治技术、化学防控应急技术和生物防治技术 3 种关键防控技术。

在废弃物加工利用研究方面，海南大学对椰子废弃物干法厌氧发酵制取沼气进行了研究。椰子粕经过加工处理后添加氨基酸和酶制剂可加工成椰子粕饲料，与畜牧饲料经过配比之后可部分替代饲料，降低畜牧业的养殖成本。

在椰子产业的研发机构建设方面，中国于 2010 年成立了中国椰子产业技术体系创新战略联盟，该组织主要开展椰子种质资源、新品种培育、病虫害综合防治和产品综合加工等研究与集成示范。中国热带农业科学院椰子研究所是全国唯一专门开展椰子研究的科研单位，重点开展椰子种质资源创新利用、丰产高效栽培、重大病虫害防控以及椰子产品加工综合利用等基础和应用研究。

3 椰子产业主产区发展动态

3.1 海南产区椰子产业发展动态

2011—2019 年的海南椰子种植生产情况基本保持稳定向上的发展趋势。海南椰子年产量占全国椰子总产量的 99%以上，椰子年产值占全国椰子总产值的 97%以上。近 10 年，海南省年均椰子产量基本实现 2. 3 亿个，2013 年和 2014 年海南椰子产量突破 2. 5 亿个，年产值超过 2 个亿，2011 年和 2012 年该省椰子总产值也突破 4. 7 亿元，2013 年回落到 2. 8 亿元，此后五年的年产值逐年增长。2018 年年末，海南省现有椰子林面积为 50. 4 万亩，其中传统种植的本地高种为 46. 4 万亩，水果型新优品种和杂交新品种椰子为 4 万亩。2019 年海南椰子总产值达 3. 89 亿元，占全国椰子总产值的 99. 85%。总产量 23 160 万个，占全国椰子总产量的 99. 90%。规模化的椰子园可发展林下经济，在林下养鸡、鹅、羊和牛，或者间作瓜果蔬菜和牧草，既能充分利用园内空间和增加农民收入，还能改良土壤（表 2）。

表 2 2008—2019 年全国椰子生产及海南椰子产量产值占比情况

年份	全国		海南			
	总产量（万个）	总产值（万元）	产量（万个）	占全国总产比重（%）	产值（万元）	占全国总产值比重（%）
2008	24 964. 1	30 843. 2	22 576. 0	90. 43	27 091	87. 83
2009	23 912. 4	21 936. 1	23 697. 9	99. 10	20 000	91. 17
2010	23 359. 0	28 155. 0	23 125. 0	99. 00	27 750	98. 56

（续表）

年份	全国		海南			
	总产量（万个）	总产值（万元）	产量（万个）	占全国总产比重（%）	产值（万元）	占全国总产值比重（%）
2011	23 909.0	47 972.0	23 765.0	99.40	47 530	99.08
2012	24 291.0	47 867.0	24 155.0	99.44	47 145	98.49
2013	25 461.0	29 384.0	25 358.0	99.60	28 654	97.52
2014	25 388.0	32 984.0	25 292.0	99.62	32 120	97.38
2015	22 342.0	33 699.4	22 300.0	99.81	33 400	99.11
2016	22 229.8	40 119.2	22 185.5	99.80	39 942	99.56
2017	23 290.8	41 943.0	23 281.7	99.96	41 907	99.91
2018	22 684.9	38 565.0	22 676.9	99.96	38 550	99.96
2019	23 183.2	38 957.2	23 160.0	99.90	38 900	99.85

数据来源：农业农村部南亚办数据

海南省椰子种植分布总体趋势从东部沿海向中西部地区递减，东部沿海市县的椰子面积较集中。文昌和琼海的椰子种植面积都超过 5 000 公顷，其次是万宁和陵水，中部的琼中和五指山市等 10 个市县的椰子种植面积低于 2 000 公顷，西部的临高和儋州 4 个市县的椰子面积最少。

目前海南椰子产品有三大系列：椰子食品品牌以“椰树”“南国”“春光”等为主打，包括椰子油、椰子汁、椰子糖、椰子粉、食用椰干等大宗产品，非食品以小作坊生产为主，有椰衣栽培基质、椰垫、门垫等。手工艺品系列，有家具、餐具、壁画、挂饰等。椰子加工的副产物如椰衣纤维、椰糠、椰壳、椰子种皮和椰子水等全部被加工利用，产品涉及化工原料、食品、化妆品、医药品及板材等各大类，对椰壳活性炭、中碳链甘油三酯、椰子甲酯、表面活性剂等高附加值的椰子产品也占据较大部分的市场份额。

3.2 广东产区椰子产业发展动态

广东的椰子产量和产值占全国椰子总产的比例较低，2019 年，广东省椰子收获面积仅 0.03 万亩，椰果产量 9 万个。但是在 2012 年之前，广东省的椰子单产水平高于海南、云南甚至领先全国，2008—2012 年广东的椰子单产水平为全国最高，但其椰子适宜区面积少，尽管单产居全国之首，产量和产值远低于海南。2015 年和 2016 年，广东省的椰子总产量和总产值都大幅度减少，分别从 2014 年的 58 万个和 132 万元减少到 2016 年的 11 万个和 19.8 万元，单产水平也急剧下降，2015 年降至全国最低水平 193.66 个/亩。

3.3 云南产区椰子产业发展动态

2019 年云南椰子收获面积仅 0.03 万亩，椰果产量 14.2 万个。2011 年云南的椰子单产 600 个/亩，其他年份都远低于海南和广东，在 400 个/亩左右徘徊，2008 年收获面积达到 5.57 万亩，接下来连年减产，收获面积未达万亩，直接影响了该省的产值和产量。2015 年和 2016 年云南省大幅度提高椰子单产水平，是全国椰子单产水平近 2 倍，分别达到了 704.55 个/亩和 1 109 个/亩。

4 中国椰子产业生产及销售的预测

4.1 椰子产量保持稳定，国内产量依然不能满足加工需求

椰子的产量受到天气因素影响不大，椰子种植面积在稳定中小幅度扩大，产量也将保持稳定。未来3~5年内，我国的椰果产量依然不能满足国内市场的鲜食和加工需求，来自泰国、印度尼西亚和越南等东南亚国家的椰果和椰子油等产品的进口贸易额将继续增长。

4.2 椰子进口依存度很大，进而影响到椰子价格波动

随着海南自贸港建设的推进，来海南旅游和就业的人数每年将不断增长，鲜椰果的市场需求量和加工需求量将随之稳定增加。我国椰子产业面临原材料短缺的挑战日益严峻，长期依靠进口对我国椰子加工业发展非常不利，一方面受制于椰子出口国政策和政局变动、汇率波动，椰子价格及供给量存在很大的不稳定性；另一方面椰子产品的生产原料自给率难以保障，原料短缺、种植跟不上加工严重阻碍企业发展。

5 中国椰子产业发展问题及制约因素

5.1 国内外的椰子产业发展的本底情况不清

各级农业主管部门对椰子产业的基础数据掌握不全，比如椰子产业从业人员数量、椰子产业经济收入占当地农业收入的比重和占农户家庭收入的比重等，而椰子的分布面积、鲜椰果和椰子产品的进出口贸易，椰子产量、价格等数据来源渠道众多，统计口径不一致。此外，国内对国外椰子主产国的生产、消费、贸易情况和投资政策、环境保护政策等研究不深入，对以上诸多的椰子产业本底情况不清，直接影响了各级政府和相关企业对椰子产业发展等宏观管理的判断。

5.2 椰子加工业和种植业发展不协调

椰子加工业是在椰子种植业基础上发展的，海南椰子年产量不到2.5亿个，市场需求量是产量的10倍以上，每年要从东南亚国家进口20多亿个，近九成的椰子靠进口，进口依存度非常大，菲律宾和越南等椰子主产国由于加大椰子产品深加工以及满足其他国家的原料需求，也开始限制椰子出口，中国椰子原料供不应求的现状一直得不到缓解，原料短缺是制约当地椰子产业做大做强的绊脚石之一。此外，椰子产品加工行业存在着食品安全意识不强，产品整体质量参差不齐等问题，对中国椰子在国内外市场销售和品牌建设产生负面影响。

5.3 种植品种单一，新品种接受度低

目前，我国椰子产业以海南本地高种为主，占比约90%以上。本地高种的非生产期长，7~8年开花结果，产量较低，平均每株年产量不足40个；矮种椰子种植后3~4年结果，盛产期年产

100~150个/株，对比优势明显。海南习惯种植本地高种，对椰子新品种的认知不足，新品种椰子种植比例不高。

5.4 对国际椰子市场的检验检疫标准和准入政策了解不透彻

尽管近年来国内非常重视对椰子相关产品的标准制定和修订工作，也出台了出口椰子汁检验检疫规程等，但由于国内椰子加工技术水平较低，食品安全意识不强，产品标准门槛低等问题，多次出现出口椰子油产品被上海、青岛等地海关退回的事件。受到信息不对称等因素影响，国内椰子产业对国际椰子市场的检验检疫标准和国外椰子产品进口国的市场准入政策了解不够透彻。

5.5 科研投入不足，研究基础比较薄弱，加工机械化水平较低

比起其他热带和南亚热带作物，农业农村部和海南省对椰子品种选育、栽培技术和产品加工研发项目的资助力度不够，椰子相关的研究起步较晚，目前仅有中国热带农业科学院椰子研究所一家专门从事椰子研发工作的科研单位。国内椰子产业的总体科研力量薄弱，基础科研经费投入不足，原始创新水平不高和自主研发能力有限。此外，在椰子加工过程中产生的废弃物如椰衣、椰子水、椰壳和椰子粕，椰子种植过程中砍掉的老椰树树干、树根、椰子叶，椰子花和落裂果。由于椰子废弃物的收集、粉碎和运输装备落后所造成处理成本较高，进而导致椰子废弃物综合利用的资源化和能源化程度低。

5.6 椰子产品同质化和低价竞争现象严重

中国椰子产品的科技含量和附加值并不高，以食品加工、饮料和椰雕工艺品为主。产品种类少、结构单一，仍以手工或半手工为主，产品高度同质化，低价恶性竞争严重。耗时长、效率和附加值低、缺乏深层次开发利用。国内椰汁品牌多达900多个，传统饮料巨头，“统一”“汇源”“银鹭”“娃哈哈”等也纷纷进军椰汁饮料市场。椰壳活性炭、椰子油、椰子粉、椰纤果等也存在类似的现象。2018年全国注册的椰子加工企业共1 280家，其中海南省仅有359家，占全国总数的28.1%，且海南产值过亿的椰子加工企业不超过7家，以中小企业居多，年加工椰子产品综合产值占不到全国总量的10%。

6 中国椰子产业发展建议

6.1 组织相关科研团队开展大规模的椰子产业调研

建议由中国热带农业科学院牵头组织椰子产业的科研机构、科研团队和成员、研发机构、椰子产业技术创新战略联盟等机构和人员，开展大规模的椰子产业本底调研工作，尽可能在调研基层建立联络点或者监测点，及时掌握椰子产业的产前产中产后各环节的相关基础数据和突发状况，为各级政府决策提供参考依据和数据支撑。

6.2 大力发展椰子种植业，并重视椰子品种搭配

椰子产业化是一项综合、长期的工程，必须重视种植业和加工业的协调发展，抓好椰子优良种苗的培育和推广，将其作为椰子种植业发展的重点工作之一，特别是高产、早产和多抗椰子杂交新品种的培育研究，培育优质种苗，注重椰子的加工、旅游观赏和防风抗灾等不同用途的品种搭配，建立椰子杂交制种基地，大力推广椰子丰产栽培技术和椰园立体农业的研究，提高椰子产量以满足鲜椰果的原料供应，促进椰子种植业和加工业的协调发展。

6.3 加大对椰子产业的科技扶持力度

椰子属于长期性作物，椰子产品的市场需求潜力和投资空间都很大，建议加大资助椰子产业的综合研发工作，涵盖椰子优质高效丰产栽培、高产抗病优良品种选育、品种资源保护、产后加工保鲜、病虫害防控等技术、精深加工技术的研发与集成。以发展椰子产品精深加工和提高资源综合利用率为目的，鼓励产学研联合，大力发展椰子深加工产品，提高产品科技含金量和附加值，推进分子生物学和基因工程领域的联合科研攻关，发展低排放、高效益的椰子产品加工方式，建立安全、优质、营养、低耗、绿色、生态的椰子加工产业体系。

6.4 出台支持椰子产业发展的相关配套优惠政策

椰子产业的发展与各级政府的优惠政策密不可分，应该加大对椰子种植业和加工业的扶持力度，促进椰子生态保护、产业调节和椰农增收等。对建设椰子原料基地的企业和加工企业可以给予信贷资金或者降息。由于椰子的非生产期长，为了提高椰农种植的自主性和积极性，应对农户购置椰苗提供补贴，帮助农户规划适宜种植椰子的土地，提供椰园土地承包或租赁，农业保险，税收贷款，财政金融和信用担保等方面的优惠政策。此外，有必要组织建立椰子产品农民合作社等新型农业经营主体，对农户进行椰子种植技术、新品种和新产品的推广工作。

6.5 产学研相结合，形成椰子产品差异化竞争新格局

提高中国椰子产品科技含金量和国际竞争力，如提取椰子有机物生产高级化妆品、生物医药、保健品、洗涤用品等，以产品的特色优势和质量优势开拓国际市场。推进分子生物学和基因工程的联合科研攻关，进一步提高椰子产能，形成椰子产品差异化竞争格局。

参考文献

刘海清，方佳，2010. 中国香蕉产业的国际竞争力研究［J］. 农业现代化研究（5）：565–569.

孙程旭，范海阔，张军，等，2019. 椰子新品种文椰 6 号［J］. 园艺学报，46（8），1 623–1 624.

吴崇伯，2010. 东盟国家发展新能源的政策举措及其对我国的借鉴［J］. 创新（5）：8–12.

佚名，2018. 中国椰子产业潜力大，发展面临诸多困境［J］. 世界热带农业信息（8），31–32.

胡椒产业发展情况研究报告

胡椒是胡椒科胡椒属多年生常绿藤本植物，是世界重要的香辛料作物之一，在国际香料贸易中占有重要地位，原产印度。目前主要种植在亚非拉3大洲的40多个国家，印度尼西亚是世界上胡椒收获面积最大的国家，越南是世界上胡椒产量最大的国家。世界胡椒初级产品以黑胡椒为主，约占总产量的80%~85%，白胡椒约占总产量的15%~20%。黑胡椒主要出口国有印度、越南、印度尼西亚、马来西亚和巴西，白胡椒的主要出口国有印度尼西亚、马来西亚、中国和巴西。

1　世界胡椒产业发展基本情况

1.1　生产情况

据联合国粮食及农业组织（FAO）统计，2018年世界胡椒收获面积58.61万公顷，同比增长4.09%，其中，亚洲胡椒收获面积最大，占世界收获面积的86.52%，美洲为7.23%，非洲为5.52%；世界胡椒收获面积较大的国家有印度尼西亚、印度、越南、斯里兰卡、巴西、中国和马来西亚等，分别占世界胡椒收获面积的31.91%、22.33%、18.32%、7.42%、5.85%、3.16%、2.85%，2009—2018年，世界及各洲胡椒收获面积数据见表1，主要生产国收获面积数据见表2。

表1　2009—2018年世界及各洲胡椒收获面积数据　　（单位：万公顷）

国家	2009年	2010年	2011年	2012年	2013年	2014年	2015年	2016年	2017年	2018年
世界	57.13	61.67	56.70	54.53	56.24	48.24	48.67	51.35	54.53	56.31
亚洲	54.04	49.72	47.62	49.71	41.77	42.22	44.14	46.97	48.91	50.71
美洲	3.82	3.10	2.85	2.63	2.60	2.69	2.96	3.37	3.67	4.24
非洲	3.22	3.31	3.50	3.34	3.31	3.22	3.70	3.69	3.26	3.24
大洋洲	0.18	0.18	0.18	0.18	0.18	0.17	0.16	0.15	0.15	0.14

数据来源：联合国粮食及农业组织。

表 2 2009—2018 年主要生产国胡椒收获面积数据 （单位：万公顷）

国家	2009 年	2010 年	2011 年	2012 年	2013 年	2014 年	2015 年	2016 年	2017 年	2018 年
印度尼西亚	18.59	18.63	17.90	17.86	17.19	16.27	16.76	18.14	18.20	18.70
印度	23.87	19.59	18.40	20.00	12.50	12.40	12.90	12.90	13.20	13.09
越南	4.42	4.43	4.51	4.85	5.10	5.85	6.78	8.18	9.35	10.74
斯里兰卡	3.62	3.73	3.64	3.85	3.95	3.97	3.95	3.95	4.30	4.35
巴西	2.74	2.33	2.11	1.94	1.85	1.91	2.21	2.58	2.86	3.43
马来西亚	1.36	1.10	1.11	1.08	0.98	1.60	1.63	1.68	1.71	1.67

数据来源：联合国粮食及农业组织。

2018 年世界胡椒产量为 732 524 吨，同比增长 5.83%，其中，亚洲胡椒产量最大，占世界胡椒产量的 73.84%，美洲胡椒产量占世界胡椒产量 15.87%，非洲胡椒产量占世界胡椒产量 3.18%；世界胡椒产量较大的国家有越南、巴西、印度尼西亚、印度、斯里兰卡、中国和马来西亚等，分别占世界胡椒产量的 35.86%、13.83%、12.11%、9.21%、6.59%、4.96%、4.16%。2009—2018 年，世界及各洲胡椒产量见表 3，主要生产国胡椒产量见表 4。

表 3 2009—2018 年世界及各洲胡椒产量数据 （单位：万吨）

国家	2009 年	2010 年	2011 年	2012 年	2013 年	2014 年	2015 年	2016 年	2017 年	2018 年
世界	52.22	48.26	48.37	47.86	50.04	52.40	57.74	62.26	69.22	73.25
亚洲	35.91	33.41	34.26	33.98	36.08	38.52	42.23	46.03	52.13	54.09
美洲	7.92	6.21	5.41	5.18	5.12	5.24	6.18	6.51	9.30	11.63
非洲	1.95	2.20	2.27	2.27	2.27	2.24	2.54	2.55	2.29	2.33
大洋洲	0.02	0.02	0.01	0.01	0.01	0.01	0.01	0.01	0.01	0.01

数据来源：联合国粮食及农业组织。

表 4 2009—2018 年主要生产国胡椒产量数据 （单位：万吨）

国家	2009 年	2010 年	2011 年	2012 年	2013 年	2014 年	2015 年	2016 年	2017 年	2018 年
越南	14.00	10.54	11.20	12.03	12.50	15.18	17.68	21.64	25.26	26.27
巴西	6.54	5.21	4.46	4.33	4.23	4.23	5.17	5.44	7.91	10.13
印度尼西亚	8.28	8.37	8.71	8.78	9.10	8.74	8.15	8.63	8.70	8.87
印度	4.74	5.10	5.20	4.10	5.30	5.10	6.50	5.50	7.20	6.75
斯里兰卡	2.53	2.66	2.58	2.50	2.67	2.78	3.01	3.21	3.51	4.83
马来西亚	2.19	2.42	2.56	2.60	2.65	2.75	2.83	2.92	3.04	3.05

数据来源：联合国粮食及农业组织。

2018 年世界胡椒单位面积产量为 1.25 吨/公顷，同比增加 1.68%，其中非洲单位面积产量为 0.72 吨/公顷，亚洲为 1.07 吨/公顷，美洲为 2.74 吨/公顷；胡椒单位面积产量较高的国家主要有柬埔寨、哥斯达黎加、卢旺达、泰国、巴西、越南等，其单位面积产量分别为 6.60 吨/公顷、4.14 吨/公顷、3.68 吨/公顷、3.15 吨/公顷、2.95 吨/公顷、2.45 吨/公顷。2009—2018 年，世界及各洲胡椒单位面积产量见表 5，主要生产国胡椒单位面积产量见表 6。

表 5　2009—2018 年世界及各洲胡椒单位面积产量数据　　（单位：吨/公顷）

国家	2009 年	2010 年	2011 年	2012 年	2013 年	2014 年	2015 年	2016 年	2017 年	2018 年
世界	0.85	0.85	0.89	0.85	1.04	1.08	1.12	1.14	1.23	1.25
亚洲	0.66	0.67	0.72	0.68	0.86	0.91	0.96	0.98	1.07	1.07
美洲	2.07	2.00	1.90	1.97	1.97	1.95	2.09	1.93	2.53	2.74
非洲	0.61	0.66	0.65	0.68	0.69	0.70	0.69	0.69	0.70	0.72
大洋洲	0.09	0.09	0.08	0.07	0.08	0.08	0.08	0.08	0.08	0.08

数据来源：联合国粮食及农业组织。

表 6　2009—2018 年主要生产国胡椒单位面积产量数据　　（单位：吨/公顷）

国家	2009 年	2010 年	2011 年	2012 年	2013 年	2014 年	2015 年	2016 年	2017 年	2018 年
柬埔寨	6.45	6.46	6.47	6.40	6.52	6.55	6.54	6.56	6.58	6.60
哥斯达黎加	8.00	6.93	6.93	6.50	6.50	9.80	9.66	2.93	4.04	4.14
卢旺达	0.77	4.17	4.40	4.44	3.92	3.80	3.73	3.48	3.60	3.68
泰国	3.14	3.21	3.63	3.05	3.23	2.85	3.19	3.22	3.11	3.15
巴西	2.39	2.24	2.12	2.23	2.29	2.22	2.34	2.11	2.76	2.95
越南	3.17	2.38	2.48	2.48	2.45	2.59	2.61	2.65	2.70	2.45

数据来源：联合国粮食及农业组织。

1.2　加工情况

世界胡椒加工主要是粗加工，加工的产品有黑胡椒、白胡椒两种，主要以胡椒粒、胡椒粉两种形态销售。将采收的成熟胡椒鲜果直接暴晒、干燥就成为商品黑胡椒；将采收的成熟胡椒鲜果除去果皮、果肉，然后暴晒、干燥就成为商品白胡椒，分别将其研磨就成为黑胡椒粉、白胡椒粉。此外，对胡椒进行深加工，还可以加工出胡椒油、胡椒油树脂、胡椒碱、胡椒胶囊等。

1.3　进出口贸易情况

世界胡椒的主要出口国有越南、巴西、印度尼西亚、印度、德国等国家，越南是世界胡椒第一大出口国，2019 年胡椒出口量为 26.29 万吨（未磨胡椒 23.21 万吨、已磨胡椒 3.08 万吨），2009—2019 年，主要出口国家胡椒出口数据见表 7。

表 7　2009—2019 年主要出口国家胡椒出口数据　　（单位：吨）

年份	越南胡椒		巴西胡椒		印度尼西亚胡椒		印度胡椒		德国胡椒	
	未磨	已磨	未磨	已磨	未磨	已磨	未磨	已磨	未磨	已磨
2009	123 664	10 741	35 654	116	50 279	363	19 720	12 774	7 096	4 780
2010	102 394	14 478	30 723	80	62 213	386	19 464	3 918	6 453	5 153
2011	108 797	15 064	32 646	49	35 568	919	28 219	9 200	6 030	5 407
2012	102 740	14 102	29 087	42	61 649	958	18 872	10 391	5 842	5 086
2013	115 889	16 875	30 575	30	46 807	1 101	28 978	9 599	7 620	5 715

（续表）

年份	越南胡椒		巴西胡椒		印度尼西亚胡椒		印度胡椒		德国胡椒	
	未磨	已磨	未磨	已磨	未磨	已磨	未磨	已磨	未磨	已磨
2014	135 265	19 772	34 172	97	33 348	1 385	17 978	9 437	6 235	5 503
2015	115 839	15 705	37 899	135	56 345	1 730	24 017	10 784	6 719	7 427
2016	157 565	20 569	30 882	203	51 759	1 340	11 816	12 047	7 413	7 691
2017	191 923	23 126	59 245	256	41 647	1 041	8 130	10 138	8 767	6 736
2018	79 490	13 659	72 456	124	46 503	1 111	8 707	8 019	8 782	6 571
2019	232 132	30 769	84 607	68	48 228	722	8 588	11 054	8 586	5 489

世界胡椒的主要进口国有美国、德国、印度、荷兰、英国和法国等国家，美国是世界胡椒第一大进口国，2019 年美国胡椒进口量为 84 312 吨（未磨胡椒 62 970 吨，已磨胡椒 21 342 吨），2009—2019 年主要进口国家胡椒进口数据见表 8。

表 8　2009—2019 年主要进口国家胡椒进口数据　（单位：吨）

年份	美国		德国		印度		荷兰		英国		法国	
	未磨	已磨	未磨	已磨	未磨	已磨	未磨	已磨	未磨	已磨	未磨	已磨
2009	55 437	10 419	23 285	1 408	16 682	272	9 114	1 338	2 583	5 232	6 075	2 283
2010	57 860	12 609	18 137	1 452	14 009	768	16 795	2 556	3 198	7 113	7 445	2 272
2011	56 217	12 281	20 767	1 956	13 319	229	18 317	3 542	3 470	7 355	6 765	2 131
2012	49 554	12 894	22 940	2 433	15 892	116	12 928	4 348	3 323	7 926	5 830	2 053
2013	57 756	13 993	30 461	2 086	15 885	34	10 528	5 127	3 832	9 135	5 840	2 873
2014	53 944	15 043	23 752	2 501	22 997	71	10 325	5 108	3 434	8 467	6 663	2 911
2015	58 756	21 601	26 338	2 922	21 433	27	6 748	4 633	4 331	8 815	7 526	2 700
2016	53 870	21 313	25 907	3 831	23 454	30	6 542	3 362	7 789	7 298	8 498	3 011
2017	60 753	17 534	29 175	3 554	30 328	104	6 442	3 787	4 941	8 767	8 149	2 662
2018	57 251	17 672	28 075	2 726	25 925	84	7 342	3 427	4 091	8 094	7 173	2 412
2019	62 970	21 342	31 999	2 743	29 269	88	7 363	3 769	4 552	8 548	8 449	2 813

1.4　国际市场价格

2019 年马来西亚古晋白胡椒价格在 4 500~5 275 美元/吨，其中 2019 年上半年一直维持在 4 500~4 600 美元/吨，下半年基本稳定在 5 275 美元/吨；越南胡志明市白胡椒价格在 3 300~3 875 美元/吨波动，年初的价格相对较高，波动较大，下半年基本稳定在 3 400~3 500美元/吨。2019 年马来西亚古晋黑胡椒价格在 2 900~3 685 美元/吨，其中 2019 年上半年波动相对较大，在 2 900~3 100 美元/吨波动，下半年基本稳定在 3 685 美元/吨；越南胡志明市黑胡椒价格在 2 175~2 475 美元/吨波动，同样，年初价格相对较高，达 2 400 美元/吨，下半年基本稳定在 2 300 美元/吨。

2 中国胡椒产业发展基本情况

2.1 生产情况

中国胡椒收获面积居世界第6位，产量居世界第5位，早期海南、广东、云南、广西和福建等省区均有种植，经过多年的发展，逐步向海南、云南等优势区域集中，广东有少量种植，如今种植面积在2.5万公顷左右波动，收获面积已超过2万公顷，总产量达4.5万吨。海南省胡椒种植面积相对稳定，近年来维持在2.1万~2.3万公顷，收获面积维持在1.6万~1.9万公顷，产量维持在3.1万~4.0万吨，收获面积和产量均占全国的95%以上。2008—2019年，中国胡椒种植面积、收获面积、产量和单位面积产量数据见表9。

表9 2008—2019年中国胡椒种植面积、收获面积、产量和单位面积产量数据

年份	2008	2009	2010	2011	2012	2013	2014	2015	2016	2017	2018	2019
种植面积（万公顷）	2.39	2.35	2.26	2.29	2.36	2.47	2.48	2.46	2.54	2.61	2.45	2.52
收获面积（万公顷）	1.88	1.94	1.89	1.88	1.91	1.91	1.80	1.97	1.92	2.06	2.00	2.05
产量（万吨）	3.80	3.83	3.68	3.62	3.93	4.30	4.12	3.75	3.96	4.38	4.54	4.78
单位面积产量（千克/亩）	134.51	131.44	130.00	128.00	137.07	149.70	152.84	127.14	137.61	141.47	151.18	155.40

2.2 加工情况

中国胡椒的加工与世界胡椒加工类似，主要初加工品有胡椒粒、胡椒粉，深加工的产品有胡椒油、胡椒油树脂、胡椒碱、胡椒胶囊以及胡椒精油、胡椒香水等，此外也将胡椒作为调味剂添加到其他食品中，制作胡椒饼干、胡椒酱等。

2.3 进出口贸易情况

中国胡椒的贸易产品主要是未磨胡椒和已磨胡椒，表10和表11列举了2008—2019年中国胡椒进出口数据，从表10和表11中可以看出，2011年开始未磨胡椒的进口量大于出口量，而已磨胡椒的进口量一直小于出口量。

表10 2008—2019年中国胡椒进口数据 （单位：吨）

年份	2008	2009	2010	2011	2012	2013	2014	2015	2016	2017	2018	2019
未磨	2 284	2 418	3 053	2 898	2 626	2 385	4 396	4 014	4 021	3 212	5 270	1 1968
已磨	367	249	303	378	543	506	467	473	467	638	603	812

表11 2008—2019年中国胡椒出口数据 （单位：吨）

年份	2008	2009	2010	2011	2012	2013	2014	2015	2016	2017	2018	2019
未磨	5 265	1 730	3 734	2 540	1 315	809	480	1 002	610	563	1 607	1 544
已磨	1 244	353	835	1 907	1 248	797	561	705	819	749	917	1 140

表12列举了2018年中国胡椒进口来源地统计情况，中国胡椒进口主要来自印度尼西亚、越南、马来西亚、巴西等国家，表13列举了2019年中国胡椒进口来源地统计情况，2019年从该4国的进口量占全部进口量的95.26%，其中从印度尼西亚的进口量占全部进口量的43.90%，从越南的进口量占比达27.22%，从马来西亚的进口量占比达15.64%。

表12　2018年中国胡椒进口来源地统计情况

国家和地区	进口金额（美元）	进口量（千克）	国家和地区	进口金额（美元）	进口量（千克）
马来西亚	12 239 704	2 677 962	奥地利	601 452	18 132
印度尼西亚	4 252 230	1 068 805	德国	163 131	28 489
越南	2 130 427	678 812	美国	148 102	5 142
巴西	1 949 992	580 169	印度	80 297	10 029
意大利	827 564	33 491	泰国	24 850	3 772
斯里兰卡	789 777	158 100	中国香港	22 803	2 512

表13　2019年中国胡椒进口来源地统计情况

国家和地区	进口金额（美元）	进口量（千克）	国家和地区	进口金额（美元）	进口量（千克）
马来西亚	7 079 742	1 998 414	奥地利	824 372	23 924
印度尼西亚	19 017 044	5 610 590	德国	96 320	16 383
越南	8 934 366	3 479 020	美国	163 768	15 942
巴西	2 472 658	1 086 050	印度	1 246 098	255 659
意大利	1 032 563	52 700	泰国	227 076	19 635
斯里兰卡	474 619	107 200	中国香港	671 304	84 915

2.4　市场价格

2019年中国海南胡椒价格在2 150~2 725美元/吨，年初价格较高，特别是1月上旬，价格在2 675美元/吨以上，下旬后开始下降，维持在2 150~2 300美元/吨，下半年价格维持在2 400美元/吨左右。

2.5　成本效益情况

胡椒非生产期约为3年，按目前生产资料价格计算，共需投入约3.0万元/亩，主要包括土地租金、土地清理平整挖沟铺路、灌溉系统、底肥、胡椒苗、胡椒桩、肥料农药、椒园管理费等，种植后3~15年为盛产期，年均投入约2 000元/亩，主要包括肥料农药、采摘人工费和椒园管理费等。按1个完全生长周期15年计，从定植到盛产期结束共需投入成本约5.4万元/亩。以近10年平均单产140千克/亩、近5年平均销售价格约70元/千克计，1个完全生产周期（结果期约12年）每亩平均毛收入约为9.80万元，毛利润约为4.40万元。

3 中国胡椒主产区——海南产区发展状况

3.1 产业特征

3.1.1 生产发展较为平稳

从1994年胡椒价格恢复上升以来，海南胡椒生产得到较快发展，种植面积逐年扩大，2004年达到顶峰，面积为2.52万公顷，此后面积一直维持在2.1万~2.3万公顷，产量也趋于稳定，1994—2004年是海南省胡椒产业快速发展时期，2004年后，海南胡椒产业发展较为平稳。

3.1.2 生产区域向优势区域集中

至2019年，海南省胡椒种植面积在6 000公顷以上的市县有文昌和琼海，2 000公顷以上的有海口和万宁，1 000公顷以上的有定安，这5个市县的种植面积占全省的95%左右，产量占全省产量的90%左右。

3.1.3 胡椒产值波动较大

虽然近几年，海南胡椒年产值已经超过30亿元，且胡椒种植面积和产量均有所增长，但胡椒价格却波动下降，导致胡椒产值亦有所波动。

3.1.4 胡椒栽培和病虫害防治水平有较大提高

经过科研单位和生产单位的不懈努力，胡椒栽培和防治技术上开展了很多方面的研究，取得了一系列科研成果，形成了一整套胡椒防病丰产栽培技术，并在较大范围内推广应用。

3.1.5 产业化发展趋势明显

按照传统方法，胡椒鲜果在加工成白胡椒或黑胡椒后就投入市场，加工产品单一，产品附加值低。而近几年胡椒初加工业有所发展。据调研，目前海南省从事胡椒产品贸易企业和加工企业有近50家，主要销售黑、白胡椒粒，胡椒深加工也已起步，利用小型设备加工胡椒碱和胡椒油，利用胡椒作为食品配料，研制胡椒糖果、黑胡椒牛排、黑胡椒鸡翅等，对推动胡椒产业化发展产生积极作用。

3.1.6 具有良好的生态效益和社会效益

胡椒生长对土壤要求不高，因此海南省很多低坡山地、裸露地或灌木草地都被开垦种植胡椒，不仅充分利用了土地，还有利于山地生态系统建设，此外，每公顷胡椒园至少需要4个劳动力来管理，直接需要劳动力8万多人，增加了农村就业率。

3.2 区域布局

海南省共有16个市县种植胡椒，主要分布在东中部市县，近年来由于其良好的经济效益，也逐步开始往西部市县扩展，主要集中在琼海、文昌、万宁、海口、定安和屯昌等6个市县，特别是文昌市、琼海市收获面积和产量均占到全省的30%左右，目前海南省胡椒产业已经发展成一个累计投入100多亿元的生产规模、关系80万农村人口收入、年均产值超过30亿元的重要产业，2008—2019年海南省各市县胡椒种植面积、收获面积、产量见表14、表15和表16。

表14　2008—2019年海南省各市县胡椒种植面积　（单位：公顷）

区域	2008年	2009年	2010年	2011年	2012年	2013年	2014年	2015年	2016年	2017年	2018年	2019年
海南省	22 246	22 457	21 589	21 916	21 489	21 977	21 482	21 982	21 300	22 114	22 322	22 320
海口市	1 767	1 786	1 773	3 147	3 170	3 204	2 836	2 981	2 753	3 148	3 453	3 407
五指山市	115	109	105	156	133	129	113	122	120	73	94	90
文昌市	5 083	5 374	4 922	6 177	6 006	6 407	6 550	6 742	6 200	6 865	6 899	6 887
琼海市	6 702	6 685	6 718	7 466	7 182	7 104	7 105	6 948	7 093	6 906	6 920	6 870
万宁市	1 944	1 860	1 638	2 153	2 065	2 305	2 303	2 515	2 513	2 515	2 515	2 515
定安县	839	820	864	1 418	1448	1 405	1 308	1 274	1 533	1 538	1 576	1 730
屯昌县	166	118	158	380	380	381	385	368	320	323	195	172
澄迈县	311	229	206	496	496	496	368	366	280	301	299	301
临高县	108	98	87	50	68	50	54	11	4	1	1	4
儋州市	34	34	33	204	204	202	123	327	160	146	108	113

表15　2008—2019年海南省各市县胡椒收获面积　（单位：公顷）

区域	2008年	2009年	2010年	2011年	2012年	2013年	2014年	2015年	2016年	2017年	2018年	2019年
海南省	18 205	18 823	18 265	18 188	18 403	18 509	17 385	19 004	18 340	19 923	19 365	19 609
海口市	1 299	1 345	1 336	2 201	2 341	2 413	2 245	2 437	2 267	2 847	2 781	2 965
五指山市	86	89	89	136	118	117	111	119	113	69	77	89
文昌市	4 266	4 272	4 328	5 163	5 192	5 342	4 425	5 719	5 307	6 000	5 883	5 982
琼海市	5 437	5 524	5 586	6 323	6 225	6 139	6 223	6 135	6 300	6 363	6 240	6 259
万宁市	1 450	1 457	1 502	1 813	1 893	1 910	2 052	2 172	2 167	2 184	2 164	2 164
定安县	693	714	717	1 260	1 340	1 332	1 244	1 198	1 447	1 494	1 495	1 464
屯昌县	107	87	108	334	334	332	325	322	287	290	150	103
澄迈县	257	223	192	454	455	458	351	349	280	288	261	290
临高县	91	91	79	50	49	47	54	10	3	16	1	4
儋州市	29	32	32	201	201	197	104	290	127	138	107	109

表16　2008—2019年海南省各市县胡椒产量　（单位：吨）

区域	2008年	2009年	2010年	2011年	2012年	2013年	2014年	2015年	2016年	2017年	2018年	2019年
海南省	37 033	37 437	35 992	35 388	36 592	39 765	39 951	35 649	36 600	41 550	43 425	44 971
海口市	2 110	2 176	2 296	4 159	4 268	4 312	3 790	3 128	3 500	3 905	5 305	6 268
五指山市	182	208	209	316	282	266	249	262	300	198	206	191
文昌市	8 503	7 844	8 263	10 093	10 449	11 133	11 852	8 915	9 000	12 192	12 740	13 356
琼海市	10 577	10 406	10 472	11 420	11 592	11 938	12 022	11 556	12 000	12 975	13 106	13 439
万宁市	2 954	3 393	3 824	3 357	3 941	6 014	6 412	6 532	6 700	6 866	6 913	6 913
定安县	1 427	1 522	1 612	3 034	2 880	2 951	2 805	2 585	2 900	3 328	3 556	3 227

（续表）

区域	2008 年	2009 年	2010 年	2011 年	2012 年	2013 年	2014 年	2015 年	2016 年	2017 年	2018 年	2019 年
屯昌县	296	234.53	237	774	776	778	755	745	600	648	202	126
澄迈县	791	752	715	1 039	1 121	1 150	883	893	800	727	677	707
临高县	123	92	87	68	67	72	81	6	8	24	3	6
儋州市	53	51	71	360	392	470	334	306	300	149	223	321

3.3 产业发展模式

海南省自引种胡椒以来，均以生产白胡椒为主，所生产的白胡椒因质优、味辣，在国内外市场上享有较好的声誉。2004 年 4 月 20 日，海南省胡椒协会成立，随后文昌、琼海等市县也分别成立了胡椒协会。目前海南省胡椒产业发展的模式主要有农垦国营农场、胡椒专业合作社、农户自行种植这 3 种，农垦国营农场、农户自行种植这两种模式占比均为 1/4 左右，例如农垦国营东昌农场，是海南省最大的胡椒生产基地，面积达 2.2 万亩，种植户达 3 300 多户，户均规模也仅 7 亩。产业发展上还是以小农户分散种植为主，经营规模小，组织化程度低，缺乏龙头企业带动，企业与农户尚未形成“风险共担、利益共享”的联结机制。近 10 年来，胡椒价格在 20～120 元/千克波动，价格变化幅度大、频率快，市场风险高，农户种植效益得不到有效保障。种植方式以单作种植模式为主，随着近年来种植成本的不断上升以及病害、风害等造成的椒园缺株现象严重等，导致大部分胡椒种植园整体效益不高，制约了胡椒产业发展。间（混）作被认为是突破作物栽培模式单一、提升单位面积效益的有效方式之一，也进行过胡椒与橡胶、咖啡、槟榔和椰子等作物间作种植的尝试，但由于对各种间作栽培模式配套技术研究不够深入，应用程度低，因而并没有改变目前我国胡椒栽培模式单一、单位面积效益逐渐下降的现状。

3.4 栽培品种

中国热带农业科学院香料饮料研究所从国内外收集胡椒种质资源 26 份，其中栽培和野生种质各 13 份，弄清了海南主要野生胡椒种质资源分布状况，筛选出印度尼西亚大叶种、班尼约尔 1 号、古晋种、73-F-5 和兴热 1 号等优良栽培品种。近年来我国还从南太平洋岛国引进了药用植物卡瓦胡椒等，但除印度尼西亚大叶种外，其他品种均未在我国胡椒生产上推广应用。印度尼西亚大叶种为目前我国的主栽品种，该品种综合性状较好，产量潜力大，产品品种优，主要种植在海南、云南、广东等地，种植面积的覆盖率达 98%以上，该品种虽然高产，但易感染胡椒瘟病，且潜伏期长，致死率高，特别是在雨季，极易传播流行，造成胡椒大面积毁灭性死亡。此外，由于缺乏优良种苗繁育基地，生产用苗以农户自繁为主，苗木质量差，造成植株长势参差不齐，抗逆能力弱、产量低。

3.5 产品结构

中国胡椒初级产品以白胡椒为主，2010 年之前占产品总量的 98%以上，且以农户分散加工为主。近年来，为满足市场多样化需求，黑胡椒加工量逐年增加，胡椒粉、青胡椒、胡椒酱等新产品也不断涌现，加工量已增加到总产量的20%，产品结构日趋多样化，远销国内外市场，培育了“春光”“昌农”和“兴科”等知名品牌。

4 中国胡椒产业生产及销售的预测

4.1 种植及生产预测

4.1.1 种植

近10年来，中国胡椒种植面积基本稳定，维持在35万~40万亩，年际间变化不大，2008—2019年的年均面积增长率为0.48%，产量维持在3.4万~4.5万吨，年际间变化相对较大，2008—2019年的年均产量增长率为2.11%，特别是近几年没有大的自然灾害，胡椒产量增长较快，未来中国胡椒种植面积仍将维持这一趋势，种植面积和产量基本稳定。

4.1.2 贸易

胡椒是药食两用品种，每年的用量相当大。目前，中国是胡椒的进口国，进口量大于出口量，未来，随着消费水平的不断提升，胡椒的需求量将会进一步增加，进口的品种和进口的来源渠道进一步拓宽，进口量将会大幅增长，出口量将基本维持不变，在1 000~2 000吨。

4.2 市场前景分析

4.2.1 国内市场

海南胡椒的价格从2016年开始下跌，收购价由原来的100元/千克降到70元/千克，目前只有32元/千克，已创历史最低价，价格暴跌幅度将近70%。但是种植胡椒的成本已经达到35~50元/千克，所以32元/千克的收购价，椒农肯定赔本。2020年8月13日，海南全省白胡椒加权收购均价为28.60元/千克，而在亳州、安国、成都、普宁、玉林、廉桥等地市场上销售价格为34元/千克左右。

参照中国经济信息社与海南省农垦投资控股集团共同编制并发布新华·海南农垦·胡椒价格指数，以2017年10月2日为基期，基点设为100点，胡椒价格指数在波动中呈现快速下降趋势，2018年中，5月14日，为最高点，仅为84.84，2019年中，1月3日，为最高点，仅为75.77，2020年中，目前最高点在6月15日，仅为65.13，8月24日，已经为62.64。

尽管目前海南产地白胡椒收购价格略有增长，但收购量与前期相比基本持平，且后期相较前期行情有所下滑，部分市县新产季胡椒库存量仍然较高，农户出售意愿不强，国内市场仍以小批量购销为主，预计短期国内白胡椒收购价格将弱势震荡。

4.2.2 进出口贸易

2019年中国进口胡椒12 780吨，出口胡椒2 684吨，进口远大于出口。2019年美国进口胡椒84 312吨，出口7 891吨，进口远大于出口。据统计，欧、美发达国家人均胡椒消费量在150

克以上，即使在亚洲的绝大多数国家，人均年消费量也在50克以上，而目前我国人均年消费量还不到10克。2020年1—7月，进口未磨胡椒12 417吨，同比增长307.65%，已磨胡椒470吨，同比下降2.61%。在国内胡椒增产潜力有限的情况下，中国对国际市场上胡椒的需求将进一步增加，特别是未磨胡椒的进口量将逐步加大。

4.2.3 加工品市场

中国胡椒加工以白胡椒粒、黑胡椒粒、胡椒粉等初产品为主，以及少量胡椒碱、胡椒油、胡椒油树脂等深加工产品。胡椒初产品加工仍然采用“水浸泡”“晾晒干燥”等传统加工方法，科研机构及规模较大的胡椒加工企业，已深入开展胡椒产品深加工技术研发，主要产品有胡椒碱、胡椒油、胡椒油树脂、胡椒香水等。中国热带农业科学院香料饮料研究所利用催熟、生物酶法、热处理等技术，研制出机械脱皮机，用柔性剪切方式来搓掉胡椒皮，脱皮后的胡椒仁用热泵进行机械干燥，或者用太阳能晒干。此外利用还不太熟的胡椒，采摘后用机器脱粒，再经热水灭酶、杀青，最后用热泵快速脱水，或用冷冻机来冷冻干燥就可以得到绿胡椒。未来，随着这些加工技术的逐步普及，中国胡椒开始向高端市场迈进，绿胡椒、黑胡椒、胡椒酱等一系列高附加值胡椒产品将走入寻常百姓家。

5 中国胡椒产业发展问题及制约因素

5.1 生产中存在的主要问题

5.1.1 生产方面

一是品种单一，中国胡椒主栽品种为印度尼西亚大叶种胡椒，产量、抗逆、抗病性状退化严重。二是集约化程度低，技术标准规范应用少，胡椒以个体种植为主，没有完成产业化，产业一直处于小、散、乱的局面，个体种植占到全国胡椒种植面积70%以上，人均规模仅1~2亩，规模化程度不高。三是加工工艺传统，胡椒加工主要采用“一水泡、二日晒、三储藏”的传统加工方法，大部分多为作坊式加工，初加工工艺落后，深加工技术工艺不配套、品牌文化尚未形成等短板，产品质量差。此外，海南省台风高发，胡椒极易受到自然灾害的影响。

5.1.2 销售方面

中国胡椒的销售，一般是合作社或企业统一收购，也有农民单独销售。个体种植模式，导致生产出来的胡椒质量参差不齐，无法达到出口标准，农户销售的胡椒价格也不高。中国胡椒大部分销往低端市场，国内市场倾向于进口国外胡椒。由于产品质量档次低，国内大部胡椒加工企业对收购来的胡椒初产品仅是简单除杂质后转卖给国内食品企业，或是当原料出口。大部分食品企业宁愿从国外进口胡椒再加工出口产品。

5.1.3 国际贸易方面

中国胡椒的市场在主要国内，胡椒进口主要来自东南亚地区，马来西亚、印度尼西亚、越南等国家，出口主要到朝鲜、美国、德国等国家，出口量不足产量的一成。国际市场需求以黑胡椒为主，白胡椒消费量较少。海南农民传统上一直习惯加工出售白胡椒，不愿将产品加工成黑胡椒，因此生产的品种不适应国际市场的需求，必须根据国内市场变化而及时调整。

5.2 产业发展的主要制约因素

5.2.1 生产资源

胡椒种植喜好土层深厚、结构良好、易于排水、比较肥沃的沙壤土，土壤 pH 值为 5.5~7.0 较适合，同时对温度、土壤湿度也有要求，年平均温度 23~27℃、年降水量 1 500~2 400 毫米且分布比较均匀的地区最适宜胡椒生长。此外胡椒生长还怕风，要求静风环境，常风大的地区，嫩叶被吹破损，影响生长。如果遇到台风，轻则吹落叶片和花果，造成减产；重则折枝、断蔓、倒柱，严重影响植株生长。并且台风雨极易导致病菌的传播，台风后植株的蔓、枝、叶产生伤口，大量叶片和地面接触，极易导致病菌的侵染和繁殖，为瘟病和细菌性叶斑病的流行创造条件。海南省东部地区是最适合胡椒生长的区域，但是适宜范围相对狭窄。

5.2.2 劳动力

胡椒产业的发展离不开劳动力的支撑，截至 2018 年年底，海南省农业人口 561.09 万人，农业劳动力 219.26 万人，农业劳动力仅为农业人口的 39.08%。例如琼海市，2018 年农业劳动力 14.29 万人，农业劳动力仅为农业人口的 41.63%，略高于全省平均水平，不足劳动年龄参加劳动以及超过劳动年龄而参加劳动的人口占全市农村劳动力的比例达到了 11.06%。海南省农村常住居民中最高文化水平只有大专程度，且具有大专文化程度的比例非常低，这也必将成为海南省胡椒产业发展的一大障碍因素。

5.2.3 政策

国家及海南省对热带农业、热带经济作物均有大量政策措施支持和指导生产，例如农产品地理标志申请，大坡胡椒、琼海胡椒都获得登记保护；现代农业产业园方面，海南省农垦科学院集团文昌橡胶研究所就获准建设胡椒现代农业产业园；胡椒标准化示范园方面，周昌琼胡椒生产基地获批海南省文昌市周昌琼胡椒标准化生产示范园、中国热带农业科学院香料饮料研究所获批海南省万宁市和乐镇胡椒标准化生产示范园；新型职业农民培训方面，胡椒高产栽培技术、胡椒栽培及加工技术等培训班轮流在胡椒主产市县举行，但是明确针对胡椒产业的支撑政策缺乏。胡椒产业发展过程中，仅 2004 年时任国务院总理温家宝对海南省琼海市农民反映胡椒销售难的信件作出了批示，随后海南省人民政府从多方面入手积极采取应对措施，解决胡椒卖难的问题。

6 中国胡椒产业发展建议

6.1 加快培育高产耐寒抗风抗病品种

利用农业农村部万宁胡椒种质资源圃、云南胡椒种质资源创新基地，建立胡椒种质资源创新利用评价体系，通过引进国外新品种、新技术及新品种创新利用等途径提升胡椒种质资源创新研究水平，通过种间嫁接、杂交选育和转基因等技术手段，加速培育高产耐寒抗风抗病优良品种。

6.2 优化胡椒产品结构，拓展胡椒深加工

加大胡椒深加工扶持力度，鼓励引导加工企业与高等院校、科研单位扩大合作，不断提高企业在胡椒加工工艺、技术、品种和功能等方面的创新能力。引进改善黑胡椒质量的烘干设备和生产工艺，引导主产市县扩大黑胡椒加工规模，提高黑胡椒加工转化率。引进国外胡椒精深加工技术，加强胡椒精深产品的研发，提高胡椒精深加工能力，扩大精深加工规模，拓展产品用途，注重开发胡椒碱、胡椒油、胡椒油树脂、脱水胡椒等产品，促进胡椒由初级加工向高附加值精深加工转变，由资源型向高效利用型转变。

6.3 推广高效栽培模式，创建试验示范基地

在胡椒生产的优势区选择基础条件好、规模大、带动能力强的经营主体，建立标准化生产、加工、营销试验示范基地，推广复合栽培、水肥药一体化、主要病虫害轻简化防控等高效栽培模式以及节本增效、清洁加工等技术；大力推广胡椒与海南“三棵树”（天然橡胶、槟榔、椰子）等作物间套种栽培模式，发展林下胡椒种植；加强“科研院所+企业+农户”“科研院所+农户”“科研院所+协会+农户”或“科研院所+农民专业合作社+农户”等胡椒产业发展模式，加快科技示范推广应用，以提升胡椒产业标准化、规模化水平。

6.4 规范市场管理和产品监测，提高胡椒产品质量水平

研究制定中国胡椒购销管理、产品监测等有关管理规定，建立胡椒市场管理和产品检验检测监管体系。推行标准化管理，严格按照胡椒产品标准进行检测和监管，有效解决中国胡椒初级产品未按标准分级、购销无序、产品不检测等问题，增强中国胡椒在国内外的质量信誉。

6.5 加大国际市场开拓力度，推动胡椒产业走出去

一是适应国际市场需求，建立一批优质胡椒出口生产基地，培育一批出口营销龙头企业，多形式拓宽境外营销渠道。二是研究制定出口优惠政策，鼓励中小企业积极开拓国际市场，尤其瞄准欧美等发达国家。三是鼓励国内胡椒生产、加工企业“走出去”，给予国际市场开拓资金支持，到东南亚布局胡椒产业链。

参考文献

林日甫，2007. 海南胡椒产业可持续发展对策探讨［J］. 中国热带农业（3）：13-15.

刘红，曾凡逵，赵建平，等，2009. 胡椒加工研究现状［J］. 中国调味品，34（1）：35-38，102.

邢谷杨，2002. 世界胡椒贸易与我国胡椒产业发展的思考［J］. 热带农业科学（5）：47-52.

邢谷杨，2006. 海南胡椒产业优势区域布局与发展思路［J］. 中国热带农业（5）：25-26.

杨建峰，邬华松，孙燕，等，2010. 我国胡椒产业现状及发展对策［J］. 热带农业科学，30（3）：52-55.

郑维全，杨建峰，鱼欢，等，2017. 我国胡椒产业现状与创新发展探析［J］. 热带农业科学，37（12）：102-108.

油棕产业发展情况研究报告

棕榈油是一种热带木本植物油，是目前世界上生产量、消费量和国际贸易量最大的植物油品种，与大豆油、菜籽油并称为“世界三大植物油”，拥有超过五千年的食用历史。其用途十分广泛，出油率高，可用作食用油、食品添加剂、化妆品、生物燃料、动物饲料等。我国是仅次于印度的全球第二大棕榈油进口国。我国所消费的棕榈油几乎全部依靠进口贸易，虽在 20 世纪 20 年代我国就从马来西亚引种棕榈树到海南岛种植，后传播到其他热区，但均为零星种植，尚未形成规模化产业。

1 世界油棕产业发展基本情况

1.1 世界发展情况

1.1.1 生产情况

1.1.1.1 2008—2018 年世界油棕果种植面积及产量保持稳定增长

2008—2018 年，世界油棕果的种植面积呈波动增长趋势（图 1）。主要分为 3 个阶段，第一阶段，2008—2015 年，世界油棕果种植面积基本呈上涨趋势，由 1 536.86 万公顷增长到 2 026.34 万公顷；2016 年出现下降，降至 1 856.09 万公顷；2017—2018 年，开始回升，由 1 874.45 万公顷增长到 1 891.74 万公顷。

2008—2018 年，世界油棕果的产量呈波动增长趋势。主要分为 3 个阶段，2008—2015 年为快速上涨阶段，由 2.13 亿吨增长到 3.00 亿吨；2016 年有所下降为 2.56 亿吨；2017 年恢复至 2.74 亿吨，2018 年又开始下降到 2.72 亿吨。可见近几年，油棕果产量波动加快（图 2）。

2008—2018 年世界棕榈油产量基本呈现增长趋势，2008—2015 年为快速上涨阶段，由 4 235.29万吨增长到 5 980.04 万吨；2016 年略有下降为 5 815.69 万吨；2017 年后恢复增长由

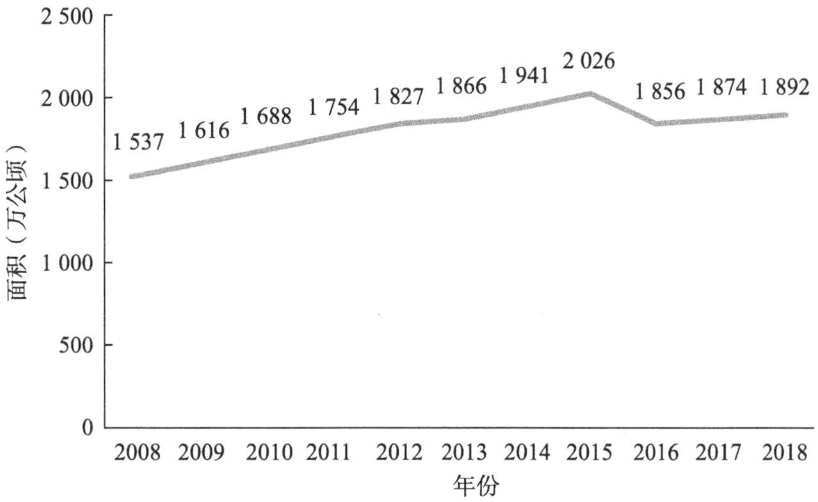

图 1　2008—2018 年世界油棕果种植面积变化趋势

（数据来源：联合国粮食及农业组织）

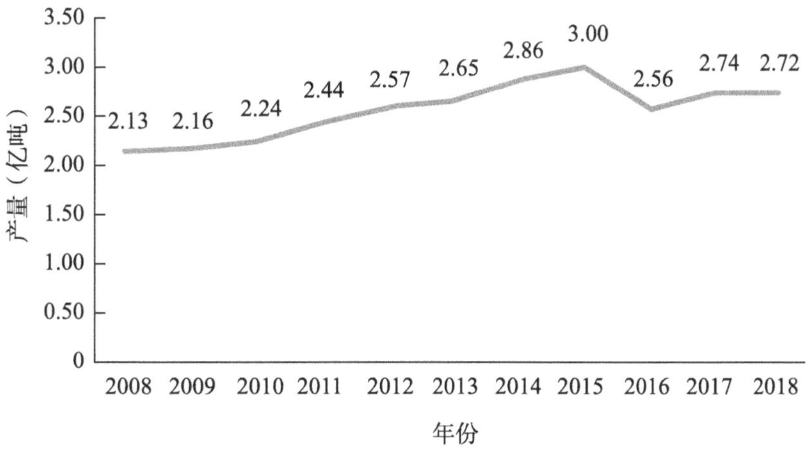

图 2　2008—2018 年世界油棕果产量变化趋势

（数据来源：联合国粮食及农业组织）

6 586. 06万吨增长到 7 145. 32 万吨（图 3）。

除 2015 年外，2008—2018 年世界棕榈仁产量基本呈现增长趋势，2008—2014 年为快速上涨阶段，由 1 111. 86 万吨增长到 1 540. 60 万吨；2015 年有所下降为 1 513. 82 万吨；2016 年后恢复增长由 1 572. 96 万吨增长到 1 811. 13 万吨（图 4）。

1. 1. 1. 2　2018 年世界油棕果种植面积及产量均有所增长

2018 年，世界油棕果种植面积为 1 891. 74 万公顷，同比上涨 0. 92%；产量 2. 72 亿吨，同比下降 0. 73%；单产 14. 62 吨/公顷，同比下降 1. 64%。其中非洲种植面积为 455. 36 万公顷，同比下降 0. 27%，产量 1 945. 16 万吨，同比增长 1. 44%；亚洲种植面积为 1 285. 26 万公顷，同比增

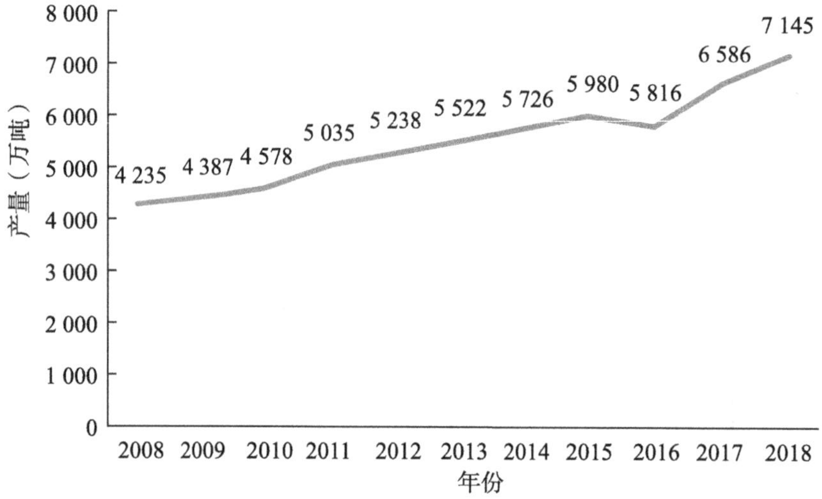

图 3　2008—2018 年世界棕榈油产量变化趋势

（数据来源：联合国粮食及农业组织）

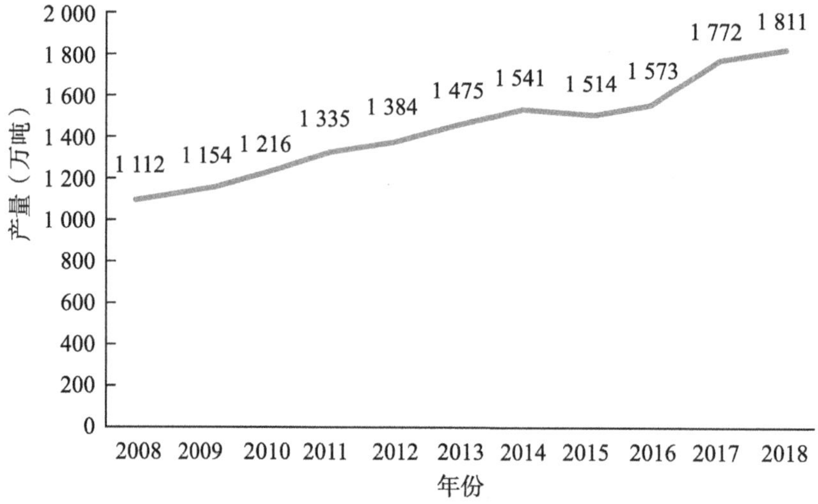

图 4　2008—2018 年世界棕榈仁产量变化趋势

（数据来源：联合国粮食及农业组织）

长 1.36%，产量 2.30 亿吨，同比下降 0.79%；美洲种植面积为 130.71 万公顷，同比增长 0.41%，产量 1 942.88 万吨，同比下降 0.75%；大洋洲种植面积为 20.41 万公顷，同比增长 3.82%，产量 275.47 万吨，同比增长 1.78%。亚洲油棕果的种植面积最大，产量最多，单产最高，亚洲是世界油棕果的优势主产区。

由图 5 和图 6 可见，世界油棕果种植主要集中亚洲、非洲及美洲。亚洲油棕果种植面积最大，占世界总种植面积的 67.94%；非洲种植面积占世界总种植面积的 24.07%；美洲种植面积占世界总种植面积的 6.91%；大洋洲种植面积占世界总种植面积的 1.08%。

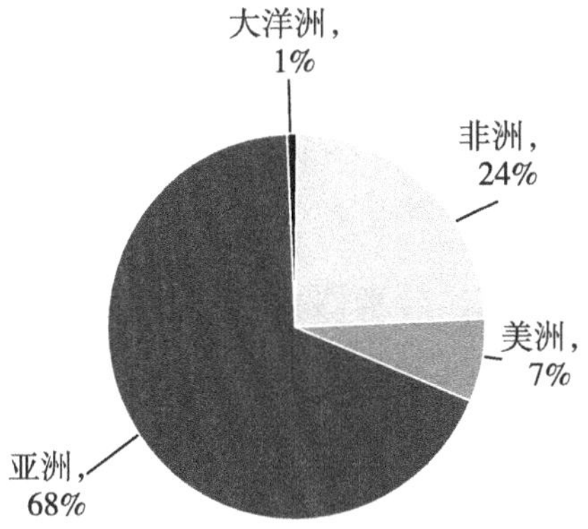

图 5　2018 年世界油棕果种植面积结构

（数据来源：联合国粮食及农业组织）

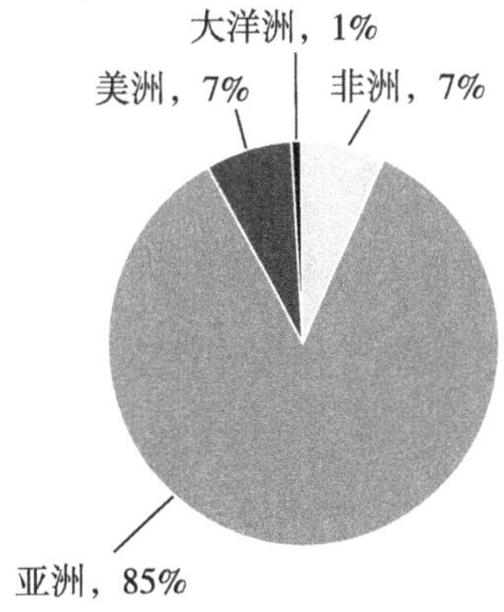

图 6　2018 年世界油棕果产量结构

（数据来源：联合国粮食及农业组织）

世界油棕果产量集中在亚洲、美洲及非洲。其中亚洲油棕果产量最高，占世界总产量的84.70%；美洲占世界总产量的 7.14%；非洲占世界总产量的 7.15%；大洋洲占世界总产量的 1.01%。

由于气候、种植品种、生产科技、机械化水平等因素影响，各大洲油棕果单产差异较大。亚洲单产最高为 17.93 吨/公顷；美洲其次为 14.86 吨/公顷；大洋洲 13.50 吨/公顷；非洲 4.27 吨/公顷。

1.1.1.3　2018 年各洲油棕果主产国

世界油棕果种植主要集中在非洲、亚洲及美洲，在大洋洲分布较少。大洋洲油棕果生产集中在两个国家，分别为巴布亚新几内亚 18.31 万公顷、249.63 万吨，以及所罗门群岛 2.10 万公顷、25.83 万吨。

（1）非洲油棕果种植情况

2018 年，非洲油棕果种植主要集中在尼日利亚，其种植面积为 301.55 万公顷，占非洲总种植面积的 66.22%。加纳 37.03 万公顷、科特迪瓦 33.95 万公顷、几内亚 31.64 万公顷、刚果（金）18.08 万公顷、喀麦隆 14.60 万公顷、贝宁 3.35 万公顷、塞拉利昂 2.77 万公顷、安哥拉 2.33 万公顷、多哥 1.83 万公顷。该十国油棕果种植面积占非洲油棕果总种植面积的98.19%。

非洲油棕果产量主要集中在尼日利亚，其产量为 785.00 万吨，占非洲总产量的 40.37%。喀麦隆 264.11 万吨、加纳 260.44 万吨、科特迪瓦 218.69 万吨、刚果（金）119.28 万吨、几内亚84.49 万吨、贝宁 59.85 万吨、安哥拉 28.05 万吨、塞拉利昂 25.40 万吨、利比里亚 17.60 万吨。该十国油棕果产量占非洲油棕果总产量的 95.77%。

（2）亚洲油棕果种植情况

亚洲是油棕果种植面积最大，产量最大的洲，且种植区十分集中。主要种植国家及地区有印度尼西亚 677.75 万公顷、马来西亚 523.56 万公顷、泰国 71.01 万公顷、菲律宾 6.27 万公顷、柬埔寨 1.47 万公顷。其中印度尼西亚种植面积占亚洲总种植面积的 52.73%，马来西亚种植面积占亚洲总种植面积的 40.74%。

亚洲油棕果产量集中的国家有印度尼西亚 11 526.75 万吨、马来西亚 9 841.94 万吨、泰国 1 540.00万吨、菲律宾 50.05 万吨、柬埔寨 16.00 万吨。其中印度尼西亚产量占亚洲总产量的 50.02%，马来西亚产量占亚洲总产量的 42.71%。

（3）美洲油棕果种植情况

美洲油棕果主要种植国有哥伦比亚 28.85 万公顷、厄瓜多尔 22.40 万公顷、洪都拉斯 19.00 万公顷、危地马拉 17.70 万公顷、巴西 10.90 万公顷、哥斯达黎加 7.69 万公顷、墨西哥 7.28 万公顷、秘鲁 6.62 万公顷、委内瑞拉 4.50 万公顷、多米尼加 3.14 万公顷。该十国油棕果种植面积占美洲油棕果总种植面积的 97.99%。

美洲油棕果产量大国有哥伦比亚 587.85 万吨、厄瓜多尔 278.58 万吨、洪都拉斯 249.39 万吨、危地马拉 230.83 万吨、巴西 156.52 万吨、哥斯达黎加 108.78 万吨、墨西哥 98.37 万吨、秘鲁 92.10 万吨、委内瑞拉 46.27 万吨、多米尼加 44.25 万吨。该十国油棕果产量占美洲油棕果总产量的 97.43%。

1.1.2 贸易及加工情况

随着全球经济的发展，棕榈油以其特有的营养特性、氧化稳定性以及相对低廉的市场价格被众多行业所青睐，广泛应用于食品、化工以及能源等领域。棕榈油在国际植物油市场中的地位越来越重要，现已成为油料国际贸易的引领者，其贸易量位居世界第一，占世界植物油贸易总量的 60%以上。棕榈油进口贸易集中于印度，出口贸易集中于印度尼西亚。

据联合国 Comtrade 数据库统计，2018 年世界棕榈油出口贸易量 4 641.18 万吨，出口值 291.53 亿美元。出口贸易值最大的为印度尼西亚，出口贸易量 2 789.37 万吨，占世界棕榈油总出口贸易量的 60.10%，出口值 165.28 亿美元，占世界棕榈油总出口贸易值的 56.69%；其次马来西亚出口贸易量 1 384.14 万吨，出口值 86.67 亿美元；荷兰出口贸易量 44.21 万吨，出口值 1.92 亿美元；哥伦比亚出口贸易量 13.44 万吨，出口值 1.11 亿美元；德国出口贸易量 10.94 万吨，出口值 0.90 亿美元；泰国出口贸易量 6.44 万吨，出口值 0.41 亿美元；科特迪瓦出口贸易量 3.91 万吨，出口值 0.40 亿美元；哥斯达黎加出口贸易量 7.51 万吨，出口值 0.31 亿美元；阿曼出口贸易量 2.08 万吨，出口值 0.23 亿美元；阿拉伯联合酋长国出口贸易量 2.99 万吨，出口值 0.26 亿美元。

世界棕榈油进口贸易量 4 062.37 万吨，进口值 285.81 亿美元。进口贸易值最大的国家为印度，进口贸易量 880.53 万吨，占世界棕榈油总进口贸易量的 21.68%，进口值 54.78 亿美元，占世界棕榈油总进口贸易值的19.17%；其次为中国，进口贸易量532.71万吨，进口值33.95亿美元；巴基斯坦进口贸易量296.42万吨，进口值19.30亿美元；荷兰进口贸易量264.96万吨，进口值18.25亿美元；西班牙进口贸易量193.33万吨，进口值13.21亿美元；美国进口贸易量154.88万吨，进口值11.40亿美元；意大利进口贸易量136.69万吨，进口值9.97亿美元；俄罗斯进口贸易量106.01万吨，进口值7.49亿美元；埃及进口贸易量103.67万吨，进口值6.87亿美元；马来西亚进口贸易量80.72万吨，进口值4.57亿美元。

1.2 重点国家发展情况

1.2.1 世界主产国印度尼西亚棕榈油生产情况

1.2.1.1 产业发展资源情况

印度尼西亚是世界最大的岛屿国家，是世界第四大人口国，位于东南亚地区。属典型热带雨林气候，年平均气温25~27℃，水量充沛，生物资源丰富，适宜规模化种植油棕。印度尼西亚是农业大国，热带农业是印度尼西亚人民重要的经济来源，其主要经济作物有棕榈油、橡胶、咖啡、可可等，是全球最大的棕榈油生产大国。

1.2.1.2 棕榈油产业发展情况

由图7、图8可见，2008—2018年印度尼西亚油棕果种植大体分为两个阶段。2008—2015年印度尼西亚油棕果种植面积及产量呈增长趋势，种植面积由498.00万公顷增长到863.00万公顷，2016年下降至678.11万公顷，后开始小范围波动，2018年下降至677.75万公顷。产量波动趋势与种植面积相似，2008—2015年由0.85亿吨增长至1.49亿吨，2016年下降至1.16亿吨，2017—2018年小范围波动为1.15亿吨。印度尼西亚80%的油棕种植集中在苏门答腊岛产区，其余主要分布在加里曼丹岛。油棕种植及加工行业是印度尼西亚重要的经济产业，所生产的棕榈油多用于出口，是印度尼西亚重要的外汇来源。印度尼西亚的棕榈油生产商很多，著名的有金光集团（Sinar Mas Group）、米南伽奥甘农业公司（PT Perkebunan Minanga Ogan）、金鹰国际集团（RGM International）等，其中金光集团是印度尼西亚最大的棕榈种植、棕榈油精炼加工和油化学品生产商之一，拥有世界上最大的棕榈油精炼厂。印度尼西亚政府一直支持棕榈油产业发展，制定出台了一系列鼓励政策，如通过调整出口税率，提升印度尼西亚棕榈油加工利润，以延伸印度尼西亚棕榈油产业链，提高国际竞争力。但受自然因素影响，近几年印度尼西亚油棕种植规模有所缩减。

1.2.1.3 棕榈油产业贸易情况

由图9、图10可见，2008—2017年印度尼西亚棕榈油出口贸易呈波动增长，出口量由1 429.07万吨增长至2 735.33万吨，出口值由123.76亿美元增长至185.13亿美元。2018年印度尼西亚棕榈油出口贸易量2 789.37万吨，出口值165.28亿美元。对印度出口贸易值最大，出口贸易量634.41万吨，占其棕榈油总出口贸易量的22.74%，出口贸易值35.60亿美元，占其棕榈油总出口贸易值的

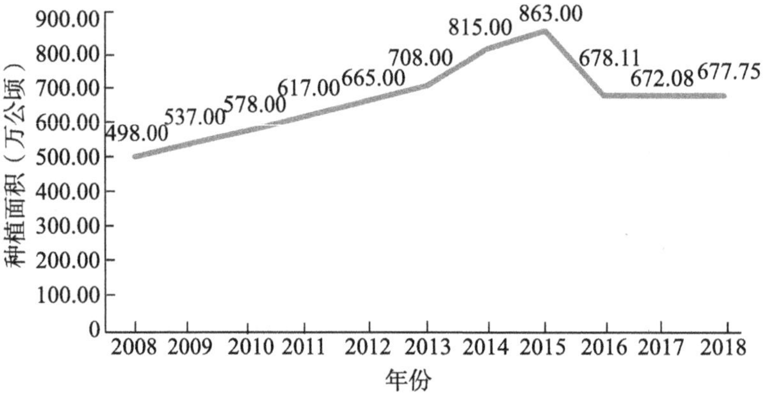

图7　2008—2018年印度尼西亚油棕果种植面积

（数据来源：联合国粮食及农业组织）

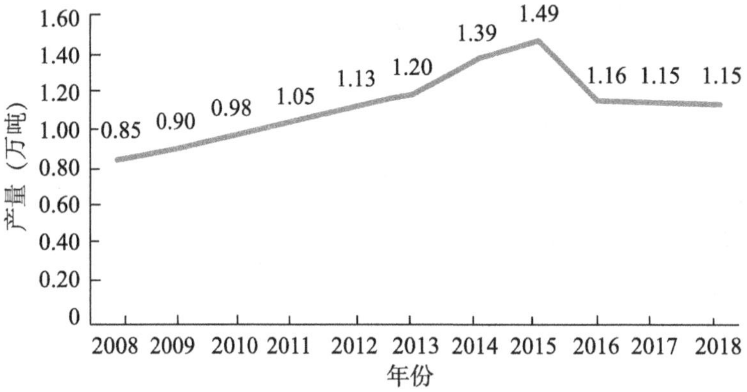

图8　2008—2018年印度尼西亚油棕果产量

（数据来源：联合国粮食及农业组织）

21.54%；其次对中国出口贸易量357.68万吨，出口贸易值20.86亿美元；对巴基斯坦出口贸易量244.51万吨，出口贸易值14.33亿美元；对孟加拉国出口贸易量140.23万吨，出口贸易值8.47亿美元；对西班牙出口贸易量115.87万吨，出口贸易值7.10亿美元；对荷兰出口贸易量110.23万吨，出口贸易值6.51亿美元；对马来西亚出口贸易量106.06万吨，出口贸易值5.73亿美元；对埃及出口贸易量91.95万吨，出口贸易值5.60亿美元；对美国出口贸易量91.52万吨，出口贸易值5.50亿美元；对意大利出口贸易量88.70万吨，出口贸易值5.42亿美元。

1.2.2　世界主产国马来西亚棕榈油生产情况

1.2.2.1　产业发展资源情况

马来西亚位于东南亚地区，地势多平坦，自然资源丰富。属热带雨林气候和热带季风气候，年温差较小，每年3—6月和10月至翌年2月是雨季。适宜的气候有利于热带作物规模化种植，马来西亚农产品以棕榈油、橡胶、胡椒等经济作物为主，年产量及出口量均位于世界前列。公

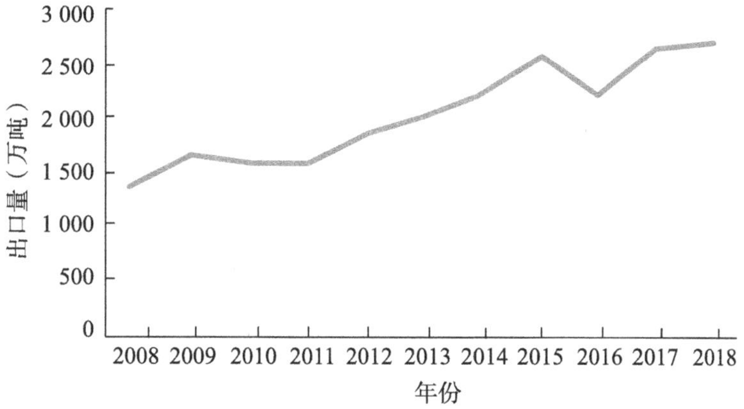

图 9　2008—2018 年印度尼西亚棕榈油出口量

（数据来源：联合国统计数据）

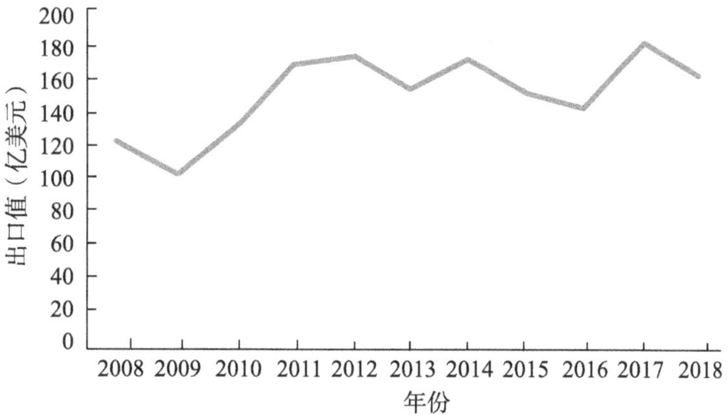

图 10　2008—2018 年印度尼西亚棕榈油出口值

（数据来源：联合国统计数据）

路、铁路、水运、空运交通网较为发达。

1.2.2.2　棕榈油产业生产情况

由图 11、图 12 可见，2008—2018 年马来西亚油棕果种植面积与产量呈波动增长。大体分为 3 个阶段，2008—2013 年种植面积自 448.80 万公顷增长到 522.97 万公顷，2014 年下降至 468.93 万公顷，2015 年后恢复增长由 485.94 万公顷增长到 523.56 万公顷。产量波动较为频繁，整体呈增长趋势由 8 774.98 万吨增长到 9 841.94 万吨。油棕的种植面积约占马来西亚全国耕地的 1/3 以上，是其农业支柱产业。油棕的种植区域集中，马来西亚半岛种植面积约占马来西亚总种植面积 47%，沙拉越州种植面积约占马来西亚总种植面积的 27%，沙巴州的种植面积约占总种植面积的 27%。目前来看，马来半岛种植面积较大、沙拉越州和沙巴州比重稍小；但从未成熟面积来看，沙拉越州的占比最大，说明沙拉越州是马来西亚棕榈树面积增加的主要区域，不久的将来可能会超过沙巴州。目前，马来西亚油棕种植主体仍以私人棕榈园为主，种植规模小集中程度低，大型油棕种植及加工公司较少。

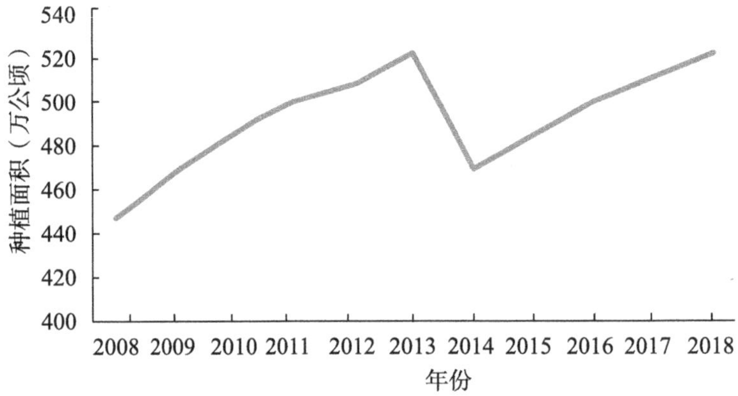

图 11　2008—2018 年马来西亚油棕果种植面积

（数据来源：联合国粮食及农业组织）

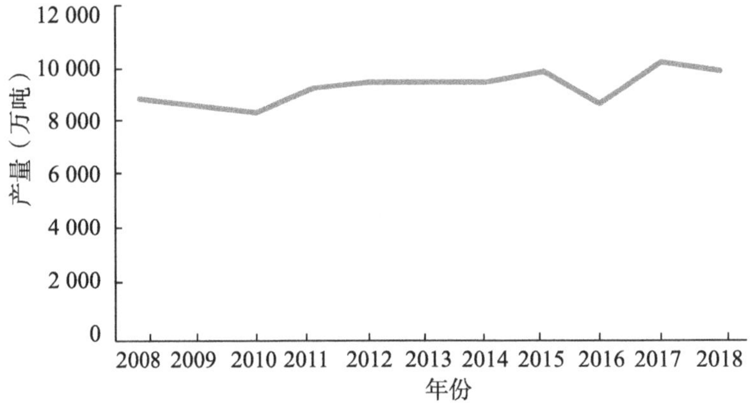

图 12　2008—2018 年马来西亚油棕果产量

（数据来源：联合国粮食及农业组织）

1.2.2.3　棕榈油产业贸易情况

据 UN 统计，如图 13、图 14，2008—2011 年马来西亚棕榈油出口量由 1 332.92 万吨增长至 1 578.38万吨，2012 年后出口量开始下降，由 1 560.87 万吨下降至 2014 年的 1 514.32 万吨，2015 年增长到 1 542.54 万吨后继续下降至 2017 年的 1 368.35 万吨，2018 年有所回升至1 384.14 万吨。出口值由 2008 年的 127.43 亿美元下降到 92.63 亿美元，2010 年开始增长，由124.05亿美元增长到 2011 年的 174.47 亿美元，2012 年后开始波动回落至 2018 年的 86.67 亿美元。

马来西亚棕榈油对印度出口贸易值最大，出口贸易量 207.44 万吨，占其棕榈油出口总贸易量的 14.99%，出口贸易值 12.03 亿美元，占其棕榈油出口总贸易值的 13.88%；其次对中国出口贸易量 111.82 万吨，出口贸易值 6.49 亿美元；对巴基斯坦出口贸易量 96.12 万吨，出口贸易值

6.11 亿美元；对荷兰出口贸易量 76.12 万吨，出口贸易值 4.67 亿美元；对菲律宾出口贸易量 68.92 万吨，出口贸易值 4.18 亿美元；对伊朗出口贸易量 47.90 万吨，出口贸易值 2.88 亿美元；对土耳其出口贸易量 47.36 万吨，出口贸易值 3.00 亿美元；对越南出口贸易量 42.83 万吨，出口贸易值 2.53 亿美元；对沙特阿拉伯出口贸易量 37.48 万吨，出口贸易值 2.21 亿美元；对意大利出口贸易量 36.80 万吨，出口贸易值 2.55 亿美元。

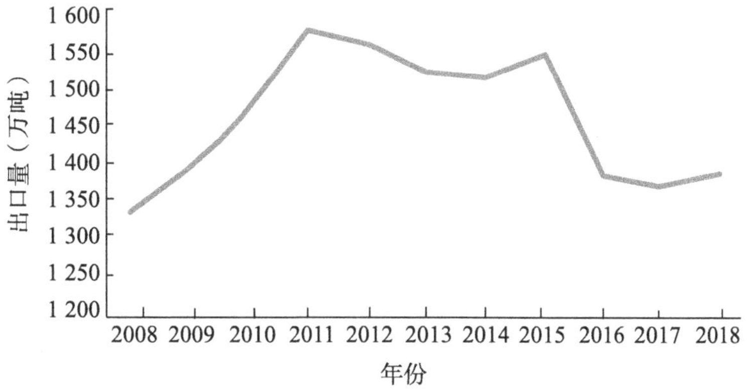

图 13　2008—2018 年马来西亚棕榈油出口量

（数据来源：联合国统计数据）

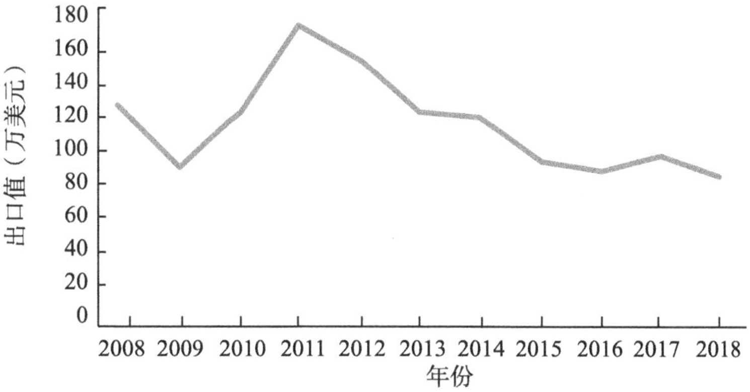

图 14　2008—2018 年马来西亚棕榈油出口值

（数据来源：联合国统计数据）

1.2.3　世界主要消费国印度棕榈油产业情况

1.2.3.1　印度棕榈油生产与消费情况

印度是世界植物油进口大国，也是最大的棕榈油进口国。印度棕榈油消费严重依赖进口，而且随着印度经济及城市人口增长，棕榈油消费需求量日益扩大，国际进口市场所占份额不断扩张。为摆脱对棕榈油国际市场的依赖，印度政府积极鼓励国内棕榈油种植。包括 ITC、Godrej Agrovet 和 Ruchi Soya 在内的许多印度大公司都在本国从事油棕种植。它们的许多种植园都与地方政府合作，特别是在南部的安得拉邦、泰伦加纳邦、卡纳塔克邦和泰米尔纳德邦。

有大量无品牌的散装棕榈油在印度消费市场内流通。印度市场对棕榈油偏好归因，一是棕榈油主产国印度尼西亚及马来西亚与印度地理相邻。二是棕榈油价格低廉更受印度消费市场欢迎。印度棕榈油用户主要集中在商业机构、政府采购和中低收入家庭，用途集中在食品和烹调油行业，而加工食品和化妆品等行业需求较小。在食用油价格出现大幅波动时，棕榈油也被政府作为替代商品进入市场，以进行价格调控。

1.2.3.2　印度棕榈油进口情况

据 UN 统计，2018 年印度棕榈油进口贸易量 880.53 万吨，进口贸易值 54.78 亿美元（图 15、图 16）。进口贸易值最大的国家为印度尼西亚，进口贸易量 597.11 万吨，占印度棕榈油总进口贸易量的 67.81%，进口贸易值 36.92 亿美元，占印度棕榈油总进口贸易值的 67.39%；其次为马来西亚，进口贸易量 210.58 万吨，占印度棕榈油总进口贸易量的 23.91%，进口贸易值 13.18 亿美元，占印度棕榈油总进口贸易值的 24.60%；泰国进口贸易量 35.50 万吨，占印度棕榈油总进口贸易量的 4.03%，进口贸易值 2.31 亿美元，占印度棕榈油总进口贸易值的 4.21%；新加坡进口贸易量 30.59 万吨，占印度棕榈油总进口贸易量的 3.47%，进口贸易值 1.87 亿美元，占印度棕榈油总进口贸易值的 3.42%。印度从此四国进口棕榈油的总贸易量占其 2018 年棕榈油进口总贸易量的 99.23%，进口贸易值占其总进口贸易值的 99.09%。

图 15　2008—2018 年印度棕榈油进口量

（数据来源：联合国统计数据）

2　中国油棕产业发展基本情况

2.1　生产情况

中国油棕种植历史较短，仅有 80 余年，多零星分布在广东、广西、中国台湾及云南等地。

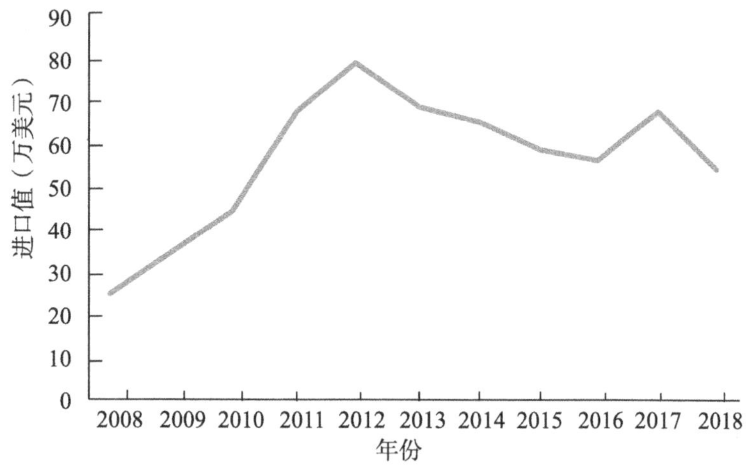

图 16　2008—2018 年印度棕榈油进口值

（数据来源：联合国统计数据）

受低温、干旱、台风等自然灾害影响，中国种植的油棕果穗败育率高，果实产量低。较低的经济收益影响了油棕种植业的扩张。目前，中国油棕种植规模较小尚未形成产业化，多被用作园林及道路的绿化树木，而作为食用油生产的油棕园很少。但随着“一带一路”倡议的实施，我国部分“走出去”企业在海外建设了油棕种植基地，积极投资棕榈油产业。

2.2　加工与消费情况

中国油棕加工产品种类十分丰富，树干、叶、花、种子、果实、棕皮等都可进行加工利用，其中成熟的棕榈果榨出的棕榈油应用范围最广。未经提纯的棕榈油被广泛用于制皂业，其泡沫丰富、去污能力强。提纯后的棕榈油具有很高的饱和脂肪酸特性，可以有助于提高食物抗氧化，故被广泛应用于制作油炸食物、人造奶油等食品加工行业。棕榈油生产的副产品棕榈油粕也是很好的动物饲料。

中国的棕榈油消费集中在食用油、方便食品生产及化妆品生产领域。随着我国经济发展及市场消费结构升级，棕榈油消费特征明显：一是消费偏好受限。我国的植物油消费者对棕榈油作为食用油的接受程度较低，多偏好于豆油、菜籽油、花生油等其他植物油。二是随着方便食品加工业、油炸膨化食品加工业的发展，我国棕榈油在食品加工产业的需求量将有所增长。三是棕榈油的熔点比较高，因此其消费具有一定的季节性，夏季消费量比较大，冬季较小。而且相较于豆油产业，压榨豆油副产品豆粕是养殖行业重要的饲料组成，可以继续产生经济收益，产业链较为完整，而棕榈油副产品进入饲料在我国还未如豆粕那么普及。

2.3　市场情况

2.3.1　国际市场情况

2.3.1.1　我国棕榈油国际贸易逆差明显

由于我国油棕榈种植较少，故在棕榈油国际贸易中的出口贸易量远远小于进口贸易量。据农业农村部农垦局统计，2019 年，我国棕榈油出口量 21.57 万吨，出口值 1.37 亿美元；进口量 848.10 万吨，进口值 47.49 亿美元。而且进出口贸易较为集中，主要进口对象国是印度尼西亚和马来西亚，主要出口对象国是韩国。

据 UN 统计，我国棕榈油（棕榈油及其分离品，不论是否精制，但未经化学改性）的进口贸易来源多集中在东南亚地区，其次为南美洲。2018 年我国从印度尼西亚进口量 355.43 万吨，进口值 22.59 亿美元，占总进口量的 66.72%、总进口值的 66.55%；从马来西亚进口量 177.14 万吨，进口值 11.34 亿美元，占总进口量的 33.25%、总进口值的 33.41%；从泰国进口量 1 327.68 吨，进口值 110.40 万美元；从厄瓜多尔进口量 65.74 吨，进口值 10.19 万美元；从哥伦比亚进口量 21.73 吨，进口值 3.14 万美元。

中国棕榈油（棕榈油及其分离品，不论是否精制，但未经化学改性）的出口贸易对象多集中在地理位置相近的国家及地区。2018 年中国向朝鲜出口量 2.15 万吨，出口值 0.17 亿美元，占总出口量的 64.47%，总出口值的 64.00%；对中国香港出口量 0.51 万吨，出口值 0.04 亿美元，占总出口量的 15.25%，总出口值的 14.94%；对蒙古国出口量 0.47 万吨，出口值 0.04 亿美元；对乌兹别克出口量 0.21 万吨，出口值 0.02 亿美元；对日本出口量 20.10 吨，出口值 2.66 万美元。

2.3.1.2 我国棕榈油进口贸易增长迅速

据农业农村部农垦局统计，2014—2019 年，我国棕榈油进口贸易波动增长（图 17）。由 2014 年的 582.51 万吨下降到 2016 年的 503.06 万吨，此后开始回升，2018 年回升至 607.34 万吨，2019 年大幅增长到 848.10 万吨。

图 17　中国 2014—2019 年棕榈油进口贸易量

（数据来源：农业农村部农垦局）

2.3.2 市场价格情况

2007 年 10 月，棕榈油期货在大连商品交易所上市，是我国期货市场上第一个纯进口品种，是我国油脂期货市场的重要组成部分。棕榈油具有一定的金融属性，市场价格受多方面因素作用，如世界供给情况、汇率、国际贸易情况、国际能源行情、植物油替代品价格波动都会导致其价格变化。由于我国棕榈油绝大多数来自国际进口贸易，故棕榈油进口单价是对国内市场价格的表现。由图 18 可见，我国棕榈油价格近几年呈现波动下降趋势，由 2014 年的 849.71 美元/吨，下降到 2019 年的 559.97 美元/吨。

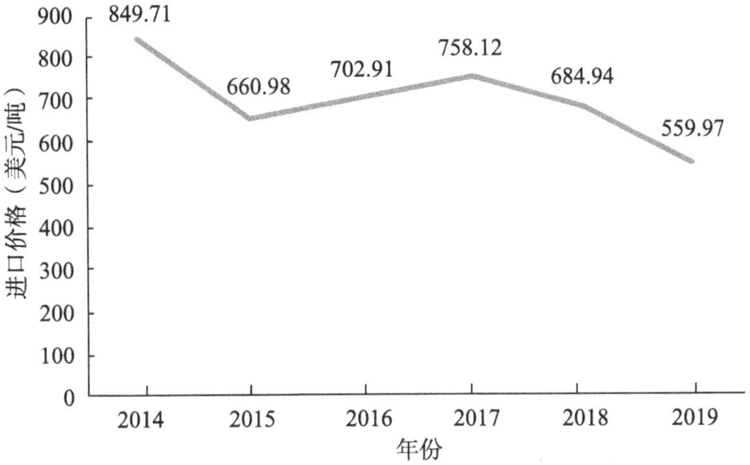

图 18 2014—2019 年我国棕榈油进口价格变化情况

（数据来源：农业农村部农垦局）

3 中国油棕产业生产及销售的预测

3.1 种植面积稳定，仍以进口为主

由于自然环境限制及油棕种植成本收益限制，预计我国油棕的种植用途仍将以道路及园林绿化为主，种植面积相对稳定。国内市场的棕榈油消费仍将大量依赖从东南亚国家进口，特别是印度尼西亚及马来西亚两个主产国的供给。

3.2 棕榈油市场用途升级

随着经济增长，棕榈油的加工用途将更加广泛，而中国人口基数较大，对棕榈油的消费量将有所增长。但大城市消费者的消费结构将更重视饮食健康，对油炸、奶油等食物摄入量减少，对棕榈油的消费量将有所下降。中国棕榈油的用途将更接近于目前欧美国家，多用于化妆品生产等高经济价值的加工业，而在食用油、油炸食品加工等方面用量将有所降低。

4 中国油棕产业发展问题及制约因素

4.1 资源环境受限

中国自然资源有限，不适宜油棕的大规模种植。油棕是典型的热带作物，生长过程喜爱高温多雨，喜爱肥沃的土壤环境，而我国典型的热带区域有限，且易受到寒害、风害等自然灾害侵袭，不利于油棕生产及高产。油棕种植的驱动力缺乏，相比杧果、火龙果等热带特色高效作物，棕榈油市场效益较低，且从种植到收益的生长期长，农户缺乏种植积极性。相较我国棕榈油进口主要对象国印度尼西亚及马来西亚等东南亚国家，我国人工、土地等成本均相对较高，棕榈油种植缺乏国际竞争力。

4.2 科研基础薄弱

中国在油棕育种、种苗繁育、栽培管理、病虫害防治、产品加工等方面的研究，还未形成完整的科研体系。目前，针对中国油棕的研究主要集中在中国热带农业科学院，国内还没有专业的油棕研究机构。缺乏专业的油棕研究团队，缺乏专项的研究经费支持。在育种方面，尚无依据我国自然环境培育的优秀抗风、抗寒、抗旱、高产品种。在栽培方面，油棕种植仍受产量低、空壳率高的困扰。在加工方面，油棕加工技术主要掌握在大型油脂加工企业，加工工艺研发不足。在病虫害防治方面，涉及的专业研究不多。

4.3 消费偏好低

棕榈油不是中国传统的主流植物油消费品类，我国消费者的植物油消费偏好仍集中在豆油、花生油、菜籽油等。目前，中国植物油市场丰富，棕榈油的可替代产品较多，加之用油习惯，消费者在购买植物油时往往很少考虑棕榈油。虽然消费者在购买方便面、薯片、饼干等食品时已摄取了棕榈油，但对将棕榈油作为食用油消费，在心里的接受程度并不高。棕榈油含有大量的饱和脂肪酸，对于长期大量食用棕榈油是否会引起肥胖及心脑血管系统疾病，社会各界还存在很大争议，很多消费者还是心存疑虑。

5 中国油棕产业发展建议

5.1 强化油棕科研体系建设

中国棕榈油产业应借鉴马来西亚、印度尼西亚等主产国的优秀产业发展经验，研发我国油棕特色种植技术，培育适宜中国自然环境的油棕品种，提升中国油棕种植的单产及经济效益，优化棕榈油加工提纯技术。以经济收益驱动中国油棕种植产业发展及棕榈油加工产业完善。不断培养、引进油棕种植加工的专业人才，培育专业化的棕榈油研发团队及研究机构，加大对棕榈油加工产业的项目支撑及产业科技研发投入，以便重点提升中国棕榈油加工的产业技术，不断开创中国棕榈油在生物燃料、功能成分提取等领域的新用途。积极发展木本油料，实现我国棕榈油产业以研带产的跨越式发展，保障中国棕榈油的产业供给。

5.2 利用好“两种资源两个市场”

受中国自然及社会经济限制，油棕种植业在我国发展缓慢，要想稳定棕榈油供给，满足我国消费市场对棕榈油产业的需求，应充分发挥“两种资源两个市场”。广泛开展棕榈油产业的国际合作，鼓励我国农业企业及棕榈油加工企业走出去。选择东南亚、南美及非洲等热区中既具有适宜自然环境又具有稳定社会环境的区域，建立棕榈油生产、加工、储运、销售一体化大型企业。在保障我国棕榈油稳定供给同时，满足印度等世界棕榈油需求国市场。

5.3 加大油棕产业链机械研发

为解决油棕产业链不完整，种植规模小、劳动力供给不足等因素困扰，应邀请学校、企业、科研单位进行联合攻关，加大油棕初加工工艺及装备研发技术体系的研发力度。不断创新适宜中国实际的小规模轻简化油棕种植及棕榈油加工机械。特别重视采果机械研发，重点解决油棕果采摘环节的工作强度大、工作效率低及劳动力紧缺问题；特别重视小型化压榨设备研发，完善我国油棕果的初加工环节，解决外国设备只适宜大规模生产的弊端。为我国棕榈油产业发展及棕榈油企业走出去奠定强有力的科技装备支撑，提高我国棕榈油质量，提升我国棕榈油产业经济效益。

参考文献

戴珂，柯佑鹏，2011. 中国棕榈油进口贸易发展研究 [J]. 中国热带农业（5）：52-55.

夏田，江晨超，宋淳，2013. 我国油棕榈产业发展研究 [J]. 现代商贸工业（10）：1-3.